中華文化總會
國家教育研究院 主編

抱朴子外篇今註今譯（上）

陳飛龍 註譯

臺灣商務印書館

《古籍今註今譯》新版序

中華文化精深博大，傳承頌讀，達數千年，源遠流長，影響深遠。當今之世，海內海外，莫不重新體認肯定固有傳統，中華文化歷久彌新、累積智慧的價值，更獲普世推崇。

語言的定義與運用，隨著時代的變動而轉化；古籍的價值與傳承，也須給予新的註釋與解析。商務印書館在先父王雲五先生的主持下，一九二〇年代曾經選譯註解數十種學生國學叢書，流傳至今。

臺灣商務印書館在臺成立六十餘年，繼承上海商務印書館傳統精神，以「宏揚文化、匡輔教育」為己任。六〇年代，王雲五先生自行政院副院長卸任，重新主持臺灣商務印書館，仍以「出版好書，匡輔教育」為宗旨。當時適逢國立編譯館中華叢書編審委員會編成《資治通鑑今註》（李宗侗、夏德儀等校註），委請臺灣商務印書館出版，全書十五冊，千餘萬言，一年之間，全部問世。

王雲五先生認為，「今註資治通鑑，雖較學生國學叢書已進一步，然因若干古籍，文義晦澀，今註之外，能有今譯，則相互為用，今註可明個別意義，今譯更有助於通達大體，寧非更進一步歟？」

因此，他於一九六八年決定編纂「經部今註今譯」第一集十種，包括：詩經、尚書、周易、周禮、禮記、春秋左氏傳、大學、中庸、論語、孟子，後來又加上老子、莊子，共計十二種，改稱《古籍今註今譯》，參與註譯的學者，均為一時之選。

臺灣商務印書館以純民間企業的出版社，來肩負中華文化古籍的今註今譯工作，確實相當辛苦。中華文化復興運動總會（中華文化總會前身）成立後，一向由總統擔任會長，號召推動文化復興重任，素有成效。七〇年代，王雲五先生承蒙層峰賞識，委以重任，擔任文復會副會長。他乃將古籍今註今譯列入文復會工作計畫，廣邀文史學者碩彥，參與註解經典古籍的行列。文復會與國立編譯館中華叢書編審委員會攜手合作，列出四十二種古籍，除了已出版的第一批十二種是由王雲五先生主編外，文復會與國立編譯館主編的有二十一種，另有八種雖列入出版計畫，卻因各種因素沒有完稿出版。臺灣商務印書館另外約請學者註譯了九種，加上《資治通鑑今註》，共計出版古籍今註今譯四十三種。茲將書名及註譯者姓名臚列如下，以誌其盛：

序號	書名	註譯者	主編	初版時間
1	尚書	屈萬里	王雲五（臺灣商務印書館）	五八年九月
2	詩經	馬持盈	王雲五（臺灣商務印書館）	六〇年七月
3	周易	南懷瑾	王雲五（臺灣商務印書館）	六三年十二月
4	周禮	林尹	王雲五（臺灣商務印書館）	六一年九月
5	禮記	王夢鷗	王雲五（臺灣商務印書館）	七三年一月
6	春秋左氏傳	李宗侗	王雲五（臺灣商務印書館）	六〇年一月
7	大學	宋天正	王雲五（臺灣商務印書館）	六六年二月
8	中庸	宋天正	王雲五（臺灣商務印書館）	六六年二月
9	論語	毛子水	王雲五（臺灣商務印書館）	六四年十月
10	孟子	史次耘	王雲五（臺灣商務印書館）	六二年二月
11	老子	陳鼓應	王雲五（臺灣商務印書館）	五九年五月

12	莊子	陳鼓應	王雲五（臺灣商務印書館）	六四年十二月
13	大戴禮記	高明	文復會、國立編譯館	六四年四月
14	春秋公羊傳	李宗侗	文復會、國立編譯館	六二年五月
15	春秋穀梁傳	薛安勤	文復會、國立編譯館	八三年八月
16	韓詩外傳	賴炎元	文復會、國立編譯館	六一年九月
17	孝經	黃得時	文復會、國立編譯館	六一年七月
18	列女傳	張敬	文復會、國立編譯館	八三年六月
19	新序	盧元駿	文復會、國立編譯館	六四年四月
20	說苑	盧元駿	文復會、國立編譯館	六六年二月
21	墨子	李漁叔	文復會、國立編譯館	六三年五月
22	荀子	熊公哲	文復會、國立編譯館	六四年九月
23	韓非子	邵增樺	文復會、國立編譯館	七一年九月
24	管子	李勉	文復會、國立編譯館	七七年七月
25	孫子	魏汝霖	文復會、國立編譯館	六一年八月
26	史記	馬持盈	文復會、國立編譯館	六八年七月
27	商君書	賀凌虛	文復會、國立編譯館	七六年三月
28	太公六韜	徐培根	文復會、國立編譯館	六五年二月
29	黃石公三略	魏汝霖	文復會、國立編譯館	六四年六月
30	司馬法	劉仲平	文復會、國立編譯館	六四年十一月
31	尉繚子	劉仲平	文復會、國立編譯館	六四年十一月
32	吳子	傅紹傑	文復會、國立編譯館	六五年四月
33	唐太宗李衛公問對	曾振	文復會、國立編譯館	六四年九月
34	資治通鑑今註	李宗侗等	國立編譯館	五五年十月
35	春秋繁露	賴炎元	文復會、國立編譯館	七三年五月

36	公孫龍子	陳癸淼	文復會、國立編譯館	七五年一月
37	晏子春秋	王更生	文復會、國立編譯館	七六年八月
38	呂氏春秋	林品石	文復會、國立編譯館	七四年二月
39	黃帝四經	陳鼓應	臺灣商務印書館	八四年六月
40	人物志	陳喬楚	文復會、國立編譯館	八五年十二月
41	近思錄、大學問	古清美	文復會、國立編譯館	八九年九月
42	抱朴子內篇	陳飛龍	文復會、國立編譯館	九〇年一月
43	抱朴子外篇	陳飛龍	文復會、國立編譯館	九一年一月
44	四書（合訂本）	楊亮功等	王雲五（臺灣商務印書館）	六八年四月

已列計畫而未出版：

序號	書名	譯註者	主編	
1	國語	張以仁	文復會、國立編譯館	
2	戰國策	程發軔	文復會、國立編譯館	
3	淮南子	于大成	文復會、國立編譯館	
4	論衡	阮廷焯	文復會、國立編譯館	
5	楚辭	楊向時	文復會、國立編譯館	
6	文心雕龍	余培林	文復會、國立編譯館	
7	說文解字	趙友培	國立編譯館	
8	世說新語	楊向時	國立編譯館	

臺灣商務印書館董事長 **王學哲** 謹序　二〇〇九年九月

古籍今註今譯修訂版序

中國文化淵深博大。語其深，則源泉如淵，語其廣，則浩瀚無涯，語其久，則悠久無疆。上探宇宙之奧祕，下窮人事之百端。應乎天理，順乎人情。以天人為一體，以四海為一家。氣象豪邁，體大思精。一切研究發展，以人為中心，以實事求是為精神。不尚虛玄，力求實效。遂自然演成人文文化，為中國文化之可貴特徵。

文化的創造為生活，文化的應用在生活。離開生活就沒有文化。文化是個抽象的名詞，內而存於心，外而發於言，見於行。不知不覺自然流露，自然表現，所以稱之曰「化」。一言一默，一動一靜，無形中都受文化的影響。發於聲則為詩、為歌；見於行則為事；著於文則為典籍書冊，皆出於自然。聲可聞，事可見，但轉瞬消逝不復存。惟有著為典籍書冊者，既可行之遠，又能傳之久。後之人欲於耳目之外上知古之人古之事，則惟有求之於典籍，則典籍之於文化傳播，為惟一之憑藉。

中華民族明於理，重於情。人與人之間有相同的好惡，相同的感覺，相同的是非。因此，心與心相通，事與事相關，禍與福相共，甚至願望相求，知識、經驗、閱歷……等等，無一不想彼此相貫通、相交換、或相傳授。這是中國人特別著重的心理要求。大家一樣，這些心理要求，靠聲音、靠行動，都不能行之遠，傳之久。必欲達此目的，只有利用文字，著於典籍書冊了。書冊著成，心理要求達成了，自己的知識，經驗閱歷，乃至於情感、願望，一切藉文字傳出了。生命不朽，精神長存。可貴的中國文化，一代一代的寶貴經驗閱歷，皆可藉此傳播至無限遠，無窮久。因此，我認為中國古書即中國文化之結晶。

在讀者一面講，藉著典籍書冊，可與古人相交通，彼此心心相印，情感交流。最重要者應該說是文化的流傳，教訓的接納，成敗得失的鑒戒，都可由此得到收穫。我們要知道，文化是要積累進步的，不接受前人的經驗，和寶貴的知識學問，後人即無法得到積累的進步。一代一代積累下去，文化才有無窮的創造和進步。因此，讀書，讀古人書，讀千錘百鍊而不磨滅的書，遂成青年人不可忽視的要務。

古今文字有演變，文學風格，文字訓詁也有許多改變。讀起來不免事倍功半。近年朝野致力於文化復興，文化建設，讀古書即成最先急務。為了便利閱讀，把一部一部古書用今天的語言，今天的解釋，整理編印起來，稱為今註今譯。

本會故前副會長王雲五先生在其所主持的臺灣商務印書館，首先選定古籍十二種，予以今註今譯。本會學術研究出版促進委員會與教育部國立編譯館中華叢書編審委員會繼續共同辦理古籍今註今譯的工作，註譯的古籍仍委請臺灣商務印書館印行。連同王故前副會長主編註譯的古籍十二種，現已進行註譯者四十五種，共計五十七種。已出版者二十九種，在註譯審查中者二十八種，正分別洽催，希早日出書。此外，並進行約請學者註譯其他古籍。

一九八一年春，本會學術研究出版促進委員會與臺灣商務印書館數度磋商，並獲得教育部國立編譯館贊助，就已出版的二十九種古籍今註今譯，重加修訂。將以往間排版誤置、原稿遺漏、未經校正之處，均商請原註譯人重加校訂，原註譯人如已去世，則另約適當人選擔任。修訂完成，仍交臺灣商務印書館重新排印。初步進行修訂的書名及註譯者如下：

書名	註譯者
詩經今註今譯	馬持盈
尚書今註今譯	屈萬里
禮記今註今譯	王夢鷗
新序今註今譯	盧元駿
周易今註今譯	南懷瑾　徐芹庭
春秋左傳今註今譯	李宗侗
中庸今註今譯	宋天正註譯　楊亮功校訂
黃石公三略今註今譯	魏汝霖
尉繚子今註今譯	劉仲平
說苑今註今譯	盧元駿
墨子今註今譯	李漁叔
唐太宗李衛公問對今註今譯	曾　振
孝經今註今譯	黃得時
春秋公羊傳今註今譯	李宗侗
大戴禮記今註今譯	高　明
孟子今註今譯	史次耘
論語今註今譯	毛子水
大學今註今譯	宋天正註譯　楊亮功校訂
司馬法今註今譯	劉仲平
孫子今註今譯	魏汝霖
太公六韜今註今譯	徐培根
荀子今註今譯	熊公哲
韓詩外傳今註今譯	賴炎元
吳子今註今譯	傅紹傑

以上進行修訂者廿四種，將陸續出書。其餘五種，亦將繼續修訂。惟古籍整理的工作，極為繁重。因本會人力及財力，均屬有限，故在工作的進行與業務開展上，仍乞海內外學者專家及文化界人士，熱心參與，多多支持，並賜予指教。本會亦當排除萬難，竭誠勉力，以赴事功。

中華文化復興運動推行委員會祕書長　**陳奇祿**　謹序　一九八三年十一月十二日

「古籍今註今譯」序

一九六六年十一月十二日，國父百年誕辰，中山樓落成。　蔣總統發表紀念文，倡導復興中華文化，全國景從。孫科、王雲五、孔德成、于斌諸先生等一千五百人建議，發起我中華文化復興運動，冀使中華文化復興並發揚光大。於是，海內外一致響應。復由政府及各界人士的共同策動，中華文化復興運動推行委員會於一九六七年七月二十八日，正式成立，恭推　蔣總統任會長，並請孫科、王雲五、陳立夫三先生任副會長，本人擔任祕書長。

文化的內涵極為廣泛，中華文化復興的工作，絕不是中華文化復興運動推行委員會一個機構的努力可以達成的，而是要各機關社團暨海內外每一個國民盡其全力來推動。但中華文化復興運動推行委員會，在整個中華文化復興工作中，負有策劃、協調、鼓勵與倡導的任務。八年多來，中華文化復興運動推行委員會，本著此項原則，在默默中做了許多工作，然而卻很少對外宣傳，因為我們所期望的，不是個人的事功，而是中華文化的光輝日益燦爛，普遍地照耀於全世界。

學術是文化中重要的一環，我國古代的學術名著很多，這些學術名著，蘊藏著中國人智慧與理想的精華，象徵著中華文化的精深與博大，也給予今日的中國人以榮譽和自信心。要復興中華文化，就應該讓今日的中國人能讀到而且讀懂這些學術名著，因此，中華文化復興運動推行委員會，在其推行計畫中，即列有「發動出版家編印今註今譯之古籍」一項，並會請各出版機構對歷代學術名著，作有計畫的整理註譯。但由於此項工作浩大艱巨，一般出版界因限於人力、財力，難肩此重任，王雲五先生為中華文化復興運動推行委員會副會長，並兼任學術研究出版促進委員會主任委員，乃以臺灣商務印書館率先倡導，將尚書、詩經、周易等十二種古籍加以今註今譯。（稿費及印刷費用全由商務印書館自行負擔。）然而，歷代學術名著值得令人閱讀者實多，中華文化復興運動推行委員會，遂再與國立編譯館洽商，共同約請學者專家從事更多種古籍的今註今譯，所需經費由中華文化復興運動推行委員會與國立編譯館中華叢書編審委員會共同負責籌措，承蒙國立編譯館慨允合作，經決定將大戴禮記、公羊、穀梁等二十七種古籍，請學者專家進行註譯，國立編譯館並另負責註譯「說文解字」及「世說新語」兩種。於是前後計畫著手今註今譯的古籍，得達到四十一種之多，並已分別約定註譯者。其書目為：

古籍名稱	註譯者	主編者
尚書	屈萬里	王雲五先生（臺灣商務印書館）
詩經	馬持盈	王雲五先生（臺灣商務印書館）
周易	南懷瑾、徐芹庭	王雲五先生（臺灣商務印書館）
周禮	林尹	王雲五先生（臺灣商務印書館）
禮記	王夢鷗	王雲五先生（臺灣商務印書館）
春秋左氏傳	李宗侗	王雲五先生（臺灣商務印書館）
大學	楊亮功	王雲五先生（臺灣商務印書館）
中庸	楊亮功	王雲五先生（臺灣商務印書館）
論語	毛子水	王雲五先生（臺灣商務印書館）

孟子	史次耘	王雲五先生（臺灣商務印書館）
老子	陳鼓應	王雲五先生（臺灣商務印書館）
莊子	陳鼓應	王雲五先生（臺灣商務印書館）
大戴禮記	高明	中華文化復興運動推行委員會、國立編譯館中華叢書編審委員會
公羊傳	李宗侗	中華文化復興運動推行委員會、國立編譯館中華叢書編審委員會
穀梁傳	周何	中華文化復興運動推行委員會、國立編譯館中華叢書編審委員會
韓詩外傳	賴炎元	中華文化復興運動推行委員會、國立編譯館中華叢書編審委員會
孝經	黃得時	中華文化復興運動推行委員會、國立編譯館中華叢書編審委員會
國語	張以仁	中華文化復興運動推行委員會、國立編譯館中華叢書編審委員會
戰國策	程發軔	中華文化復興運動推行委員會、國立編譯館中華叢書編審委員會
列女傳	張敬	中華文化復興運動推行委員會、國立編譯館中華叢書編審委員會
新序	盧元駿	中華文化復興運動推行委員會、國立編譯館中華叢書編審委員會
說苑	盧元駿	中華文化復興運動推行委員會、國立編譯館中華叢書編審委員會
墨子	李漁叔	中華文化復興運動推行委員會、國立編譯館中華叢書編審委員會
荀子	熊公哲	中華文化復興運動推行委員會、國立編譯館中華叢書編審委員會
韓非子	邵增樺	中華文化復興運動推行委員會、國立編譯館中華叢書編審委員會
管子	李勉	中華文化復興運動推行委員會、國立編譯館中華叢書編審委員會
淮南子	于大成	中華文化復興運動推行委員會、國立編譯館中華叢書編審委員會
孫子	魏汝霖	中華文化復興運動推行委員會、國立編譯館中華叢書編審委員會
論衡	阮廷焯	中華文化復興運動推行委員會、國立編譯館中華叢書編審委員會
史記	馬持盈	中華文化復興運動推行委員會、國立編譯館中華叢書編審委員會
楚辭	楊向時	中華文化復興運動推行委員會、國立編譯館中華叢書編審委員會
商君書	賀凌虛、張英琴	中華文化復興運動推行委員會、國立編譯館中華叢書編審委員會
太公六韜	徐培根	中華文化復興運動推行委員會、國立編譯館中華叢書編審委員會

黃石公三略	魏汝霖	中華文化復興運動推行委員會、國立編譯館中華叢書編審委員會
司馬法	劉仲平	中華文化復興運動推行委員會、國立編譯館中華叢書編審委員會
尉繚子	劉仲平	中華文化復興運動推行委員會、國立編譯館中華叢書編審委員會
吳子	傅紹傑	中華文化復興運動推行委員會、國立編譯館中華叢書編審委員會
唐太宗、李衛公問對	曾振	中華文化復興運動推行委員會、國立編譯館中華叢書編審委員會
文心雕龍	余培林	中華文化復興運動推行委員會、國立編譯館中華叢書編審委員會
說文解字	趙友培	國立編譯館中華叢書編審委員會
世說新語	楊向時	國立編譯館中華叢書編審委員會

以上四十一種今註今譯古籍均由臺灣商務印書館肩負出版發行責任。當然，中國歷代學術名著，有待今註今譯者仍多。只是限於財力，一時難以立即進行，希望在這四十一種完成後，再繼續選擇其他古籍名著加以註譯。

古籍今註今譯的目的，在使國人對艱深難解的古籍能夠易讀易懂，因此，註譯均用淺近的語體文，希望國人能藉今註今譯的古籍，而對中國古代學術思想與文化，有正確與深刻的瞭解。

或許有人認為選擇古籍予以註譯，不過是保存固有文化，對其實用價值存有懷疑。但我們認為中華文化復興並非復古復舊，而在創新。任何「新」的思想（尤其是人文與社會科學方面）無不緣於「舊」的思想蛻變演進而來。所謂「溫故而知新」，不僅歷史學者要讀歷史文獻，化學家豈能不讀化學史與前人化學文獻？生物學家豈能不讀生物學史與前人生物學文獻？文學家豈能不讀文學史與古典文獻？讀史與讀前人的著作，正是吸取前人文化所遺留的經驗、智慧與思想，如能藉今註今譯的古籍，讓國人對固有文化有充分而正確的瞭解，增加對固有文化的信心，進而對固有文化注入新的精神，使中華文化成為世界上最受人仰慕的一種文化，那麼，中華文化的復興便可拭目以待，而倡導文化復興運動的目的也就達成了。所以，我們認為選擇古籍予以今註今譯的工作，對復興中華文化而言是正確而有深遠意義的。

今註今譯是一件不容易做的工作，我們所約請的註譯者都是學識豐富而且對其所註譯之書有深入研究的學者，他們從事註譯工作的態度也都相當嚴謹，有時為一字一句之考證、勘誤，參閱與該註譯之古籍有關書典達數十種之多者。其對中華文化負責之精神如此。我們真無限地感謝擔任註譯工作的先生們，為復興文化所作的貢獻。同時我們也感謝王雲五先生的鼎力支持，使這項艱巨的工作得以順利進行。中華文化復興運動推行委員會所屬學術研究出版促進委員會，對於這項工作的策劃、協調、聯繫所竭盡之心力，在整個中華文化復興運動的過程中，也必將留下不可磨滅的紀錄。

谷鳳翔序於臺北市
一九七五年八月十九日

編纂古籍今註今譯序

古籍今註今譯，由余歷經嘗試，認為有其必要，特於中華文化復興運動推行委員會成立伊始，研議工作計畫時，余鄭重建議，幸承採納，經於工作計畫中加入此一項目，並交由學術研究出版促進委員會主辦。茲當會中主編之古籍第一種出版有日，特舉述其要旨。

由於語言文字習俗之演變，古代文字原為通俗者，在今日頗多不可解。以故，讀古書者，尤以在具有數千年文化之我國中，往往苦其文義之難通。余為協助現代青年對古書之閱讀，在距今四十餘年前，曾為商務印書館創編學生國學叢書數十種，其凡例如左：

一、中學以上國文功課，重在課外閱讀，自力攻求；教師則為之指導焉耳。惟重篇巨帙，釋解紛繁，得失互見，將使學生披沙而得金，貫散以成統，殊非時力所許；是有需乎經過整理之書篇矣。本館鑒此，遂有學生國學叢書之輯。

二、本叢書所收，均重要著作，略舉大凡；經部如詩、禮、春秋；史部如史、漢、五代；子部如莊、孟、荀、韓，並皆列入；文辭則上溯漢、魏，下迄五代；詩歌則陶、謝、李、杜，均有單本；詞則多采五代、兩宋；曲則擷取元、明大家；傳奇、小說，亦選其英。

三、諸書選輯各篇，以足以表見其書、其作家之思想精神、文學技術者為準；其無關宏旨者，概從刪削。所選之篇類不省節，以免割裂之病。

四、諸書均為分段落，作句讀，以便省覽。

五、諸書均有註釋；古籍異釋紛如，即采其較長者。

六、諸書較為罕見之字，均注音切，並附注音字母，以便諷誦。

七、諸書卷首，均有新序，述作者生平，本書概要。凡所以示學生研究門徑者，不厭其詳。

然而此一叢書，僅各選輯全書之若干片段，猶之嘗其一臠，而未窺全豹。及一九六四年，余謝政後重主本館，適國立編譯館有今註資治通鑑之編纂，甫出版三冊，以經費及流通兩方面，均有借助於出版家之必要。商之於余，以其係就全書詳註，足以彌補余四十年前編纂學生國學叢書之闕，遂予接受；甫歲餘，而全書十有五冊，千餘萬言，已全部問世矣。

余又以今註資治通鑑，雖較學生國學叢書已進一步；然因若干古籍，文義晦澀，今註以外，能有今譯，則相互為用；今註可明個別意義，今譯更有助於通達大體，寧非更進一步歟？

幾經考慮，乃於五十六年秋決定編纂經部今註今譯第一集十種，其凡例如左：

一、經部今註今譯第一集，暫定十種，其書名及白文字數如左。

㈠詩經、㈡尚書、㈢周易、㈣周禮、㈤禮記、㈥春秋左氏傳、㈦大學、㈧中庸、㈨論語、㈩孟子。

以上共白文四八三三七九字

二、今註仿資治通鑑今註體例，除對單字詞語詳加註釋外，地名必註今名，年份兼註公元，衣冠文物莫不詳釋，必要時並附古今比較地圖與衣冠文物圖案。

三、全書白文約五十萬言，今註假定占白文百分之七十，今譯等於白文百分之一百三十，合計白文連註譯約為一百五十餘萬言。

四、各書按其分量及難易，分別定期於半年內，一年內或一年半內繳清全稿。

五、各書除付稿費外，倘銷數超過二千部者，所有超出之部數，均加送版稅百分之十。

稍後，中華文化復興運動推行委員會制定工作實施計畫，余以古籍之有待於今註今譯者，不限於經部，且此種艱巨工作，不宜由獨一出版家擔任，因即本此原則，向推行委員會建議，幸承接納，經於工作計畫中加入古籍今註今譯一項，並由其學術研究出版促進委員會決議，選定第一期應行今註今譯之古籍約三十種，除本館已先後擔任經部十種及子部二種外，徵求各出版家分別擔任。深盼羣起共鳴，一集告成，二集繼之，則於復興中華文化，定有相當貢獻。

本館所任之古籍今註今譯十有二種，經慎選專家定約從事，閱時最久者將及二年，較短者不下一年，則以屬稿諸君，無不敬恭將事，求備求詳；迄今祇有尚書及禮記二種繳稿，所有註譯字數，均超出原預算甚多，以禮記一書言，竟超過倍數以上。茲當第一種之尚書今註今譯排印完成，問世有日，謹述緣起及經過如右。

王雲五　一九六九年九月二十五日

目次

【上冊】

嘉遯篇　第一

【篇旨】　本篇透過懷冰先生及赴勢公子的對話，表現葛洪對於政治的隱逸思想。他藉著懷冰先生的話，引出道德修養達到最高境界的至人，應當以無為為本，將精神寄託於空虛冷漠的地方，意志不被利祿所役使，就不會遭到傷害與屈辱；同時至人不在險途上徘徊，就不會有傾墜的禍患。並力證入朝做官的就是對，而樂隱居的賤民就是錯誤的思想，提出「出處之事，人各有懷」的觀點。由此亦可見魏、晉時期隱逸的觀念及隱士的心態。

抱朴子曰：「有懷冰先生者，薄周流㊀之棲遑㊁，悲吐握㊂之良苦。讓膏壤於陸海，爰躬耕乎斥鹵㊃。秘六奇㊄以括囊，含琳琅㊅而不吐。謐清音則莫之或聞，掩輝藻則世不得郇覯。背朝華於朱門，保恬寂乎蓬戶㊆。絕軌躅㊇於金、張㊈之閭，養浩然於幽人之仵㊉。」

【今註】㊀周流：周遊。㊁棲遑：忙碌奔波的樣子。㊂吐握：吐哺握髮，形容延攬人才而操心忙碌。《史記》卷三十三〈魯周公世家〉：「周公戒伯禽曰：『我文王之子，武王之弟，成王之叔父，我於天下亦不賤矣。然我一沐三捉髮，一飯三吐哺，起以待士，猶恐失天下之賢人。』」㊃斥鹵：指鹽鹹之地，不宜耕種。㊄六奇：指出奇制勝的謀略。《史記》卷一百三十〈太史公自序〉：「六奇既用，諸侯賓從於漢；呂氏之事，平為本謀，終安宗廟，定社稷。作《陳丞相世家第二十六》。」㊅琳琅：精美的玉石。此喻珍異的言論。㊆蓬戶：指簡陋的屋舍。㊇軌躅：車轍軌跡。㊈金、張：喻權貴之家。漢宣帝時，金日磾、張安世並為顯宦，後世言貴族者，輒並舉金、張。㊉養浩然於幽人之作：陳澧、楊明照皆以為「作」當作「伍」。

【今譯】　抱朴子說：「有一位懷冰先生，他鄙薄孔子的周遊列國，忙碌奔波；對周公為延攬人才而操心良苦，也感到可悲。他寧願讓出肥沃的田地，而在鹽地上親自耕種。他將六奇謀略全部藏起來，口含珍異的言論而不吐露。清音安靜，好像什麼也沒有一樣，或者掩耳不聽華麗的辭藻，這樣世人也就看不到他了。他背棄豪門的奢侈生活，而在陋舍裡過著恬靜的日子；絕不徘徊於權貴之家，而跟隱逸之士為伍，涵養他的浩然之氣。」

「謂榮顯為不幸，以玉帛為草土。抗靈規於雲表，獨違今而遂古。庇峻岫㈠之巍峨，藉翠蘭之芳茵。漱流霞之澄液，茹八石㈡之精英。思眇眇焉若居乎虹霓之端，意飄飄焉若在乎倒景之鄰。萬物不能攪其和，四海不足汩其神。」

【今註】㈠岫：山洞。㈡八石：指朱砂、雄黃、雌黃、雲母、空青、硫黃、戎鹽、硝石等八種藥石。

【今譯】「他把榮華顯貴視為不幸，把玉帛視同草木與泥土。在雲天之外和神靈規則相抗衡，獨自違逆當今而順從遠古。他棲居在巍峨的山洞裡，墊著翠蘭的芳草，用流霞清淨的水來漱口，吃的是藥石的菁華。他神思深遠，好像是在虹霓之間，意念飄飄，彷彿是與倒影為鄰。萬事萬物不能攪亂他那安靜平和的境界，天下四海不足以擾亂他的神思。」

於是有赴勢公子聞之，慨然而歎曰：「『空谷有項領㈠之駿者，孫陽㈡之恥也；太平遺冠世之才者，賞真之責也。安可令俊民全其獨善之分，而使聖朝乏乎元凱㈢之用哉？』」

【今註】㈠項領：大也。《詩經・小雅・節南山》：「駕彼四牡，四牡項領。」毛《傳》：「項，百姓沒有比屋而封，所以有的人負鼎而龍躍，有的人扣角以鳳歌，紛紛出任。不須要蒲車到來才動身，不必等待周文王來才興盛。』

『潛初㈠飛五㈡，與時消息㈢。進有攸往之利㈣，退無濡尾㈤之累。明哲以保身，宣化以濟俗。使夫承蘭風以傾柯，濯清波以遺穢者，若沈景㈥之應朗鑒㈦，方圓之赴規矩。故勳格上下，惠沾八表㈧。』

【今註】㈠潛初：指《易經・乾卦》：「初九，潛龍勿用。」意謂情況不利時，應當隱忍潛藏，以等待時機。㈡飛五：指《易經・乾卦》：「九五，飛龍在天，利見大人。」意謂條件成熟時，如飛龍升騰上天，可以施展抱負。㈢與時消息：《易經・豐卦・彖傳》：「天地盈虛，與時消息。」消息，消長；出處。㈣攸往之利：《易經・坤卦》：「君子有攸往，先迷後得，主利。」意謂君子有所前進，終究能得到利益、好處。㈤濡尾：指沒有利處，語出《易經・未濟卦》：「未濟，亨，小狐汔濟，濡其尾，無攸利。」意謂狐狸涉水時，舉尾不使溼，極為困頓時才弄溼尾巴，這裡比喻處境困難，不能成功。㈥沈景：水中皓月的影子。㈦朗鑒：明亮的鏡子。這裡代指圓月。㈧八表：指極遠的地方。

【今譯】　『形勢不利就潛藏，時機一到就如龍騰發，依據時勢決定出處進退；那麼前進會有益處，後退也沒有濡尾力不勝任的牽累。洞察哲理以保全自身，宣教化育，救濟時俗。使得承受如在君子蘭風教化吹拂之下樹枝傾斜，用清水來洗濯除去污穢的東西，這就如同水中月影回應天上明月，方圓之物接受規矩的節制一般。所以功勳達到上下天地，恩惠普及四方八表。』

『夫有唐㈠所以巍巍㈡，重華㈢所以恭己㈣，西伯㈤所以三分㈥，姬發㈦所以革命㈧，桓、文㈨所以一匡，漢高㈩所以應天，未有不致㈡群賢為六翮㈡，託豪傑為舟楫者也。若令各守洗耳㈢之高，人執耦耕㈣之分，則稽古之化不建，英明之盛不彰，明良之歌㈤不作，括天之網不張矣。』

【今註】㈠有唐：指唐堯。㈡巍巍：語出《論語・泰伯篇》：「子曰：大哉！堯之為君也！巍巍乎！唯天為大，唯堯則之。」㈢重華：指虞舜。㈣恭己：端正己身。語出《論語・衛靈公篇》：「子曰：無為而治者，其舜也與？夫何為哉？恭己、正南面而已矣。」㈤西伯：指周文王。曾為西方諸侯之長。㈥三分：三分天下有其二。語出《論語・泰伯篇》：「三分天下有其二，以服事殷。周之德，其可謂至德也已矣。」㈦姬發：指周武王，姬姓，名發。㈧革命：指誅滅商紂王，建立新朝。㈨桓、文：指春秋五霸之齊桓公、晉文公。㈩漢高：指漢高祖劉邦。㈠致：楊明照《抱朴子外篇校箋・上》校改為「鼓」字。㈡六翮：鴻鵠的六根健羽滿，翮音ㄏㄜˊ。㈢洗耳：比喻隱逸的人。傳說堯召許由為九州長，許由認為是對自己的侮辱，於是洗耳於潁水之濱。㈣耦耕：兩人合力耕田，謂之「耦耕」。㈤明良之歌：《尚書・益稷》載歌讚美君王及大臣曰：「元首明哉，股肱良哉，庶事康哉。」從首二句各取一字，即明良之歌。

【今譯】　『唐堯的功業巍巍崇高，舜恭己招賢，西伯三分天下有其二，周武王所以革命，齊桓公和晉文公匡正天下，前後成為中原霸主，漢高祖應天建立漢朝，無不是靠著群賢豪傑來輔佐自己，以為展翅騰飛的健羽、橫渡江河的舟楫的。如果大家都像許由那樣隱居不仕，人人都安於農耕的本分，那麼遠古的文明就不可能建立，英明的盛世就不可能彰顯，明良的歌曲就不可能製作，括天的網就不可能擴張。』

『故藏器者珍於變通隨時，英逸者貴於吐奇撥亂。若乃耀靈翳景於雲表，則麗天之明不著。哮虎韜牙而握爪，則搏噬之捷不揚。太阿㈠潛鋒而不擊，則立斷之勁不顯。驥騄㈡踠趾而不馳，則追風之迅不形。并默則子貢㈢與喑者同口，咸瞑則離朱㈣與矇瞽不殊矣。先生潔身而忽大倫之亂，得意而忘安上之義。存有關機之累，沒無金石之聲㈤。庸人且猶憤色，何有大雅而無心哉？』

【今註】㈠太阿：古代利劍名。㈡驥騄：良馬名。㈢子貢：孔子弟子，善於利口巧辭。《論語·先進篇》：「言語：宰我、子貢。」㈣離朱：明目的人，為黃帝時臣。《淮南子·原道篇》：「離朱之明，察箴末於百步之外。」㈤金石之聲：比喻文章傳世。

【今譯】『所以，有才能的人珍惜隨時變通，英逸的人注重於出謀策略與撥亂返正。至於光耀的神靈躲藏在雲端裡，附著的天光就不顯著；咆哮的猛虎藏牙而握爪，它的搏噬的敏捷就表現不出來；太阿寶劍放著不用，它立斷的鋒芒就顯露不出來；驥騄良馬曲腿伏地而不奔馳，它的追風的速度就不會形成；大家都沉默不語，善於辭令的子貢就跟啞子一樣，人人都看不見，明察毫末的離朱就跟瞎子沒什麼差別。先生潔身自好，而疏忽君臣倫常的混亂，先生怡然自得，而忘記鞏固皇上的道義。活著有重大的牽連，死了卻沒有響亮的名聲。對此，平庸之人尚且懷著憤怒，何況大雅之才，難道就不動心了嗎？』

『夫繩(一)舒則木直，正進則邪凋，有虞(二)舉則四凶(三)戮，宣尼任則少卯梟(四)。猶震雷駭則蟄(五)鼓堙，朝日出則螢燭(六)幽也。不拯招魂之病(七)，則無以效越人(八)之絕伎。不獎多難之世，則無以知非常之遠量。高拱(九)以觀溺，非勿踐之仁(一〇)也。懷道以迷國(一一)，非作者(一二)之務也。若俟中唐(一三)殖占日之草(一四)，朝陽繁鳴鳳之音(一五)，郊踦獨角之獸(一六)，野攢(一七)連理之林(一八)。長旌卷而不懸(一九)，干戈戢而莫尋。少伯(二〇)方將告退於成功，孰能相擢(二一)乎陸沈(二二)哉？深願先生不遠迷復(二三)哉？』」

【今註】(一)繩：指墨繩。(二)有虞：指虞舜。古帝舜，曾封於虞，故稱。(三)四凶：指堯時共工、驩兜、三苗、鯀等四凶族。《尚書・舜典》：「流共工于幽州，放驩兜于崇山，竄三苗于三危，殛鯀于羽山。」(四)宣尼任則少卯梟：宣尼指孔子，漢平帝於元始元年（公元元年），曾追謚孔子為「褒成宣尼公」。少卯，少正卯，春秋魯大夫。《荀子・宥坐篇》載：「孔子為魯攝相，朝七日，而誅少正卯。」理由是：孔子認為少正卯「心達而險、行辟而堅、言偽而辯、記醜而博、順非而澤」之五惡亂政罪名將他誅殺。《淮南子・氾論篇》：「孔子誅少正卯，而魯國之邪塞。」高誘《注》：「少正，官，卯其名也。魯之諂人。」㊄鼛：音ㄍㄠ，古代有役事時擊以召人的大鼓。《周禮・地官・鼓人》：「以鼛鼓鼓役事。」鄭玄《注》：「鼛鼓，長丈二尺。」㊅螢燭：螢光。㊆招魂之病：指瀕死的疾病。㊇越人：指扁鵲，勃海郡鄭人，姓秦，名越人。為古代名醫。曾以鍼石使已死的虢太子復蘇。見《史記》卷一百五〈扁鵲倉公列傳〉。㊈高拱：高拱雙手，比喻無所作為。㊉勿踐之仁：仁慈之心，不忍踐踏生物。⑪懷道以迷國：有道君子不出仕，眼看國家陷於混亂之中。《論語・陽貨篇》：「懷其寶而迷其邦，可謂仁乎？」⑫作者：指聖人孔子。《禮記・樂記篇》：「故知禮樂之情者能作，識禮樂之文者能述。作者之謂聖；述者之為明。」⑬中唐：指廟堂中庭。《詩經・陳風・防有鵲巢》：「中唐有甓。」毛《傳》：「中，中庭也；唐，唐塗也。」⑭占日之草：瑞草。如紫芝、朱草之類。⑮鳴鳳之音：鳳凰迎日和鳴，為太平吉祥的景象。⑯獨角之獸：即麒麟，傳說牠麇身、牛尾、一角。舊說天下太平，麒麟就會出現在郊外。⑰攢：音ㄘㄨㄢˊ，聚集。⑱連理之林：謂不同根的樹木，其枝幹連生在一起。⑲長旌卷而不懸：招賢的旌旗捲了起來。傳說古代有懸旌旗招賢的禮儀，故云。⑳少伯：范蠡，字少伯，春秋越之大夫，輔佐越王句踐滅亡了吳國，然後功成身退，泛舟五湖而去。詳見《史記》卷四十一〈越王句踐世家〉。㊁擢：提拔；任用。㊂陸沈：指沉淪於民間的隱逸之士。《莊子．則陽篇》：「仲尼曰：是聖人僕也。是自埋於民，自藏於畔，其聲銷，其志無窮，其口雖言，其心未嘗言，方且與世違而心不屑與之俱。是陸沈者也。」㊃迷復：迷失道路，不能歸回原處。

【今譯】『墨繩舒展，所量裁的木材就會筆直；進用正人君子，奸邪小人就會凋零。堯舉用賢才，四凶族就被殺戮，孔子任魯司寇，少正卯就被處死，這就像雷霆震駭，鼙隆的鼓聲就被埋沒了；早上太陽出來，螢燭就顯得幽暗。不會拯救垂死的病人，就表現不出名醫扁鵲的絕技；不會輔助君王渡過多難之世，就無法知道臣僚異常的遠大壯志。高拱雙手，坐視落水者淹死，這不符合不忍踐踏生物的仁者之心。有道的君子眼看著國家陷入迷亂而不匡救，這也不是聖人孔子所贊成的作法。如果等到廟堂大路上種植占日之草，太陽剛出時鳴鳳之音不已，郊外跱立著獨角之獸，田野上叢生著連理並枝的樹木。天下太平，招賢的旌旗捲起來了；戰事平息，武器都收藏起來了。那正是像范蠡這般有為之士功成身退的時候，又會有誰前來提拔任用隱逸之士呢？我殷切地盼望先生能夠迷途知返。』」

於是懷冰先生蕭然㊀遐眺，遊氣天衢㊁，情神遼緬，旁若無物。

俯而答曰：「『嗚呼！有是言乎？蓋至人㈢無為，棲神沖漠。不役志於祿利，故害辱㈣不能加也；不躧跱㈤於險途，故傾墜不能為患也。藜藿㈥不供，而意佚於方丈㈦；齊編庸民㈧，而心歡於有土㈨。寢宜僚㈩之舍，閉干木㈡之閭，攜莊、萊㈢之友，治陋巷之居。確岳峙㈢而不拔，豈有懷於卷舒㈣乎？』

【今註】㈠蕭然：平靜、淡漠、悠閑貌。㈡天衢：指天路。㈢至人：修養至最高境界的人。《莊子・知北遊篇》：「聖人者，原天地之美，而達萬物之理，是故至人無為，大聖不作，觀於天地之謂也。」㈣害辱：孫星衍依《藏》本校改為「害而」。㈤躧跱：音ㄔㄨˇ ㄔˊ，踟躕（音ㄔㄨˊ ㄔㄨˊ）；徘徊不前。㈥藜藿：音ㄌㄧˊ ㄏㄨㄛˋ，指賤菜粗食。㈦方丈：指菜餚豐盛，擺了一丈見方。《孟子・盡心篇・下》：「食前方丈，侍妾數百人，我得志弗為也。」趙岐《注》：「極五味之饌食，列於前方一丈。」㈧齊編庸民：編入戶籍的平民。庸民，平民。㈨有土：領有封邑的人物。指王侯之類。㈩宜僚：熊宜僚，春秋末年楚國之勇士，居於市南，因號市南子。事見《左傳》哀公十六年、《莊子・徐无鬼篇》、《太平御覽》卷五百九引嵇康《聖賢高士傳》。㈡干木：段干木，戰國著名的賢者。隱居魏國，不受官祿。魏文侯曾請他出任魏相，他加以拒絕。見《呂氏春秋・開春論・期賢篇》。㊁莊、萊：指莊子、老子。㊂岳峙：像山岳聳峙。㊃卷舒：施展才能。

【今譯】　懷冰先生聽了赴勢公子的話之後，神色冷淡悠閑的樣子，遠遠地眺望天空，精氣沿著天路飛行，情思到達了極遠的地方，旁若無人。俯身向下回答道：「『啊！竟然有這樣的話？道德修養達到最高境界的至人，以無為為本，將精神寄託於空虛冷漠的地方。意志不為利祿所役使，所以就不會遭到傷害與屈辱；同時至人不在險途上徘徊，所以就不會有傾墜的禍患。有些人雖然連野菜也吃不飽，但他的精神安逸勝過了享受豐厚宴席的人；雖然身為編戶為普通百姓，但心情的歡愉勝過了王侯。住在如同市南子宜僚的百姓房舍裡，關上像段干木那樣的屋門，攜手與莊子、老萊子那樣的人做朋友，再修治陋巷的居宅。這種志向就像山岳聳峙不動那樣堅定不移，難道還懷有施展抱負、求取功名的念頭嗎？』

『以慾廣則濁和，故委世務而不紆眄㊀；以位極者憂深，故背勢利而無餘疑。其貴不以爵也，富不以財也。侶雲鵬㊁以高逝，故不縈翮㊂於腐鼠。以蕃、武㊃為厚誡，故不改樂於簞瓢㊄。』

【今註】 ㈠紆眄：音ㄩ ㄇㄧㄢˇ，顧視；關注。㈡雲鵬：指大鵬鳥。見《莊子・逍遙遊篇》。㈢縈翮：音ㄧㄥˊ ㄏㄜˊ，捲起翅膀，有所注意。㈣蕃、武：陳蕃與竇武，均為東漢大臣。東漢靈帝時，陳蕃為太傅，與竇武合謀誅除宦官，事敗陳蕃被殺，竇武被迫自殺。㈤不改樂於箪瓢：安於貧賤的生活，而自得其樂。《論語・雍也篇》說顏回「一箪食，一瓢飲，在陋巷，人不堪其憂，回也不改其樂。」箪，音ㄉㄢ，盛飯的圓形竹器；瓢，舀水的器具。

【今譯】『慾望廣了，就會貪濁不清，所以要委棄世務，不被世事所糾纏。覬覦高官極位，是很危險的，所以要背棄勢利，不留餘地。不以爵為貴，不以財為富。與大鵬鳥結伴，遠翔天空，就不會圍繞著腐鼠而盤旋。以陳蕃和竇武事例為嚴重教訓，就不會改變那樂於貧寒生活的境況。』

『且夫玄黃㈠遐邈，而人生倏忽，以過隙㈡之促，託罔極㈢之間，迅乎猶奔星㈣之暫㈤見，飄乎似飛矢之電經㈥。聊且優游以自得，安能苦形於外物哉？夫鸞不結網㈦，驎不墮穽㈧，相㈨彼鳥獸，猶知為患；風塵之徒㈩，曾是未吝也？』

【今註】㈠玄黃：天地。㈡過隙：形容時光飛逝。《莊子・知北遊篇》：「人生天地之間，若白駒之過郤（隙），忽然而已。」㈢罔極：無極，無窮盡。㈣奔星：指流星。㈤蹔：同「暫」。《列子・楊朱篇》：「其法可蹔行於一國，未合於人心。」㈥飛矢之電經：空中的閃電一過，如同飛箭的迅速。經，過。《小爾雅・廣詁》：「經，過也。」㈦鸞不絓網：鸞鳳不會去觸犯網羅。鸞，今本作「鳶」，孫星衍從《意林》校改為「鸞」字。絓，絆住。㈧驎不墮穽：麒麟太平之世才會出現，因此不會落入陷阱。驎，麒麟。穽，音ㄐㄧㄥˇ，同「阱」字，陷阱之意。㈨相：視，看。《詩經・小雅・伐木》：「相彼鳥矣，猶求友聲。」鄭《箋》：「相，視也。」㈩風塵之徒：指奔競仕途的人。

【今譯】『天地久違，而人生短暫，以短促的生命，寄託於無限的空間，猶如流星的閃現，好像飛矢的飄過。聊且優游自得，怎麼能使身體經受外物的勞苦呢？鸞鳳不會被網絆住，麒麟不會掉落陷阱，只要看那鳥獸，就可知道是如何造成禍患的；但是熱衷仕途的風塵之徒，則不會吝惜自己的生命呢？』

『若夫要離㈠滅家以效功，紀信㈡赴燔以誑楚，陳賈㈢刎頸以證弟，仲由㈣投命而葅醢，嬴門㈤伏劍以表心，聶政㈥感惠而屠葅，荊卿㈦絕臏以報燕，樊公㈧含悲而授首，皆下愚之狂惑，豈上智之攸取哉？』

【今註】㈠要離：為春秋時刺客，吳人。為謀刺公子慶忌，他請吳王斷其右臂，殺其妻子，假裝得罪出走，至衛，又假獻破吳之計。後與慶忌同舟渡江時，刺死慶忌，而後自殺。故云其「滅家以效功」。事見《呂氏春秋・忠廉篇》、《吳越春秋・闔閭內傳》、《淮南子・齊俗篇》。㈡紀信：秦末為劉邦將，項羽圍滎陽，紀信詐降而乘黃車，漢王則從西門出。項羽見紀信，知受騙，燒殺之。見《史記》卷七〈項羽本紀〉。㈢陳賈：不知何許人。㈣仲由：指子路，為孔子弟子，任衛大夫孔悝宰輔，後被殺醢之。《禮記・檀弓篇・上》：「孔子哭子路於中庭，有人弔者，而夫子拜之。既哭，進使者而問故，使者曰：『醢之矣。』」投命，甘心赴死。葅醢，音ㄐㄩ ㄏㄞˇ，被剁成肉醬。㈤嬴門：1.侯嬴，戰國時人，隱居於魏，為大梁夷門守門吏。信陵君對他非常尊敬，以隆重的禮節待他。他後來為信陵君出謀劃策，並自刎以報知遇之恩。見《史記》卷七十七〈魏公子列傳〉。2.疑指雍門子狄，為戰國時齊國烈士，因越甲事，刎頸而死，見《說苑・立節篇》。㈥聶政：戰國時韓國人。因嚴遂與韓相俠累爭權，受雇報仇，故入相府，刺死俠累，然後以刀自割其面，又自破肚出腸而死。

見《史記》卷八十六〈刺客列傳〉。㈦荊卿：指荊軻，戰國之魏人，遊歷燕國，被稱為荊卿。燕太子丹尊為上卿。刺殺秦王不中，被殺。絕臏，折斷脛骨，這裡指被砍斷腿。㈧樊公：指樊於期。因荊軻刺秦王事，而甘願自刭獻出首級。見《史記》卷八十六〈刺客列傳〉。

【今譯】 『至於要離用斷手殺妻的方法、來報效吳王，紀信因欺騙楚王項羽而被燒死，陳賈用自殺來證明弟弟的無罪，子路為效命衛大夫孔悝而自投死地被剁成肉泥，侯嬴伏劍自殺以報知遇之恩，聶政為感激他人的恩惠而自殘形體，荊軻行刺秦王而被砍斷了腿、以報答燕太子，樊於期含著悲痛獻上頭顱，這些都是愚蠢人的瘋狂迷亂的行為，難道是上智之人應該採取的行為嗎？』

『蓋祿厚者責重，爵尊者神勞。故漆園㈠垂綸，而不顧卿相之貴；柏成㈡操耜，而不屑諸侯之高。羊說㈢安乎屠肆，楊朱㈣吝其一毛。僥求㈤之徒，昧乎可欲，集㈥不擇木，仕不料世㈦，貪進不慮負乘之禍㈧，受任不計不堪之敗。論榮貴則引伊、周㈨以救溺，言亢悔㈩則諱覆餗㈡而不記。伺河龍之睡而撥明珠㈢，居量表之寵㈢而冀無患。耽漏刻⑭之安，蔽必至之危。無朝菌之榮⑮，望大椿之壽⑯。似蹈薄冰以待夏日，登朽枝而須⑰勁風；淵魚之引芳餌，澤雉之咽毒粒；咀漏脯⑱以充飢，酣鴆酒⑲以止渴也。』

【今註】㊀漆園：地名，莊子嘗為漆園吏，故此指「莊子」。莊子釣於濮水，楚王派使者來迎，許以為相。莊子持竿不顧。見《莊子・秋水篇》。㊁柏成：指伯成子高，為堯時諸侯，至禹辭諸侯而耕，不願出仕。見《莊子・天地篇》。㊂羊說：指屠羊說，楚昭王臣。昭王失國，嘗從昭王徙，歸國後獎賞他，不就，願返回屠羊之肆。見《莊子・讓王篇》。㊃楊朱：戰國時的思想家，提出「為我」的觀點，主張全性保真，不以物累身。《孟子・盡心篇・上》：「楊子取為我，拔一毛而利天下，不為也。」㊄僥求：孜孜不已地追求私利。㊅集：擇息。㊆料世：審度、考察世情。㊇負乘之禍：負載為小人之事，車是貴人乘坐之物。小人乘坐君子之車，喻小人居君子之位，則必有禍患。見《易經・解卦》。㊈伊、周：指伊尹與周公。㊉亢悔：陽極則亢，亢則有悔。意謂處高位，盛極則衰。⑪覆餗：鼎中的食物翻倒在地。比喻力道不勝，遭致重大挫敗。《易經・鼎卦》：「鼎折足，覆公餗。」餗，音ㄙㄨˋ。⑫伺河龍之睡而撥明珠：見《莊子・列禦寇篇》：「河上有家貧恃緯蕭而食者，其子沒於淵，得千金之珠。其父謂其子曰：『取石來鍛之！夫千金之珠，必在九重之淵而驪龍頷下，子能得珠者，必遭其睡也。使驪龍而寤，子尚奚微之有哉！』」意謂：河上之子從深淵中得到千金之珠。其父曰：千金之珠必在九重之淵、在驪龍頷下。你能得到明珠，必定是乘龍睡覺之時。假如驪龍醒了，你能不被牠吃掉嗎？㈢量表之寵：指表面的寵愛。㈣漏刻：指時間，猶言「頃刻」。

㈤無朝菌之榮：言生命之短促，不及朝生暮死的朝菌。《莊子・逍遙遊篇》：「朝菌不知晦朔。」

㈥大椿之壽：《莊子・逍遙遊篇》說：上古有大椿者，以八千歲為春，八千歲為秋。㈦須：等待。

㈧漏脯：腐敗的乾肉；變質的乾肉。隔宿而為屋漏水所浸的肉有毒。《抱朴子・內篇・微旨篇》曰：「譬若以漏脯救飢，鴆酒解渴，非不暫飽，而死亦及之矣。」㈨鴆酒：鴆，音ㄓㄣˋ，毒酒。傳說鴆鳥之羽，有巨毒，以之浸酒，飲之立死。

【今譯】　『俸祿多的人責任重大，爵位高的人費神勞苦；所以莊子寧願在漆園垂釣隱居，而不顧卿相之貴，伯成子高親自耕種而不屑諸侯的高位；羊說安於肆屠的生活，楊朱吝惜自己身上的一根毛。而那些僥求祿利爵位的人，受到慾望的蒙蔽，他們既不選擇主君，也不考慮世道是否應該出仕，他們只是一味追求進取，而不想到處在非分之位置將會招來禍害，擔負難以承擔之責任將會導致失敗。論及榮華富貴，就引述伊尹與周公救溺的事跡，言語甚悔恨，就迴避失敗而不記載。等待河龍睡著的時侯，就去撥動明珠；仗恃表淺寵愛的時侯，就希望永遠沒有禍患。滿足於暫時的安逸，就看不到必然發生的危險。沒有朝菌那樣短暫的生命，就想要有大椿似的的長壽。就好像踏在薄冰上等待炎熱的夏天，攀登枯朽樹枝遭遇勁風；這就好像淵魚被芳餌所引，澤雉咽吞毒粒；吃有毒的乾肉來充飢，喝有毒的鴆酒來止渴一樣。』

『昔箕子覩象箸而流泣㈠，尼父聞偶葬而永歎㈡；蓋尋微以知著，原始以見終。然而闇夫蹈機不覺㈢，何前識之至難，而利欲之疢篤㈣邪？周成賢而信流言㈤，公旦聖而走南楚㈥，託〈鴟鴞〉以告悲㈦，賴金縢以僅免㈧。況能寤之主，不世而一有；不悅之謗，無時而蹔乏。德不以激烈風而起僰禾㈨，事不以載珪璧而稱多才㈩，嗟泣靡及，宜其然也。』

【今註】㈠箕子覩象箸而流泣：箕子見紂用象牙筷子，認為是淫佚腐化的開端，於是向紂王進諫。《史記》卷三十八〈宋微子世家〉：「紂始為象箸，箕子歎曰：『彼為象箸，必為玉桮；為桮，則必思遠方珍怪之物而御之矣。輿車馬宮室之漸自此始，不可振也。』」象箸，象牙所製的筷子。㈡尼父聞偶葬而永歎：孔子聽說有人用木偶人陪葬，因而長歎。《孟子・梁惠王篇・上》：「仲尼曰：『始作俑者其無後乎？為其象人而用之也。』」㈢闇夫蹈機不覺：愚昧的人踏著禍機卻無所知覺。機，變化之樞紐。㈣疢篤：疢同疢，音ㄔㄣˋ，疾病嚴重。㈤周成賢而信流言：周成王年少時，周公代為攝政。管叔等散布流言說：「周公將不利於成王。」㈥公旦聖而走南楚：《史記》卷三十三〈魯周公世家〉載：「成王用事，人或譖周公，周公奔楚。」㈦託〈鴟鴞〉以告悲：〈鴟鴞〉（音ㄔ ㄒㄧㄠ）是《詩經・豳風》中的一篇。〈毛詩序〉說：「成王未知周公之志，公乃為詩以遺王。」㈧賴金縢以僅免：金縢（音ㄊㄥˊ），指以金緘之的櫃子，不欲人開啟。依《尚書・金縢》記載：「周公居東二年，則罪人斯得，于後公乃為詩以貽王，名之曰：〈鴟鴞〉……王與大夫盡弁，以啟金縢之書，乃得周公所自以為功代武王之說。」故知周公因寫〈鴟鴞〉一詩表露自己的悲哀，才避免了周成王的誤會。㈨激烈風而起斃禾：據說周成王時的一個秋天，狂風大作，雷電交加，稻穀偃倒，樹木拔起，國人大恐。周成王於是啟金縢之書，乃明白周公之忠誠，於是禮迎周公。此時「天乃雨，反風，禾則盡起」。古人認為，烈風使稻禾復起是周公德化感應所至。㈩載珪璧而稱多才：《尚書・金縢》說：周公曾以珪璧禮祠神靈，說自己「多材多藝，能事鬼神」，要求以身代替周武王死。

【今譯】『從前，箕子看到紂王使用象牙筷子，不禁哭泣流涕；孔子聽說用偶人殉葬，發出深沉的歎息；大概他們能夠看到細微而知道全部，追溯根源就可以預見事物的結果。但是那些愚闇的人，踏上危險的機關而不發覺，為什麼預先認識是如此的困難，利欲薰心是病得如此的嚴重呢？周成王是賢明的君主，但他仍聽信了流言；周公旦是聖人，但他不得不南奔楚國；周公託〈鴟鴞〉這首詩表達內心的悲痛之情，又靠著金縢秘冊才得以僅免於禍患。況且能夠覺悟的君主是難得一個的，而令人不悅的誹謗卻無時不有。如果德行不像周公那樣足以感動天地、使得大風把吹倒的稻禾重新扶起，事情不像周公置璧持珪、自稱多才、要求以身代替武王去死那樣明白，那麼也難怪最後連嗟歎泣涕都來不及，這是很自然的。』

『夫漸漬㊀之久，則膠漆解堅；浸潤之至，則骨肉乖析㊁；塵羽之積，則沈舟折軸㊂；三至之言，則市虎以成㊃。故江充㊄疏賤，非親於元儲㊅；後母假繼，非密於伯奇㊆；而掘梗之誣㊇，滅父子之恩；袖蜂之誑㊈，破天性之愛。又況其他，安可自必㊉。嗟乎！伍員㊁所以懷忠而漂尸；悲夫！白起㊂所以秉義而刎頸也。蓋徹鑒所為寒心，匠㈢人之所眩惑矣。』

【今註】㈠漸漬：浸泡；浸潤。㈡乖析：背離；分裂；分離。㈢塵羽之積，則沈舟折軸：謂積少成多，累輕為重，足以沉舟或折斷車軸。㈣三至之言，則市虎以成：即「三人市虎」的意思，比喻以訛傳訛。《戰國策・魏策》載：一人說街市有虎，則不信；兩人說街市有虎，則開始懷疑；三人說街市有虎，就相信了。比喻眾口一詞，訛傳也會被當真。㈤江充：漢武帝時人，與太子據矛盾，乘武帝患病之際，誣太子使巫蠱，最後被太子舉兵所斬。見《漢書》卷四十五〈蒯伍江息夫傳〉。㈥元儲：皇太子。指戾太子據。太子據是漢武帝之長子，衛皇后所生。㈦伯奇：為周宣王名臣尹吉甫之子，以至孝聞名。母早亡，後母譖之吉甫，吉甫欲殺他，遂亡走山林。《論衡・累害篇》：「後母毀孝子，伯奇放流。」㈧掘梗之誣：指漢武帝時江充誣太子使巫蠱事件。漢時，巫覡常為蠱以害人，常在屋內埋木人以為呪詛。漢武帝病，江充說疾病是由於巫蠱而起，武帝於是任命江充為使者，以治其事。江充誣言在太子宮中掘得木人，欲加害太子。㈨袖蜂之誣：伯奇為尹吉甫前妻所生。其後母欲立其子，乃誣言伯奇侮辱她。尹吉甫不信，後母於是偷偷捉了十幾隻蜂放在單衣中，趁伯奇從身邊走過時說：「蜂子螫我！」伯奇從後母衣袖中捉出蜂子，弄死了牠們。尹吉甫從臺上望見，認為伯奇侮辱其後母，便將伯奇趕出了家。⑩必：肯定；一定。㊁伍員：即伍子胥，春秋時吳王闔閭的大夫，整軍經武，國勢益盛。及吳王夫差時，勸其拒絕越國求和，而被疏遠，後賜劍自殺，浮屍於江中。見《史記》卷六十六〈伍子胥列傳〉。㊂白起：秦昭王之名將，因功封武安君。後為范睢所妒，被迫刎頸自殺。見《史記》卷七十三〈白起王翦列傳〉。㊂匠：楊明照校改為「近」。

【今譯】『在水中浸泡過久，膠漆再堅固也會離散；讒言逐漸地發生作用，親生骨肉也會背離；灰塵羽毛雖輕，累積起來可以將舟船壓沉、使車軸折斷。以訛傳訛的事經過多次重複，說街市上有老虎人們也會相信。所以江充出身卑賤，比不上太子與皇帝的親密。後母乃是繼室，也不及伯奇與親生父親的關係。然而江充藉口挖出了木人以誣陷太子，滅除了漢武帝與太子之間父子恩情；後母利用袖蜂的騙局，破壞了尹吉甫與伯奇之間的父子相愛的人類本性。這些尚且如此，又何況其他的事呢？怎可自認為一定能達到目的呢！可悲的是，伍子胥忠心為國、盡忠於吳王，結果被賜死，屍浮江中；白起秉持節義、有軍功於秦王，結果被迫引劍自刎。這些鮮明的教訓令人寒心，叫近世之人深感迷惑。』

『又欲推短才以釐雷同㊀，仗獨是以彈㊁眾非。然不覩金雖克木，而錐鑽不可以伐鄧林㊂；水雖勝火，而升合不足以救焚山。寸膠不能治黃河之濁㊃，尺水不能卻蕭丘㊄之熱。是以身名並全者甚稀，而先笑後號者多有也。畏亢悔而貪榮之欲不滅，忌毀辱而爭肆之情不遣㊅，亦猶惡溼而泳深淵，憎影而不就陰，穿舟而息漏，猛爨而止沸者也。』

【今註】㊀鳌雷同：糾正世俗雷同之見。《詩經・周頌・臣工》：「王鳌爾成。」鄭《箋》：「鳌，理。」《禮記・曲禮・上》：「毋雷同。」鄭《注》：「雷之發聲，物無不同時應者。人之言當各由己，不當然也。」後代世俗人云亦云，隨聲附和，謂之雷同。㊁彈：彈劾。㊂鄧林：傳說夸父與日競走，棄其杖，化為鄧林。《淮南子・地形篇》：「夸父棄其策，是為鄧林。」㊃寸膠不能治黃河之濁：謂黃河之水甚濁，非一寸之膠所能澄清也。孔融《同歲論》：「阿膠徑寸，不能止黃河之濁。」（《太平御覽》卷七六六所引）㊄蕭丘：北齊劉晝《劉子》卷三〈從化篇〉：「火性宜熱，而有蕭丘寒炎，猶曰火熱，熱者多也。」㊅遣：除去。

【今譯】『又往往試圖推舉才能淺短的人以求去匡正世俗意見的雷同，只認為某一個人是對的，來彈劾眾人的不對。卻不懂得金雖能剋木，但是一錐一鑽卻不能砍伐一片樹林；水雖能勝火，然而一升一合少量的水，是不夠拯救森林裡的山火。一寸阿膠不可能使黃河的濁水澄清，少量的水也不能冷卻蕭丘的寒炎。因此，仕途中身名兩全的人是稀少的，而先得意歡笑、後悲傷號泣的人卻有很多。如果害怕盛極而衰而貪求榮利的欲望不滅，禁忌被毀受辱而爭權奪利的情念不除，那麼就如同厭惡潮濕但仍在深淵中游泳，憎恨影子而不到陰暗的地方去，這就好像鑿穿船體去止住漏洞、在灶下燒起烈火卻想止住鍋中開水的沸騰一樣。』

『夫七尺之骸，稟之以所生㈠，不可受全而歸殘也。方寸之心㈡，制之在我，不可放之於流遁㈢也。躬耕㈣以食之，穿井㈤以飲之，短褐㈥以蔽之，蓬廬㈦以覆之，彈詠㈧以娛之，呼吸以延之，逍遙竹素㈨，寄情玄毫㈩，守常待終，斯亦足矣。且夫道存則尊，德勝㈡則貴；隋珠彈雀㈢，知者不為。何必須權而顯，俟祿而飽哉？』

【今註】 ㈠所生：指父母。㈡方寸之心：胸中一片方寸的空間。㈢流遁：隨波逐流，恣意取樂。㈣躬耕：親自耕種。㈤穿井：鑿井。㈥短褐：短的上衣。㈦蓬廬：形容屋舍的簡陋。㈧彈詠：

彈琴歌詠。㈨竹素：竹簡、絹素。引申為書籍典冊之類。㈩玄毫：指筆墨。代指撰述著作之事。

㈡德勝：楊明照改為「盛德」。㈢隋珠彈雀：隋侯之珠是古代著名的寶珠。《莊子・讓王篇》曰：「以隋侯之珠，彈千仞之雀，世必笑之。是何也？則其所用者重而所要者輕也。」

【今譯】『人的七尺身體，稟受父母而生，不可讓生而健全的身體到頭來因誅殺而殘缺。人心方寸之間，應由我自己控制的，不可讓它放縱、恣意取樂。親自耕種以供給自己的食物，親自掘井以供給自己的飲水。穿著短褐粗衣以遮蔽自己，搭蓋草廬茅舍以覆蓋自己，隨性彈琴歌詠以娛樂自己，一呼一吸以延續生命。逍遙於書籍之中，寄情於筆墨之間，堅守人生的本分，以待生命的終結，這樣也就滿足了。況且有道者自然尊，有德者自然貴；用隋侯之珠去彈打鳥雀，那是得不償失，明智的人是不會做的。為什麼一定要靠權勢而顯貴，靠利祿而飽足呢？』

『且夫安貧者以無財為富，甘卑者以不仕為榮。故幼安浮海而澄神㈠，胡子甘心於退耕㈡。逢、比有令德之罪㈢，信、布陷功大之刑㈣。一枝足以戢鸞羽㈤，何煩乎豐林？潢洿㈥足以泛龍鱗，豈事乎滄海？』

【今註】 ㈠幼安浮海而澄神：幼安，即「管寧」，字幼安，三國時魏人，篤志於學，不樂仕宦，朝廷屢徵不就。當時天下大亂，管寧乃乘桴越海，羈旅遼東三十年，因山為廬，講詩書、明禮讓，百姓多來依從他。見《三國志》卷十一〈魏書・管寧傳〉。澄神，即精神清靜。㈡胡子甘心於退耕：胡子，指胡昭，字孔明，三國時代潁川人。曾經拒絕袁紹的徵召。曹操徵辟，亦不起。躬耕樂道，以經籍自娛，德化感染於一方。見《三國志》卷十一〈魏書・胡昭傳〉。㈢逢、比有令德之罪：逢，指關龍逄，為夏桀的諫士，因進諫夏桀而被殺。見《新序・節士篇》。比，指比干，為紂王諫臣，因進諫商紂而死。見《史記》卷三〈殷本紀〉。令德，美好的德行。㈣信、布陷功大之刑：信，指韓信，淮陰人，為漢初名將，屢建戰功，曾封齊王、楚王，後降封為淮陰侯，為呂后所殺。見《史記》卷九十二〈淮陰侯列傳〉。布，指英布，為漢初名將，封淮南王，後舉兵叛亂，被殺。見《史記》卷九十一〈黥布列傳〉。㈤戢鸞羽：供鳳凰斂起翅膀，以為棲息之所。㈥潢洿：池塘，或指水低窪之處。

【今譯】 『安於貧窮的人以無財產為富貴，甘願卑微的人以不做官為榮耀。所以管寧渡海來到遼東，而心神澄靜歡悅，胡昭甘心情願於躬耕田畝。關龍逄、比干因為擁有美好的德行獲罪，韓信、英布因有巨大的戰功而被殺戮。一條樹枝已經足夠鸞鳳斂翅棲息了，何必還要麻煩那些豐茂的森林呢？淺水低窪的地方已經足夠龍鱗浮游了，難道一定還要到大海裡嗎？』

『藜藿㈠嘉於八珍㈡，寒泉旨於醽醁㈢；攝縷㈣美於赤舄㈤，縕袍㈥麗於袞服㈦；把橦㈧安於杖鉞㈨，鳴條㈩樂乎絲竹；茅茨⑪艷於丹楹⑫，采椽⑬珍於刻桷⑭。登嵩峰為臺榭，疪⑮巖霤⑯為華屋；積篇章為敖庾⑰，寶玄談為金玉；棄細人之近戀，捐庸隸之所欲；遊九皋⑱以含歡，遣智慧以絕俗。同屈尺蠖⑲，藏光守樸；表拙示訥，知止常足。然後咀嚼芝芳，風飛雲浮；晞景九陽⑳，附翼高遊；仰棲梧桐，俯集玄洲㉑。孰與銜轡㉒而伏櫪㉓，同被繡於犧牛㉔哉？』」

【今註】㈠藜藿：兩種野生植物，嫩葉可食。㈡八珍：八種美味食物，當指珍貴食物。一說為龍肝、鳳髓、兔胎、鯉尾、鴞炙、猩唇、熊掌、酥酪。㈢醽醁：音ㄌㄧㄥˊ ㄌㄨˋ，即酃淥，美酒名。㈣攝縷：即「躡履」，指穿鞋，或指普通的鞋子。㈤赤舄：君王所穿的紅色鞋子。㈥縕袍：音ㄩㄣˋ ㄆㄠˊ，粗麻袍子；敝惡之衣；粗賤的衣裳。㈦袞服：指古代帝王及公侯所穿的禮服，衣上繡有日月、山川、龍紋之類的圖紋。㈧把橦：供扶手的木杖；把竿。㈨杖鉞：手持大斧。鉞，圓形大斧。斧是權力的標誌。（一〇）鳴條：風吹樹木發出的聲音。（一一）茅茨：本指茅草所蓋的屋頂，借為茅舍；茅草屋。（一二）丹楹：紅色的梁柱。（一三）采椽：以櫟木作屋椽，不加砍削，形容簡陋的屋舍。（一四）刻桷：雕刻的椽子。桷是方形的屋椽。（一五）庛：楊明照校改為「庇」。（一六）巖霤：音ㄧㄢˊ ㄌㄧㄡˋ，以山崖石窟為屋檐。指山間洞穴。（一七）敖庾：指敖倉，係秦代在敖山上所設置的穀倉，位在河南滎陽東北之敖山上。在此泛指糧倉。（一八）九皋：幽靜的水澤地。（一九）同屈尺蠖：同尺蠖一樣能屈能伸。蠖，音ㄏㄨㄛˋ。（二〇）晞景九陽：到遙遠的天邊去沐浴光影。（二一）玄洲：傳說中的海中仙境。（二二）銜轡：馬套著轡（音ㄆㄟˋ）頭。比喻凡馬。（二三）櫪：馬房。（二四）被繡於犧牛：用於宗廟祭祀的牛，被殺之前，要披以錦繡。見《史記》卷六十三〈老子韓非列傳〉。

【今譯】　『野菜食物比八珍美食嘉美，寒泉清水比醽醁名酒甘甜；穿著普通的鞋子勝過了君王的赤舄，穿著粗賤衣裳勝過了王公貴人的禮服。手持木杖把竿比斧鉞更安全，風吹樹枝比絲竹更好聽。簡陋的茅草房比雕梁畫棟艷麗，普通的民舍比起宮殿珍貴。登上高峰，那是我的臺榭；託庇洞穴，那是我的華屋；積累篇章，那是我的糧倉寶庫；清談名理，那是我的金玉。拋棄小人淺近的追求，捐捨庸隸的慾望；優游於湖澤而心情歡暢，摒棄智慧以斷絕世俗。像尺蠖蟲那樣能屈能伸，藏起光彩，守住真樸。外在表露出樸拙少言，內心保守著知止自足。然後咀嚼服食仙芝仙草，乘風駕雲騰飛高天之上；到遙遠的九陽沐浴光影，隨意展翅遨遊。或者高仰則棲息於梧桐，低俯則聚集於海中仙境的玄洲。誰要做銜轡的老驥，伏在馬棚裡，或者做披掛文繡的犧牛，被牽進廟堂裡呢？』」

赴勢公子曰：「『夫入而不出者，謂之耽寵忘退；往而不反㈠者，謂之不仕無義㈡。故達者以身非我有㈢，任乎所值㈣。隱顯默語，無所必固。時止則止，時行則行。束帛之集㈤，庭燎之舉㈥，則君子道長㈦，在天利見㈧。若運涉陽九㈨讒勝之時，則不出戶庭，括囊㈩勿用。龍起鳳戢，隨時之宜。古人所以或避危亂而不肯入，或色斯而不終日㈡者，慮巫山之失火㈢，恐芝艾之并焚耳。』

【今註】㈠往而不反：隱逸山野之間，不返回人世。《韓詩外傳．卷五》：「朝廷之士為祿，故入而不出；山林之士為名，故往而不返。」㈡不仕無義：意謂不仕朝廷，是不義的行為。《論語．微子篇》：「不仕無義。……君臣之義，如之何其廢之？欲潔其身，而亂大倫。」㈢達者以身非我有：通達者認為生命不屬於自我，而是「天地之委形」。《莊子．知北遊篇》：「舜問乎丞曰：『道可得而有乎？』曰：『汝身非汝有也，汝何得有夫道？』舜曰：『吾身非吾有也，孰有之哉？』曰：『是天地之委形也。生非汝有，是天地之委和也；性命非汝有，是天地之委順也；孫子非汝有，是天地之委蛻也。故行不知所往，處不知所持，食不知所味。天地之強陽氣也，又胡可得而有邪？』」（又見《列子・天瑞篇》）㊃值：遇。㊄束帛之集：朝廷派遣使者攜帶禮物徵召隱士出仕作官。束帛，古代徵聘的禮物。束帛，帛五匹為一束。㊅庭燎之舉：在殿堂前點起大燭，是古代招攬賢者的禮儀。庭燎，庭中用以照明的火炬。㊆君子道長：君子之道得以發展。《易經・泰卦》：「彖曰：『泰，小往大來，吉亨，則是天地交而萬物通也。上下交而其志同也，內陽而外陰，內健而外順，內君子而外小人，君子道長，小人道消也。』」㊇在天利見：天時地利都適合，如飛龍趁勢上天，佔據著有利的地位。《易經・乾卦》：「九五：飛龍在天，利見大人。」大人，指聖明德備之人；利見，利於見大人。㊈陽九：用以指災難之年或厄運，為古代術數之算法。見《漢書》卷二十一上〈律曆志・上〉：「初入元，百六，陽九；次三百七十四，陰九；次四百八十，陽九。」顏《注》引孟康曰：「《易傳》也。所謂陽九之厄，百六之會者也。初入元百六歲有厄者，則前元之餘氣也，若餘分為閏也。《易》爻有九六七八，百六與三百七十四，六乘八之數也，六八四十八，合為四百八十歲也。」……如淳曰：「六八四十八，為四百八十歲，有九年旱。」《漢書》卷二十四上〈食貨志・上〉：

「（王）莽恥為政所致，乃下詔曰：『予遭陽九之厄，百六之會。』」顏《注》：「此曆法應有災歲之期也。」曹植〈漢二祖優劣論〉：「值陽九無妄之世，遭炎光厄會之運。」（《藝文類聚》卷一二、《太平御覽》卷四四七引）⑩括囊：謂隱藏。⑪色斯而不終日：察見容色等細微的跡象，便立即行動，行動迅速。《論語・鄉黨篇》：「色斯舉矣（王引之《經傳釋詞》卷八：「色斯者，狀鳥舉之疾也。」），翔而後集。」⑫巫山之失火：《淮南子・俶真篇》曰：「巫山之上，順風縱火，膏夏紫芝與蕭艾俱死。」

【今譯】　赴勢公子說：「『進入朝廷當官而不想隱退的人，稱作沉醉寵榮而忘卻退縮；志在隱逸山野、往而不返回的人，稱作不仕朝廷、違背仁義。所以，明達通理的人認為身軀、生命並非自己個人所有，而聽任其遇到的具體情況來作決定。無論是隱逸還是顯耀，或者沉默不語，或者發言用世，並非固定不變。時勢當止則止，時勢可行則行。每當朝廷派出使者攜帶束帛的賞賜前來徵辟，或是殿堂點起大燭招聘賢者之時，這正是君子之道得以發展，飛龍在天，有利於面見帝王、施展抱負之時。如果命運碰到災難之年，或者奸人得勢之時，那麼就不要走出門庭，將才智隱藏起來，不用於世。有時像龍一樣飛騰上天，有時像鳳凰捲起翅膀，都應該隨著時勢的變化而選擇適宜的行動。古人所以或者避開危亂而不肯入朝做官，或者察見細微的跡象便迅速離開的原因，是他們考慮到如果發生像巫山大火那樣的災難，會將芝艾仙藥一起燒毀（意謂：不論賢愚，玉石皆焚）。』

『方今聖皇御運㊀，世夷道泰㊁；仁及蒼生，惠風遐邁㊂；威肅鬼方㊃，澤沾九裔㊄；儀坤德以厚載㊅，擬乾穹以高蓋㊆；神化則雲行雨施，玄澤則烟熅汪濊㊇；四門穆穆㊈以博延，主思英逸以俾乂㊉。此乃千載所希值，剖判⑪之一會。而先生慕嘉遁⑫之偏枯⑬，不覺狷、華⑭之患害也；務乎單豹之養內⑮，未睹暴虎之犯外也。是聞涉水之或溺，則謂乘舟者皆敗；以商臣⑯之凶逆，則謂繼體⑰無類⑱也。』」

【今註】㊀御運：治理人世。㊁世夷道泰：天下太平，國泰民安。夷，平。㊂惠風遐邁：祥和之風吹及廣遠之地區。惠風，仁風；和風。《爾雅・釋詁》：「遐，遠也。」又：〈釋言〉：「邁，行也。」㊃鬼方：商、周時期西北之少數民族。此代指邊遠之民。《詩經・大雅・蕩》：「覃及鬼方。」毛《傳》：「鬼方，遠方也。」㊄澤沾九裔：恩澤廣施及四方之地。《方言》卷十二：「裔，夷狄之總名。」郭《注》：「邊地為裔，亦四夷通以為號也。」是九裔即九夷，泛指少數民族。㊅儀坤德以厚載：效法大地之深厚，普載萬物。《易經・說卦》：「坤，地也。」㈦擬乾穹以高蓋：像天一樣籠蓋萬物。乾為天，形如穹廬，故云。《易經・說卦》：「乾，天也。」《文選》卷三十謝惠連〈七月七日夜詠牛女詩〉「瞬目矖曾穹」李《注》：「穹，天也。」《詩經・小雅・正月》：「謂天蓋高。」㈧玄澤則烟熅汪濊：天子之恩澤如同雲煙，籠罩天地間。烟熅，指天地蘊含的精氣。《文選》卷十一王延壽〈魯靈光殿賦〉：「含元氣之烟熅。」張載《注》：「烟熅，天地之蒸氣也。」汪濊，深廣之貌。《文選》卷四十四司馬相如〈難蜀父老〉：「湛恩汪濊。」李《注》引張揖曰：「汪濊，深貌也。」㈨四門穆穆：宮門雍和美好的樣子，語出《尚書・舜典》：「賓于四門，四門穆穆。」孔《傳》：「穆穆，美也。四門，四方之門。舜流四凶族，四方諸侯來朝者，舜賓迎之，皆有美德，無凶人。」㈩俾乂：輔佐、治理。《尚書・堯典》：「帝曰：『咨，四岳，……下民其咨，有能俾乂？』」孔《傳》：「俾，使。乂，治也。」㈠剖判：開闢。㈢嘉遁：稱頌遁隱的言辭。㈢偏枯：本指身體一半癱瘓，這裡指片面、考慮不周。㈣狷、華：《韓非子・外儲說右上》：「太公望東封於齊，齊東海上有居士曰狂矞、華士，昆弟二人者，立議曰：『吾不臣天子，不友諸侯，耕作而食之，掘井而飲之，吾無求於人也。無上之名，無君之祿，不事仕而事力。』太公望至於營丘，使吏執殺之，以為首誅。」（《論衡・非韓篇》略同）楊明照先生云：「『狷』，〈逸民篇〉作『狂狂』之《韓非子》與，『狂譎』並作《論衡・非韓篇》、《淮南子・人間篇》然。此乃簡稱是，『狷』猶矞』（「矞」為「譎」之省，見《集韻》十六〈屑〉「矞」字下）同。則此『狷』字可疑。顧廣圻校舊寫本（即孫星衍、繼昌所稱者），於『狷』字右側畫一△號，蓋已覺其有誤矣。」㈤單豹之養內：

魯國有單豹者，隱居山巖，不與民爭利，修養內功，不幸被餓虎所撲食。《莊子・達生篇》：「魯有單豹者，巖居而水飲，不與民共利。行年七十，而猶有嬰兒之色。不幸遇餓虎，餓虎殺而食之。……豹養其內，而虎食其外。」（又見《呂氏春秋・必己篇》、《淮南子・人間篇》）㈥商臣：為楚成王的兒子，起初成王立商臣為太子，後又欲立公子職，商臣於是以宮中衛兵圍困成王，成王自殺，商臣代立，是為楚穆王。《左傳》文公元年：「初，楚子（成王）將以商臣為大子，訪諸令尹子上。子上曰：『君之齒未也，而又多愛，黜乃亂也。楚國之舉，恆在少者。且是人也，蠭目而豺聲，忍人也，不可立也。』弗聽。既又欲立王子職，而黜大子商臣。……（商臣）以宮甲圍成王，王請食熊蹯而死。弗聽。丁未，王縊。」（又見《史記》卷四十〈楚世家〉。）㈦繼體：繼承王位者；太子。《公羊傳》文公九年：「繼文王之體。」《史記》卷四十九〈外戚世家・序〉：「自古受命帝王及繼體守文之君。」《索隱》：「按：繼體，謂非創業之主，而是嫡子繼先帝之正體而立者也。」㈧無類：無禮；違反禮法。

【今譯】　『當今聖明的君皇治理人世，天下太平，國泰民安。仁愛普及百姓，恩惠遍及各地；朝廷的聲威達到偏僻之區，帝王的德澤普降於廣遠之地。皇恩如同大地之深厚，普載萬物；如同高天的廣大，籠蓋九洲。神明運化如同雲行雨施，天子恩澤如同精氣彌漫天地。朝廷宮門雍和美好用以博攬延請四方的人才，帝王希望得到英逸之士前來輔助治理好國家。這正是千載難逢的際遇，開天闢地以來的唯一機會。但是，先生卻傾慕隱逸的偏頗之福，沒有發覺像狂狷、華士這些孤潔名聲的人士被殺的禍害。只專心追求像魯人單豹那樣修養內功，卻沒有看到凶惡的老虎可以傷害他外在的軀體。這相當於聽說渡河有人淹死了，就說乘船的人都會遇險覆沒；因為楚國商臣凶惡殘暴、大逆不道，就說所有的王位繼承者都行為不端、違背禮法一樣。』」

懷冰先生曰：「『聖化之盛，誠如高論。出處㈠之事，人各有懷。故堯、舜在上，而箕、潁㈡有巢棲之客㈢；夏后御世，而窮藪有握耒之賢㈣。豈有慮於此險哉？蓋各附於所安也。是以高尚其志，不仕王侯，存夫爻象㈤，匹夫所執，延州守節㈥，聖人㈦許焉。』

【今註】 ㈠出處：出仕或者歸隱。㈡箕、潁：箕，指箕山；潁，指潁水。㈢巢棲之客：指巢父及許由，隱居於箕山之下、潁水之陽，躬耕自食。《漢書》卷七十二〈王貢兩龔鮑傳〉：「堯、舜在上，下有巢、由。」㈣窮藪有握耒之賢：指伯成子高。伯成子高在堯、舜時為諸侯，至夏禹執政乃去諸侯之位而躬耕田野間。耒，農具。㈤存夫爻象：爻，爻辭；象，象辭。《易經・蠱卦》：「上九：不事王侯，高尚其事。象曰：『不事王侯，志可則也。』」㈥延州守節：春秋時吳公子季札，封於延陵、州來，將立為吳王，季札堅決推辭，棄室而耕。延州，謂吳季札。《左傳》襄公十四年：「吳子諸樊既除喪，將立季札。季札辭曰：『曹宣公之卒也，諸侯與曹人不義曹君，將立子臧。子臧去之，遂弗為也，以成曹君。君子曰：「能守節。」君，義嗣也。誰敢奸君！有國，非吾節也。札雖不才，願附於子臧，以無失節。』固立之。棄其室而耕，乃舍之。」（《史記》卷三十一〈吳太伯世家〉同）又昭公二十七年「（吳）使延州來季子聘于上國」杜《注》：「季子本封延陵，後復封州來，故曰延州來。」是延州為延州來省稱。㈦聖人：指孔子。

【今譯】 懷冰先生說：「『當今聖上教化的盛世，確實如你所說的那樣。但是出仕還是隱居，人人都各懷想法。所以堯、舜在位的時候，就有巢父、許由隱居於箕山之下、潁水之濱；夏禹王統御天下的時候，偏僻荒野的地方就有伯成子高那樣親身種地的賢能之士。難道他們料想到出仕會有這些危險嗎？他們大概只想各自依附自己覺得安適的方式去生活而已。因此，他們的志向高尚，不願去王侯那裡做官；這些記載在《易經》的象辭中，說的就是百姓所堅持的事，春秋吳公子季札能堅守節義、決心不受君位，受到聖人孔子的讚許。』

『僕所以逍遙於丘園㈠，斂跡㈡乎草澤者，誠以才非政事，器乏治民㈢。而多士雲起，髦彥鱗萃㈣，文武盈朝，庶事既康。故不欲復舉熠燿㈤，以厠日月之間，拊甂瓴於洪鍾之側㈥，貢輕扇於堅冰之節，衒裘鑪乎隆暑之月㈦。必見捐㈧於無用，速非時之巨嗤㈨。』

【今註】 ㈠丘園：田園。㈡斂跡：隱藏足跡。㈢才非政事二句：沒有從事政治之才，缺乏治理百姓的能力。㈣多士雲起二句：眾多優秀的人材薈萃於朝廷。多士，指百官。髦彥，音ㄇㄠˊ 一ㄢˋ，卓越、優異之士。《爾雅・釋言》：「髦，俊也。」又〈釋訓〉：「美士為彥。」《史記》卷一百一十七〈司馬相如列傳〉：「（〈子虛賦〉）珍怪鳥獸，萬端鱗萃。」《小爾雅・廣言》：「萃，集也。」㈤熠燿：螢火。《詩經・豳風・東山》：「熠燿宵行。」毛《傳》：「熠燿，燐也；燐，螢火也。」㈥拊甂瓴於洪鍾之側：在洪鐘之旁敲打瓦器。《廣雅・釋詁・三》：「拊，擊也。」甂（音ㄅㄧㄢ）、瓴（音ㄌㄧㄥˊ），並瓦器，擊之有聲。《淮南子・精神篇》：「今夫窮鄙之社也，叩盆拊瓴，相和而歌，自以為樂矣。」高《注》：「盆、瓴、瓦器，叩之有音聲，故曰自以為樂也。」㈦衒裘鑪乎隆暑之月：在盛夏酷暑，推銷皮襖、火爐。衒，音ㄒㄩㄢˋ，叫賣、推銷。㈧捐：棄。㈨嗤：譏笑。

【今譯】『我之所以逍遙山丘田園，隱藏足跡草野水澤的原因，實在是因為自己才能不善於從事政事，缺乏治理百姓的能力。而眾多士人像雲湧興起，傑出人才像魚鱗薈萃聚集；文武百官充滿朝廷，各項事務都能辦埋妥帖。因此，我不想再舉起小小螢火放在太陽月亮之間，在洪鐘巨響的旁邊敲打瓦盆；在凝結堅冰、天寒地凍的季節，我不想再進獻上一把輕扇；在盛夏酷暑的月份，我不想再推銷皮裘和火爐。否則必定會當作無用之物被拋棄，並且迅速地遭到不合時宜的巨大譏笑。』

『若擁經著述，可以全真㈠成名，有補末化㈡。若強所不堪，則將顛沛㈢惟咎，同悔小狐㈣。故居其所長，以全其所短耳。雖無立朝之勳㈤，即戎之勞㈥；然切磋後生，弘道養正，殊塗一致，非損之民也。劣者全其一介㈦，何及於許由；聖世恕而容之，同曠於有唐㈧，不亦可乎？』」

【今註】 ㈠全真：完全保存自然的性情。㈡末化：教化之末；細微的德化。化，指教化。㈢顛沛：顛仆流離。《論語・里仁篇》：「顛沛必於是。」《集解》引馬融曰：「顛沛，偃仆。」㈣同悔小狐：意謂因力量不夠，將招致後悔。狐愛其尾，每渡水則舉其尾。小狐因為力量不足，打濕了尾巴。比喻不能成功。《易經・未濟》：「小狐汔濟，濡其尾，无攸利。」㈤立朝之勳：在朝廷作官，建立功勳。㈥即戎之勞：領軍作戰之勞績。《論語・子路篇》：「子曰：『善人教民七年，亦可以即戎矣。』」《集解》引包咸曰：「即，就也。戎，兵也。言以攻戰。」㈦一介：一人。㈧同曠於有唐：老子《道德經・第十五章》：「曠兮其若谷。」河上公《章句》：「曠者，寬大。」此句謂如同堯之寬大許由、巢父然。有唐，指堯，封於唐，故云。

【今譯】 『如果我依據經典從事著述，就可以完全保存自然的性情，成就名聲，而且對社會的教化將有些微的補益。如果強迫我去做不能勝任的事，那麼就會陷入顛沛流離、盡是過錯，將和小狐一樣後悔不已。所以想秉持、發揮自己所擅長的，用來保全、掩蓋自己的短處罷了。我雖然沒有可站在朝廷上的功勳和領軍攻戰的功勞；然而我與後輩切磋學問，弘揚大道，培養正氣，與他們可算是殊途同歸，並沒有給社會、民眾造成損害。才能至差的人只能保全自身一個人，那能趕得上許由？對此，當今聖上是會寬恕並容忍我的行為，如同唐堯的寬大容忍許由、巢父隱居一樣，不也是可以的嗎？』」

赴勢公子勃然自失㈠，肅爾改容，曰：「『先生立言助教，文討姦違㈡，摽㈢退靜以抑躁競㈣之俗，興儒教以救微言㈤之絕，非有出者，誰敘彝倫㈥？非有隱者，誰誨童蒙？普天率土，莫匪臣民。亦何必垂纓執笏者㈦為是，而樂飢衡門㈧者可非乎？夫群迷乎雲夢㈨者，必須指南以知道㈩；並乎滄海者⑪，必仰辰極⑫以得反。今聞喜訓⑬，乃覺其蔽⑭。請負衣冠，策駑希驥⑮，汎愛與進⑯，不嫌擇焉。』」

【今註】㈠勃然自失：突然感到若有所失。㈡姦違：姦邪違逆的人。㈢摽：通「標」。標舉；倡導。㈣躁競：謂熱中權勢或仕宦。《文選》卷五十三嵇康〈養生論〉：「今以躁競之心，涉希靜之塗。」《文心雕龍・程器篇》：「仲宣輕脆以躁競。」《顏氏家訓・省事篇》：「世見躁競得官者，便為弗索何獲？」(五)微言：精微奧妙的言辭。(六)彝倫：音一ˊ ㄌㄨㄣˊ，指倫常道德。(七)垂纓執笏者：指做官的人。頭戴官帽，秉執手板。纓，是官帽上的垂帶。笏（音ㄏㄨˋ）是臣下所執的竹、木或玉石手板，是朝官的標誌。(八)樂飢衡門：謂隱居者安貧樂道，忘記飢寒。衡門，橫木為門，指簡陋的屋舍，形容貧士的居處。《詩經・陳風・衡門》：「衡門之下，可以棲遲；泌之洋洋，可以樂飢。」毛《傳》：「衡門，橫木為門，言淺陋也。棲遲，遊息也。泌，泉水也。洋洋，廣大也。樂飢，可以樂道忘飢。」(九)雲夢：指雲夢大澤。(十)必須指南以知道：必須有待於指南車，然後得知道路。《文選》卷三張衡〈東京賦〉：「幸見指南於吾子。」又卷五左思〈吳都賦〉：「指南司方。」劉淵林《注》：「指南，指南車也。」(十一)並乎滄海者：徐濟忠曰：「『並』下疑脫。」又曰：「應是『失』字。」謂並迷失方向於滄海。(十二)辰極：即北辰，一名北極星。(十三)嘉訓：美好的言論。(十四)蔽：缺點。(十五)策駑希驥：趕著我的駑馬，希望跟上你的駿足。駑，劣馬。驥，良駒。(十六)汎愛與進：以博愛之心，鼓勵進步。《論語・學而篇》：「汎愛眾。」皇《疏》：「汎，廣也。君子尊賢容眾，故廣愛一切也。」

【今譯】 赴勢公子突然若有所失，肅然改變了容貌說：「『先生所說的話有助於教化，寫文章來討伐姦邪違逆的人，標榜退隱恬靜來抑制熱中權勢、競逐仕宦的世俗風氣，振興儒家教誨用來挽救將要斷絕的微言大義。除非出仕為官的人，誰能論述、貫徹倫常道德？除非隱居之士，誰能教誨無知的孩童？普天之下所有的地方，沒有人不是君王的臣民。為什麼一定要穿戴官服執笏版、入朝做官的就是對，而受飢餓住陋室的隱居者就是錯誤的呢？當眾人在雲夢大澤迷路時，必須有待指南車才得知道路；當眾人在大海中不辨方位迷失時，一定仰仗北極星的指引才得以回返。今天聽了先生美好的言辭，才感覺到我自己見識淺陋。請允許我替先生揹負衣冠、當個僕人，鞭策我這匹駑馬，希望變成一匹良駒，用來追隨先生的身後。請先生以廣泛的愛心，鼓勵我進步，不要嫌棄地選擇了我。』」

逸民篇　第二

【篇旨】　本篇通過逸民與仕人的對話，反映了葛洪的隱逸思想。他竭力論證：「在朝者陳力以秉庶事，山林者修德以厲貪濁。殊塗同歸，俱人臣也。王者無外，天下為家，日月所照，雨露所及，皆其境也。」他還強調：「今隱者潔行蓬蓽之內，以詠先王之道，使民知退讓，儒墨不替，此亦堯舜之所許也。」可見，葛洪是在調和道教與儒家的關係，從不同的角度上維護封建王朝。

抱朴子曰：「余昔遊乎雲臺之山㊀而造逸民，遇仕人在焉。仕人之言曰：『明明㊁在上，總御八紘㊂，華夷同歸，要荒服事；而先生遊柏成之遐武㊃，混群伍於鳥獸。然時移俗異，世務不拘，故木食山棲，外物遺累者㊄，古之清高，今之逋逃㊅也。君子思危於未形，絕禍於方來，無乃去張毅之內熱，就單豹之外害㊆；畏盈抗慮，忘亂群之近憂；避牛跡之淺嶮，而墮百仞之不測，違濡足之泥涇㈧，投鑪治而不覺乎！』

【今註】 ㈠雲臺之山：雲臺山在蜀，在今四川省蒼溪縣東南。見《抱朴子・內篇・金丹篇》及《抱朴子・內篇・登涉篇》。㈡明明：明智聰察，這裏指帝王。《詩經・小雅・小明》：「明明上天，照臨下土。」《詩經・大雅・大明》：「明明在下，赫赫在上。」。㈢八紘：天的八維，指天下。《淮南子・原道篇》：「知八紘九野之形埒。」高誘《注》：「八紘，天之八維也。」紘，維系。㈣柏成之遐武：指柏成子高，堯時諸侯。武，足跡。㈤外物遺累者：孫人和《校補》曰：「按『遺』當作『遣』。遣累，猶言去累。」〈道意篇〉云：「遣審真之累」，是其證。楊明照《抱朴子外篇校箋・上》：「按《校補》說是。」㈥逋逃：指逃亡的罪人。逋，音ㄅㄨ。㈦無乃去張毅之內熟，就單豹之外害：張毅，魯人。《莊子・達生篇》云：「魯有單豹者，巖居而水飲，不與民共利，行年七十而猶有嬰兒之色；不幸遇餓虎，餓虎殺而食之。有張毅者，高門縣薄，無不走也，行年四十而有內熱之病以死。豹養其內而虎食其外，毅養其外而病攻其內，此二子者，皆不鞭其後者也。」並見《呂氏春秋・必己篇》。㈧違濡足之泥涇：楊明照認為「涇」字有誤。當據《藏》本、吉藩本改為「涇」。

【今譯】 抱朴子說：「從前，我遊歷雲臺山的時候，曾拜訪逸民先生，巧遇仕人也在那裏。仕人發表意見說：『聖明的帝王在上，統治著天下八方，華夏四夷同心歸向，中原要地與荒遠邊疆莫不臣服。而逸民先生你卻沿著遠古的柏成子高的足跡，優游山林，混同於鳥獸，彼此為伍。然而，時代改變了，風俗也不同了，世務不能不變通，所以，那些棲隱山林、以草木為食，去掉外物牽累的人，在古代算是清高的名士，而在今天可謂是逃亡的罪人。君子要思考尚未形成的危險，杜絕未來的禍患。只怕去掉了張毅那樣的內熱之病，卻又遭逢單豹那樣外在被虎所害；只怕畏盈抗慮，而卻忘記了亂群的近憂；只怕躲避牛跡的淺嶮，卻掉進了百仞不測的深淵；只怕避免腳被泥沾濕，而投入鑪火而不覺察！』

逸民答曰：『夫銳志於雛鼠㈠者，不識鶵虞㈡之用心；盛務於庭粒者，安知鴛鸞之遠指？猶焦螟之笑雲鵬㈢，朝菌之怪大椿㈣，坎蛙之疑海鼇㈤，井蛇㈥之嗤應龍也。子誠喜懼於勸沮，焉識玄曠之高韻哉！吾幸生於堯、舜之世，何憂不得此人㈦之志乎？』

【今註】㈠雛鼠：幼鼠。此處隱喻世俗的價值觀。㈡騶虞：獸名，白虎黑文，不食生物，有至信的德性。參見《毛傳・騶虞》。㈢焦螟之笑雲鵬：參見《莊子・逍遙遊篇》：「有鳥焉，其名為鵬，背若太山，翼若垂天之雲，摶扶搖羊角而直上者九萬里。……斥鴳笑之曰：『彼且奚適也？我騰躍而上，示過數仞而下，翱翔蓬蒿之間，此亦飛之至也。而彼且奚適也？』此小大之辯也。」㈣朝菌之怪大椿：參見《莊子・逍遙遊篇》：「朝菌不知晦朔。……上古有大椿者，以八千歲為春，八千歲為秋。」㈤坎蛙之疑海鼇：坎蛙，指井底之蛙；海鼇，指東海巨鼇。參見《莊子・秋水篇》。㈥井蛇：孫星衍《外篇校勘記》：「《藏》本作魚蛇。」㈦此人：指柏成子高。

【今譯】逸民先生回答說：『專心致志於幼鼠的人，自不會懂得良獸騶虞的用心。只注意吃門庭穀粒的鳥雀，哪裏能知道鴛鸞的宏大遠旨呢？這就好像是焦螟昆蟲在譏笑高翔的雲鵬，短命的朝菌在責怪長年繁盛的大椿，田坎青蛙在懷疑東海中的巨鰲，魚蛇在譏笑應天的神龍。先生如果真的懼怕勸阻，哪能知道玄虛空曠的深意呢？我有幸生在像堯、舜那樣的時代，為什麼怕不能獲得和柏成子高一樣的志向呢？』

仕人曰：『昔狂狷、華士，義不事上，隱於海隅，而太公誅之㈠。

吾子沈遁，不亦危乎？』

【今註】㈠「狂狷、華士，義不事上，隱於海隅，而太公誅之」：語出《韓非子・外儲說右上》：「齊東海上有居士，曰：『狂矞』。華士、昆弟二人者立議曰：『吾不臣天子，不友諸侯，耕作而食之，掘井而飲之，吾無求於人也。』」無上之名，無君之祿，不事仕而事力，太公望至於營丘，使吏執殺之，以為首誅。狂狷，《論語・子路篇》：「狂者進取，狷者有所不為也。」包咸《注》：「狷者守節無為。」太公，指姜太公呂尚。

【今譯】仕人說：『從前有狂狷、華士，信仰不奉事聖上的原則，隱居於天涯海角，但是姜太公卻把他們殺了。先生沉遁山林，不也感到危險嗎？』

逸民曰：『呂尚長於用兵，短於為國，不能儀玄黃㈠以覆載，擬海嶽㈡以博納，褒賢貴德，樂育人才，而甘於刑殺，不修仁義，故其劫殺之禍，萌於始封，周公聞之，知其無國㈢也。夫攻守異容，道貴知變，而呂尚無烹鮮之術㈣，出致遠之御，推戰陳之法㈤，害高尚之士，可謂賴甲冑以完刃，又兼之浮泳，以射走之儀，又望求之於準的㊅者也。』

【今註】㊀玄黃：天玄地黃，指天地。㊁海嶽：指海洋與山嶽。㊂周公聞之，知其無國：語出《呂氏春秋・仲冬紀・長見篇》：「周公旦封於魯，二君者甚相善也。相謂曰：『何以治國？』太公望曰：『尊賢上功。』周公旦曰：『親親上恩。』太公望曰：『魯自此削矣。』周公旦曰：『魯雖削，有齊者亦必非呂氏也。』其後齊日以大，至於霸，二十四世而田成子有齊國。」㊃烹鮮：統治大國的方法。語出老子《道德經・第六十章》：「治大國者，若烹小鮮。」㊄戰陳：治軍的方法。㊅準的：標準，指箭靶。

【今譯】逸民先生說：『姜太公呂尚擅長於用兵，卻不擅治理國事，不能像天地那樣高覆厚載，不能像大海山嶽那樣廣博容納，不能褒獎賢才重視道德，不能樂於培育人才，卻呂尚甘於刑戮，不修仁義之道。所以他劫殺的罪禍，早在受封齊國時就萌生了，周公聽到了他的情況，就知道他無法永遠保住齊國。攻戰與守國是不同的情況，其中的道理貴在懂得變通，但呂尚卻沒有善於治國的方法，用出師作戰、治理軍隊的方法來對待並殺害高尚之士，這可以說是藉由甲冑來成全利刃，在河上浮泳時又兼練習射箭，期待能射中箭靶一樣。』

『夫傾庶鳥之巢，則靈鳳不集；漉㊀魚鼈之池，則神虯遐逝；刳凡獸之胎，則麒麟不跱其郊㊁；害一介之士，則英傑不踐其境。呂尚創業垂統，以示後人，而張苛酷之端，開殘賊之軌，適足以驅俊民以資他國，逐賢能以遺讎敵也。去彼市馬骨以致駿足㊂，軾陋巷以退秦兵者㊃，不亦遠乎！子謂呂尚何如周公乎？』仕人曰：『不能審㊄也。』

【今註】㊀漉：使乾涸。㊁語出《呂氏春秋・應同篇》：「夫覆巢毀卵，則鳳凰不至；刳獸食胎，則麒麟不來；乾澤涸魚，則龜龍不往。」神糾，當為「神虯」，神龍之意。㊂市馬骨以致駿足：指燕昭王重金買馬骨，而招千里馬的故事。參見《戰國策・燕策》：「昭王曰：『寡人將誰朝而可？』郭隗先生曰：『臣聞古之君人，有以千金求千里之馬者，三年不能得。涓人言於君曰：請求之。君遣之三月，得千里馬，馬已死，買其首五百金，反以報君。君大怒曰：所求者生馬，安事死馬。而捐五百金？涓人對曰：死馬且買之五百金，況生馬乎？天下必以王為能市馬，馬今至矣。於是不能期年，千里之馬至者三。』」㈣軾陋巷以退秦兵：指魏文侯以軾禮待段干木，使得秦君不敢攻打魏國的故事。參見《呂氏春秋．期賢篇》：「魏文侯過段干木之閭而軾之……，秦興兵欲攻魏，司馬唐諫秦君曰：『段干木賢者也，而魏禮之，天下莫不聞，無乃不可君兵乎。』秦君以為然，乃按兵輟不敢攻之。」㈤審：悉察比較。

【今譯】『搗毀眾鳥的窠巢，鳳凰就不會飛來了；使魚鱉之池乾涸，神龍就會離去；刳取野獸的胎胚，麒麟就不會峙立在野郊；枉殺了一位士人，英雄豪傑就不會再到這裏來了。呂尚創業垂統，照理應該樹立榜樣給後世之人，但是他卻張揚苛酷的端緒，開啟殘賊的道路，這恰恰足以驅逐英俊之人去幫助其他國家，驅逐賢能的人才送給仇敵。這與燕昭王用馬骨交換駿足、魏文侯軾陋巷以退秦兵相較，不也是相距太遠了嗎？先生認為呂尚和周公比較，怎麼樣呢？』仕人說：『我不能悉察這種比較。』

逸民曰：『夫周公大聖，以貴下賤㈠，吐哺握髮㈡，懼於失人，從白屋之士七十人㈢，布衣之徒親執贄㈣所師見者十人，所友者十有二

人㈤，皆不逼以在朝也。設令呂尚居周公之地，則此等皆成市朝之暴尸，而溝澗之腐胔㈥矣。』

【今註】㈠以貴下賤：以尊貴的身分對待貧賤的人，比喻深得民心。《易經・屯卦・初九・象傳》：「以貴下賤，大得民也。」㈡吐哺握髮：形容為延攬人才而操忙。參見《史記》卷三十三〈魯周公世家〉：「周公戒伯禽曰：『我文王之子，武王之弟，成王之叔父，我於天下亦不賤矣。然我一沐三捉髮，一飯三吐哺，起以待士，猶恐失天下之賢人。』」以及〈嘉遯篇〉注。㈢從白屋之士七十人：《說苑・尊賢篇》：「周公旦，白屋之士，所下者七十人，而天下之士，皆至。」㈣贄：送給老師的禮物。㈤親執贄所師見者十人，所友者十有二人：各本說法不一。《說苑・尊賢篇》載：「周公攝天子之位，布衣之士，執贄所師見者十二人，窮巷白屋，所先見者四十九人。」《韓詩外傳》卷八：「（周公）踐天子之尊位，七年，所執贄而師見者十人，所還質而友見者十三人。」《尚書大傳》卷四：「吾，於天下，豈卑踐也，豈乏士也，所執質而見者十二，委質而相見者三十。」㈥胔：音ㄗˋ，肉還沒有完全腐爛完的骨頭。

【今譯】逸民先生說：『周公真是一位大聖人，能夠以尊貴的身分對待貧賤的人，一飯三吐哺，一沐三握髮，為延攬人才而操心，恐懼失去天下的賢才。當時，從白屋之士有七十人，布衣之徒，親自送禮拜師的有十人，友好的有十二人，周公都不逼迫他們在朝做官。假如呂尚居於周公的地位，這些人士都會成為市朝上暴曬的屍體，或者成為溝澗裏的腐屍。』

『唐堯非不能致許由、巢父㈠也，虞舜非不能脅善卷、石戶㈡也，夏禹非不能逼柏成子高㈢也，成湯非不能錄卞隨、務光㈣也，魏文非不能屈干木㈤也，晉平非不能吏亥唐㈥也。然服而師之㈦，貴而重之，豈六君㈧之小弱也？誠以百行殊尚，默默㈨難齊，慕尊賢之美稱，恥賊善之醜跡，取之不足以增威，放之未憂於官曠，從其志則可以闡弘風化，熙隆退讓，厲苟進之貪夫，感輕薄之冒昧；雖器不益於旦夕之用，才不周於立朝之俊，不亦愈於脅肩低眉，諂媚權右，提贄懷貨，宵征同塵，爭津競濟，市買名品，棄德行學問之本，赴雷同比周之末也？彼六君尚不肯苦言以侵隱士，寧肯加之鋒刃乎？聖賢誠可師者，呂尚居然謬矣。』

【今註】㈠許由、巢父：相傳為堯時的隱士，堯欲讓位給二人，皆不受。參見《漢書》卷二十〈古今人表〉，見〈嘉遯篇〉注。㈡善卷、石戶：皆大才，舜以天下欲讓之，皆不受。見《內篇・釋滯篇》。《莊子・讓王篇》：「舜以天下讓北人無擇、石戶之農、善卷、子州支伯，皆不受。」㈢柏成子高：前已注。㈣卞隨、務光：務光，一作瞀光，夏時人。《莊子・讓王篇》：「湯將伐桀，因卞隨而謀，卞隨曰：『非吾事也。』……湯又因務光而謀，務光曰：『非吾事也。』……湯遂與伊尹謀伐桀。剋之，以讓卞隨，卞隨辭曰：……『吾生乎亂世，而無道之人，再來漫我，以其辱行，吾不忍數聞也。』乃自投稠水而死。湯又讓務光，務光辭曰：『……吾聞之曰：非其義者，不受其祿，無道之士，不踐其土，況我尊乎？吾不忍久見也。』乃負石而自沉於廬水。」㈤干木：指段干木，遊西河，魏文侯欲以為相，不肯就。參見晉皇甫謐《高士傳》。㈥亥唐：《孟子・萬章篇・下》趙岐《注》：「亥唐，晉賢人也。隱居陋巷者，平公嘗往造之，亥唐言入，平公乃入，言坐乃坐，言食乃食也。」㈦然服而師之：孫星衍校：《藏》本作「復而肆之」，今從舊寫本。㈧六君：指堯、舜、禹、湯、魏文、晉平六位君主。㈨默默：「默默」當作「默語」。參見楊明照《抱朴子外篇校箋・

上》。孫星衍校改為「默點」。

【今譯】『唐堯並非無法起用許由和巢父，虞舜並非無法脅迫善卷和石戶任職，夏禹並非無法逼迫柏成子高任職，成湯並非無法錄用卞隨和務光，魏文侯並非無法使段干木屈從，晉平公並不是無法讓亥唐做官。然而師法敬服的人，重用尊貴的人，難道是因為上述六位君王能力弱小的緣故嗎？當然不是，實在是因為人的行為與習俗是各種各樣的，每個人的語默都難以一致，他們羨慕尊賢的美稱，以殺害善士的劣跡為恥辱，錄用名士不足以增加君主自己的威望，放走名士也不愁官職的空缺。順從名士的意願，就可以闡發與弘揚風氣教化，興隆退讓的精神，厲禁苟進的貪夫，感染輕薄冒昧的人。隱逸名士的才器雖然不能立即使用，才能不比在朝俊士完善，但他們不亦是超過那些脅肩低眉，諂媚權貴，送禮物寶貨，宵征同塵，爭津競濟，購買名品，拋棄德行學問的根本，專門營私結黨的人嗎？那六位君王尚且不肯苦言逼迫隱士，難道會把隱士殺害嗎？聖賢明君的確是可以師法的，而呂尚居然是謬誤的。』

『漢高帝雖細行多闕，不涉典蓺㈠，然其弘曠恢廓，善恕多容，不繫近累，蓋豁如也。雖飢渴四皓㈡，而不逼也。及太子卑辭致之，以為羽翼，便敬德矯情，惜其大者。發〈黃鵠〉之悲歌㊂，杜婉妾之覬覦，其珍賢貴隱，如此之至也。宜其以布衣而君四海，其度量蓋有過人者矣。』

【今註】㊀典藝：指文學與藝術。㊁四皓：指東園公、綺里季、夏黃公、甪（音ㄌㄨˋ）里先生四人，皆秦時人，義不為漢臣，逃匿商山中。四人皆八十有餘，鬚眉皓白，故人稱為四皓。後據張良之議，由太子卑辭請，以輔漢室。見《史記》卷五十五〈留侯世家〉。㊂發〈黃鵠〉之悲歌：似指漢高祖劉邦自唱〈大風歌〉：「大風起兮雲飛揚，威加海內兮歸故鄉，安得猛士兮守四方！」見《史記》卷八〈高祖本紀〉。

【今譯】『漢高祖劉邦雖然行為缺點甚多，不懂文學藝術，但他氣魄恢弘寬闊，善於寬恕容納，不計較近旁的牽累，大概是度量豁達的緣故吧！他雖然如飢渴一般想用東園公、綺里季、夏黃公、甪里先生等四皓，卻不逼迫他們，後來太子卑辭致信邀請，四皓才出來輔翼漢室，高祖便敬德矯情，珍惜他們的大才。他還親自吟唱〈黃鵠〉之悲歌，杜絕婉妾對王位的覬覦，那珍賢貴隱的努力，達到了如此高的境界。他從一介布衣到君臨天下，是理所當然的，他的度量大概有過人之處。』

『且夫呂尚之殺狷、華者，在於恐其沮衆也。然俗之所患者，病乎躁於進趨，不務行業耳。不苦於安貧樂賤者之太多也。假令隱士往往屬目，至於情掛勢利，志無止足者，終莫能割此常慾，而慕彼退靜者也。開闢已降，非少人也，而忘富遺貴之士，猶不能居萬分之一。仲尼親受業於老子㈠，而不能修其無為；子貢與原憲同門，而不能模其清苦㈡。四凶㈢與巢、由同時，王莽與二龔㈣共世，而不能效也。凡民雖復笞督之，危辱之，使追狷、華，猶必不肯，乃反憂其壞俗邪？呂尚思不及此，以軍法治平世，枉害賢人，酷誤已甚矣。賴其功大，不便以至顛沛耳。』

【今註】 ㈠仲尼親受業於老子：參見《史記》卷四十七〈孔子世家〉：「魯南宮敬叔言魯君曰：『請與孔子適周。』魯君與之一乘車，兩馬，一豎子俱，適周問禮，蓋見老子云。辭去，老子送之，孔子自周返魯，弟子稍益進焉。」 ㈡子貢與原憲同門，而不能模其清苦：子貢，孔子的弟子，好廢舉，與時轉貨貲，家累千金。原憲，字子思，孔子的弟子。參見《史記》卷六十七〈仲尼弟子列傳〉：「子貢相衛，而結駟連騎，排藜藿入窮閻，過謝原憲。憲攝敝衣冠見子貢。子貢恥之，曰：『夫子豈病乎？』原憲曰：『吾聞之，無財者謂之貧，學道而不能行之者曰之病。若憲，貧也，非病也。』子貢慚，不懌而去。」㊂四凶：堯時四凶族，指共工、驩兜、三苗、鯀（音ㄍㄨㄣˇ）四大凶族。《尚書・舜典》：「流共工于幽州、放驩兜于崇山、竄三苗于三危、殛鯀于羽山，四罪而天下咸服。」㊃王莽與二龔：王莽，西漢末年外戚，篡奪漢室，另立國號「新」。二龔，即龔勝、龔舍，皆楚人，好學明經。勝字君賓，王莽秉政，勝歸老於鄉里。莽既篡國，遣使拜勝為講學祭酒，勝稱疾不應徵。舍字君倩，初以龔勝薦，後稱疾終不肯起。「二人相友，並著名節，故世謂之楚二龔」。見《漢書》卷七十二〈王貢兩龔鮑傳〉。

【今譯】　『至於呂尚殺害狂狷名士，原因在於害怕名士影響大眾。然而，社會風俗的弊病，在於急躁地進趨做官，不務實事而已，並不是苦於安貧樂賤的人太多。假使隱士往往是令人矚目的，而那些情掛勢利，志無止足的人，最終還是不能割斷常慾，羨慕退靜的隱士。自開天闢地以來，人才並不少，但能遺忘富貴的士人，還不到萬分之一。孔子曾親自向老子學習，而不能學得無為的宗旨。子貢與原憲都是孔子的同門弟子，但子貢自炫富貴，不能模仿原憲的清苦生活。四大凶族（渾敦、窮奇、檮杌、饕餮）與巢父、許由同時生活在堯的時代，王莽與龔勝、龔舍同時生活在西漢末年，但是前者不能效法後者。凡庸之民即使笞督他，危辱他，要他追隨狂狷名士，尚且不肯，怎麼反而憂心隱士會破壞習俗呢？呂尚沒有考慮到這一點，竟以軍法來治理平世，枉害賢良之士，他是何等的殘酷且謬誤啊！幸虧呂尚依賴自己重大的軍功，才沒有發展到顛沛滅亡的地步。』

『且呂尚之未遇文王也，亦曾隱於窮賤㈠，凡人易之，老婦逐之，賣傭不售，屠釣無獲㈡，曾無一人慕之。其避世也，何獨慮狷、華之沮眾邪？設令殷紂㈢以尚逃遁，收而斂之㈣，尚臨死，豈能自謂罪所應邪？魏武帝㈤亦刑法嚴峻，果於殺戮，乃心欲用乎孔明㈥，孔明自陳不樂出身。武帝謝遣之曰：「義不使高世之士，辱於汙㈦君之朝也。」其鞭撻九有㈧，草創皇基，亦不妄矣。』

【今註】 ㈠隱於窮賤：《史記》卷三十二〈齊太公世家〉：「呂尚蓋嘗窮困，年老矣，以魚釣奸周西伯（文王）。」《索隱》引譙周曰：「呂望嘗屠牛於朝歌，賣飲於孟津。」《戰國策・秦策・五》：

「姚賈曰：『太公望，齊之逐夫，朝歌之廢屠，子良之逐臣，棘津之讎不庸。』」《韓詩外傳》卷十：「呂望行年五十，賣食棘津，年七大，屠於朝歌。」《說苑・尊賢篇》：「太公望，故老婦出夫也，朝歌之屠佐也，棘津迎客之舍人也。年七十而相周。」㊁賣傭木售，屠釣無獲：《說苑》及《列仙傳》載有凡人易之、老婦逐之、賣庸不售、屠釣無獲等等傳說。㊂殷紂：殷紂王。㊃斂之：孫星衍校：疑作「殺之」。㊄魏武帝：即曹操。㊅孔明：孫星衍校：「潁川胡昭字孔明，見《魏志・管寧傳》注。」按：《三國志》卷十一〈魏書・胡昭傳〉：「太祖為司空丞相，頻加禮辟。昭往應命，既至，自陳一介野生，無軍國之用，歸誠求去。太祖曰：『人各有志，出處異趣，勉卒雅尚，義不相屈。』昭乃轉居陸渾山中，躬耕樂道，以經籍自娛，閭里敬而愛之。」㊆汙：同「污」。㊇九有：《詩經・商頌・玄鳥》：「奄有九有」。毛《傳》：「九有，九州也。」

【今譯】『而且呂尚在被周文王起用之前，本人也曾隱居於窮陋之巷，凡人易之，老婦逐之，賣傭不售，屠牛、垂釣都無收穫，沒有一個人羨慕他。他當年曾避世隱居，為什麼偏偏害怕狂狷名士會影響民眾呢？假使當時殷紂王以呂尚逃遁之罪，收而殺之，呂尚臨死時，難道能說自已罪有應得嗎？魏武帝曹操也崇尚刑法嚴苛，果斷地殺戮，而心裏竟想啟用胡昭（字孔明）。胡昭自作陳述，不願意出仕作官，曹操答謝說：按照道義，不能使高世之士，受到污君之朝的屈辱。可見，曹操統御九州，草創皇朝基業，也不是狂妄的。』

『紛擾日久，求競成俗，或推貨賄以龍躍，或階黨援以鳳起，風成化習，大道漸蕪，後生昧然，儒訓遂堙。將為立身，非財莫可。苟有卓然不群之士，不出戶庭，潛志味道，誠宜優訪，以興謙退也。夫使孫、吳㈠荷戈，一人之力耳。用其計術，則賢於萬夫。今令大儒為吏，不必切事。肆之山林，則能陶冶童蒙㈡，闡弘禮敬㈢。何必服巨象使捕鼠，韝鸞……也㈣。』仕人曰㈤：『……則鐘鼎鐫其聲。若乃零淪藪澤，空生徒死，亦安足貴乎？』

【今註】㈠孫、吳：孫，指孫武；吳，指吳起，春秋戰國時代著名的軍事家。見《史記》卷六十五〈孫子吳起列傳〉。㈡童蒙：蒙昧不明的人。㈢禮敬：當作「禮教」。見楊明照《抱朴子外篇校箋・上》。㈣韝鸞也：韝鸞，音ㄍㄡ ㄌㄨㄢˊ，孫星衍校：下有脫文。㈤仕人曰：三字原脫。孫星衍校：下脫仕人曰數語。

【今譯】『天下混亂日久，求官競仕成為風俗，或者進行賄賂以求高昇，或者通過黨援以達官位，如此風氣形成，大道於是逐漸荒蕪了，後來的人昧然無知，儒家的訓誨也就堙滅了，要立身行事，除了錢財之外，沒有其他的辦法。如果有卓然不群的人，隱居戶庭，潛志修道，實在應該特別地加以拜訪，以便興隆謙虛退讓的風氣。讓孫子、吳起荷戈打仗，不過是靠個人的力量罷了，如果用他們的軍事計謀戰術，那就勝過萬人。如今叫大儒做官，未必會辦好事情，而到山林裏，則能教化陶養孩童的智慧，闡述弘揚禮教，何必服事大象，去捕捉老鼠和射鷙鳥呢？』仕人說：『……那麼鐘鼎鐫刻著它的聲音。至於淪落於藪澤，白白地生存，徒然地死亡，又哪兒值得尊貴呢？』

逸民答曰：『子可謂守培塿㈠，玩狐丘，未登閬風㈡而臨雲霓㈢；翫瀅汀㈣，游潢洿㈤，未浮南溟㈥而涉天漢㈦。凡所謂志人者，不必在乎祿位，不必須乎勳伐也。太上無己，其次無名，能振翼以絕群，騁跡以絕軌，為常人所不能為，割近才所不能割，少多不為凡俗所量，恬粹不為名位所染，淳風足以濯百代之穢，高操足以激將來之濁。何必紆朱曳紫㈧，服冕㈨乘軺㈩，被犧牛㈡之文繡㈢，吞詹何㈢之香餌，朝為張天之炎熱，夕成冰冷之委灰！』

【今註】㈠培塿：小土丘。㈡閬風：山名，在崑崙山。見《離騷》王逸《注》。㈢霓：虹的一種。㈣瀅汀：清澈的河流。㈤潢洿：低窪積水處。㈥南溟：亦作「南冥」，指南海。《莊子・逍遙遊篇》：「是鳥也，海運則將徙於南冥。南冥者，天池也。」㈦天漢：即銀河。㈧朱紫：朱衣紫綬，指官服。㈨冕：禮帽。㈩軺：音一ㄠˊ，古代的一種輕便的車。㈡犧牛：供祭祀用的純白色的牛。㈢文繡：繡畫的錦帛。㈢詹何：《淮南子・原道篇》：「加之以詹何、娟嬛之數。」漢高誘《注》：「詹何、娟嬛，古善釣人名。」

【今譯】　逸民先生回答：『你可以說是只守著小土丘，玩玩狐狸出沒的丘陵，而未能攀登閬風山，親臨雲端；只玩清澈的河流，游蕩在積水窪中，未曾浮游南海而涉足於天空銀河之間。凡是所謂有志向的人，不必在乎要利祿官位，不必須要戰功勳爵。最上聖之人是無己無私的，其次是無名的，但他能振翅高飛而絕離人群，馳騁上下而絕離軌跡，做出平常人所不能做的事，割棄近人所不能割的東西，分量多寡不是凡俗之人所能計量，恬靜純粹不為名望地位所沾染，淳樸的風氣足以洗濯百代以來的污穢，高尚的節操足以激蕩將來的污濁。何必一定要穿著朱紫官服，戴禮帽，坐輕車，被犧牛身上用的文繡，吞服膾何的香餌，早上還是暑天一般的炎熱，晚上卻成了冰冷的棄灰呢？』

『夫斥鷃㊀不以蓬榛㊁易雲霄之表，王鮪㊂不以幽岫貿滄海之曠，虎、豹入廣廈而懷悲，鴻、鶤㊃登嵩㊄巒而含慼。物各有心，安其所長。莫不泰於得意，而慘於失所也。經世之士，悠悠皆是，一日無君，惶惶如也。譬猶藍田㊅之積玉，鄧林㊆之多材，良工大匠，肆意所用。亦何必棲魚而沈鳥哉？嘉遁高蹈，先聖所許；或出或處，各從攸好。』

【今註】㊀斥鷃：音ㄔˋ ㄧㄢˋ，一種小鳥。㊁蓬榛：蓬，蓬草。榛，灌木。㊂王鮪：指鮪之大者。《詩經・衛風・碩人》：「鱣鮪發發。」孔穎達《疏》：「大者為王鮪，小者為鮛鮪。」㊃鴻、鶤：即鴻雁、鶤（音ㄩㄣˋ）雞。㊄嵩：嵩山。㊅藍田：在今陝西，以出產玉石著名。㊆鄧林：神話傳說中的樹林。《山海經・海外北經》：「夸父與日逐走，入日，渴欲得飲，飲於河渭，河渭不足，北飲大澤，未至，道渴而死，棄其杖，化為鄧林。」

【今譯】『斥鷃寧願棲居於蓬草灌木，不想改換到雲霄之表；王鮪寧願生活在幽暗的洞穴，而埋怨滄海的空曠。虎豹到了夏天反而懷著悲哀的情緒，鴻雁與鶤雞登上嵩山峰巒反而含著憂愁的神態。生物各有自己的心志，各成就其所長，莫不感到得意，泰然平安，一旦失去自己習慣的居所，無不感到淒慘悲傷。經世的人士，到處都是，但是一天沒有君王，就會顯得惶恐不安。譬如藍田的玉石，鄧林的木材，良工大匠可以恣意地使用，何必要到魚沉鳥棲的地方去呢？隱遁或高升，都是先前聖人所讚許的，或者出世隱居，或者處朝為官，各有所好。』

『蓋士之所貴，立德立言。若夫孝友仁義，操業清高，可謂立德矣；窮覽《墳》、《索》㈠，著述粲然，可謂立言矣。夫善卷無治民之功，未可謂之減於俗吏；仲尼無攻伐之勳，不可以為不及於韓、白㈡矣。身名並全，謂之為上。隱居求志，先民嘉矣。夷、齊㈢一介，不合變通，古人嗟歎，謂不降辱。夫言不降者，明隱逸之為高也；不辱者，知羈縶之為洿也。聖人之清者，孟軻㊃所美，亦云天爵㊄貴於印綬。志脩遺榮，孫卿㊅所尚，道義既備，可輕王公。而世人所畏唯勢，所重唯利。盛德身滯，便謂庸人；器小任大，便謂高士。或有乘危冒嶮，投死忘生，棄遺體於萬仞之下，邀榮華乎一朝之閒，比夫輕四海，愛脛毛之士㊆，何其緬然邪！』

【今註】㊀《墳》、《索》：指書籍。《墳》，《三墳》，傳說是伏犧、神農、黃帝之書。見《偽孔安國尚書・序》。《索》，《八索》，《左傳》昭公十二年：「是能讀《三墳》、《五典》、《八索》、《九丘》。」《偽孔安國尚書・序》云：「八卦之說，謂之八索：索，求其義也。㊁韓、白：韓，韓信，漢初名將，見《史記》卷九十二〈淮陰侯列傳〉。白，白起，戰國時名將，見《史記》卷七十三〈白起王翦列傳〉。㊂夷，齊：夷，伯夷；齊，叔齊；殷孤竹君之二子。周武王滅殷，伯夷、叔齊恥食周粟，逃隱於首陽山，後餓死。事見《史記》卷六十一〈伯夷列傳〉。㊃孟軻：孟子。㊄天爵：天然的爵位，指不居官位的人因德高而受人尊敬。《孟子・告子篇・上》：「有天爵者，有人爵者。仁義忠信，樂善不倦，此天爵也；公卿大夫，此人爵也，以要人爵也。古之人修其天爵，而人爵從之。今之人修其天爵，以要人爵；既得人爵，而棄其天爵，則惑之甚者也，終亦必亡而已矣。」印綬，印與繫印的絲組，指公卿大夫。㊅孫卿：即荀子，名況，戰國後期趙國人，著名的思想家。《荀子・修身篇》：「志意修則驕富貴，道義重則輕王公，內省而外物輕矣。」㊆脛毛：小腿上毛。古代常以「脛無毛」，比喻奔走之辛勤。愛脛毛之士，指不願奔走而保養自身的人。

【今譯】『十人所貴重的是立德立言。孝友仁義，操行學業清高，可稱之為立德。窮研典籍，著述粲然大觀，可稱之為立言。善卷沒有治理民眾的功績，但不可說他比俗吏差。孔子沒有作戰的勳勞，但不可以認為他比不上韓信與白起。身體與名聲並全，稱之為上等的，然而隱居求志，也是先民所讚美的。伯夷、叔齊以一介之軀，恥食周粟，不符合於變通的道理，但古人感歎不已，說他們不肯降辱。所謂不降，是表明隱逸的清高；所謂不辱，可知依附顯貴的汚穢。聖人的清高，孟子曾經有所讚美，說是天爵貴於印綬。志意美好而遺棄榮貴，荀子曾經加以推崇，說道義既然具備，就可以輕視王公。而世俗之人所畏唯勢，所重唯利。德盛而身滯，便稱之為庸人；器小而任大，便稱之為高士。或者有乘危冒險，投死忘生，不惜將身體拋棄於萬仞之下，而去企求一朝之間的榮華富貴。這種人與那輕視天下而愛惜自身的人相比，相距是何等的遙遠啊！』

仕人曰：『潛退之士，得意山澤，不荷世貴，蕩然縱肆，不為時用，嗅祿利㈠誠為天下無益之物，何如？』

【今註】㈠嗅祿利：孫星衍校：句有脫字。

【今譯】仕人說：『潛藏隱退之人士，得意於山林生活，不承受世俗的尊貴，蕩然縱肆，不為當時所用，不追逐祿利，他們確實是天下無益之物，怎麼樣？』

逸民答曰：『夫麟不吠守，鳳不司晨㈠，騰黃㈡不引犁，尸祝㈢不治庖㈣也。且夫揚大明乎無外，宣嫗煦之和風者，日也㈤；耀華燈於闇㈥夜，冶金石以致用者，火也。天下不可以經時無日，不可以一旦無火，然其大小，不可同也。江海之外㈦，彌綸二儀㈧，升為雲雨，降成百川；而朝夕之用，不及累仞之井，灌田溉園，未若溝渠之沃。校其巨細，孰為曠哉？』

【今註】㈠司晨：雄雞報曉。㈡騰黃：神馬。《文選》卷三張衡〈東京賦〉：「擾澤馬與騰黃。」

薛綜《注》引《瑞應圖》曰：「騰黃，神馬，一名吉光。」《初學記》卷二十九引《符瑞圖》：「騰黃，其色黃，一名乘黃，亦曰飛黃，或作吉黃。」㊂尸祝：從事祭祀活動的人。㊃庖：廚房。㊄日也：楊明照《抱朴子外篇校箋・上》：「『日』，當作『氣』字為長。《禮記・樂記篇》：『天地訢合，陰陽相得，煦嫗覆育萬物。』鄭玄《注》：『氣曰煦。』」㊅闇：孫星衍校：《藏》本作「閑」，從舊寫本改。㊆以上兩句，徐濟忠曰：「『外』字疑是『水』字。楊明照贊同徐說，認為此下數句皆言水之巨大功能。㊇二儀：指天地。《易經・繫辭・上》：「易有太極，是生兩儀。」

【今譯】 逸民先生回答說：『麒麟不會像狗似的吠叫與看守，鳳凰不會像雄雞那樣報曉，良馬騰黃不會像牛似的拉犁耕田，屍祝不會治理廚房之事。能夠把光明無限地擴大，並將嫵媚的和風盡力宣揚的，那是氣。能夠使華燈在黑夜中點亮的，並用於冶鍊金石的，那是火。天下不可以暫時沒有氣，也不可以一旦沒有火。然而它們作用的大小，是不相同的。氣涵蓋江海之外，還統攝天與地，氣上升變成雲雨，下降形成百川。但就日常生活來說，不如累仞的深井，就灌溉田園來說，不如溝渠的沃水。比較它們作用的大小，哪一個巨大呢？』

『桀、紂，帝王也。仲尼，陪臣也。今見比於桀、紂，則莫不怒焉；見擬於仲尼，則莫不悅焉。爾則貴賤果不在位也。故孟子云：禹、稷、顏淵㊀，易地皆然矣。宰予㊁亦謂：孔子賢於堯、舜遠矣。夫匹庶而鈞稱於王者，儒生高極乎唐、虞㊂者，德而已矣，何必官哉！』

【今註】 ㊀稷、顏淵：稷，即后稷，別姓為姬，周族的始祖。顏淵，即顏回，孔子的弟子，以德行著名。㊁宰予：字子我，孔子的弟子，利口辯辭。㊂唐、虞：唐堯與虞舜。

【今譯】 『桀、紂是帝王，而孔子則是陪臣。而現在誰被比作夏桀和殷紂王，就沒有不憤怒的；誰被比作孔子，沒有不喜悅的。那麼看來，尊貴與卑賤，果然不在於地位的高低。所以，孟子說：禹、后稷、顏淵，變換一下地位，都是一樣的。宰予也說過，孔子比堯、舜賢能得多。如果匹夫庶民都稱王，儒生遠遠地高於堯、舜，德行如此而已，何必說官職呢？』

『且夫交靈升於造化，運天地於懷抱，恢恢然世故不棲於心術，茫茫然寵辱不汨其純白，流俗之所欲，不能染其神，近人之所惑，不能移其志。榮華，猶贅疣也；萬物，猶蜩翼也。若然者，豈肯詰屈其支體，俯仰其容儀，挹酌於其所不喜，脩索於其所棄遺，怡顏以取進，曲躬以避退，恐俗人之不悅，慼我身之淩遲㊀，屈龍淵為錐鑽之用，抑靈鼖為鞉鼙㊁之音，推黃鉞㊂以適釤鐮㊃之持，撓㊄華旗以入林杞㊅之下乎！』

【今註】 ㊀凌遲：剮刑。㊁鞉鼙：鞉音ㄊㄠˊ，長柄的搖鼓。鼙音ㄆㄧˊ，軍中所擊的小鼓。㊂黃鉞：黃色的圓口大斧，象徵具有最高軍事統帥的權力。㊃釤鐮：音ㄕㄢˋ ㄌㄧㄢˊ，大鐮刀。㊄撓：使彎曲。㊅林杞，指落葉灌木。

【今譯】 『而且神靈升於造化，將天與地懷抱其中，恢恢浩蕩，世故人情不會棲留於心術，茫茫混沌，榮寵恥辱不會淹沒它的純白。流俗的慾望，不能污染神靈，近人的迷惑，不能改變它的意志。榮華富貴好像贅疣，萬事萬物輕如蜩翼。如果這樣一來，難道肯卑躬屈膝，俯仰容儀，拿取自己所不喜歡的東西，修索自己所遺棄的東西，怡顏以進取，曲躬以退避，害怕別人的不悅，為自己被處死而悲戚，讓龍淵寶劍委屈地當作錐鑽來使用，壓抑大鼓的聲音，使他變為小鼓的聲音，把黃鉞大斧當作大鐮刀來使用，將華旗彎曲，放在灌木林之下嗎？』」

『古公㈠杖策而捐之，越翳㈡入穴以逃之，季札㈢退耕以委之，老萊㈣灌園以遠之，從其所好，莫與易也。故醇而不雜，斯則富矣；身不受役，斯則貴矣。若夫剖符有土，所謂祿利耳，非富貴也。且夫官高者其責重，功大者人忌之，獨有貧賤，莫與我爭，可得長寶，而無憂焉。』

【今註】㈠古公：古公亶父，即周太王。因狄戎的威逼，乃與私屬棄豳（今陝西彬縣東北），遷至岐下（今陝西岐山北）。㈡越翳：越王翳（句踐大世孫），初不願為王，逃入山穴，越人用火把他薰出來，無奈而就越王之位。㈢季札：春秋時吳王諸樊之弟，多次推讓君位。㈣老萊：老萊子，楚人。《史記》卷六十三〈老子韓非列傳〉張守節《正義》引《列仙傳》云：「老萊子當時世亂，逃世，耕於蒙山之陽。楚王至門迎之，遂去。」

【今譯】『古公亶父放棄了原來居住地豳，來到了岐山之下，越翳逃離原處，進入了洞穴，季札推讓王位，隱退耕田，老萊子避世亂，隱於蒙山之陽，以上四人各從其所好，沒有改變自己的意向。所以，醇而不雜，這就是富有的表現。身體不受役使，這就是尊貴的表現。至於剖符分封，裂土為王侯，這只是祿利而已，並不是富貴。而且官高的，責任重大；功大的，會招來別人的妒忌。唯獨貧賤，是沒有人來爭奪的，可以長期地保住，而不用擔心。』

『濯裘布被，拔葵去織，豘㊀不掩豆，菜肴糲湌，又獲逼下邀偽之譏；樹塞反坫㊁，三歸㊂玉食，穰侯㊃之富，安昌㊄之泰，則有僭上洿濁之累。未若遊神典文，吐故納新，求飽乎耒耜之端，索蘊乎杼軸㊅之間，腹仰河而已滿，身集一枝而餘安，萬物芸芸，化為埃塵矣。饘粥糊口㊆，布褐縕袍㊇，淡泊肆志，不憂不喜，斯為尊樂，喻之無物也。』

【今註】 ㊀豘：音ㄊㄨㄣˊ，小豬。㊁坫：音ㄉㄧㄢˋ，設在堂中的土臺。㊂三歸：釋義甚多，此處當依《說苑・善說》，謂臺名。《論語・八佾篇》：『管氏有三歸。』朱熹《集注》曰：「三歸，臺名，事見《說苑》。」㊃穰侯：即魏丹，秦昭王母宣太后之弟。司馬遷說他「貴極富溢」。事見《史記》卷七十二〈穰侯列傳〉。㊄安昌：即張禹，西漢大臣、經學家。宣帝末舉為郡文學試為博士。元帝時奉詔為太子（成帝）授《論語》。成帝即位後代王商為丞相，封安昌侯。他治經善援引經義以議論時政，著有《張侯論》，為當時儒者所推崇。見《漢書》卷八十一〈匡張孔馬傳〉。㊅杼軸：杼，音ㄓㄨˋ，織機上的杼子。杼軸，指手工紡織。㊆饘粥糊口：饘，音ㄓㄢ，稠粥。餬口，吃粥，指勉強維持生活。《左傳》昭公七年：「饘於是，鬻於是，以餬餘口。」㊇布褐縕袍：指粗賤之衣服。

【今譯】『洗滌毛裘，穿布褐之衣，拔葵去織，肉不掩豆，菜餚粗食，這樣會遭到逼下邀偽的譏刺。塞樹為臺，三歸美食，穰侯之富，安昌之泰，又會有僭上污濁的牽累。既然如此，還不如留神研讀典籍，內養行氣，吐故納新，以農耕求飽食，以紡織求溫暖，過著自我滿足的隱居生活。世上萬事萬物都化為塵埃了。稠粥餬口，穿粗賤之衣，疾志於淡泊生活，不憂不喜，這就是尊貴與安樂，可以說是世上沒有其他東西了。』

『夫仕也者，欲以為名邪？則脩毫可以洩憤懣，篇章可以寄姓

字，何假乎良史，何煩乎鑱㈠鼎哉！孟子不以矢石㈡為功，揚雲㈢不以治民益世，求仁而得，不亦可乎？』仕人又曰：『隱遁之士，則為不臣，亦豈宜居君之地，食君之穀乎？』

【今註】 ㈠鑱：音ㄔㄢˊ，王國維校：「鍾」。楊明照先生按「鑱」當作「讒」。讒鼎，見《左傳》昭公三年杜預注：「讒，鼎名也。」王校未可從。㈡矢石：箭與礧石，指戰爭。㈢揚雲：即揚雄，西漢文學家、哲學家、語言學家。見《漢書》卷八十七〈揚雄傳〉。

【今譯】 『至於仕人，既然要獲取名聲，那就可通過筆墨渲泄憤怒，可以通過文章保留姓字，為什麼要假借於良史並麻煩於鑱鼎呢？孟子不以戰爭為功，揚雲不以治民益世，他們追求的只是仁而已，不也是可以嗎？』

仕人又說：『隱遁之士既然不算是臣民，亦難道應該居住在國君管轄的土地上，食國君所擁有的穀物嗎？』

逸民曰：『何謂其然乎！昔顏回死，魯定公㊀將躬弔焉。使人訪仲尼。仲尼曰：「凡在邦內，皆臣也。」定公乃升自東階，行君禮焉。由此論之，「率土之濱，莫匪王臣」可知也。在朝者陳力以秉庶事；山林者，脩德以厲貪濁，殊塗同歸，俱人臣也。王者無外，天下為家，日月所照，雨露所及，皆其境也。安得懸虛空，飡咀流霞，而使之不居乎地，不食乎穀哉？』

【今註】　㊀魯定公：疑為「魯哀公」之譌。顏回死於魯哀公時期。

【今譯】　逸民先生說：『為什麼說是這樣的呢？從前顏回死的時候，魯哀公將要親自弔唁，派人向孔子詢問。孔子說：凡是在邦國之內的人，都算是臣民。於是，魯哀公就登上東階，以國君的禮儀表示悼念。由此可見，率土之濱，無人不是國王的臣民。在朝做官的人，盡力地做好政事；深居山林的人，修養德行，以厲禁貪濁行為。彼此異途而同歸，都是國君的臣民。王者無所不包，天下為家，日月所照，雨露所及，統統是國君管轄的地方，哪兒得懸居天空，餐咀飛霞，不住在地上，不食穀物的嗎？』

『夫山之金玉，水之珠貝，雖不在府庫之中，不給朝夕之用，然皆君之財也。退士不居肉食之列，亦猶山水之物也，豈非國有乎？許由不竄於四海之外，四皓不走於八荒㊀之表也。故曰：「萬邦黎獻㊁，共惟帝臣㊂。」干木㊃不荷戈戍境，築壘疆埸，而有蕃㊄魏之功。今隱者潔行蓬華㊅之內，以詠先王之道，使民知退讓，儒墨不替，此亦堯、舜之所許也。昔夷、齊不食周粟，鮑焦㊆死於橋上，彼之硜硜㊇，何足師表哉！』

【今註】㊀八荒：指八方極遠之地。㊁萬邦黎獻：謂萬國眾賢。獻，賢也。㊂共惟帝臣：謂共為帝臣。以上兩句，見《尚書・益稷篇》。㊃干木：即段干木，戰國魏文侯時隱士。㊄蕃：同「藩」，保障。㊅蓬華：蓬戶華門，指簡陋的屋舍。㊆鮑焦：春秋時的隱士。《莊子・盜跖篇》：「鮑焦飾行非也，抱木而死。」㊇硜硜：音ㄎㄥㄎㄥ，淺見固陋貌。

【今譯】『山中的金玉，水裏的珠貝，雖然不存在府庫之內，不供給朝夕之用，但都是屬於國君的財富。隱逸之士雖然不居於肉食之列，但還要由山水之物來供養，這些東西難道不是邦國所有的嗎？許由沒有流竄於四海之外，漢初四皓也沒有隱居於八荒之表。所以《尚書》上說：萬國眾賢，共為帝臣。段干木雖沒有荷戈守邊，築壘戰場，但他有保障魏國的功勞。當今隱逸之士，行為高潔，居住在簡陋的屋舍裏，詠歎先王之道，使百姓懂得退讓的道理，這種作用是儒家與墨家所不能代替的，也是堯舜所讚美的。從前，伯夷叔齊不食周粟而餓死，隱士鮑焦死在橋上，他們的淺見固執的樣子，哪兒值得學習的呢？』

『昔安帝以玄纁玉帛聘周彥祖㊀。桓帝以玄纁玉帛聘韋休明㊁。順帝以玄纁玉帛聘楊仲宣㊂，就拜侍中，不到。魏文帝徵管幼安不至㊃，又就拜光祿勳，竟不到；乃詔所在常以八月致羊一口，酒二斛。桓帝玄纁玉帛聘徐孺子㊄，就拜太原太守及東海相，不到。順帝以玄纁玉帛聘樊季高㊅，不到；乃詔所在常以八月致羊一口，酒二斛，又賜几杖，待以師傅之禮。獻帝㊆時，鄭康成㊇州辟舉賢良方正、茂才，公府十四辟，皆不就；公車徵左中郎、博士、趙相、侍中、大司農，皆不起。昭帝公車徵韓福㈨，到，賜帛五十匹及羊酒。法高卿㈩再舉孝廉，本州五辟，公府八辟，九舉賢良、博士，三徵，皆不就。桓帝以玄纁玉帛、安車軺輪聘韓伯休㈡，不到。以玄纁玉帛、安車軺輪聘姜伯雅㈢，就拜太中大夫、犍為太守，不起。然皆見優重，不加威辟也。若此諸帝褒隱逸之士不謬者，則呂尚之誅華士為凶酷過惡，斷可知矣。』

【今註】㈠昔安帝以玄纁玉帛聘周彥祖：安帝，東漢皇帝劉祜。玄纁，玄，指黑色。纁，音ㄒㄩㄣ，指淺紅色。玄纁，本為染料名，引申為用作儀物的玉帛的代辭。周彥祖，東漢周燮（音ㄒㄧㄝˋ），字彥祖。自幼知廉讓，通《易經》、《詩經》、《論語》等，親自勞作，自食其力。朝廷舉孝廉、賢良方正、特徵，皆以疾辭。事見《後漢書》卷五十三〈周黃徐姜申屠列傳〉。㈡桓帝以玄纁玉帛聘韋休明：桓帝，東漢皇帝劉志。韋休明，韋著，字休明。少以經行知名，不應州郡之命。延熹二年，桓帝公車備禮徵，至霸陵，稱病歸。乃入雲陽山，採藥不歸。事見《後漢書》卷二十六〈韋彪傳〉。㊂順帝以玄纁玉帛聘楊仲宣：順帝，東漢皇帝劉保。楊仲宣，當作楊仲桓，即楊厚。《後漢書》卷三十上〈楊厚傳〉云：「永建二年，順帝特徵。及至，拜議郎，三遷為侍中，特蒙引見，訪以政事。後稱病求退，歸家。建和三年，梁太后後詔徵之，不至。」㊃魏文帝徵管幼安不至：魏文帝，即曹丕。管幼安，管寧，字幼安，北海朱虛人。天下大亂，曾渡海至遼東。魏文帝聽華歆之荐，詔以為太中大夫，固辭不受。事見《三國志》卷十一〈魏書・管寧傳〉。㊄徐孺子：徐穉，字孺子，豫章南昌人。家貧，常自耕稼，屢辟公府，不起。延熹二年，桓帝以備禮徵之，不至。事見《後漢書》卷五十三〈周黃徐姜申屠列傳〉。㊅樊季高：《後漢書》卷八十二上〈方術列傳・上〉作「樊季齊」，即樊英，南陽魯陽人。永建二年，順帝策書備禮，玄纁徵之，後固辭疾篤。乃詔切責郡縣，駕載上道。英不得已到京，仍不肯起。使出太醫養疾，月致羊酒。至四年，賜几杖，待以師傅之禮，延問得失。㊆獻帝：東漢末代皇帝劉協。㊇鄭康成：即鄭玄，東漢著名經學家。《後漢書》卷三十五〈張曹鄭列傳〉載：「獻帝建安年間，董卓遷都長安，公卿舉玄為趙相（趙王劉乾之相），道斷不至。後袁紹乃舉玄茂才，表為左中郎將，皆不就。公車徵為大司農，給安車一乘，所過長吏送迎，玄乃以病乞還家。」㊈韓福：西漢涿人，操行高潔。漢昭帝時霍光秉政，表彰德義傑出者，召致京城。因病賜帛五十匹，遣歸，終身不仕。㈠法高卿：即法真，扶風郿人。博通內外圖典，為關西大儒。辟公府，舉賢良，皆不就。會順帝西巡，前後四徵，終不降屈。參見《後漢書》卷八十三〈逸民列傳〉。㈡韓伯休：即韓康，一名恬休，京兆霸陵人。常至名山採藥，於長安販賣，堅持不二價，童叟無欺。後入山隱居。桓帝徵召之，先許諾而中途遁逃。事見《後漢書》卷八十三〈逸民列傳〉。㈢姜伯雅：楊明照引陳漢章、孫人和、孫志祖，以為「雅」當為「淮」字形近之誤，此說甚是。姜肱，字伯淮，彭城廣戚人。博通五經，以孝行聞名於世。公府辟召，皆不應命。朝廷欲召為太守，乃隱於海濱，歷年乃還。事見《後漢書》卷五十三〈周黃徐姜申屠列傳〉。

【今譯】『從前，東漢安帝以儀物玉帛徵聘周彥祖，桓帝以儀物玉帛徵聘韋休明，順帝以儀物玉帛徵聘楊仲宣，就拜侍中，但是他們都不願到京城做官。魏文帝徵聘管幼安，他卻不來，後來又封他為光祿動，竟也不到。於是下詔令所在郡縣，常以八月送給他羊一頭，酒二斛。桓帝以儀物玉帛徵聘徐孺子時，封他為太原太守及東海王相，但他卻不來做官。順帝時以禮物玉帛徵聘樊季高，不到，就詔令所在群縣，常以八月送他羊一口，酒二斛。東漢末獻帝時，鄭康成被地方官府推舉為賢良方正茂才，公府徵辟十四次之多，但他都不願就職。後來公車徵拜為左中郎博士、趙王相侍中大司農，他仍然不肯就職。西漢昭帝用公車徵聘韓福，到了之後，賜給他五十匹帛及羊、酒。東漢順帝時，逸民法高卿被舉為孝廉，本州徵辟五次，公府徵辟八次，被舉為賢良博士九次，皇帝徵聘達三次，但他都不就職。桓帝以儀物玉帛及安車軺輪徵聘韓伯休，而他卻不來做官，又用儀物玉帛及安車軺輪徵聘姜伯雅，封為太中大夫、犍為太守，他卻不肯就職。由上可見，皇帝與官府的徵聘是很優待並且隆重的，不以威勢逼迫。如果說，上述諸帝表彰徵聘隱逸之士是對的，那麼，呂尚誅殺名士就是凶惡殘酷的行為，這是斷然可知的事啊！』

仕人乃悵然自失，慨爾永歎曰：『始悟超俗之理，非庸瑣所見矣。』」

【今譯】　仕人聽了之後，悵然自失，頗有感慨，深深地歎道：『我今天才開始悟到了超脫世俗的道理，確實不是凡庸瑣碎的見解。』」

勖學篇 第三

【篇旨】葛洪鑒於自漢末以迄魏晉以來，「世道多難，儒教淪喪」，社會風俗的敗壞，禮教的衰頹，已到了令人扼腕的地步，因作《勖學》《崇教》二篇，申明學習與教化的重要性，企圖以此挽救世俗的流弊。在本篇中，作者強調：學習「進可以為國，退可以保己」；「不學而求知，猶願魚而無網」。人的才性雖有優劣，但通過學習，都可以得到知識。學貴慎始，但晚學亦可勝於終生之不學。「日燭之喻，斯言當矣！」

抱朴子曰：「夫學者所以清澄性理㊀，簸揚㊁埃穢，雕鍛鑛璞㊂，礱鍊屯鈍，啟導聰明，飾染質素，察往知來，博涉勸戒㊃。仰觀俯察，於是乎在，人事㊄王道㊅，於是乎備。進可以為國，退可以保己。是以聖賢罔莫㊆孜孜而勤之，夙夜㊇以勉之。」

【今註】㊀性理：情緒和理智。㊁簸揚：謂播動揚去穀類中的糠粃。㊂雕：通「彫」，雕琢。鑛璞，謂金石相和而未理者。璞，指未曾琢磨的璞石。㊃戒：孫星衍校正：「《藏》本作『成』，從舊寫本改。」㊄人事：人世上的各種事情。《史記》卷一百三十〈太史公自序〉：「夫《春秋》，上明三王之道，下辨人事之紀。」㊅王道：謂先王所行之正道。《尚書・洪範》：「無偏無黨，王道蕩蕩；無黨無偏，王道平平；無反無側，王道正直。」儒家以「王道」與「霸道」相對。㊆罔莫：孫星衍校，盧本作『罔不』。㊇夙夜：謂早晚。夙，早。《詩經・召南・行露》：「豈不夙夜，謂行多露。」

【今譯】抱朴子說：「學習的目的，在於澄清性理，清除污垢，鍛鍊鐮璞，磨厲遲鈍，啟導聰明，提高素質，察往知來，擴大知識，勸誡自己。只要認真學習，仰觀俯察，都在裡面了；人事王道，也都全部俱備了。進可以為國效勞，退可以明哲保身。因此，歷代聖賢，莫不孜孜地勤奮學習，早晚自勉之。」

「命㊀盡日中㊁而不釋，飢寒危困而不廢。豈以有求於當世哉，誠樂之自然也。夫斲㊂削刻畫之薄伎，射御㊃騎乘之易事，猶須慣習，然後能善，況乎人理之曠，道德之遠，陰陽之變，鬼神之情，緬邈㈤玄奧，誠難生知㈥。雖云色白，匪染弗麗；雖云味甘，匪和弗美。故瑤華㈦不琢，則耀夜之景不發；丹青不治㈧，則純鉤㈨之勁不就，火則不鑽不生，不扇不熾；水則不決不流，不積不深。故質雖在我，而成之由彼也。」

【今註】㈠命：楊明照校：「命」，盧本、《諸子彙函》本（後簡稱《彙函》本）、柏筠堂本、文溯本、《叢書》本、《崇文》本作「漏」。按《論衡・別通篇》：「孔子病，商瞿卜期日中。孔子曰：『取書來！』比至日中何事乎？聖人之好學也，且死不休。念在經書，不以臨死之故，棄忘道藝，其為百世之聖，師法祖脩，蓋不虛矣。」（《劉子・崇學篇》：「故宣尼臨沒，手不釋卷」）。㈡日中：日正午。㈢斲：音ㄓㄨㄛˊ，本義為大鋤，引申為砍、斬。㈣射御：射箭與駕御車馬，古六藝中，射與御為一類，都是尚武的技藝。㈤緬邈：遙遠貌。㈥生知：不待學而知。《論語・季氏篇》：「生而知之者，上也；學而知之者，次也。」㈦瑤華：傳說中的仙花。㈧丹青不治：孫星衍校，盧本作「丹鍔不淬」。丹青，指紅銅及青錫，兩種可製寶劍的鑛物。㈨純鉤：越王聘歐冶製成之名劍。《越絕書》卷十一〈越絕外傳記寶劍〉：「歐冶乃因天之精神，悉其技巧，造為大型三，小型二：一曰湛盧，二曰純鈞，三曰勝邪，四曰魚腸、五曰巨闕。」楊明照校：「鉤」，《御覽》六〇七引作「鈞」。按「鈞」字是（孫氏《校補》辨之甚詳）。《藏》本、魯藩本、吉藩本、慎本、盧本、《彙函》本、柏筠堂本、《叢書》本、《崇文》本並作「鈞」，未誤。當據改。

【今譯】 「即使中午將要死了，上午仍然手不釋卷；那怕飢寒交迫，從不廢棄學業。並不是有求於當世，而是樂在其中罷了。那種砍斬雕刻之類的小技藝，射御騎乘之類的易事，還須要堅持鍛鍊，然後才能做得好；何況人理之廣，道德之遠，陰陽之變，鬼神之情，深遠奧秘，實在是很難做到不學而知的。雖然說是白色，不染就不美麗；雖然說是味甜，不加點香料就不好吃。所以，仙花不雕琢，就發不出耀夜的景觀；紅銅青錫不經過加工，寶劍就不鋒利。火不鑽不生，不扇不旺；水不決不流，不積不深。秉賦雖在我，但成才要靠他。」

「登閬風㈠，捫晨極㈡，然後知井谷㈢之閽隘也；披七經㈣，玩百氏㈤，然後覺面牆㈥之至困也。夫不學而求知，猶願魚而無網焉，心雖勤而無獲矣。廣博以窮理㈦，猶順風而託㈧焉，體不勞而致遠矣。粉黛㈨至則西施㈩以加麗，而宿瘤㈡以藏醜。經術㈢深則高才者洞達，鹵鈍㈢者醒悟。文梓干雲而不可名臺榭者㈣，未加班輸㈤之結構也；天然爽朗，而不可謂之君子者，不識大倫之臧否㈥也。」

【今註】㈠閬風：山名，閬，音ㄌㄤˇ。相傳為仙人所居，在崑崙之巔。《楚辭・離騷》：「朝吾將濟於白水兮，登閬風而緤馬。」㈡晨極：晨，據楊明照校，「晨」當作「辰」，乃音之誤也。〈嘉遯篇〉「必仰辰極以得反」，《抱朴子・內篇・暢玄篇》「淩辰極而上游」，又〈釋滯篇〉「辰極不動」，並其證。《御覽》六〇七引正作「辰」。當據改。辰極，指北極星。㈢井谷：即井底。㈣七經：指漢代以來歷代封建王朝所推崇的七本儒家經籍。名目不一。東漢《一字石經》以《易》、《詩》、《書》、《儀禮》、《春秋》、《公羊》、《論語》為七經。㈤百氏：猶言諸子百家。㈥面牆：喻不學，如面向牆壁而一無所見。㈦窮理：尋根究源，追求至理。㈧託：楊明照校，徐曰「『託』字下當脫一字。」《校補》曰：「按『脫』下當脫一字。此與上『猶願魚而無網焉』對文，或即脫一『舟』字。」按《校補》說是。〈交際篇〉「金玉經於不測者，託於輕舟也」，〈吳失篇〉「猶託萬鈞於尺舟之上」，〈安貧篇〉「奚不汎輕舟以託凡」，並其證。㈨粉黛：婦女化妝品。粉以敷面，黛以畫眉。㈩西施：亦稱西子，春秋末吳王夫差的寵妃。語出《韓非子・顯學篇》：「故善毛嗇西施之美，無益吾面，用脂澤澤粉黛，則倍其初。」㈠宿瘤：相傳為齊國採桑女。頭上有大瘤，因號宿瘤。㈡經術：經學。㈢鹵鈍：遲鈍，不敏銳。楊明照校，「鹵」上，《御覽》卷六〇七引有「而」字。按有「而」字，始能與上「而宿瘤以藏醜」句一律。㈣文梓干雲而不可名臺榭者：文梓：有斑文的梓木。干雲，即干雲蔽日，形容樹木參天，高及雲際，蔭可蔽日。臺榭，積土高起者為臺，臺上所建之屋為榭。楊明照校，《御覽》引「名」下有「之為」二字，「謂之」下有「為」字。按《御覽》所引是也。當據補。㈤班輸：古代巧匠，即魯公輸班；一說，班，魯班，與公輸班為二人，皆有巧藝。見《漢書》卷一百上〈敘傳・答賓戲〉。㈥大倫：倫常大道。古多指統治階級規定的人與人的根本準則。臧否：音ㄗㄤ ㄆㄧˇ，善惡、得失。

【今譯】「登上閬風山之巔，可以撫摸到北極星，那時才知道井底下是多麼昏暗；熟讀七經，了解諸子百家，然後才感到不學無術是多麼愚昧。不刻苦學習而想獲得知識，猶如捕魚而沒有魚網，心裡雖然勤快卻難以有收穫。以廣博的學問去尋求至理，就像順風而駕輕舟，不必用力就可以駛向遠方。用了粉黛之類的化妝品，西施就更加美麗，宿瘤尤顯得難以藏醜。儒學學得深，高才者就更加通達明理，遲鈍的人尤感到要醒悟。有斑文的梓木，高可蔽日的大樹，都不能叫做「臺榭」，因為它們尚未經過班輸的結構加工。天然爽朗的不可稱之為君子，因為他們還不認識倫常大道的善惡得失。」

「欲超千里於終朝㈠，必假追影之足；欲淩洪波而遐濟，必因艘楫㈡之器；欲見無外㈢而不下堂，必由之乎載籍㈣；欲測淵微㈤而不役神，必得之乎明師。故朱綠㈥所以改素絲㈦，訓誨所以移蒙蔽。披玄雲㈧而揚大明，則萬物無所隱其狀矣；舒竹帛㈨而考古今，則天地無所藏其情矣。況於鬼神乎？而況於人事乎？」

【今註】㈠終朝：早晨。《詩經・小雅・采綠》：「終朝采綠，不盈一匊。」㈡艘楫：船的泛稱。㈢無外：指極大的範圍。《管子・版法解》：「凡人君者，覆載萬民而兼有之，……天覆而無外也，其德無所不在。」㈣載籍：典籍。《史記》卷六十一〈伯夷列傳〉：「夫學者載籍極博，猶考信於六藝。」㈤淵微：擬作「淵淵」，水深貌。語出《莊子・天道篇》：「廣廣乎其無不容也，淵淵乎其不可測也。」《荀子・勸學篇》：「（學習）譬之猶以指測河也。」㈥朱綠：紅色與翠綠色。㈦素絲：白絲。㈧玄雲：黑雲。㈨竹帛：指書冊、史乘。竹指竹簡，帛指白絹。古代初無紙張，以此用以書寫文字。

【今譯】「想要在一個早上就走完千里路程，那就得有追趕日影的雙腳。想要越過洪濤波浪而走向彼岸，那就必須借助於船隻。想要足不出戶而知道天下事，那就必須依靠書籍。想要測量深淵而不費神，那就必須得到明師的指點。這就是朱綠所以能夠改變白絲，訓誨所以能夠動搖蒙蔽的道理。驅散烏雲而大放光明，天下萬物就無法隱藏它的本來面貌了。舒展典籍而考證古今，天地也就無法隱瞞它的實情了。何況鬼神呢？何況人事呢？」

「泥涅可令齊堅乎金玉，曲木可攻之以應繩墨。百獸可教之以戰陳，畜牲可習之以進退，沈鱗可動之以聲音，機石可感之以精誠。又況乎含五常㊀而稟最靈者哉！低仰之駟㊁，教之功也；鷙㊂擊之禽，習之馴也。與彼凡馬野鷹，本實一類，此以飾貴，彼以質賤。運行潦㊃而勿輟，必混流㊄乎滄海矣。崇一簣㊅而弗休，必鈞㊆高乎峻極㊇矣。大川滔瀁㊈，則虯螭㊉群游。日就月將，則德立道備。乃可以正㊁夢乎丘、旦，何徒解桎乎困蒙㊂哉！」

【今註】㊀五常：封建禮教稱君臣、父子、兄弟、夫妻、朋友之間的五種關係，亦稱五倫。㊁駟：

馬四匹為駟，因以稱四馬之車，或車之四馬。㈢鷙：音ㄓˋ，一種凶猛的鳥類。《淮南子・覽冥篇》：「鷙鳥不妄搏。」㈣行潦：指溝中積水。「行」為「衍」之省借。㈤混流：諸水合流而下，水勢豐盈的樣子。《漢書》卷五十七上〈司馬相如傳・上・上林賦〉：「汩乎混流，順阿而下。」混，并也，意即諸水合流而下。㈥一簣：一筐。簣，指盛土的竹器。㈦鈞：古代重量單位名，三十斤為鈞，四鈞為石。㈧峻極：極高貌。㈨滔瀁：水流激蕩。㈩虯螭：音ㄑㄧㄡˊ ㄔ，皆為龍的名稱。虯有角，螭無角。⑪正：孫星衍校：正，《藏》本作「止」，從舊寫本改。⑫困蒙：困於蒙昧。

【今譯】　「泥土可以捏得和金玉一樣堅固，曲木可以加工使之符合繩墨的標準。百獸可以教以戰陣，牲畜可以練習進退，沉鱗可以動之以聲音，機石可以感之以精誠。又何況是立有五常，而秉賦最靈的人類呢！低首拉車的四匹馬，是教導的功勞；會搏擊的猛禽，是練習而馴服的。和那些凡馬野鷹相比，原本同屬一類，現在這些已變成貴物，而那些仍然質賤。不斷地運送溝中的積水，必會合流而入滄海。不停地積聚一筐一筐的土，必定可以堆積成很重的極高的土堆。大川激蕩，那麼虯螭之類的龍才會群游。日就月將，那麼道德才會備立。於是就可以正夢於丘旦，為何只從蒙昧的桎梏中解脫出來呢？」

「昔仲由㈠冠雞帶豘㈡，戞珥鳴蟬，杖劍而見，拔刃而舞，盛稱南山之勁竹，欲任掘強之自然。尼父㈢善誘，染以德教㈣，遂成升堂之生，而登四科㈤之哲。子張㈥鄙人㈦，而灼聚凶猾，漸漬㈧道訓㈨，成化名儒，乃抗禮於王公，豈直免於庸陋？」

【今註】㈠仲由：即子路。春秋末卞人。孔子弟子，尚勇，長於政事。㈡冠雞帶豘：即冠雄雞，佩豭豚，以示其勇猛。《史記》卷六十七〈仲尼弟子列傳〉：「子路性鄙，好勇力，志伉直，冠雄雞，佩豭豚。」㈢尼父：孔子的尊稱。因其字以為之諡。父，同「甫」，丈夫之美稱。㈣德教：德澤教化。《孟子・離婁篇・上》：「沛然德教溢乎四海。」㈤四科：指孔門四科，德行、言語、政事、文學四項。見《論語・先進篇》。《後漢書》卷三十五〈鄭玄傳〉：「仲尼之門，考以四科。」㈥子張：春秋陳國陽城（今河南登封）人，姓顓孫，名師，以字行。曾從孔子周遊列國，困於陳蔡之間。楊明照校：「子張」，慎本、盧本、《彙函》本、柏筠堂本、文溯本、《叢書》本、《崇文》本作「子房」。按《尸子・勸學篇》：「顏涿聚（灼聚同）盜也，顓孫師（即子張）駔也。孔子教之，皆為顯士。」（《群書治要》三六引）《呂氏春秋・尊師篇》：「子張魯之鄙家也，顏涿聚梁父之大盜也，學於孔子，……由此為天下名人顯士。」並足證作「子房」之非。㈦鄙人：郊野邊鄙之人。㈧漸積：浸潤。㈨道訓：道德之順教。

【今譯】「從前，子路為了顯示自己的勇力，往往頭掛雄雞，身佩小豬，霎珥鳴蟬，杖劍而見，拔刀而舞，盛稱南山勁竹可以任意地掘取。後來，經由孔子的循循善誘，用德教感化，後來成為升堂的門生，而且登上四科哲人之列。子張是郊野邊鄙之人，顏灼聚是凶滑的大盜，經由孔子的逐漸教導，變成了名儒，竟與顯貴王公分庭抗禮，難道只是擺脫了庸陋習氣嗎？」

「以是賢人悲寓世之倏忽㈠，疾泯沒之無稱㈡；感朝聞之弘訓，悟通微之無類；懼將落之明戒，覺罔念之作狂；不飽食以終日，不棄功於寸陰；鑒逝川之勉志，悼過隟㈢之電速；割遊情之不急，損人間之末務；洗憂貧之心，遣廣願之穢。息畋獵㈣博弈之遊戲，矯晝寢坐睡之懈怠；知徒思之無益，遂振策於聖途。學以聚之，問以辯之，進德修業㈤，溫故知新㈥。」

【今註】㊀倏忽：疾速，指極短的時間。㊁無稱：無足稱道。《戰國策・齊策・六》：「功廢名滅，後世無稱，非智也。」㊂過隙：過隙。隟同「隙」㊃畋獵：打獵。老子《道德經・第十二章》：「馳騁畋獵，令人心發狂。」畋，音ㄊㄧㄢˊ。㊄進德修業：語出《周易・乾卦》：「君子進德修業。」進德，增進品德；修業，推廣擴大事業。㊅溫故知新：溫習舊業，增加新知。語出《論語・先進篇》：「溫故而知新，可以為師矣。」

【今譯】「由此賢人悲憂寓世的暫短，痛恨死後的無足稱道；有感於朝聞的宏訓，意識到通微的無類；害怕即將喪失的明戒，覺悟到無念的作狂。既不終日飽食，也不徒勞無功浪費光陰，鑒於『逝者如斯夫』的感歎，哀悼過隙的震雷。割斷不急的遊情，廢棄人間的末務。洗濯憂貧的心情，遣散廣願的污穢。停止畋獵博弈之類的遊戲，改正晝寢坐睡的懈怠現象。知道空想的無益，就應當奔往聖人那裡去學習。大家聚集一起學習，互相問難辯答，進行道德與學業的修養，溫習舊業，增加新知。」

「夫周公㊀上聖，而日讀百篇；仲尼天縱㊁，而韋編三絕㊂。墨翟㊃大賢，載文盈車；仲舒㊄命世，不窺園門。倪寬㊅帶經以芸鉏，路生㊆截蒲以寫書。黃霸㊇抱桎梏以受業，甯子㊈勤夙夜以倍功。」

【今註】 ㈠周公：姬姓，名旦，周文王第四子。采邑在周（今陝西岐山北），稱周公。儒家推崇的聖人。上聖：德才最高的人。楊明照校：按《墨子・貴義篇》：「子墨子曰『昔者，周公旦朝讀書百篇』。」《金樓子・說蕃篇》：「周公，旦則讀書一百篇，夕則見士七十人也。」是此文「日」字當作「旦」字。㈡天縱：謂天所縱任，不限量其所至。《論語・子罕篇》：「太宰問於子貢曰：『夫子聖者與？何其多能也？』子貢曰：『固天縱之將聖，又多能也。』」朱熹《集注》：「縱，猶肆也。言不為限量也。」㈢韋編三絕：比喻讀書至勤。古時無紙，以竹簡寫書，用皮繩編綴，故曰韋編。後作為古代典籍的泛稱。語出《史記》卷四十七〈孔子世家〉：「讀《易》，韋編三絕，曰：『假我數年，若是我於《易》則彬彬矣。』」㈣墨翟：即墨子。㈤仲舒：指董仲舒。為漢孝景帝時博士。《漢書》卷五十六〈董仲舒傳〉載：「少治《春秋》，孝景時為博士。下幃講誦，弟子傳以久次相授，或莫見其面。蓋三年不窺園，其精如此。」㈥倪寬：西漢名臣，治《尚書》，為孔安國弟子。家貧無資，為人作傭，帶經而鋤，休息則讀誦。見《漢書》卷五十八〈倪寬傳〉。㈦路生：指路溫舒。溫舒牧羊，嘗取中蒲為牒，編用寫書。㈧黃霸：字次公，淮陽陽夏人，西漢宣帝時，繫獄當死。在獄中從夏侯勝受《尚書》，再踰冬，積三歲乃出。《漢書》卷八十九〈循吏傳〉：「宣帝即位，在民間時，知百姓苦吏急也。聞霸持法平，召以為廷尉正，數決疑獄，庭中稍平，守丞相長史，坐公卿大議廷中，知長信少府。夏侯勝非議詔書，大不敬，霸阿從不舉劾，皆下廷尉，繫獄當死，霸因從勝受《尚書》，獄中再踰冬，積三歲迺出。」㈨甯子：甯，音ㄋㄧㄥˋ，指甯越，戰國時趙人。原為中牟農夫，因努力求學，十五年後為周威王的老師。

【今譯】「周公是上等聖人，每天早上讀書一百篇；孔子是天縱之聖人，而他反覆學《易》，以致書簡的皮繩斷裂三次。墨子是大賢人，而他的車上滿載著書籍，以供學習。董仲舒是命世之才，而他下帷講誦，弟子不見面，專心致學三年不窺園門，其專心致學到了如此的地步。西漢倪寬家貧無資，為人作傭，帶經而鋤，休息則誦讀。路生家貧好學，只得截蒲以寫書。西漢黃霸因故入獄，而在獄中從夏侯勝受《尚書》，戰國時趙人甯越夙夜勤學，事半功倍，年輕時就成了周威王的老師。」

「故能究覽道奧㈠，窮測微言㈡。觀萬古如同日，知八荒㈢若戶庭，考七耀㈣之盈虛，步㈤三、五㈥之變化，審盛衰之方來，驗善否於既往。料玄黃㈦於掌握，甄未兆以如成。故能盛德大業，冠於當世，清芳令問，播于罔極㈧也。」

【今註】㈠道奧：猶言道要，道之奧秘。陳其榮校：「《御覽》六百十二作『玄奧』」。㈡微言：精微之言。㈢八荒：八方荒遠的地方。㈣七耀：同「七曜」，指日、月和金、木、水、火、土五星。㈤步：推步。㈥三五：指三辰五星（金、木、水、火、土五星）。㈦玄黃：指天地。㈧罔極：無窮盡。

【今譯】「所以能夠究覽道的奧秘，窮測聖人的微言大義。觀看千年萬古，如同一天，詳知八方荒遠之地，好像近在戶庭。考察日月以及金木火水土五星的盈虧，推算三辰五星的變化。審視未來的興盛與衰落，驗證既往的善惡好壞。預料並掌握天地的萬事萬物，甄別尚未發生的跡象，以成全大德大業，冠於當世，使清芳的好名聲，傳播於無窮盡的地方。」

「且夫聞商羊㈠而戒浩瀁㈡，訪鳥砮而洽陳㈢肅。諮萍實㈣而言色味，訊土狗而識墳羊㈤。披《靈寶》而知山隱㈥，因折俎㈦而說專車㈧。瞻離畢㈨而分陰陽之候，由冬螽而覺閏餘之錯㈩。何神之有？學而已矣。夫童謠猶助聖人之耳目，豈況《墳》、《索》㈡之弘博㈢哉。」

【今註】㈠商羊：傳說中的鳥名。大雨前，此鳥常屈一足起舞。參見《孔子家語・辨政篇》：「齊有一足之鳥，飛集於宮朝，下止于殿前，舒翅而跳。齊侯大怪之，使使聘魯門孔子。子曰：『此鳥名曰商羊，水祥也。昔童兒有屈一腳振訊兩眉而跳，且謠曰：天將大雨，商羊鼓舞，今齊有之，甚應至矣。』」㈡浩瀁：一作浩洋、浩漾。水廣大貌。瀁，音一ㄤˋ。㈢陳：楊明照校「東」。王國維校「陳」。按王校是。《國語・魯語》下：「仲尼在陳，有隼集於陳侯之庭而死，楛矢貫之，石砮其長有咫。陳惠公使人以隼如仲尼之館問之。仲尼曰：『隼之來也遠矣，此肅慎氏之矢也。』」（又見《史記》卷四十七〈孔子世家〉、《漢書》卷二十七下之上〈五行志下之上〉、《說苑・辨物篇》、《家語・辨物篇》）即其事。㈣萍實：指萍蓬草之實。㈤土狗、墳羊：為傳說中的土怪。《國語・魯語下》：「季桓子，穿井如獲土缶，其中有羊焉。使問之仲尼，曰：『吾穿井而獲狗，何也？』對曰：『以丘之所聞，羊也。丘聞之，土之怪曰墳羊。』」㈥山隱：山之陰影。㈦折俎：帝王士大夫宴禮時，將牲體解節析盛於俎，稱折俎。俎，音ㄗㄨˇ，盛犧牲的禮器。㈧專車：載滿一車。㈨離畢：遭遇畢星則多雨。見《尚書・洪範》：「月經於箕則多風，離於畢則多雨。」㈩冬螽而覺閏餘之錯：閏餘，指農曆每年與四季相比所差之時日。見《孔子家語・辯物篇》：「季康子問於孔子曰：『今周十二月，夏之十月，而猶有螽何也？』孔子對曰：『丘聞之，火伏而後蟄者畢，今火猶西流，司歷過也。』季康子曰：『所失者幾月也？』孔子曰：『於夏十月火既沒矣，今火見，再失閏也。』」

㊁《墳》、《索》：指《三墳》、《八索》，古之典籍。㊂弘博：寬廣大道。

【今譯】

「聽到商羊鳥的鳴叫，而告誡浩漾的大雨水就要來了，探訪死鳥身上的石砮（鏃），而弄清楚了陳國與肅慎族（匈奴）的關係。知道萍蓬草的果實，就能講出它的色與味，了解土狗而能知道墳羊。披著靈寶而能知道山中的陰影，通過折俎禮器，而能說出滿載一車的牲畜。看見月亮離於畢星，而能預測到由晴到多雨的變化，從冬蟲蟄伏的情況，而能發覺閏餘的差錯。為什麼會這些神靈的事呢？原因是長久學習的結果罷了！童謠尚且有助於聖人的耳目，何況《三墳》、《八索》之類弘博的典籍呢？」

「才性有優劣，思理有脩短。或有夙知而早成，或有提耳而後喻。夫速悟時習者，驥騄㊀之腳也；遲解晚覺者，鶉鵲㊁之翼也。彼雖尋飛絕景，止而不行，則步武㊂不過焉；此雖咫尺以進，往而不輟，則山澤可越焉。明暗之學，其猶茲乎？蓋少則志一而難忘，長則神放而易失。故修學務早，及其精專，習與性成，不異自然也。

若乃絕倫㊃之器，盛年有故，雖失之於暘谷㊄，而收之於虞淵㊅，方知良田之晚播，愈於卒歲之荒蕪也。日燭之喻㊆，斯言當矣！」

【今註】㊀驥騄：音ㄐㄧˋ　ㄌㄨˋ，赤驥、騄馬，皆良馬。㊁鶉鵲：鶉音ㄔㄨㄣˊ，「鵪鶉」的簡稱；鵲，「喜鵲」的簡稱。㊂步武：古以六尺為步，半步為武，指相距甚近。㊃絕倫：無與倫比。㊄暘谷：日所出處。《傳》：「日出於谷而天下明，故稱暘谷。」㊅虞淵：日入之處。《淮南子・天文篇》：「日入於虞淵之汜，曙於蒙谷之浦。」㊆日燭之喻：語出漢劉向《說苑・建本篇》：「少而好學，如日出之陽；壯而好學，如日中之光；老而好學，如炳燭之明。」

【今譯】「人的才性有優劣之分，思理有長短之別。有的人早知而早成才，有的人要提耳告訴而後才明白。快速領悟時時學習的人，好像是良馬的腿腳，跑得快；遲解晚覺的人，好像是鶉鵲的羽翼，動得慢。那裏即使是尋飛絕影，但只要止而不行，就連短短的距離也不能跨過。這裏即使是咫尺以進，但只要往而不停，就能越過山澤。學習的聰明與暗愚，就是如此的。大概年少時專心一致，學得的東西難以忘記，年紀大了，神思放逸，就容易記不住。所以修習學業要趁早，等到精通專深了，成為一種習性，就會像天生自然一樣。至於絕倫無比的才器，盛年有故，未能早學，但只要晚年學習，還是好的。雖然失之日出之處，而仍能收之於日入之地，由此方知良田的晚播種，總比終年荒蕪的情況好些。日燭之喻這樣說的：『少年好學，有如早晨的太陽；壯年好學，有如中午的陽光；老年而能好學，猶如炳燭的明亮。』這番話是恰當的。」

「世道多難，儒教淪喪。文、武之軌，將遂凋墜。或沈溺於聲色之中，或驅馳於競逐之路。孤貧而精六藝㊀者，以游、夏㊁之資，而抑頓乎九泉㊂之下；因風而附鳳翼者，以駑庸之質，猶迴遑乎霞霄之表。舍本逐末者，謂之勤修庶幾㊃；擁經㊄求己者，謂之陸沈㊅迂闊。於是莫不蒙塵觸雨，戴霜履冰，懷黃握白，提清挈肥，以赴邪徑之近易，規朝種而暮穫矣。若乃下帷高枕，遊神九典㊆，精義賾隱，味道居靜，確乎建不拔之操，揚青於歲寒之後，不揆世以投跡，不隨眾以萍漂者，蓋亦鮮矣。汲汲於進趨，悒悶於否滯者，豈能舍至易速達之通塗，而守甚難必窮之塞路乎？此川上㊇所以無人，〈子衿〉㊈之所為作，愍俗者所以痛心而長慨，憂道者所以含悲而積思也。」

【今註】㊀六藝：即六經，見前註。㊁游、夏：指孔子學生言子游、卜子夏二人，皆善於文學。㊂九泉：楊明照校改為「九淵」。按〈清鑒〉、〈博喻〉、〈廣譬〉、〈正郭〉四篇，均有「九淵」之文。則此處「泉」字亦當作「淵」。〈名實篇〉「翠虯淪乎九泉」，與此相同，蓋皆避唐高祖諱改而未校復者。㊃庶幾：差不多。㊄擁經：抱經，古代弟子抱持經書往見其師，以為禮節。㊅陸沈：通作「陸沉」，無水而沉。喻愚昧、迂執。王充《論衡・謝短篇》：「夫知古不知今，謂之陸沈，然則儒生所謂陸沈者也。」㊆九典：古代九種施政之法。《逸周書・文政解》：「九典：一、祇道以明之；二、稱賢以賞之；三、典師以教之；四、因戚以勞之；五、位長以遵之；六、群長以老之；七、群醜以移之；八、什長以行之；九、戒卒以將之。」㊇川上：語出《論語・子罕篇》：「子在川上曰：『逝者如斯夫，不舍晝夜。』」㊈〈子矜〉：《詩經・鄭風》篇名。諷刺廢除學校。《詩經・鄭風・子衿・序》云：「〈子矜〉，刺廢學校也。亂世則學校不脩焉。」

【今譯】「當今世道多難，儒教淪喪。文武的軌道，也將凋墜。有的沉溺於聲色宴樂之中，有的奔馳於爭權奪利之路。孤寒貧窮而精通六藝的人，即使像子游、子夏那樣資質的人，也被壓抑在九淵之下。隨風而攀附鳳翼的人，即使是駑庸的資質，仍然迴遑在霞霄之表。舍本逐末的人，被稱之為勤肯修業的；擁經求己的人，被說成是愚昧迂闊。於是人們無不蒙塵冒雨，戴霜履冰，揣懷金銀財寶，提挈清肥美食，走上容易成功的邪道，希望早上播種而晚上就能收成。至於下帷講誦，高枕幽居，留神於九種施政之法，精通意義，探微索隱，體會道理，靜居修養，牢固地樹立堅貞不拔的操行，發揚歲寒松柏後凋的精神，不揣測世俗而投機，不追隨眾流而漂浮，這樣的人大概是很少的了。那些汲汲於進趨，為滯留而憂悶的人，難道能捨棄至易速達的通途，堅持走甚難必窮的道路嗎？這就是孔子臨川發出了無人的感歎，〈子衿〉一詩諷刺了亂世學校不修的現象，哀憐世俗的人發出了痛心的長慨，憂道的人竭盡了悲愁的思念。」

「夫寒暑代謝，否終則泰。文武迭貴，常然之數也。冀群寇畢滌，中興在今，七耀遵度，舊邦惟新㈠。振天惠㈡以廣埽，鼓九陽之洪爐，運大鈞乎皇極，開玄模以軌物㈢。陶冶庶類㈣，匠成㈤翹秀㈥；蕩汰積埃，革邪反正。戢干戈，櫜弓矢㈦，興辟雍之㈧庠序㈨。集國子，修文德(一〇)，發金聲(一一)，振玉音(一二)。降風雲於潛初，旅束帛(一三)乎丘園。令抱翼之鳳，奮翮於清虛；項領(一四)之駿，騁跡於千里。使夫含章(一五)抑鬱，窮覽(一六)洽聞(一七)者，申公(一八)、伏生(一九)之徒，發玄纁(二〇)，登蒲輪(二一)，吐結氣，陳立(二二)素，顯其身，行其道。俾聖世迪唐、虞之高軌(二三)，馳升平之廣塗(二四)。玄流沾於九垓(二五)，惠風(二六)被乎無外，五刑厝而頌聲作，和氣洽而嘉毽(二七)生，不亦休哉？昔秦之二世，不重儒術，舍先聖之道，習刑獄之法，民不見德，唯戮是聞。故惑而不知反迷之路，敗而不知自救之方，遂墮墜於雲霄之上，而整粉乎不測之下，惟尊及卑，可無鑒乎？」

【今註】㈠舊邦惟新：《詩經・大雅・文王》：「文王在上，於昭于天。周雖舊邦，其命惟新。」㈡惠：孫星衍改作：「彗」。指彗星。㈢軌物：法度與準則。㈣庶類：眾多的物類。㈤匠成：培養與造就。㈥翹秀：謂才能特別出眾者。㈦橐：音ㄊㄨㄛˊ，楊明照校：孫曰「（橐）疑作『橐』。」

按孫氏蓋據《詩經・周頌・時邁》：「明昭有周，式序在位。載戢干戈，載櫜弓矢。我求懿德，肆于時夏，允王保之。」後〈詰鮑篇〉「載戢干戈，載櫜弓矢」，亦用《詩》文，正作「櫜」。則此不應作「橐」，審矣。㈧之：楊明照校：按上下文俱以三字成句，而此獨否，頗為不倫。疑「之」字有誤。以其形推之，其「立」之誤乎（《獨斷・上》「天子之宗社曰泰社」，《文選》卷五十八王儉〈褚淵碑文〉李《注》引「之」作「立」，是二字易誤之證）？徐濟忠亦謂「『之』字擬『立』字。」可謂先得我心。㈨庠序：音ㄒㄧㄤˊ ㄒㄩˋ，地方設立的學校。後人亦通謂學校曰庠序。㈩文德：謂以禮樂教化進行統治。常對「武功」而言。⑪金聲：指金屬樂器之聲。⑫玉音：對人言辭的敬稱，謂其貴重。⑬束帛：古代聘問的禮物。也用作婚喪、朋友相饋贈的禮名。帛五匹為束。⑭項領：肥大之頸。⑮含章：含美於內。⑯窮覽：謂窮盡觀察也。《文選》卷九揚雄〈長揚賦〉：「此天下之窮覽極觀也。」⑰洽聞：知識豐富、見聞廣博。⑱申公：指申培公。西漢經學家，今文《詩》學「魯詩學」開創者。⑲伏生：即伏勝，西漢經學家，《今文尚書》最早傳授者。⑳玄纁：玄為黑色，纁為赤黃色。此引申為幣帛的代稱，指黑色的幣帛。㉑蒲輪：古時徵聘賢才士時，用蒲草裹輪，使車不震動，以示禮敬。㉒立：楊明照校：徐曰：「『立』字疑是『玄』字」。按〈嘉遯篇〉：「逍遙竹素，寄情玄毫。」是「立」當作「玄」之切證。徐說是也。㉓高軌：高尚之軌範。㉔廣塗：

塗，通「途」。廣塗，即廣途。㉟九垓：指九天一般遙遠的地方。《淮南子・道應篇》：「吾與汗漫期於九垓之上。」㊱惠風：和風、南風，「溫和所以養物」。㊲嘉穟：飽滿茁壯的禾穗。

【今譯】「寒暑代謝，否極泰來。治世重文，亂世崇武，互相迭貴，這也是自然的現象。希望群寇全部剷除，那麼王朝中興就在今天了。日月五星運行一定的軌道，舊的邦國走上惟新的道路。用廣彗來振天惠，鼓治九陽之洪爐；移用大自然作為帝王統治的準則，按照玄模來設置法度。陶治眾多的民眾，培育優秀的人才，淘汰污濁的積習，使人們改邪歸正。載戢干戈，載櫜弓矢，興建天子大學以及地方學校。聚集學子，修習文德，發金聲，振玉音，進行禮樂的教化。降風雲於潛初，旅束帛乎丘園。使抱翼的鳳凰奮飛至清虛的空中，項領的駿馬奔馳於千里。使含章抑鬱、窮覽博聞的人，如申公、伏生之徒，能得到儀物賞賜，登上蒲輪公車，揚眉吐氣，逍遙典籍，寄情筆墨，顯其身手，行其教化。使聖世引導到唐堯、虞舜一般高尚的道路，奔馳在太平盛世的通道上。玄道周流於九天，惠風吹遍極遠的地方，五刑置而不用，天下頌聲大作，和氣融洽，嘉禾遍生，這樣的太平盛世不也是歡樂的嗎？但是，從前秦二世之時，不重用儒術，廢棄先聖之道，講習刑獄之法，民不被德，唯戮是聞。所以受到迷惑而不知返回改正的道路，遭到失敗而不知自我挽救的方法。於是從雲霄之上墮落下來，粉碎於無法測量的深淵。上述尊與卑的對照，可以不引為借鏡嗎？」

崇教篇　第四

【篇旨】　本篇比〈勖學篇〉尤強烈地反映了葛洪對魏晉世俗行為的不滿和指摘。他指出「王孫公子，優游貴樂」，沉溺於聲色犬馬之中。批評漢末清議和魏晉玄風給社會帶來了嚴重的危害，「機事廢而不修，賞罰棄而不治。」認為「飾治之術，莫良乎學」。強調加強教育，崇尚禮教，改變玄學家的放誕之習。要求「宗室公族，及貴門富年，必當競尚儒術，撙節藝文，釋老莊之不急，精六經之正道。」本篇充分體現了葛洪前期振興儒教的基本思想。

抱朴子曰：「澄視於秋毫㈠者，不見天文之煥炳㈡；肆心於細務者，不覺儒道㈢之弘遠。翫鮑者忘茝蕙㈣，迷大者不能反。夫受繩墨㈤者無枉刳之木，染道訓㈥者，無邪僻之人。飾治之術㈦，莫良乎學。學之廣在於不倦；不倦在於固志。志苟不固，則貧賤者汲汲㈧於營生，富貴者沈淪㈨於逸樂。是以遐覽淵博者，曠代㈩而時有；

面牆(一一)之徒，比肩而接武(一二)也。若使素士(一三)，則晝躬耕以糊(一四)口，夜薪火以修業(一五)；在位則以酣宴(一六)之餘暇，時遊觀(一七)以勸誡，則世無視內(一八)，游、夏(一九)不乏矣。亦有飢寒切己，藜藿(二〇)不給，膚困風霜，口乏糟糠，出無從師之資，家有暮旦之急，釋耒(二一)則農事廢，執卷則供養虧者，雖闕學業，可恕者也。所謂千里之足，困於鹽車(二二)之下；赤刀(二三)之鑛，不經歐冶(二四)之門者也。若夫王孫公子，優游貴樂，婆娑(二五)綺紈(二六)之間，不知稼穡之艱難。目倦於玄黃(二七)，耳疲乎鄭、衛(二八)，鼻饜乎蘭麝(二九)，口爽於膏粱(三〇)；冬沓貂狐之縕麗(三一)，夏縝紗縠(三二)之翩飄(三三)。出驅慶封(三四)之輕軒(三五)，入宴華房之粲蔚；飾朱翠(三六)於楹棁(三七)，積無已(三八)於篋匱；陳妖冶(三九)以娛心，湎醽醁(四〇)以沈醉。行為會飲(四一)之魁，坐為博奕(四二)之帥。省文章既不曉，覩(四三)學士如草芥(四四)，口筆乏乎典據，牽引錯於事類(四五)。劇談(四六)則方戰而已屈，臨疑則未老而憔悴。

雖叔麥㊼之能辯，亦奚別乎瞽聵㊽哉！」

【今註】㈠秋毫：鳥獸之毛，至秋更生，細而無銳，謂之秋毫。《孟子・梁惠王篇・上》：「明足以察秋毫之末，而不見輿薪，則王許之乎？」引申為細小的事情。㈡煥炳：明亮的意思。語本王充《論衡・超奇篇》：「天晏，列宿煥炳。陰雨，日月蔽匿。」㈢儒道：指儒家的人生觀、世界觀、政治主張及其思想體系。《論語・衛靈公篇》：「道不同，不相為謀。」《論語・學而篇》：「先王之道斯為美。」㈣翫鮑者忘茝蕙：翫，同「玩」，喜好、玩習。鮑，鮑魚。《孔子家語・六本》：「如入鮑魚之肆，久而不聞其臭。」茝蕙，香草名。茝音ㄔㄞˇ。㈤繩墨：木匠用細繩沾濡墨汁來打直線的工具。《孟子・盡心篇・下》：「大匠不為拙工改廢墨，羿不為拙射變其彀率。」㈥道訓：謂道德之訓教。《後漢書》卷七十九下〈儒林列傳・下・謝該傳〉：「博通群蓺，周覽古今物有來有應，事致不惑，清白異行，敦悅道訓。」此處指儒道的教誨訓導。㈦飾治之術：指治理國事的方法。㈧汲汲：急切貌。後引申為追求。㈨沈淪：沈同「沉」，汩沒，埋沒。楊明照校：陳其榮曰：「案『倫』當作『淪』。」按陳說是。《藏》本、魯藩本、吉藩本、慎本、盧本、舊寫本、《彙函》本、柏筠堂本、文溯本、《叢書》本、《崇文》本並作「淪」，不誤。當據改（此平津本寫刻之誤）。

⑩曠代：猶絕代，當代無人能比。或指隔世，歷時長久。⑪面牆：喻不學，如面向牆壁而一無所見。《後漢書》卷十上〈皇后紀・和熹鄧皇后紀〉：「詔：『今末世貴戚食祿之家，溫衣美食，乘堅驅良，而面牆術學，不識臧否，斯故禍敗所從來也。』」⑫接武：細步徐行。武，指足跡。行路時足跡前後相接，即所謂細步。《禮記・曲禮・上》：「堂上接武，堂下步武。」後泛指人或事前後相接。⑬素士：寒素的士人。⑭糊：楊明照校：按「糊」字誤。當依《藏》本、魯藩本、吉藩本、舊寫本、文溯本、《崇文》本改作「餬」（此平津本寓刻之誤）。已據改。⑮修業：古稱書版為業，因此把寫作叫修業。《管子・宙合篇》：「修業不息版。」⑯酣宴：盛宴。⑰遊觀：遨遊觀覽。⑱視內：疑為「視肉」之誤。視肉，借指禽獸。《史記》卷八十七〈李斯列傳〉：「處卑賤之位而計不為者，此禽鹿視肉，人面而能彊行者耳。」《索引》：「言禽獸但知視肉而食之。莊子及蘇子曰：『人而不學，譬之視肉而食』」。孫星衍校曰：「盧本作『顓愚』。」陳其榮曰：「榮案承訓本同盧本作『顓愚』，語意較醒。」顓愚：即愚昧之意。⑲游、夏：指孔子學生言子游、卜子夏。《論語・先進篇》：「文學子游、子夏。」因而並稱游夏。⑳藜藿：藜與藿，貧者所食野菜。《韓非子・五蠹篇》：「糲粢之食，藜藿之羹。」㉑釋耒：謂放下農具。《史記》卷九十七〈酈生陸賈列傳〉：「兩雄不俱立，楚漢相持不決，百姓騷動，海內搖蕩，農夫釋耒，工女下機。」㉒鹽車：運鹽的車。

比喻賢才屈居賤役。《戰國策・楚策・四》：「君亦驥乎？夫驥之齒至矣，服鹽車而上大行，……中阪遷延，負轅不能上。」㉓赤刀：寶刀，赤金刀。《尚書・顧命篇》：「陳寶赤刀、大訓、弘璧、琬琰，在西序。」㉔歐冶：又作區冶，為春秋時越國的鍛匠。《越絕書》卷十一〈越絕外傳記寶劍〉：「吳有干將，越有歐冶。」㉕婆娑：盤旋，停留。㉖綺紈：為顯富豪門所服，因以指富貴人家子弟。㉗玄黃：指彩色的絲帛。㉘鄭、衛：指春秋戰國時，鄭國、衛國兩地的俗樂，即鄭衛之音。原為音調與雅樂不同的地方之樂。儒家以《論語・衛靈公篇》有「鄭聲淫」之語，附會鄭聲為《詩經・鄭風》，而《鄭風・衛風》等篇皆為刺淫之作，後來因以鄭衛之音通指淫蕩的樂歌。㉙蘭麝：蘭和麝香。皆香料。㉚膏粱：肥肉與美穀。謂甘美之食物。㉛縕麗：楊明照校：按「縕」疑當作「溫」。謂貂狐重裘，既溫且麗也。㉜紗縠：紡絲而織之，輕者為紗，縐（音ㄓㄡˋ）者為縠（音ㄏㄨˊ）。《漢書》卷四十五〈蒯伍江息夫傳〉：「衣紗縠禪衣。」㉝翩飄：身輕貌。㉞慶封：為春秋時齊國大夫。㉟輕軒：輕車。《文選》卷三張衡〈東京賦〉：「御小戎，撫輕軒。」㊱朱翠：紅色與翠色。㊲楹棁：楹（音ㄧㄥˊ），廳堂的前柱；棁（音ㄓㄨㄛˊ），梁上的短柱。㊳無已：不止，無止境。《戰國策・韓策・一》：「且夫大王之地有盡，而秦之求無已。」㊴妖冶：謂妝扮妖艷佚蕩，又指其容態。㊵醽醁：美酒名，味甘美。㊶會飲：猶言聚飲。㊷博奕：楊明照校：按「奕」

字誤。博弈之弈從廾，大奕之奕從大，二字形誼俱別。當以作「弈」為是（〈勖學篇〉「息畋獵博弈之遊戲」，〈交際篇〉「彈棊博弈皆所惡見」，並作從廾之「弈」，則此原作「弈」無疑）。博，六博；弈，圍棊。奕但行棋，博以擲采而後行棋。㊸覩：同「睹」。《周易・乾卦》：「聖人作而萬物覩。」㊹草芥：比喻極為輕視。㊺事類：按事分類。㊻劇談：流暢的談吐。後來作為暢談的意思。《漢書》卷八十七上〈揚雄傳・上〉：「口吃不能劇談，默而好深湛之思。」㊼叔麥：大豆、小麥。楊明照校：「叔」，《藏》本、魯藩本、吉藩本、愼本、盧本、柏筠堂本、文溯本、《彙函》本、《叢書》本、《崇文》本作「菽」。按作「菽」是也。（不能辨菽麥事，出《左傳》成公十八年）。已據改。㊽瞽瞶：音ㄍㄨˇ ㄎㄨㄟˋ，謂目盲，引申為沒有辨別的能力。《莊子・逍遙遊篇》：「瞽者無以與乎文章之觀。」

【今譯】抱朴子說：「注視於細微末節的人，看不見日月星辰的光亮；用心於細微事務的人，感覺不到儒道的宏廣遠大。喜好鹹魚的人，聞不到香草的味道；迷信大的人，就不能反求小的。先打好直線，就沒有曲剞的木頭；受過儒道的教誨，就沒有邪僻之人。整治國事的辦法，莫過於提倡學習。學習的深廣，在於努力不懈；努力不懈的方法，在於意志堅強。意志如果不堅強，貧賤的人就汲汲營營於謀生之道，富貴的人則沉溺於逸樂之中。因此，讀書多而知識淵博的大學者，往往要歷時很久才能出現；而不學無術的人，卻非常多。假使寒素的士人，白日能靠耕種以解決溫飽，晚上則秉燭努力寫作；在位的人能利用盛宴的空暇時間，遨遊觀覽，勸勉告戒，勤於攻讀，那麼，世間就沒有像禽獸那樣愚昧的人了，而到處都可以看到子游、子夏這樣的文學之士。當然，也有那種飢寒交迫，衣食缺乏，繳不起學費，家裡生活很困難，放不下農具，拿不起書本，沒有機會讀書的人，這是可以諒解的。這就是所謂有才能的人，往往為了生活而困於賤役；有些可以製造寶刀的材料，卻進不了鍛工歐冶的大門。而那些王孫公子，卻是另一種情況。他們優游貴樂，盤旋於富家子弟之間，根本不知耕種收穫的艱難。他們看倦了采帛，聽慣了靡靡之音，鼻子聞的是香味，嘴裏吃的是美食。冬著貂狐重裘，溫暖華麗，夏穿薄絲輕紗，身心飄逸。出門有和慶封一樣的輕車代步，回家可以在華房吃喝。廳堂的梁柱上綴飾得紅紅綠綠，篋匱裏裝著不可計數的財寶。妝扮妖艷佚蕩以自娛，整日沉醉於美酒之中。行為聚飲之冠，坐為博奕之帥。對文章之道則是一竅不通，視文人學士一錢不值。嘴裏說的、筆下寫的都毫無根據，引用事物類別也常常弄錯。暢談辯論才開戰就屈服了，遇到疑問還沒老就顯得憔悴了，雖然尚能分清楚大豆和小麥，但這和目盲的瞎子已經相差無幾了。」

抱朴子曰：「蓋聞帝之元儲㈠，必入太學㈡，承師問道，齒㈢於國

子㊃者，以知為臣，然後可以為君；知為子，然後可以為父也。故學立而仕，不以政學；操刀傷割，鄭喬所嘆㊄。觸情㊅縱欲，謂之非人。而貴游㊆子弟，生乎深宮之中，長乎婦人之手，憂懼之勞，未常㊇經心。或未免於襁褓之中，而加青紫之官；纔勝衣冠，而居清顯㊈之位。操殺生之威，提黜陟㊉之柄。榮辱決於與奪，利病感於脣吻⑪；愛惡無時暫乏，毀譽括⑫厲於耳。嫌疑象類⑬，似是而非。因機會以生無端，藉素信⑭以設巧言。交構⑮之變，千端萬緒，巧筭所不能詳，毫墨⑯所不能究也。無術學，則安能見邪正之真偽，具古今之行事？自悟之理，無所感假，能無傾巢覆車之禍乎！」

【今註】㊀元儲：太子。㊁太學：古學校名，即國學。相傳虞設庠，夏設序，殷設瞽宗，周設辟廱，即古太學。漢武帝元朔五年，始置太學，立五經博士。《尚書大傳・周傳》云：「古之帝王者，必立大學、小學。使王太子、王子、群后之子、以至公卿大夫元士之子，十有三年，始入小學，踐小節焉，踐小義焉。年二十，入大學，踐大節焉，踐大義焉。」㊂齒：次列，並列。㊃國子：公卿大夫的子弟。《漢書》卷二十二〈禮樂志〉：「國子者，卿大夫之子弟也。」㊄操刀傷割，鄭喬所嘆：操刀傷割，亦作操刀傷錦。鄭喬，指鄭子產。春秋鄭尹何年少，子皮欲使任邑大夫，而學為政，子產以為不可，謂人未能操刀而使割，其傷實多；有美錦，尚不肯使人學習剪裁，況官邑更重於美錦乎？參見《左傳》襄公三十一年。㊅觸情：遇外物而興感也。《漢書》卷四十四〈淮南衡山濟北王傳〉：「觸情妄行。」㊆貴游：無官職的王公貴族。《周禮・地官・師氏》：「掌國中失之事以教國子弟，凡國之貴游子弟學焉。」《注》：「王公之子弟游無官司者。」㊇常：楊明照校：陳其榮曰：「案『常』當作『嘗』。」按陳說是。《藏》本、魯藩本、吉藩本、舊寫本、《彙函》本、《崇文》本並作「嘗」；《初學記》一八引亦作「嘗」。又按「憂懼之勞，未嘗徑心」二句費解，「之」字疑誤。《荀子・哀公篇》：「魯哀公問於孔子曰：『寡人生於深宮之中，長於婦人之手；寡人未嘗知哀也，未嘗知憂也，未嘗知勞也，未嘗知懼也，未嘗知危也。』」（《新序・雜事・四》、《家語・五儀篇》同）即此文所本。是「之」當作「哀」。㊈清顯：謂清高顯達之官。㊉黜陟：音ㄔㄨˋ ㄓˋ，降官曰黜，升官曰陟，指進退人才。《尚書・舜典》：「三載考績，三考黜陟幽明。」㊁脣吻：謂口尖。《墨子・尚同篇・中》：「使人脣吻助己言談。」㊂括：楊明照校：按「括」當為「聒」之誤。

《韓非子・顯學篇》：「千秋萬歲之聲聒耳。」《潛夫論・勸將篇》：「孫吳之言聒乎將耳。」《嵇中散集・與山巨源絕交書》：「鳴聲聒耳。」字並作「聒」。本書〈刺驕篇〉：「為春蜩夏蠅之聒耳」，〈廣譬篇〉：「春鼃長譁，而醜音見患於聒耳」，尤為切證。〈蒼頡篇〉：「聒，擾亂耳孔也。」（《一切經音義》二〇引《說文・耳部》：「聒，讙語也。」詁此正合。）㊂象類：象形也。《潛夫論》：「人身體形貌皆有象類，骨法角肉，各有分部。」㊃素信：平素之信用。《漢書》卷三十一〈陳勝項籍傳〉：「居具素信，為長者。」師古《注》曰：「素立恩信，號為長者。」㊄交構：交合，結合。《後漢書》卷六十一〈左周黃列傳〉：「二儀交構，乃生萬物。」㊅毫墨：筆墨。

【今譯】抱朴子說：「聽說帝王的太子，也必須進太學讀書，拜師父學道理，並列於公卿大夫子弟之中，因為只有知道怎樣做臣子，然後才可以做君主，知道怎樣做兒子，然後才可以做父親。所以，只有學成才能為政，不學就不能為政。倘若尚未學會操刀，便拿起刀來剪裁美錦，這是鄭子產所反對的。遇萬物而興感，任意縱欲，這不是人之常理。但是，那些沒有官職的貴族子弟，出生在深宮裡，成長於婦人之手，什麼憂懼哀勞，從未曾放在心上。有的甚至還在襁褓之中，就加以青紫之官；有的剛開始穿衣戴帽，就位居清高顯達之職，手操生殺之刀，掌握升降官員進退人才的大權。榮辱決取於給與掠奪，利病感於口尖。喜怒無常，暫乏毀譽；擾亂耳孔。嫌疑象形，似是而非。因時機和巧遇而變化莫明，借平時的信用而計設巧言。交合的變化，千端萬緒，巧算不能詳盡，筆墨不能形容。沒有學問，怎麼能夠看清邪正的真偽，陳述古今的行事？不經過刻苦學習，光靠自己感到已無所疑惑，怎麼能夠避免傾巢覆車的危禍呢？」

「先哲居高，不敢忘危，愛子欲教之義方，雕琢切磋㈠，弗納於邪偽。選明師以象成㈡之，擇良友以漸染之，督之以博覽，示之以成敗，使之察往以悟來，觀彼以知此，驅之於直道㈢之上，斂㈣之乎檢括㈤之中。懍乎㈥若跟掛㈦於萬仞㈧，慄然㈨有如乘奔以履冰㈩，故能多遠悔吝㈡，保其貞吉也。」

【今註】㈠雕琢切磋：雕琢，同「彫琢」。治玉成器。此處泛指修飾、矯正。《淮南子・精神篇》：「直雕琢其性，矯拂其情，以與世交。」切磋，古時把骨器加工稱切，象牙加工稱蹉，玉的加工稱琢，石的加工稱磨。後用以比喻相互間的研討。《詩經・衛風・淇奧》：「如切如磋，如琢如磨。」

㈡象成：取象與成功者也。語本《禮記・樂記篇》：「天樂者，象成也。」指形成和良師一樣的形象。㈢直道：正直之道。語出《論語・衛靈公篇》：「斯民也，三代之所以直道而行也。」㈣斂：約束。㈤檢括：遵守法度。《文選》卷二十五晉劉越石（琨）〈答盧諶詩〉：「昔在少壯，未嘗檢括。」㈥懍乎：危懼貌。㈦跟掛：古代雜耍技藝之一。㈧仞：古代長度單位。據陶方琦《說文仞字八尺考》謂周制為八尺，漢制為七尺，東漢末為五尺六寸。㈨慄然：恐懼貌。楊明照校：「懍乎若跟掛於萬仞，懍然有如乘奔以履冰」，按此二句參差不齊，非「有」字為衍文，即「若」上脫一字。㈩履冰：行於冰上，備喻隨時警惕，謹慎小心。語出《詩經・小雅・小旻》：「戰戰兢兢，如臨深淵，如履薄冰。」⑪悔吝：猶言悔恨。吝，恨惜。語出《周易・繫辭・上》：「悔吝者，憂慮之象也。」

【今譯】「先賢尚且居高不敢忘危，愛子必教以為人之道，努力相互研討，不斷矯正，學會明辨是非，區別正邪。擇選良師而成功形象，撰擇良友而漸受影響，用博覽的方法來督導他們，用成敗的例子來教導他們，使他們能夠觀察以往的事物，就能知道未來的趨勢，觀彼而知己，促使他們走上正直之道，把自己的行為約束在國家的法度之中，要時刻感到人生的道路，就像耍雜技一樣懸在萬丈高空之中，或者戒慎恐懼地快步奔走在薄冰之上，隨時保持警惕，方能避免後悔，永保貞吉平安。」

「昔諸竇蒙遺教㊀之福，霍禹㊁受率意之禍㊂，中山、東平㊃以好古而安，燕剌㊄由面牆而危。前事不忘，今之良鑒也。湯、武染㊅乎伊、呂㊆，其興勃然；辛、癸㊇染乎推、崇㊈，其亡忽焉。朋友師傅，尤宜精簡。必取寒素德行之士，以清苦自立，以不群見憚者，其經術如仲舒㊉、桓榮㈡者，強直㈢若龔遂㈢、王吉㈣者。能朝夕講論忠孝之至道，正色證存亡之軌跡㈤，以洗濯垢涅，閑邪矯枉㈥，宜必抑情㈦遵憲法，入德訓者矣！」

【今註】㊀遺教：楊照明校：「繼昌曰：（『遺教』），《藏》本作『道教』，今從舊寫本（亦即孫校所稱者）。」按魯藩本、吉藩本、慎本、盧本、《彙函》本、柏筠堂本、《叢書》本、《崇文》本亦並作「道教」，繼改未必當也。《史記》卷二十三〈禮書〉：「孝文帝道家之言。」又《史記》卷四十九〈外戚世家〉：「竇太后好《皇帝》、《老子》之言，帝及太子諸竇不得不讀《皇帝》、《老子》，尊其術（又見《漢書》卷九十七上〈外戚傳・上〉）《神仙傳・老子傳》：「漢竇太后信

《老子》之言，孝文帝及外戚諸竇皆不得不讀，讀之皆大得其益。故文景之世，天下謐然；而竇氏三世保其榮寵。」並足證繼改之非（〈詰鮑篇〉「道教遂隆」，亦以「道教為言」）。㈡霍禹：西漢霍光之子。宣帝時拜右將軍，光卒，嗣侯遷大司馬，後坐謀反誅戮。見《漢書》卷六十八〈霍光金日磾傳〉。㈢率意：即悉意，竭盡心意。㈣中山東平：中山，楊明照校：「中山、東平以好古而安」，按此文事類不倫，疑有誤字。以班、範兩書考之，封中山者。西漢中山靖王勝好內奢淫（見《漢書》卷五十三〈景十三王傳・中山靖王傳〉）、中山哀王竟無子國絕（見《漢書》卷八十〈宣元六王傳・中山哀王傳〉）、中山孝王興不材見棄（見《漢書》卷八十〈宣元六王・中山孝王傳〉）、東漢中山簡王焉殺人坐削（見《後漢書》卷四十二〈光武十王列傳・中山簡王傳〉），皆不好古，也皆不安。是「中山」二字有誤無疑。東平，指東平憲王蒼。按《後漢書》卷四十二〈光武十王列傳・東平憲王傳〉：「蒼少好經書……蒼以天下化平，宜修禮樂，……肅宗即位，尊恩重禮，踰於前世，諸王莫與為比。……立四十五年，子懷王忠嗣。」稚川所稱好古而安之東平，蓋即東平憲王蒼。以此相例，則「中山」應作「河間」。《漢書》卷五十三〈景十三王傳・河間獻王傳〉：「河間獻王德，修學好古，……修禮樂，被服儒術，……立二十六薨，……子共王不害嗣。」（《史記》卷五十九〈五宗世家〉較略，故未引）其行誼正與東平符合。㈤燕刺：指西漢燕刺王旦。見《漢書》卷六十三〈武五子傳〉。楊明照校：按以上句「中山、東平以好古而安」例之，「燕刺」上或下脫去二字。上句之「中山」既非其倫，疑原在此句也。㈥染：沾上，感受。語本《呂氏春秋・當染篇》：「舜染於許由伯陽，禹染於皋陶伯益。」㈦伊、呂：指商伊尹和周呂尚。伊尹佐湯，呂尚（名望，字子牙，通稱姜太公）佐文王、武王，二人行事相類。㈧辛、癸：辛，指殷紂王；癸，指夏桀王。㈨推、崇：推指推哆，夏桀之臣；崇指崇侯虎，殷紂之臣。㈩仲舒：即董仲舒，為西漢大儒者，嘗上書漢武帝，建議「罷黜百家，獨尊儒術」，開創儒學為正統，雜以陰陽五行之說，把神權、君權、父權、夫權貫融為一體，建成封建神學體系。㈡桓榮：為東漢儒者，專精歐陽尚書，授徒數百人，漢光武帝時拜議郎，授太子經，累遷太子少傅，後遷太常。㈢強直：強硬正直。㈢龔遂：西漢人，為人忠厚，仕昌邑王劉賀，直諫忘己。賀多行不正，遂累引經義，陳禍福，諫爭忘己。見《漢書》卷八十九〈循吏傳〉：「王賀動作多不正，遂為人忠厚，剛毅有大節，內諫諍於王，外責相傅，引經義，陳禍福，至於涕泣，蹇蹇亡己。」㈣王吉：西漢人，為昌邑王中尉，後王以荒淫廢，吉以常諫王得減死。宣帝召為博士，諫大夫。吉上疏言得失，帝以為迂闊，謝病歸。與貢禹為友。世稱王陽在位，貢公彈冠。見《漢書》卷七十二〈王貢兩龔鮑傳〉。㈤軌跡：車的轍跡，此言故轍，往跡。可以引以為鑑者。語本《漢書》卷三十六〈楚元王傳〉：「夫遵衰周之軌跡，循詩人之所刺。」㈥矯枉：正曲也。《孟子・滕文公篇・下》：「枉己者未能直人者也。」《注》：「人當以直矯枉耳！己自枉曲，何能正人？」㈦抑情：謂抑制情欲。

【今譯】「從前，竇氏三世蒙受道教之福，霍禹竭盡心力反遭誅戮之禍，河間東平因為好古而安，燕刺則因不學無術而危。前事不忘記，而可為後事最佳借鏡。商湯、周武王受感染於伊尹、呂尚，勃然興起；桀、紂受感染於推哆、崇侯虎，結果很快就滅亡了。朋友師傅，尤宜精簡。必須選取那些門第卑微、沒有官爵而又有德行的人，以清苦自立，不平凡而又不辭勞苦的的人，其學問像董仲舒、桓榮那樣的人，為人強硬正直如龔遂、王吉那樣的人。同他們早晚講論忠孝之至道，論證存亡之故轍，以洗濯污垢，堵塞邪惡。矯枉正曲，必須抑制情欲，這樣就能遵憲法而教之以德了。」

「漢之末世，吳之晚年，則不然焉。望冠蓋㈠以選用，任朋黨㈡之華譽㈢。有師友之名，無拾遺㈣之實。匪唯無益，乃反為損。故其所講說，非道德也；其所貢進，非忠益也。唯在於新聲豔色，輕體妙手，評歌謳㈤之清濁，理管絃之長短；相狗馬之勦駑！議遨遊之處所；比錯塗㈥之好惡，方雕琢之精麤㈦；校彈棊樗蒱㈧之巧拙，計漁獵相掊之勝負；品藻⑨妓姜之妍蚩⑩，指摘衣服之鄙野；爭騎乘之善否，論弓劍之踈密。招奇合異㈡，至於無限。盈溢㈢之過，日增月甚。其談宮殿，則遠擬瑤臺、瓊室㈢，近效阿房、林光㈣，以千門萬戶為局促㈤，以昆明、太液㈥為淺陋，笑茅茨㈦為不肖，以土階為朴騃㈧。」

【今註】㈠冠蓋：官吏的服飾和車乘，借指官吏。冠，禮服；蓋，車蓋。《文選》卷一漢班孟堅〈西都賦〉：「冠蓋如雲，七相五公。」㈡朋黨：為私利目的而勾結同類為黨。《韓非子．有度篇》：「交眾與多，外內朋黨，雖有大過，其蔽多矣。」㈢華譽：浮華不實的聲名。㈣拾遺：補錄缺漏。《史記》卷一百三十〈太史公自序〉：「序略，以拾遺補蓺，成一家之言。」㈤歌謳：同「謳歌」，歌唱，吟誦的意思。㈥錯塗：用金塗飾，粉飾。㈦精麤：精細麤密。麤，同「粗」字。《論衡．逢遇篇》：「道有精麤，志有清濁。」㈧樗蒲：古代的博戲。㈨品藻：鑒定等級。㈩妍蚩：美和醜。㈡合異：合其相異者。《莊子．則陽篇》：「合異以為同，散同以為異。」㈢盈溢：謂過滿，布滿。㈢瑤臺、瓊室：瑤臺，為夏桀的宮室。瓊室，為殷紂的宮室。參見《文選》卷三張衡〈東京賦〉：「夏癸之瑤臺，殷辛之瓊室。」㊃阿房、杯光：阿房，即阿房宮，秦始皇築。在今陝西省長安縣西北。秦亡後，項羽放火焚之，其火三月不絕。林光，秦離宮名。㊄局促：狹窄，緊迫。㊅昆明、太液：昆明，即昆明池，漢武帝建於長安近郊。太液，指漢太液池，在今陝西省長安縣西北。㊆茅茨：茅草屋頂。㊇朴騃：樸實魯直。

【今譯】「漢之末世，吳之晚年，情況就不是如此了。朝廷只在官吏中選用人材，聽信朋黨華而不實的聲名，朋友間只有師友的名分，沒有補遺缺漏之實，這樣不僅無益，反而有害。彼此所講論的，不是道德之事；其所貢進的，也不是忠益的言辭。而是集中在新聲艷色，輕體妙手，評論歌唱的清濁，調理絲竹樂器的長短，相看狗馬的駕御，議論遨遊的場所，比較粉飾的好壞，比擬雕琢的精細粗密，校量彈棋樗蒲的巧拙，計算漁獵相掊的勝負，鑒定妓妾美醜的等級，指摘衣服的鄙野，競爭騎乘本領的優劣，評議弓劍功夫的疏密。招奇合異，以至於無限，盈滿之過，乃日增月甚。談論起宮殿來，就遠的就比擬瑤臺、瓊室，近的仿效阿房宮、林光宮，以千家萬戶為狹窄，以昆明池、太液池為淺陋，譏笑茅草房屋不好，認為土製臺階太土。」

「民力竭於功役㊀，儲蓄靡於不急。起土山以準嵩、霍㊁，決渠水以象九河(三)；登淩霄之華觀(四)，闢雲際之綺窻。淫音譟而惑耳，羅袂(五)揮而亂目。濮上(六)北里(七)，迭奏迭起，或號或呼，俾晝作夜(八)。流連於羽觴(九)之閒，沈淪(一〇)乎紘節之側。或建翠翳(一一)之青葱，或射勇禽於郊坰(一二)，馳輕足於嶮峻之上，暴僚隸於盛日之下。舉火而往，乘星而返，機事廢而不修，賞罰棄而不治。或浮文艘(一三)於滉瀁(一四)，布密網於綠川，垂香餌於漣潭，縱擢歌(一五)於清淵，飛高繳(一六)以下輕鴻，引沈綸以拔潛鱗(一七)；或結罝罘(一八)於林麓之中，合重圍於山澤之表，列丹飆(一九)於豐草，騁逸騎於平原，縱盧、猎(二〇)以噬狡獸，飛輕鷂(二一)以鷙(二二)翔禽，勁弩殪(二三)狂兕(二四)，長戟(二五)斃熊虎。如此，既彌年而不猒，歷載而無已矣。而又加之以四時請會，祖送(二六)慶賀，要思(二七)數之密客，接執贄(二八)之嘉賓，人閒之務，密勿罔極。是以雅正稍遠，遨逸漸篤。其去儒學，緬乎邈矣(二九)。能獨見崇替(三〇)之理，自拔淪溺㉛之中，舍敗德之嶮塗，履長世之大道者，良甚鮮矣。嗟乎！此所以保國安家者至稀，而傾撓泣血㉜者無筭㉝也。今聖明在上，稽古㉞濟物㉟，堅隄防以杜決溢，門褒貶以彰勸沮㊱。想宗室公族，及貴門富年，必富競尚儒術㊲，撙節㊳藝文，釋《老》《莊》之意㊴不急，精六經㊵之正道也。」

【今註】 ① 功役：土木之力役。② 嵩、霍：指嵩山與霍山。③ 九河：指黃河。古代黃河自孟津而北，分為九道，故名。《尚書・禹貢篇》：「九河既道」。④ 華觀：華美的形式，亦指華美的觀闕。漢王符《潛夫論・務本篇》：「孝悌者，以致養為本以華觀為末。」⑤ 羅袂：絲絹之衣袖。⑥ 濮上：原指濮水之濱，濮水一帶地方。春秋時濮上以侈靡之樂聞名於世，故後遂以濮上作為淫靡風俗流行之地的代稱。⑦ 北里：謂殷紂王所作的淫靡之舞樂。見《史記》卷三〈殷本紀〉：「於是使涓作新淫聲，北里之舞，靡靡之樂。」⑧ 或號或呼，俾晝作夜：謂晨昏顛倒，以白晝作黑夜。語出《詩經・大雅・蕩》：「式號式呼，俾晝作夜。」⑨ 羽觴：酒器。作雀鳥狀，左右形如兩翼；一說插鳥羽於觴，促人速飲。⑩ 沈淪：汩沒、埋沒。⑪ 翳：音一、，用羽毛做的華蓋。⑫ 郊坰：為坰林之外的地方，猶言郊外。《詩經・魯頌・魯駉・在坰之野傳》：「邑外曰郊，郊外曰野，野外曰林，林外曰坰（音ㄐㄩㄥˋ）。」⒀文艘：有彩飾之舟。⒁滉瀁：音ㄏㄨㄤˇ ㄧㄤˋ，深廣貌。此指遊蕩深廣的大湖之中。⒂擢歌：楊明照校：按「擢」字誤。當依《藏》本、魯藩本、吉藩本、舊寫本、《彙函》本、《崇文》本改作「櫂」。《文選》卷二張衡〈西京賦〉：「縱櫂歌」。櫂歌，船歌，鼓櫂而歌。⒃高繳：射鳥之矰繳高也。⒄潛鱗：深潛水中之魚⒅罝罘：音ㄐㄩ ㄈㄨˊ捕獸的網。《莊子・胠篋篇》：「削格羅落罝罘之知多，則獸亂於澤矣。」⒆列丹飆：指放烈火燒。楊明照校：按「列」疑「烈」之誤。〈疾謬篇〉「其猶烈猛火於雲夢」，句法與此同，可證。⒇盧猎：指獵犬。㉑鶡：猛禽，似鷹而較小。㉒鷙：原猛禽名，此處借喻凶猛。㉓殪：音ㄧˋ，矢一發而死為殪。㉔兕：音ㄙˋ，獸名。或說即雌犀。㉕戟：古兵器名，合戈矛為一體，可以直刺和橫擊。㉖祖送：餞行。《文選》卷二十八〈荊軻歌序〉：「燕太子丹使荊軻刺秦王，丹祖送於易水上。」㉗思：此處作語助。㉘執贄：執物以為相見之禮。㉙緬乎邈矣：即緬邈，遙遠貌。《文選》卷三十晉陸士衡（機）〈擬古詩・擬行行重行行〉：「音徽日夜離，緬邈若飛沉。」㉚崇替：意即滅亡。崇，終也；替，廢也。㉛淪溺：猶沉溺，沉淪陷溺。㉜泣血：極其悲痛而無聲的哭泣。㉝無筭：相當多。筭，音ㄙㄨㄢˋ。㉞稽古：研習古事。㉟濟物：猶言濟人，助人。㊱勸沮：勸勉和阻止。㊲儒術：即儒學。為先秦諸子學術之一，與其餘各家學術相互辯難，爭相用世。《荀子・富國篇》：「儒術誠行，則天下大而富。」㊳撙節：約束，克制。《禮記・曲禮》：「是以君子恭敬撙節，退讓以明禮。」㊴意：孫星衍校：「意」字衍。㊵六經：六部儒家典籍。亦稱六學、六藝、六籍，即《詩》、《書》、《禮》、《樂》、《易》、《春秋》。

【今譯】「民力都用於大興土木，把積累財物當作不急之務。起土山要以嵩山、霍山為標準，決渠水要達到黃河的氣勢。猶如登上凌霄的華美觀闕，開闢雲際的麗窗。發出淫靡音樂使人感到謀耳，揮舞著絲絹衣袖令人眼花撩亂。濮上的淫靡舞樂，迭奏迭起，或號或呼，晨昏顛倒，作樂不停。或流連於美酒之間，沉溺於絃節之旁。或建造青翠的羽毛華蓋，在郊外狩獵猛禽，駕馳輕足在峻嶺之上，暴曬僚隸在盛日之下。舉火而往，乘星而返。機要的事務全部廢而不修，賞罰也都廢棄而不用。或駕著彩船遊蕩大湖，布密網在綠川之中，唾香餌在漣潭之上，縱船歌於清淵之旁，飛高繳以下輕鴻，放沉線來釣潛鱗。或放置捕獸網在林麓之中，聚合重圍在山澤之表，縱火燒山，快馬奔馳，放獵犬以咬狡獸，飛輕鶬以捉住飛鳥，勁弩一箭射死狂兕，長戟擊斃熊虎。如此長年都不感到厭倦，歷經數年而無休止地幹下去。同時，又加上四時聚會，餞行慶賀，約上幾個密友，迎接備有禮物的嘉賓，花天酒地，早把人間的事務拋在腦後了。長此以往，離開正道愈來愈遠，在這種情況之下，獨意識到滅亡的危機，自拔於沉溺之中，拋棄敗德的險途，重新走上長世大道的人，實在是很少。唉！這就是所以保國安家者甚少，深感極其悲痛而無聲哭泣的人相當多的原因。現今聖明君主在上，大家要認真地研習古事，積極助人，建築堅固的隄防以杜決溢口，彰明褒貶來以勉勵和勸阻。想必宗室公族以及貴門青年，一定競相尊崇儒術，約束藝文，放下老莊不急之務，專精儒家六經的正道！」

君道篇 第五

【篇旨】 全篇論述為君之道，讚揚明君，反對昏君。作者認為，「君人者，必修諸己，以先四海，去偏黨以平王道，遺私情以標至公，擬宇宙以籠萬殊，真偽既明於物外矣。」明君要善於任賢，做到「才無失授之用」。作者還指出，「昏惑之君則不然焉。其為政也，或仁而不斷，朱紫混漫，正者不賞，邪者不罰。或苛猛慘酷，或純威無恩。……或營私以亂朝廷矣，或懦弱以敗庶事矣。」上述的對比，反映了葛洪的「佐時治國」思想。

抱朴子曰：「清玄㈠剖而上浮，濁黃㈡判而下沈㈢，尊卑等威，於是乎著。往聖㈣取諸兩儀㈤，而君臣之道立；設官分職，而雍熙㈥之化隆㈦。」

【今註】 ㈠玄：指天。㈡黃：指地。㈢沈：同「沉」。㈣往聖：孫星衍校：《御覽》六百二十作「曩聖」，意指「從前的聖人」。㈤兩儀：指天地。《易經・繫辭・上》：「易有太極，是生兩儀。」㈥雍熙：指雍和熙樂的教化。㈦化隆：逐漸興盛。

【今譯】抱朴子說：「開天闢地的時侯，清氣上升變成了天，濁氣下沉變成了地，於是尊卑高下與威儀等級，就明顯地表現出來了。往昔聖人取之於天地兩儀，而確立了君臣之道，設官分職、治理天下，和諧喜樂的教化就興盛起來。」

「君人者，必修諸己㈠以先四海，去偏黨以平王道，遣私情以標至公，擬宇宙以籠㈡萬殊。真偽既明於物外㈢矣，而兼之以自見㈣；聽受既聰於接來矣，而加之以自聞㈤。儀決水以進善，鈞絕絃以黜惡㈥，」

【今註】㈠修諸己：指「修養自我」。㈡籠：籠照。㈢物外：事物表象以外。㈣自見：親自觀察。㈤自聞：親自聽聞。㈥黜惡：罷黜罪惡。

【今譯】「為人君王，必須自我修明，身先於天下，除卻私黨私利，使王道平允。排棄私情私欲，使至大之公理，得以發揚。模仿宇宙，以籠納萬事萬物，事物表象之外的真偽，便已明白地顯露在外了。而又兼之以親自觀察，來處理即將接觸的事物，就益顯聰敏了。更加之以親自聽聞，像決水一般地進用善才，和絕絃一樣地罷黜邪惡，」

「昭德㊀塞違㊁，庸親昵賢。使規㊂盡其圓，矩㊃竭其方，繩㊄肆其直，斤㊅效其斲㊆。器無量表之任，才無失授之用。考名責實㊇，屢省勤恤㊈，樹訓典㊉以示民極，審褒貶以彰勸沮，明檢齊以杜⑪僭濫，詳直枉以違晦⑫吝。其與之也，無叛理之幸；其奪之也，有百氏之掙⑬。」

【今註】㊀昭德：表彰德性。㊁塞德：杜塞違惡。㊂規：畫圓的工具。㊃矩：畫方的工具。㊄繩：定曲直的工具。㊅斤：斧頭。㊆斲：砍。㊇考名責實：考察名實是否相合。㊈勤恤：勤於撫恤人民。㊉樹訓典：樹立典範。⑪杜：杜絕。⑫晦：楊明照《抱朴子外篇校箋・上》：按「晦」字誤，當改作「悔」。⑬有百氏之掙：楊明照校：按「百」當作「伯」，指齊大夫。《論語・憲問篇》：「問管仲，曰：人也。奪伯氏駢邑三百，飯疏食，沒齒無怨言。」《集解》引孔曰：「伯氏，齊大夫。」蓋此文之所指也。揜：同「掩」，掩藏之意。

【今譯】「昭彰德行，杜塞邪惡，任用並親近賢能，使規能盡其圓，矩能竭其方，繩能肆其直，斤斧能效其斲斷。器物不當作量表來使用，人才也沒有錯過授用的機會，考其名稱是否屬實，常常自我反省，勤於憮恤人民，並樹立典範以作為百姓遵循的依據。用審察褒貶來表彰和勸阻，明確檢查以杜絕僭越過度，詳察曲枉正直以避免悔吝。如此一來，則給與別人東西，可以稱幸無背叛事理；掠奪別人東西，也有如齊大夫伯氏一般掩藏，使人終身無怨言。」

「匠之以六蓺㈠，軌㈡之以忠信，莅選㈢之以慈和，齊之以禮刑。揚仄陋㈣以伸沈抑，激清流以澄臧否㈤。使物無詭道，事無非分。立朝牧民㈥者，不得侵官越局㈦；推轂㈧即戎㈨者，莫敢憚㈩危顧命。悅近以懷遠，修文以昭攜。阜㈡百姓之財粟，闡進德之廣塗，杜機偽之繁務，則明罰勑法，哀敬折獄㈢；」

【今註】㈠六蓺：指禮、樂、射、御、書、數六項藝能。㈡軌：軌範。㈢莅：音ㄌㄧˋ，臨。㈣仄陋：狹隘簡陋。㊄臧否：好壞。㊅牧民：官民治民。㊆侵官越局：侵犯官職，超越權限。㊇轂：音ㄍㄨˇ，推車前進。㊈即戎：作戰打仗。㊉憚：怕。⑪阜：音ㄈㄨˋ，指豐富。⑫折獄：斷獄。

【今譯】 「以六藝作為百姓的生活準繩，以忠信作為人們的道德規範，用慈和的方式蒞臨治民，用禮刑的方法來整齊民眾的行為。揚棄隘陋以伸明沉抑，激動清流以澄清善惡。沒有詭道之物，沒有非分之事。使當官治民的人，不得侵犯官職、超越權責；推車打仗的人，不怕危險，不顧性命。近處和悅，可以安撫遙遠的地方；修習文教，可以招集賢才。使百姓的財富興盛起來，闡明進德修業的寬廣道路，杜絕機巧詭詐的繁瑣事務。（脫一句）就能嚴明刑罰、依法勸告，哀憐敬重地斷獄；」

「淳化㊀洽，則匿瑕藏疾，五教㊁在寬㊂。外總多士㊃於文武，內建維㊄城之穆屬㊅，使親踈相持，尾為身幹。枝雖茂而無傷本之憂，流雖盛而無背源之勢。石磐岳峙，式㊆遏覬覦。見三苗㊇之傾殄，則知川源之未可恃也；覩翳幽之不守，則覺嚴嶮之不足賴也。」

【今註】 ㊀淳化：淳治教化。㊁五教：五常之教。《尚書・舜典》：「汝作司徒，敬傅五教，在寬。」《左傳》文公十八年：「舉八元，使布五教于四方，父義、母慈、兄友、弟共（恭）、子孝。」㊂寬：寬容、寬恕。㊃多士：指百官。㊄維：指維繫。㊅穆屬：古代宗廟的次序，左（父）為昭，右（子）為穆，引申為等級制度。㊆式：通「軾」，指車上的扶手板。㊇三苗：古代的族名，傳說地在江、淮、荊州一帶，舜時被遷至三危（今甘肅敦煌一帶）。見《史記》卷一〈五帝本紀〉。

【今譯】「教化淳治，則能將缺點與疾病匿藏而不現；五常之教在寬厚的環境中得以實行。外則總理文武百官，內則建立維繫統治的等級制度。使親疏互相維持，尾巴也成為身幹的一部分。如此一來，則枝枒雖然繁茂，但沒有傷害本質的憂慮；河流雖然盛大，而沒有違背源頭的趨勢。磐石如山岳一樣地峙立，車軾能遏止他人的覬覦。看見三苗的傾敗滅亡，就可知川源是不可憑恃的；目睹翳幽之地無法防守，就能發覺嚴嶮的地勢是不足以依賴的。」

「夫江、漢猶存，而強楚虜辱。劒閣㊀自如，而子陽赤族㊁。四岳㊂、三塗㊃，實不一姓；金城㊄湯池㊅，未若人和。守在海外，匪山河也。是以賢君抱㊆懼不足，而改過恐有餘。謀當計得，猶思危而弗休焉；戰勝地廣，猶戒盈而夕惕焉。」

【今註】㈠劍閣：地名，在今四川北部，嘉陵江流域。㈡赤族：誅滅全族。㈢四岳：指東岳泰山、西岳華山、南岳衡山、北岳桓山。㈣三塗：山名，在今河南省嵩縣西南，伊河北岸。㈤金城：如金所鑄般堅固的城牆。㈥湯池：比喻防守嚴密的城池。《漢書》卷四十五〈蒯伍江息夫傳〉：「皆如金城湯池，不可攻也。」金以喻堅，湯喻沸熱不可近。㈦賢君抱：孫星衍校：有脫字。

【今譯】「長江、漢水依舊存在，而強大的楚國已經遭到滅亡的恥辱。劍閣依然自如，而子陽卻已被誅滅全族。四岳、三塗，實在不為一姓所專有；金城湯池，都不如人和重要。守在遙遠的海外，那裡卻不是我們的山河。因此，賢明的君王光是抱著畏懼的心情是不夠的，即使改正過錯也要慮怕仍有餘留，若是計謀得當也還要思慮到危險，而不能就此罷休。贏得戰爭勝利，擁有廣寬地域，也還要戒驕戒盈而朝夕警惕。」

「象渾穹㈠以遐燾㈡，式坤㈢厚以廣載。運重光以表微，致遠思乎未兆。資春景以嫗煦㈣，範秋霜以肅物㈤。訓諮以校同異，平衡以銓群言，虛己㈥以盡下情㈦，推功以勸㈧將來。御之以術，則終始可竭㈨也；整之以度㈩，則參差㈡可齊也。」

【今註】㈠渾穹：迷茫的蒼天。㈡燾：同「幬」（音ㄉㄠˋ），指車帷。㈢坤：指地。㈣嫗煦：音ㄩˋㄒㄩˇ，愛撫、養育。㈤肅物：肅殺萬物。㈥虛己：謙虛自己。㈦盡下情：接納部下之情。㈧勸：勸勵。㈨竭：盡。㈩度：度量。⑪參差：不齊。

【今譯】「像迷茫的蒼天那樣，作為遙遠的車帷。效法大地廣厚的德行，能夠廣載萬物。運用日月重光，以顯現微細的事物；深思遠慮，以預見未出現的跡象。依靠春景以滋養萬物，防範秋霜以肅煞萬物。各種意見互相讎對，比較異同；各種言論互相平衡，衡量輕重。自我謙虛，以盡納下情；推功與人，勸勵將來。以術統治，則自始至終可以竭盡氣力；以度量整頓，則參差不一的可以得到整齊。」

「嶷若閬風㈠之凌霄，而諸下不得以輕重料焉；窈若玄淵㈡之萬仞，而褻近㈢不能以少多量焉。然則君之流源不窮，而百僚㈣之力畢陳矣；我之涯畔無外㈤，而彼之斤兩可限矣。」

【今註】㈠閬風：山名。《楚辭・離騷》：「朝吾將齊於白水兮，登閬風而治謝緤馬。」王逸《注》云：「閬風，山名，在崑崙之上。」㈡玄淵：孫星衍校：舊寫本作「洲」。㈢而褻近：孫星衍校：此三字《藏》本但作「則近」。楊明照《抱朴子外篇校箋・上》：「孫據盧本改為『而褻近』，未必是也。吉藩本作『則近侍』，極是。諸本僅脫一『侍』字耳。」㊃百僚：指百官。㊄涯畔無外：涯畔沒有邊際。

【今譯】「高大像閬風之山，直上雲霄，而諸下之山，不得以輕重來估計。窈幽如玄淵之水，深達萬仞，而近侍之人不能以多少來衡量。既然如此，那麼君王的流源不窮，百官的才力，也全部表現出來了。我自己的涯畔無邊無際，而他人的斤兩卻是有限的。」

「發號吐令，則輷㊀若震霆之激響，而不為邪辯改其正。畫法創制，則炳㊁若七曜㊂之麗天，而不以愛惡曲其情㊃。宏略遠罩，則藹㊄若密雲之高結。居貞成務，則確若嵩、岱㊅之根地。料倚伏於未萌之前，審毀譽於巧言之口。不使敦朴散於雕偽，不使一體㊆澆於二端。雖能獨斷，必博納乎芻蕘㊇；雖務言弘，必清耳於浸潤。」

【今註】㊀輷：音ㄏㄨㄥ，轟隆大聲。㊁炳：光明的樣子。㊂七曜：日月及金木水火土五星合稱為「七曜」。㊃曲其情：曲順私情。㊄藹：濃密的樣子。㊅嵩、岱：嵩，嵩山；岱，泰山。㊆一體：同一個整體。㈧芻蕘：音ㄔㄨˊ ㄖㄠˊ，草野鄙陋之人。《詩經・大雅・板》：「先民有言，詢於芻蕘。」

【今譯】「君王發號施令，轟然大聲，好像震雷的激響，不因為邪惡之人的巧辯而改變其內容。創畫法制，炳然光明，好像日月五星附著於天空，不因為個人好惡而曲順私情。宏大的謀略遠播，好像濃密雲層懸結於天空；居貞成就天下之務，好像嵩山與泰山巍然地植根於大地。在禍福未形成之前加以預料，從巧言之口中審察毀譽。不使純樸的本質變成雕偽欺詐，不使同一的整體變成兩個部分。雖然能夠獨斷決定，而還必須廣博地聽納草野鄙陋之人的意見。雖然業已包含弘遠，而還必須清醒地聽取細微的意見。」

「民之飢寒，則哀彼責此；百姓有罪，則謂之在予。嘉祥㈠之臻㈡，則念得神之祐㈢；或逢天之怒，則思桑林㈣之引咎。不吝改絃於宜易之調，不恥反迷於朝過之塗㈤。虎眄㈥以警密㈦，麟跱以接疏。路無擊壤㈧之叟，則羞聞和音之作；民有不粒之匱㈨，則媿㈩臨方丈之膳⑾。」

【今註】㈠嘉祥：美好的祥瑞。㈡臻：音ㄓㄣ，齊集。㈢祐：庇護。㈣桑林：神名。《淮南子・說林篇》：「上騈生耳目，桑林生臂手。」高誘《注》：「上騈、桑林皆神名。」以上四句，楊明照《抱朴子外篇校箋・上》：按此文參差不齊，定有誤字。吉藩本「或」作「慼」，極是（慼字屬上句）。當據改。㈤塗：同「途」。㈥眄：斜看。㈦警密：警惕。㈧擊壤：古時的一種投擲遊戲。晉皇甫謐《帝王世紀》：「（帝堯之世）天下大和，百姓無事，有八十老人擊壤於道。」㈨匱：缺乏。㈩媿：同「愧」字。㈡方丈之膳：比喻菜餚羅列之多。方丈，一丈見方。《孟子・盡心篇・下》：「食前方丈。」

【今譯】「看見民眾飢寒，就哀彼責此；發現民眾犯罪，就說過錯在於自己。美好的祥瑞齊集而來，就思念這是獲得神的祐慼；碰到天怒天災，就思念這是神的引咎。不吝惜改弦更張，實行適宜簡易的辦法，也不恥於反覆走早上走過的路途。老虎斜視以警惕周圍的一切，麒麟聳立以接待陌生的人們。如果路上沒有做擊壤遊戲的老翁，那就恥聞天下人和的音樂。如果民眾缺乏糧食供應，那就恥臨擺滿菜肴的宴席。」

「處飛閣㈠之概天㈡，則懼役夫之勞瘁；茹柔嘉之旨脃㈢，則憂敬授㊃之失時。聆管絃之宴羡㊄，則戚逸樂之有過；瞻藻麗㊅之采粲，則慮賦斂之慘烈。遵放勳㊆之麤㊇裘，準衛文㊈之大帛；追有夏㊉之卑宮，誡露臺㊁之不果，鑒章華㊂之召災，悟阿房㊂之速禍。」

【今註】㊀飛閣：重樓高閣。㊁概天：「齊天」之意。㊂茹柔嘉之旨脃：吃柔軟香脆的美食。脃，同「脆」。㊃敬授：敬天授時。㊄宴羡：宴請。㊅藻麗：華麗的布帛。㊆放勳：指堯。㊇麤：同「粗」。㊈衛文：指衛文公，春秋時衛國君。㊉有夏：指有夏氏，為夏朝的國君。㊁露臺：涼臺，此指夏臺。《史記》卷二〈夏本紀〉：「湯滅桀，桀謂人曰：『吾悔不遂殺湯於夏臺，使至此。』」㊂章華：疑為章臺，秦渭南離宮的臺名。㊂阿房：指阿房宮。詳見《史記》卷六〈秦始皇本紀〉。

【今譯】「身處齊天的重樓高閣，就害怕役夫的勞瘁。吃柔軟香脆的美食，就擔心農事的失利。聆聽宴會上的音樂，就為逸樂罪過而憂愁。目覩華麗燦爛的錦帛，就考慮到賦斂的慘酷。遵照堯粗裘的儉樸風習，以衛文公只用大帛為準則。追慕夏朝先祖的卑宮，意識到露臺挽救不了夏桀的滅亡。鑒於秦朝章臺召來了災害，領悟到阿房宮加速了秦王朝的滅亡。」

「誥誓㈠，則念依時之失信。耽玩，則覺褒、妲㈡之惑我。征伐，則量力度時，不令百里㈢有號泣之憤。誅戮㈣，則遺㈤情任理，不使鴟夷㈥有抱枉之魂。鑒操彤㈦之杜伯㈧，惟人立之呼豕㈨。」

【今註】㈠誥、誓：文告的體例。㈡褒、妲：褒，指褒姒，為周幽王的寵妃。妲，指妲己，為殷紂王的寵妃。㈢百里：指百里奚，號曰五羖大夫。秦繆公伐晉，發兵之日，百里奚哭之。繆公兵敗，後悔不用百里奚之言。㈣誅戮：指殺戮。㈤遺：楊明照《抱朴子外篇校箋・上》：按「遺」疑當作「遣」。㈥鴟夷：革囊；皮口袋。此指伍員諫吳王不聽，反被賜死，盛之革囊浮於江之事。見《史記》卷六十六〈伍子胥列傳〉。㈦彤：音ㄊㄨㄥˊ，指彤弓，朱紅色的弓。㈧杜伯：見《抱朴子・內篇・論仙篇》注。《史記》卷五〈秦本紀〉唐張守節《正義》引《括地志》云：「下杜故城在雍州長安縣東南九里，古杜伯國。」《墨子・明鬼篇・下》：「周之宣王殺其臣杜伯而不辜。杜伯曰：『吾君殺我而不辜，若以死者為無知，則止矣。若死而有知，不出三年，必使吾君知之。』其後三年，周宣王合諸侯，而田於圃田，……日中，杜伯乘白馬，素車，朱衣冠，執朱弓，挾朱矢，追周宣王，射之車上。」㈨人立之呼豕：語出《左傳》莊公八年：「冬十二月，齊侯遊于姑棼，遂田于貝丘，見豕大者，從者曰：『公子彭生也。』公怒曰：『彭生敢見，射之。』豕人立而啼，公懼墜于車，傷足喪履。」

【今譯】「發布誥誓，就思念是否合適與失信；耽於玩樂，就發覺自己被褒姒與妲己一類寵妃所迷惑。征伐打仗時量力度時，就不會使百里奚有為失敗而號泣的憤慨；誅滅戮殺時遣情任理，就不會使范蠡有抱枉之魂。杜伯無辜被殺，魂操弓矢，報恨於周宣王（見《墨子・明鬼篇》）。彭生託形於大豕，齊襄公射之，豕人立而啼，公懼而傷足（見《左傳》莊公八年）。」

「廢嫡㈠，則戒晉獻㈡之巨惑。立庶，則念劉表㈢之殄祀。蒐畋㈣，則樂失獸而得士，識弛㈤網而悅遠。偏愛，則慮袖蜂之謗巧，飛燕㈥之專寵。獨任，則悟鹿馬㈦之作威，恭、顯㈧之惡直㈨。納策，則思漢祖㈩之吐哺㈡，孝景㈢之誅錯㈢。」

【今註】㈠廢嫡：指廢嫡長子，改立庶出之子。㈡晉獻：指晉獻公，為春秋時晉國之君。獻公立幼子為嗣，子夷吾出奔梁，後由齊秦幫助回國即位，是為晉惠公。另一子重耳，出奔十九年，後由秦助回國即位，即晉文公。詳見《史記》卷三十九〈晉世家〉。㊂劉表：字景升，東漢皇族之遠支。東漢末年，軍閥混戰，劉表為荊州牧，後病死，子琮降於曹操。㊃蒐畋：打獵。㊄弛：疏弛。㊅飛燕：指趙飛燕，為西漢成帝皇后。善歌舞，以體輕，故稱「飛燕」。平帝即位，她被廢為庶人，自殺。㊆鹿馬：指鹿為馬。秦二世時，趙高欲為亂，恐群臣不聽，乃先設驗，持鹿獻於二世，曰：「馬也。」二世笑曰：「丞相誤耶？謂鹿為馬。」問左右，左右或默，或言馬以阿順趙高。或言鹿，高因陰中諸言鹿者以法。後群臣皆畏高。見《史記》卷六〈秦始皇本紀〉。㊇恭顯：指西漢元帝之大臣弘恭與石顯，二者曾權傾一時。㊈惡直：厭惡正直之士。㊉漢祖：漢高祖劉邦。⑪吐哺：形容為延攬人才而操心忙碌。⑫孝景：指西漢景帝。⑬錯：指晁錯，建議削奪諸侯王國的封地，得到景帝采納。不久，吳楚七國以誅錯為名，起兵叛亂，由於袁盎等的譖言，卒為景帝所殺。

【今譯】　「廢嫡長子，就要以晉獻公的巨惑為戒；擁立庶子，就要以劉表的殄祀為鑑。打獵時就要樂於打不到野獸而能獲得賢士，認識到網疏而能安撫遠方；偏愛妃子時就要考慮到女人的謗巧，尤其是趙飛燕之類的專寵；獨任大臣時就要明白趙高指鹿為馬的淫威，弘恭、石顯的厭惡正直之士；納取對策時就要思念漢高祖劉邦的延攬士人，以及漢景帝誅殺晁錯的事件。」

「旨甘之進㈠，則疏㈡儀狄㈢。容悅姑息，則沈㈣欒激㈤。除蒸子之諂㈥，親放麑之仁㈦。鑒白龍以輟輕脫㈧，觀嬴㈨以節無饜。防人彘之變㈩於六宮之中，止汗血⑪之求於絕域之外。除惡犬，以遏酒酗之患。市馬骨，以招追風⑫之駿。」

【今註】㈠進：進獻。㈡疏：疏遠。㈢儀狄：傳說為夏禹時的造酒人。《戰國策・魏策・二》：「昔者，帝女令儀狄作酒而美，進之禹，禹飲而甘之，遂疏儀狄，絕旨酒，曰：『後世必有以酒亡其國者。』」㈣沈：同「沉」。㈤欒激：人名。事見《說苑・君道篇》：「趙簡子與欒激遊，將沉於河，曰：『吾嘗好聲色矣，而欒激致之；……今吾好士六年矣，而欒激未嘗進一人，是進吾過而黜吾善也。』」㈥蒸子之諂：齊桓公好美食，相傳易牙曾烹子為羹以獻齊桓公。《韓非子・二柄篇》：「（齊）桓公好味，易牙蒸其子首而進之。」易牙，一作狄牙，春秋時齊桓公寵信的近臣。長於調味，善逢迎，相傳曾烹其子為羹，以獻齊桓公。㈦親放麑之仁：指孟孫獵麑，秦西巴放生的故事。楊明照《校證》：「麑」當作「麛」（音ㄋㄧˊ）。《韓非子・說林篇上》：「（魯）孟孫獵得麑，秦西巴持之歸，其母隨之而啼，秦西巴弗忍而與之，孟孫歸，至而求麑，答曰：『余弗忍而與之母。』」

孟孫大怒，逐之。居三月，復召以為其子傅，其御曰：『曩將之罪，今召以為子傅，何也？』孟孫曰：『夫不忍麑，又且忍吾子乎？』」㈧輕脫：輕率、放蕩。㈨羸：音ㄌㄟˊ，孫星衍、楊明照皆以為「羸」下脫一字。據《左傳》昭公元年、《孟子・滕文公篇》趙岐注及《風俗通・怪神篇》等，是「羸」字下當補「露」或「路」字（路與露通）。焦循《孟子正義》（〈滕文公・上〉）：「羸路，謂瘦脊暴露也。」㈩人彘之變：指呂后害戚夫人事。呂太后遂斷戚夫人手足去眼，煇耳，飲瘖藥，使居廁中，命曰「人彘」（彘，音ㄓˋ）。居數日，迺召孝惠帝觀人彘。孝惠見，問，迺知其戚夫人，大哭，因病，歲餘不能起。見《史記》卷九〈呂太后本紀〉。㈡汗血：即天馬，駿馬名。《史記》卷一百二十三〈大宛列傳〉：「漢武帝得烏孫馬好，名曰『天馬』。及得大宛汗血馬，益壯，更名烏孫馬曰『西極』，名大宛馬曰『天馬』。」㈢追風：形容馬跑得很快。《文選》卷三十四曹植〈七啟〉：「駕超野之駟，乘追風之輿。」

【今譯】　「對於甜美食物的進獻，則像禹疏遠儀狄那樣。對於容悅姑息的行為，則像趙簡子將欒激沉河那樣。廢除易牙蒸子逢迎討好的做法，提倡放麑之事所體現的親愛仁義。鑒於白龍之現而停止放蕩的行為，看見瘦瘠暴露而節制無饜的貪欲。防止內宮中出現呂后逼害戚夫人之類事件，杜絕到西域求索天馬的做法。除惡犬以遏止酗酒之患，市馬骨以招取疾如追風的駿馬。」

「軾怒鼃㈠以勸勇，避螳螂以勵武。聆公鑪之讖言㈡，容保申㈢之正直；剔腹背無益之毛，攬六翮㈣凌虛㈤之用。烹如簧以謚司原之箴㈥，折菀萿㈦以迪梁伯㈧之美。放丹姬㈨以弭婉孌㈩之迷，退子瑕⑪以杜餘桃之惑。」

【今註】㈠鼃：同「蛙」字。《韓非子・內儲說上・七術》云：「越王慮伐吳，欲人之輕死也，出見怒鼃乃為之式，從者曰：『奚敬於此？』王曰：『為其有氣放也。』明年之請以頭獻王者歲十餘人。由此觀之，譽之足以殺人也。」㈡聆公鑪之讖言：孫星衍校：《藏》本作「聆虐會」。楊明照《抱朴子外篇校箋・上》：孫校改非，當作「虎會」。《新序・雜事一》：「趙簡子上腸山之板，群臣皆偏袒推車，而虎會獨擔戟行歌，不推車。……虎會對曰：『為人君而侮其臣者，智者不為謀。』……簡子曰：『善！以虎會為上客。』蓋即稚川此文所指也。㈢保申：當作「葆申」，諫荊文王之淫丹姬。見《呂氏春秋・直諫篇》。㈣翮：翅膀。㈤凌虛：指天空。㈥司原之箴：即《虞人之箴》。虞人之職，掌原野畋獵之事。周武王時，有朝臣以后羿荒於田獵，終至殺身亡國一事警誡君主，故作此箴。事見《左傳》襄公四年。箴，箴言。㈦菀萿：盛蕩的溪河。㈧梁伯：楊明照曰：

「疑即梁鴦。」並引《列子・黃帝篇》：「周宣王之牧正有役人梁鴦者，能養野禽獸。委食於園庭之內，雖虎狼鵰鶚之類，無不柔順者。」⑨放丹姬：《呂氏春秋・直諫篇》：（荊文王）得丹之姬，淫，期年不聽朝。葆申諫，王乃變更，放丹之姬。⑩婉孌：年輕美好的女子。⑪子瑕：即彌子瑕，衛靈公之臣，事見《說苑》。

【今譯】「車途上向怒蛙致敬，以勸導勇氣；避讓螳螂，以獎勵英武。聆聽虎會對趙簡子說的正直之言，容納葆申對荊文王的直諫規勸。剔除腹背無益之毛，攬集翅膀以供飛天之用。烹如簀以安靜司原的箴言，折菀箬以啟迪梁伯的美談。放回丹姬，以止息美貌女子的迷惑；退斥彌子瑕，以杜絕餘桃的引誘。」

「藏淵中之魚，操利器之柄。勿憚㊀徙薪㊁之煩，以省焦爛之費。鼓廉恥之陶冶，明考試之準的㊂。怒不越法以加虐，喜不踰㊃憲㊄以厚遺㊅。割情於所愛，而有犯者無赦；採善於所憎，而有勞者不遺。傾下㊆以納忠㊇，聞㊈逆耳㊉而不諱。廣乞言於誹謗，雖委抑而不距⑪。」

【今註】㊀憚：怕。㊁徙薪：搬動柴薪。㊂準的：標準。㊃踰：超越。㊄憲：法律規章。㊅遺：贈送。㊆傾下：孫星衍校：脫一字。楊明照《抱朴子外篇校箋・上》：「有『問』字，始能與下句『聞逆耳而不諱』相儷。」故此處應為「傾下問」，傾聽下問的意思。㊇納忠：採納忠言。㊈聞：聽。㊉逆耳：不好聽的話，指忠言。⑪距：同「拒」，拒聽的意思。

【今譯】「藏匿淵中之魚，手操利器之柄。不要害怕搬動柴薪的麻煩，以免燒焦爛的費用。鼓勵廉恥的陶冶，明確考試的標準。惱怒時不超越法規以虐害他人，高興時也不違反憲章而厚賜他人。割斷所愛之情，而對犯法者不加赦免；採納所憎之善，而對有功勞的人加以任用。傾聽下問納忠諫，聞逆耳之言而不避諱。廣泛地徵求意見，即使是誹謗，雖委抑而不拒聽。」

「掩細瑕㊀而錄大用，忘近惡而念遠功，使夫曹劌㊁、孟明㊂有修來之效，魏尚㊃、張敞㊄立雪恥之績；射鉤之賊臣㊅，著匡合㊆之弘動，釋縛之左車㊇，吐止戈㊈之高策。則鵂梟㊉化為鴛鸞，邪偽變成忠貞；」

【今註】 ㊀細瑕：細小的缺點。㊁曹劌：劌，音ㄍㄨㄟˋ，即曹沫，春秋魯國武士。相傳齊君與魯君在柯（今山東陽谷東）相會，他持劍相從，挾持齊君訂立盟約，收復魯國失地。見《史記》卷八十六〈刺客列傳〉。㊂孟明：百里奚之子，秦穆公時將領。見《史記》卷五〈秦本紀〉。㊃魏尚：西漢官吏，右伏風槐里（今陝西興平東南）人。漢文帝時為雲中郡守。善治軍，曾擊敗匈奴入侵，所殺甚眾，匈奴畏而不敢近雲中。後因上報戰果斬敵首級數時虛報六級，被文帝免職。馮唐力諫，乃赦其罪，復用為雲中郡守。見《漢書》卷五十〈張馮汲鄭傳〉。㊄張敞：字子高，西漢名臣，河東郡平陽人，傳見《漢書》卷七十六〈趙尹韓張兩王傳〉。㊅射鉤之賊臣：指春秋時管仲射齊桓公的故事。《國語・齊語》：「桓公曰：『夫管仲，射寡人中鉤，是以濱以死。』」《左傳》僖公二十四年：「齊桓公置射鉤而使管仲相。」杜預《注》：「乾時之役，管仲射桓公，中帶鉤。」㊆匡合：糾集。指齊桓公任管仲為相，糾合諸侯、一匡天下。《史記》卷六十二〈管晏列傳〉：「管仲既用，任政於齊，齊桓公以霸，九合諸侯，一匡天下，管仲之謀也。」《論語・憲問篇》：「子曰：『管仲相桓公，霸諸侯，一匡天下。』」㊇釋縛之左車：左車，指李左車。初仕趙，封廣武君。為趙王謀劃，不被採用。韓信引兵擊破趙，募生得李左車者給予千金。李左車被押解主帳下，韓信親解其縛，以禮相待。李左車獻破齊、燕之策，韓信用之，燕國從風而靡。見《史記》卷九十二〈淮陰侯列傳〉。

⑨止戈：平定戰事。⑩鵂梟：鵂，音ㄒㄧㄡ，鳥名，面目羽毛不美；梟，音ㄒㄧㄠ，貓頭鷹一類鳥的通稱。

【今譯】「不計較細小的缺點，而錄用大的才能，忘記近惡，而思念將來樹立大的功勳，使曹劌、孟明有修來的效用，魏尚、張敞有雪恥的業績；就齊桓公來說，管仲曾是射鉤的賊臣，但他為桓公建立了九合諸侯、一匡天下的宏大功勳，如同被釋放的李左車，能夠說出不動干戈而取勝的高明策略。可見，貓頭鷹化為鴛鸞，邪偽之人變成忠貞之臣；」

「芳穎㈠秀於斥鹵㈡，夜光㈢起乎泥滓。剡㈣銳載胥㈤，九功㈥允諧，西面逡巡，以延師友之才；尊事老叟，以敦孝悌之行。是以淵蟠者仰赴，山棲者俯集。炳蔚內弼㈦，虓闞㈧外御。政得於上，而物傾於下；惠發乎邇㈨而澤邁乎遠。明哲宣力於攸莅，黔庶㈩讓畔於藪澤。」

【今註】㈠芳穎：芳花。㈡斥鹵：鹽碱地。㈢夜光：寶石名稱。㈣剡：音ㄧㄢˇ，銳利。㈤胥：

有才智之稱。《詩經・大雅・桑柔》：「其何能淑，載胥及溺。」㊅九功：九職之人。《說苑・君道篇》：「司徒、司馬、司空、田疇、樂正、工師、秩宗、大理、歐禽。」㊆弼：輔佐。㊇虓闞：音ㄒㄧㄠ ㄏㄢˇ，勇猛強悍。語本《詩經・大雅・常武》：「闞如虓虎。」《漢書》卷一百上〈敘傳・上〉：「於是七雄虓闞，分裂諸夏。」楊明照《抱朴子外篇校箋・上》：按「御」疑當作「禦」，文意始合。㊈邇：近。㊉黔庶：指百姓平民。

【今譯】「芳花盛開於鹽地，夜光寶玉起源於泥濘土壤。銳利及與，九職之人皆為和諧，西面逡巡退避，以延攬師友之才；尊事老叟，以敦促孝悌之行。因此，盤居深淵的人仰而奔赴，棲止山林的人俯而齊集。內廷輔佐之臣炳然蔚盛，周邊禦敵之將勇猛強悍。政化出於上而民物傾於下，惠愛發於近廷而恩澤遠播四方。明哲君王努力於臨朝執政，百姓庶民互讓地界於藪澤。」

「爾乃蠲滋章之法令，振大和之清風。蒲輪㊀玉帛，以抽丘園之俊民；元凱㊁畢集，以究論道之損益。減牧羊之多人，反不酤之至醇。張仁讓之闈㊂，杜華競之津㊃，旌㊄義正之操，弘道素之格。使附德者，若濳萌之悅甘雨；見歸者，猶行潦㊅之赴大川。黎民㊆安之，若綠葉之綴修柯；左衽㈧仰之，若眾星之繫北辰㈨。」

【今註】㈠蒲輪：迎接賢士的車子。㈡元凱：八元、八凱，指賢能高才之士。㈢闈：宮闈。㈣津：渡口。㈤旌：表彰。㈥行潦：指窪地上的積水。《左傳》隱公三年：「潢污行潦之水。」孔穎達《疏》引服虔注：「行潦，道路之水是也。」㈦黎民：百姓。㈧左衽：衣襟向左教領。古代北方民族被髮左衽，中原華夏族束髮右衽。㈨北辰：指北極星。

【今譯】「那樣，也就避免了法令滋生的情況，振興了天下太平的風習。用蒲車玉帛等，吸引隱居丘園的俊士。八元八凱之類有高才的人全部都聚集而來，研探治道的損益。滅牧羊之多人，反不酤之至醇。張揚宮闈的仁讓，杜絕渡口的競爭，表彰操行的正義，恢弘格式的素道。使附德者像萌芽之喜悅甘雨，見歸者如行潦之奔赴大河。黎民百姓安居樂業，好像綠葉點綴著修長的柯條；周邊異族仰歸中原，好像群星維繫著北極星。」

「是以七政㈠不亂象於玄極，寒溫不謬節而錯集。四靈㈡備覿㈢，芝華灼粲㈣。甘露淋漉以霄墜，嘉穗婀娜而盈箱。丹魃㈤逐於神潢㈥，玄厲拘於廣朔㊆。百川無沸騰㊇之異，南箕㊈謐偃禾之暴，物無詭時之凋(一〇)，人無嗟慨之響(一一)。囹圄(一二)虛陳，五刑(一三)寢厝(一四)。正朔(一五)所不加，冕紳所不暨。氈裘皮服，山棲海竄，莫不含歡革面，感和重譯(一六)，靈禽貢於彤庭(一七)，瑤環獻自西極(一八)。員首(一九)遽善，猶氤氳(二〇)之順勁風；要荒承旨，若響亮之和絕音。誠升隆(二一)之盛致，三、五(二二)之軌躅也。故能固廟祧(二三)於罔極，繫本枝乎百世矣。」

【今註】㊀七政：指日月及金木水火土五星之政。《後漢書》卷八十二〈方術傳〉：「其流又有風角、遁甲、七政、元氣、……。」唐李賢《注》：「七政，日月五星之政也。」㊁四靈：指龍、鳳、龜、麟。㊂覿：顯示。㊃灼粲：光彩燦爛。㊄魃：音ㄅㄚˊ，神話中的旱神。㊅潢：積水池。㊆玄厲拘於廣朔：楊明照《抱朴子外篇校箋・上》：「廣」當作「度」。《風俗通・祀典篇》：謹按《皇帝書》：「上古之時，有神荼與鬱壘昆弟二人，性能執鬼。度朔山上有桃樹，二人於樹下簡閱百鬼，無道理妄為人禍害，神荼與鬱壘縛以葦索，執以食虎。」厲，惡鬼。㊇沸騰：指泛濫。㊈南箕：《詩經・小雅・大東》：「維南有箕，不可以簸揚。維北有斗，不可以挹酒漿。」箕、斗兩宿相連而箕宿稍南。(二〇)凋：凋蔽。(二一)嚮：聲音。(二二)囹圄：音ㄌㄧㄥˊㄩˇ，牢獄。(二三)五刑：指劓（音ㄧˋ）刑、劓刑、剕（ㄈㄟˋ）刑、宮刑、大辟五種酷刑。(二四)厝：放置那兒而不用。(二五)正朔：一年第一天開始的時候。(二六)重譯：輾轉翻譯。(二七)彤庭：指華麗的宮廷。(二八)西極：指西方極遠的地方。(二九)員首：泛指人。(三〇)氤氳：音ㄧㄣ ㄩㄣ，煙霧濃盛的樣子。(三一)升隆：興隆。(三二)三、五：指三皇、五帝。(三三)祧：音ㄊㄧㄠ，祖廟、祠堂。

【今譯】　「因此，日月五星七政不亂象於玄極，寒溫四時不謬節而錯集。龍、鳳、龜、麟全部都顯示出來，仙芝芳花光彩燦爛。甘露淋漉以霄墜，嘉穗婀娜而盈箱。旱神被趕到積水池中，玄鬼被拘在度朔山上。百川大河沒有泛濫的災異，天上箕宿沒有偃禾的暴曬。萬物無詭時的凋蔽，民眾沒有感慨的歎息。牢獄虛設，五刑置而不用。正朔所不加，冕紳所不及。氈裘皮服之地，山棲海竄之人，莫不含歡革面，為天下太平所感染，紛紛而來，輾轉翻譯，歸向中原。靈禽進貢於朝廷，美玉瑤環呈獻自西域。人人遽善，猶如濃盛的霧氣順著勁風；無論是中原要地還是八方荒遠，都像聲響依附著絕音。這確實是興隆的太平盛世，是三皇五帝來回走過的道路。所以能夠使宗廟永遠的鞏固，本枝繁榮，百世不衰。」

「夫根深則末盛矣，下㈠樂則上㈡安矣。馬不調，造父㈢不能超千里之迹；民不附，唐、虞㈣不能致同天之美。馬極㈤則變態生，而傾僨㈥惟憂矣；民困則多離叛，其禍必振矣㈦。可不戰戰以待旦乎！可不慄慄而慮危乎？」

【今註】㈠下：指百姓。㈡上：指君王。㈢造父：傳說是周繆王的御者。《史記》卷四十三〈趙世家〉：「造父幸於周繆王。造父取驥之乘匹，與桃林盜驪、驊騮、綠耳獻於繆王。繆王使造父御，西巡狩，見西王母，樂之忘歸。而徐偃王反，繆王日馳千里馬，攻徐偃王，大破之。乃賜造父以趙城，由此為趙氏。」㈣唐、虞：指唐堯、虞舜。㈤極：疲倦。㈥僨：音ㄈㄣˋ，僕倒。㈦其禍必振矣：楊明照《抱朴子外篇校箋・上》：「按『必振』與上下文意不屬，『必』疑『不』之誤。」《廣韻》：「『禍敗危及而不振。』」

【今譯】「樹根深，枝葉就茂盛了，百姓康樂，君王統治就安穩了。馬不調養，即使造父也不能驅趕千里以上的路途；百姓不依附，即使唐堯與虞舜也不能做到普天同樂的美景。馬極疲勞則變態萌生，擔憂的只是倒斃了。民眾困難則多會叛離，禍患必定會產生。可不戰戰地等待天亮，慄慄地考慮危險嗎？」

「人主不澄㈠思於治亂，不深鑒㈡於亡徵，雖目分百尋㈢之秋毫㈣，耳精八音㈤之清濁，文則琳琅墮於筆端，武則鉤鉻㈥摧於指掌，心苞萬篇之誦，口播濤波之辯，猶無補於土崩，不救乎瓦解也。何者？不居其大，而務其細，滯㈦乎下人之業，而闇㈧元本之端也。」

【今註】 ㈠澄：清。㈡鑒：借鏡。㈢尋：長度單位，古代八尺為一尋。㈣秋毫：比喻極為細小的事物。㈤八音：古代對樂器的統稱，具體指金、石、土、革、絲、木、匏、竹八類。㈥鉤鉻：古兵器名。鉻，ㄍㄜˋ。㈦滯：停。㈧闇：不懂。

【今譯】「君主不弄清楚治亂之道，不以滅亡的徵兆為深鑒，雖然能明察百尋以外的秋毫，精審八音的清濁。文則筆端墮琳瑯，武則指掌摧鉤鉻，心苞萬篇之誦，口播濤波之辯，還是無法挽救自己統治的土崩瓦解。為什麼呢？這原因是不抓大政而專務細事，滯於百姓之業，而不懂得根本的大事。」

「誠㈠能事過乎儉㈡，臨深履冰㈢，居安不忘乘奔之戒，處存不廢慮亡之懼，操㈣綱領以整毛目㈤，握道數以御㈥眾才，韓、白㈦畢力以折衝㈧，蕭、曹㈨竭能以經國，介一人之心㈩致其果毅，謀夫協思進其長筭㈡；則人主雖從容玉房之內，逍遙雲閣之端，羽爵㈢腐於甘醪㈢，樂人疲於抃儛㈣，猶可以垂拱㈤而任賢，高枕以責成。何必居茅茨㈥之狹陋，食薄味之大羹，躬㈦監門之勞役，懷損命之辛勤，然後可以惠流蒼生㈧，道洽㈨海外哉？」

【今註】㈠誠：確實。㈡儉：勤儉。㈢臨深履冰：臨深淵、履薄冰，比喻戰戰兢兢的樣子。㈣操：掌握。㈤毛目：眉目。㈥御：統御、領導。㈦韓、白：韓，韓信，為西漢初名將。白，白起，為戰國末秦之名將。㈧折衝：折還敵軍戰車，意謂抵禦敵人。《詩經．大雅．綿》：「予曰有御侮。」毛《傳》：「折衝曰御侮。」㈨蕭、曹：蕭，指蕭何；曹，指曹參，皆為漢初名臣。㈩介一人之心：孫星衍校：疑當作「介人一心」。㈡長筭：指高明的計謀。㈢羽爵：雕飾成鳥雀形的酒器。㈢甘醪：甜酒。㈣抃儛：抃，翻飛。儛，舞。㈤垂拱：垂衣拱手，形容太平無事，可無為而治。《尚書・武成》：「垂拱而天下治。」㈥茅茨：指簡陋的房舍。茨，音ㄘˊ。㈦躬：親自。㈧蒼生：本指生草木之處，借指百姓。㈨洽：和睦。

【今譯】「如果確實能勤儉辦事，懷著臨深淵履薄冰的戰戰慄慄的心情，居安不忘逃亡出奔的教訓，處存不忘滅亡的懼怕，掌握綱領以整頓眉目，操縱道數以統御眾才，韓信、白起等名將全力作戰御侮，蕭何、曹參等名相竭力經營治國，人人齊心，果毅一致，共謀協思，各自進獻高明的計策，那麼，君主雖然縱情於玉房內宮，逍遙於雲閣之端，羽爵腐於甘醪，樂人疲於飛舞，但還是可以垂衣拱手，任賢而治，高枕以責成，天下無為而治。為什麼一定要住在茅茨陋屋，吃薄味的大羹，親身做監門的勞役，付出損命的辛勤，然後才可以恩惠流及百姓，治道和睦海外呢？」

「昏惑之君，則不然焉。其為政也：或仁而不斷，朱紫㈠混漫，正者不賞，邪者不罰。或苛猛慘酷，或純威㈡無恩㈢，刑過乎重，不恕不逮㈣。根露基穨㈤，危猶巢幕，」

【今註】㈠朱紫：官服。朱紫，借指官吏。㈡純威：專制的淫威。㈢恩：恩典。㈣逮：及。㈤穨：傾頹，倒塌；音ㄊㄨㄟˊ。

【今譯】「但是，昏庸君主就不是這樣的了。昏君治理政事，或者仁慈而不決斷，官制混亂，正直的人不受到賞賜，邪惡的人不遭到處罰。或者為政猛苛慘酷，或者專制淫威而無恩典。嚴刑過重，不恕不逮。這樣，根基暴露以致倒塌，危亡的情景猶巢幕，」

「而自比於天日，擬固於泰山，謂克明俊德者不難及㈠，小心翼翼者未足筭㈡也。於是無罪無辜，淫刑以逞，民不見德，唯戮是聞。官人則以順志㈢者為賢，擢才㈣則以近習㈤者為前。上宰鼎列，委㈥之母后之族；專斷顧問，決之阿諂㈦之徒。」

【今註】㈠不難及：不難達到。楊明照《抱朴子外篇校箋・上》：按此二句上下文意不屬，「遠」下疑脫一字（或是「及」字）。㈡未足筭：不值得算計。㈢順志：順從自己的心志。㈣擢才：拔擢賢才。㈤近習：與自己習性相近。㈥委：委政。㈦阿諂：逢迎拍馬的人。

【今譯】「而庸主卻自比於天地，擬固於泰山之安，說克俊德者不難做到，小心翼翼者不值得計謀。於是，對於無罪無辜的人，濫施淫刑，民不被德，唯戮是聞。封官則以順從自己旨意的人為賢能，選才則以與自己氣習相投的人為先用。宰臣鼎列而不用，卻委政於母后之族；專斷政事與顧問諮詢，取決於阿諂逢承之徒。」

「所揚引則遠九族㈠外親，而不簡㈡其器幹；所信仗則在於瑣才曲媚㈢，而憎乎方直；所抑退則從雷同，而不察之以情；所寵進則任美談㈣，而不考其績用。掌要治民之官，御戎專征之將，或貪汙以壞所在矣，或營私以亂朝廷矣，或懦弱以敗庶事矣，或恇怯以失軍利矣。終於不覺，不忍黜斥㈤，猶加親委㈥，冀㈦其晚效。器小任大㈧，遂及於禍。良才遠量無援之士，或披褐而朝隱，或沈淪於窮否，懷道括囊，展力莫由，陵替之災，所以多有也。」

【今註】㈠九族：當以父族四、母族三、妻族二為九族。《尚書・堯典》：「以親九族。」㈡簡：察也。㈢曲媚：阿從的小人。㈣美談：空言的人。㈤黜斥：罷黜斥退。㈥親委：親自委任。㈦冀：希望。㈧器小任大：才能小而擔大任。

【今譯】「昏君所引用的則是遠及皇家九族外親，而不檢查他們的器具才幹；所信賴的則是小才曲媚之徒，而憎恨方正直諫之士；所抑退的則是情況雷同的人，而不詳察其情；所寵進則是善於美談空言的人，而不考究他們實績。至於掌握要職的治民之官，以及御戎專征的將領，有的貪污不法而敗懷了所在的部門，有的結黨營私而搞亂了朝廷，有的無能懦弱而敗壞了庶事，有的怕死膽怯而喪失了軍事上有利的形勢。昏君對於這些始終於沒有覺察，不忍罷黜斥退，仍然親自加以委任，希望他們以後有所報效。才能小而擔任大的職責，於是就帶來了禍害。至於良才遠量無援之士，有的身披褐衣，隱居山林，有的沉淪於窮苦之中，身懷全部的道術，卻無法展現並實施自己的才能，所以大多遭到陵替的災禍。」

「又經典規戒，弗聞弗覽；玩弄褻宴，是耽㈠是務。高樓觀而下道德，廣苑囿而狹昭納，深池沼而淺㈡恩信，悅狗馬而惡蹇諤㈢，貴珠玉而賤智略，豐綺紈而約惠澤，緩賑濟而急聚斂，勤畋弋㈣而忽稼穡㈤，重兼并而輕民命，進優倡㈥而退儒雅，厚嬖倖㈦而薄戰士，流聲色而忘庶事，先酣遊而後聽斷，數苦役而踈犒賜。工造費好不急之器，圈聚食肉靡穀之物。然則危亡不可以怨天，微弱不可以尤人也。」

【今註】㊀耽：音ㄉㄢ，沉溺。㊁淺：輕視。㊂蹇諤：同「謇諤」，音ㄐㄧㄢˇㄜˋ，正直敢言貌。㊃畋弋：打獵射鳥。㊄稼穡：音ㄐㄧㄚˋㄙㄜˋ，農耕。㊅優倡：以樂舞戲謔為業的藝人。㊆嬖倖：音ㄅㄧˋㄒㄧㄥˋ，指親近狎玩的臣子。

【今譯】「此外，昏庸君主對於經典規戒，不聞不覽，而耽樂於玩弄褻宴。重視高觀樓閣而漠視道德，廣築苑囿而少招賢才，深挖池沼而輕視恩信，喜觀狗馬之樂而厭惡正直敢言之士，貴重玉帛財寶而鄙視智才謀略，堆積綺紈玉帛而簡約惠賜恩澤，延緩救濟窮困而急於暴徵聚斂，勤於打獵射鳥而忽略農業耕作，注重兼併而輕視民命，進用優倡而退黜儒雅，厚賜嬖倖近臣而苛待沙場戰士，沉溺聲色而忘記庶事，先酣遊玩宴樂而後聽斷政務，數苦役而疏犒賜。工匠製造費好不急之器，圈囿聚集食肉靡穀之物。既然如此，那麼危亡不可以怨天了，衰弱也不可以尤人了。」

「夫吉凶由己，湯、武㊀豈一哉？昔周文㊁掩未埋之骨，而天下稱其仁。殷紂㊂剖比干㊃之心，而四海疾㊄其虐。望㊅在具瞻，毀譽尤速。得失之舉，不在多也。凡譽重則蠻、貊㊆歸懷，而不可以虛索也。毀積即華夏離心㊇，而不可以言救也。是以小善雖無大益，而不可不為；細惡雖無近禍，而不可不去也。」

【今註】㊀湯、武：湯，成湯，商王朝的創立者；武，周武王。㊁周文：即周文王。㊂殷紂：即殷紂王。㊃比干：紂王的叔父，官少師。相傳因屢次勸諫紂王，被剖心而死。㊄疾：痛恨。㊅望：威望。㊆蠻、貊：指周邊少數種族。貊，音ㄇㄛˋ。㊇華夏離心：指中原民心都會背離。

【今譯】「吉利與凶禍都取決於己，成湯與周武王難道是一樣的嗎？從前，周文武掩未埋的屍骨，而天下稱讚他是仁愛的。殷紂王剖比干之心，而四海痛恨他的暴虐行為。威望是人人都看到的，毀譽尤其迅速，得或失的舉動，是不在乎多的。凡是聲譽重大的，周邊異族都心向所歸，而不著虛索的。積毀多的，則連中原百姓都離心背叛，那是不可以言救治的。因此，小善雖無大益，但不可不去做；細惡雖無近禍，但不可不去改掉。」

「若乃肆情縱欲，而不與天下共其樂，故有憂莫之恤也。削基憎峻㈠，而不覺下墮則上崩，故傾隤㈡莫之扶也。於是轡策㈢去於我手，神物假㈣而不還，力勤財匱㈤，民不堪命，眾怨於下，天怒於上，」

【今註】㈠削基憎峻：楊明照《抱朴子外篇校箋・上》：「按『憎峻』與下文文意不屬，當依《藏》本、魯藩本、吉藩本、慎本、舊寫本作「增峻」，即增加高度的意思。孫（星衍）氏據盧本改「增」為「憎」，非是。《淮南子・泰族篇》：「不廣其基，而增其高者，覆。」注此合通。㈡隤：倒塌。㈢轡策：轡，駕馭牲口用的嚼子和韁繩；策，鞭子。㈣假：借。㈤匱：缺乏。

【今譯】「至於任情縱欲，不與天下百姓共同享樂，所以便有憂患，而且無法救治。基礎削減，增加高度對此並不覺察，結果下墮上崩，所以就倒塌了，而且無法扶持。於是轡策離開了自己的手，神物借而不還，役力多而財富缺，民不堪命，眾怒於下，天怒於上，」

「田成㈠盜全齊於帷幄，姬昌㈡取有二於西鄰。陳、吳㈢之徒，奮劍而大呼，劉、項㈣之倫，揮戈而飆駭。雲梯㈤乘於百雉㈥之上，皓刃㈦交於象魏㈧之下，飛鋒內荐，禁兵外潰，而乃憂悲以思邈㈨世之大賢，擁篲㈩以延巖棲之智士，慕伊、呂㈡於嵩岫㈢，昭孫、吳㈢於草萊。拜昌言而無所，思嘉筭而莫問。猶大廈既燔㈣，而運水於蒼海；洪潦凌室㈤，而造船於長洲㈥矣。」

【今註】㈠田成：即田成子，或作陳成子，春秋時齊國大夫。齊簡公四年（公元前八四一年），殺死簡公，擁立齊平公，而自任相國，盡殺公族中的強者，擴大封邑，從此齊國由田氏專權。㈡姬昌：即周文王，姓姬名昌。殷末，稱西伯，擁天下三分之二。㈢陳、吳：陳，指陳勝；吳，指吳廣，二人於秦末揭竿起義。㈣劉、項：劉，劉邦；項，項羽，秦末起兵反秦。㈤雲梯：攻城時攀登城牆的長梯。㈥雉：音ㄓˋ，城牆高一丈、長三丈稱為一雉。㈦皓刃：晃亮的利刃。㈧象魏：或稱「觀」、「闕」。為古代天子、諸侯宮門外的一對高建築。㈨邈：遙遠。㈩篲：同「彗」，掃帚。《史記》卷七十四〈孟子荀卿列傳〉：「昭王擁彗先驅。」㈡伊、呂：伊，指伊尹，成湯的輔佐之臣；呂，指呂尚，姜太公。㈢嵩岫：指山穴。㈢孫、吳：孫，指孫子武，著名的軍事家，生卒年不詳，活動時期約在公元前六世紀末至五世紀初；吳，指吳起，戰國時期著名的軍事家。㈣燔：燒。㈤凌室：

孫星衍校：《意林》作「空」。㈥長洲：又名青邱，地名。《十洲記》：「長洲，一名青邱，在南海辰巳之地，地方各五千里，去岸二十五萬里。上饒山川，及多大樹，樹乃有二千圍者。一洲之上，專是林木，故一名青邱。」

【今譯】「田成子策畫於帷幄，盜取了齊國政權，西伯姬昌立腳殷朝的西邊，擁有天下的三分之二。陳勝、吳廣等奮劍而大呼，劉邦、項羽等揮戈而飆駭。乘雲梯攻上百雉之城牆，晃亮的利刃交鋒於城闕之下，飛鋒內荐，禁兵外潰。而這時，才憂悲地思念遠世的大賢，急切地延攬隱居的智士，傾慕山穴中的伊尹與呂尚，招集草萊中的孫武與吳起。但是，尋訪昌言而已無處所，思念良策而已無人對答。好像大廈已經焚燒，而去蒼海運水救火；洪水已經淹屋，而去長洲造船救渡。」

「夫巍巍之稱㈠，不可驕吝搆；而東嶽㈡之封㈢，未易以恣欲修也。上聖兼策載馳，猶懼不逮前；而庸主緩步按轡，而自以為過之。或於安而思危，或在嶮而自逸。或功成治定，而匪怠匪荒；或綴旒㈣累卵，而不覺不寤。不有辛、癸㈤之沒溺，曷用貴欽明之高濟哉？念茲在茲，庶㈥乎庶乎！」

【今註】 ㈠稱：稱譽。㈡東嶽：指泰山。㈢封：封禪，天子功成，祭告天下的禮儀。㈣綴旒：同「贅旒」，音ㄓㄨㄟˋ ㄌㄧㄡˊ。比喻君主為大臣挾制，實權旁落。《後漢書》卷五十九〈張衡列傳〉：「君昔綴旒，人無所麗。」㈤辛、癸：辛，帝辛，指殷紂王；癸，帝履癸，指夏桀。㈥庶：幸也，希冀之辭，含有「希望」的意思。

【今譯】 「巍巍的稱譽，不可以驕吝搆，而泰山的封禪，不是以縱情恣欲所能做到的。上聖執鞭，載馳猶怕不及前面，而昏庸君主緩步按轡，卻自以為超過了。有的居安而思危，有的卻處險而自逸。有的成治定而不怠不荒，有的大權旁落並處於累卵的險境，卻不覺察不醒悟。如果不是有夏桀、殷紂王的滅亡教訓，怎麼施用貴欽明的高濟呢？思念及此，寄以希望！」

臣節篇 第六

【篇旨】 本篇闡述為臣之道。認為君主與臣子之間的關係好比元首和股肱之間相互依賴的矛盾關係。為臣不應唯命是從，更不能阿諛媚上，巧言曲從。作為國家的棟梁，他們應大膽直言進諫，即使在斧鑕鼎鑊的刑具前也要暢所欲言。他們應克勤克儉，推賢薦才，危難之時，奮不顧身。淡泊名利而不居功自傲。應衡量自己的才能接受官職，虔誠肅敬，如赴湯火，如履薄冰；這樣才能自我保護，避免放逐和禍及眾親的命運。

抱朴子曰：「昔在唐、虞㊀，稽古㊁欽明㊂，猶俟群后之翼亮㊃，用臻巍巍之成功。故能熙帝之載㊄，庶績㊅其凝㊆，四門穆穆㊇，百揆㊈時序，蠻夷㊉無猾夏之變⑾，阿閣⑿有鳴鳳之巢也。喻之元首⒀，方之股肱⒁，雖有尊卑之殊，邈實若一體之相賴也。君必度能而授者，備乎覆餗之敗⒂；臣必量才而受者，故無流放之禍。」

【今註】㈠唐、虞：唐，指陶唐氏，傳說中遠古部落。居於平陽（今山西臨汾西南），堯乃其領袖；虞，即有虞氏。傳說中遠古部落。居於蒲阪（今山西永濟西蒲州鎮），舜乃其領袖。㈡稽古：猶言考古。《尚書・堯典》：「曰若稽古帝堯」。㈢欽明：謹慎清明。㈣翼亮：指臣子輔佐皇帝。翼亮同義迭用。《三國志》卷二十五〈魏志・高堂隆傳〉：「鎮撫皇畿，翼亮帝室」。㈤載：行。《尚書・舜典》：「舜曰：『咨四岳，有能奮庸熙帝之載，使宅百揆。』」鄭《注》：「載，行也。」㈥庶績：各種事功。《尚書・堯典》：「庶績咸熙」。㈦凝：定、成。《尚書・皋陶謨》：「俊乂在官，百僚師師，百工惟時，撫于五辰，庶績其凝。」馬融《注》：「凝，定也。」鄭《注》：「凝，成也。」㈧穆穆：儀表美好，容止端莊恭敬的樣子。《詩經・大雅・文王》：「穆穆文王」。毛《傳》：「穆穆，美也。」《禮記・曲禮篇・下》：「天子穆穆」。孔穎達《疏》：「雲雲天子穆穆者，威儀多貌也。」《尚書・堯典》：「賓于四門，四門穆穆。」㈨百揆：古官名，猶冢宰。《尚書・舜典》：「納於百揆，百揆時敘」。孔穎達《疏》：「揆，度也，度百事，揔（總）百官，納舞於此官。」㈩蠻夷：舊時稱四方的少數民族。《尚書・舜典》：「蠻夷率服。」《管子・八觀篇》：「憲令著明，則蠻夷之人不敢犯。」⑪猾夏之變：猾，亂也。夏，華夏。無猾夏之變，言無亂華夏之變故。⑫阿閣：音ㄜ ㄍㄜˊ，指四面有棟、有檐霤的樓閣。《文選》卷二十九〈古詩十九首〉：「交疏結綺窗，阿閣三重階。」李善《注》：「閣有四阿，謂之阿閣。」焦循《群經宮室圖・屋圖一》謂阿為動之定名，則曰四阿者，四棟也。四阿之屋必有四霤。㊂元首：比喻君王。㊃股肱：比喻君王左右輔佐得力的臣子。《尚書・益稷》：「元首明哉，股肱良哉，庶事康哉。」孔穎達《疏》：「君為元首，臣為股肱耳目，大體如一身也。」㊄覆餗之敗：指高位的人，不勝其力而敗事。《易經・鼎卦・九四・爻辭》：「鼎折足，覆公餗。」餗，音ㄙㄨˋ，食物。王弼《注》：「不量其力，果致凶災，信之如何。」

【今譯】抱朴子說：「遠在陶唐氏和有虞氏的時代，是非常崇尚傳統，謹慎清明的。猶如眾諸侯輔翼天子，以建宏大的功績，所以能使君主的光輝載入史冊。各種事功能夠成就，四門威儀，諸事均安排得井井有條。蠻夷未嘗來擾亂華夏的文明，然而有棟有梁之樓閣也有鳴鳳巢築其中。君主可比喻為是元首，臣子則比擬為股肱，雖然表面上看來有尊卑懸殊，實際上卻如一身的互相依賴啊！君主必定要根據臣子的能力大小授予臣權力，以防臣子能力不勝任而導致失敗。臣子則一定衡量自己的才智來接受官職，才能避免遭致被流放的處罰。」

「夫如影如響，俯伏惟命者，偷容之尸素㊀也。違令犯顏，謇謇

㈡匪躬者，安上之民翰也。先意承指者，佞諂之徒也；匡過弼違㈢者，社稷之骾㈣也。必將伏斧鑕㈤而正諫，據鼎鑊㈥而盡言。忠而見疑，諍而不得者，待放可也；必死無補，」

【今註】㈠尸素：尸位素餐之略語。謂居位食祿而不盡責的人。㈡蹇蹇：音ㄐㄧㄢˇㄐㄧㄢˇ，蹇而又蹇，多難的模樣。《易經・蹇卦・六二・爻辭》：「王臣蹇蹇，匪躬之故。」㈢弼違：輔正君主的過失。《尚書・益稷》：「予違，汝弼。」孔穎達《疏》：「我違道，汝當以義正輔我。」㈣骾：如骾之體，指耿直。《後漢書》卷六十一〈左周黃列傳〉：「在朝有鯁直節」。此引申為脊梁。㈤斧鑕：古代殺人之刑具。《韓非子・初見秦篇》：「白刃在前，斧頭在後，而卻走不能死也。」㈥鼎鑊：古代一種酷刑，用烹飪器鼎鑊烹人。《漢書》卷四十三〈酈陸朱劉叔孫傳・贊〉：「酈生字匿監門，待主然後出，猶不免鼎鑊。」

【今譯】「如影隨形，如響應聲（順著道理做則能得到吉慶，逆著道理做則得到實禍），而唯命是從，都是不顧臉面而不盡職的居位食祿者；那些不以個人利益為念，敢於違反命令冒犯容顏進忠盡言者，才是有利於君主的庶人輔翼。只會秉承君主旨意者，屬於善以巧言諂媚君主的小人。只有能對君主的過失直言不違者，才算國家的棟梁，他們一定能伏在斧鑕刑具下仍大膽直言進諫，面對烹人鼎鑊的酷刑仍能暢所欲言。如果忠誠而受到懷疑，直言規勸而毫無結果，就可以放棄努力，否則即使為此而死也無所補益，」

「將增主過者，去之可也。其動也，匪訓典弗據焉；其靜也，匪憲章弗循焉。請託無所容，申繩㈠不顧私。明刑而不濫乎所恨，審賞而不加乎附己。不專命以招權，不含洿而談潔。進思盡言以攻謬，退念推賢而不蔽。夙興夜寐㈡，慼庶事之不康也；」

【今註】 ㈠繩：指法律準繩。㈡夙興夜寐：早起遲睡。《詩經・小雅・小宛》：「夙興夜寢，無忝爾所生。」

【今譯】 「會增添君主過錯的人，應盡快使他離開。臣子在行動時，不是訓典不能作為憑藉；在靜處時，不是憲章不能遵循。不給私人請求留有餘地，申明法律絕不庇護私誼。嚴明的刑律不濫施於所憎恨的人，賞賜分明而不加予自己人。不無所承命、獨斷獨行來承攬大權，不心懷惡念而高談純潔。

升遷時要多加考慮如何暢所欲言以糾正錯誤，謫降時應多思量如何推舉賢能而絕不掩蔽人才。早起遲眠，多思慮諸事辨得是否妥當；」

「儉躬約志，若策奔於薄冰也。納謀貢士㈠，不宣之於口；非義之利，不棲之乎心。立朝則以砥矢㈡為操，居己則以羔羊㈢為節。當危值難，則忘家而不顧命。擥衡執銓㈣，則平懷而無彼此。」

【今註】 ㈠貢士：古代向最高統治者薦舉人員。《禮記・射義篇》：「諸侯歲獻，貢士於天子。」㈡砥矢：音ㄉㄧˇ ㄕˇ，《詩經・小雅・大東》：「周道如砥，其直如矢。」孔穎達《疏》：「周之貢賦之道，其均如砥石然；周之賞罰之制，其直如箭矢然」。喻為平直之意。㈢羔羊：言大夫退朝時從容自得的神態。《詩經・召南・羔羊・小序》：「召南之國，化文王之政，在位皆節儉正直，德如羔羊也。」㈣衡、銓：係古代衡量輕重的器具，引申為評量人才執掌銓選職位，主選舉事的官職。

【今譯】 「自身克勤克儉，約束志節，每每如同在薄冰上策馬奔馳。貢獻策略和推舉賢才，不僅僅表述在口頭上表達。不義的私利，即使心中也不留有地位。在朝廷要有平直的操守，退朝時更要有如羔羊一般從容自得的德行。當危難的時侯，要忘卻家庭奮不顧身。執掌選舉人才的官職，應當公平而一視同仁。」

「儀蕭、曹㈠之指揮，羡張、陳㈡之奇畫，追周勃㈢之盡忠，準二鮑㈣之直視，蹈嬰、弘㈤之節儉，執恬、毅㈥之守終，甘此離、紀㈦，炙身之分，戒彼韓、英㈧，失忠之禍。出不辭勞，入不數功。歸勳引過，讓以先下，專誠祗慄，恒若天威㈨之在顏也；宵夙虔竦，有如湯鑊㈩之在側也。」

【今註】㈠蕭、曹：蕭，指蕭何，漢沛縣人（今屬江蘇）秦末從劉邦起義，屢立戰功。入關時諸將皆爭金帛，他獨收秦相府律令圖書，漢以是知天下阨塞戶口，又進韓信為不將。楚漢相爭，他居守關中，轉給餽餉，軍中無乏天下定。參見《史記》卷五十三〈蕭相國世家〉。曹，指曹參。漢沛縣人。秦末從劉邦起義，屢立戰功。漢朝建立封平陽侯。後繼蕭何為相，舉事無所變更，一遵蕭何約束，有「蕭規曹隨」之說。參見《史記》卷五十四〈曹相國世家〉。㈡張、陳：張，指張良，字子房，漢初大臣。傳說為城父（今安徽亳縣東南）人。秦末聚眾歸劉邦，常為計策多為採納，劉邦讚為「運籌帷幄之中，決勝千里之外。」參見《史記》卷五十五〈留侯世家〉。陳，指陳平，漢陽武（今河南原陽東南）人。曾為劉邦用反間計除去項羽之謀士范增，並以爵位籠絡大將韓信，為劉邦所採納。歷位惠帝、呂后、文帝時相。參見《史記》卷五十六〈陳丞相世家〉。㊂周勃：漢沛縣人。秦末從劉邦起義，以軍功封絳侯。為人木彊敦厚，劉邦以為可屬大事。惠帝時為太尉，呂后死，他與陳平合謀誅殺企圖奪權的諸呂之禍，漢室得以鞏固。參見《史記》卷五十七〈絳侯周勃世家〉。㊃二鮑：指後漢鮑永與鮑恢二人。鮑永，漢渤海高城（今河北藍山東南）人。字君長，少有志操。光武帝時拜諫議大夫，累以功封關內侯。為司隸校尉，以事劾趙王良，朝廷肅然。鮑恢，後漢扶風（今興平東南）人。鮑永為司隸校尉時位都官從事，亦抗直不避彊禦。帝常說：「貴戚且宜斂手，以避二鮑。」《後漢書》卷二十九〈申屠剛鮑永郅惲列傳〉記載二鮑之事：「建武十一年，徵為司隸校尉，帝叔父趙王良，尊戚貴重，永以事劾良大不敬。由是，朝廷肅然，莫不戒慎。迺辟扶風鮑恢，為都官從事，恢亦抗直，不避彊禦。帝常曰：『貴戚且宜斂手以避二鮑』，其見憚如此。」㊄嬰、弘：指西漢灌嬰和公孫弘。灌嬰，睢陽（今河南商立南）人。卒為販賣絲綢商，秦末從劉邦轉戰各地，屢建戰功。《禮記・禮器篇》：「晏平仲祀其先人，豚肩不揜豆，瀚衣濯冠以朝，君子以為隘矣。」。公孫弘，漢薛（今山東滕縣東南）人，家貧，牧豕海工。武帝初以賢良為博士。常稱人臣病不儉節，為布被，食不重肉。《漢書》卷五十八〈公孫弘卜氏兒寬傳〉：「常稱以為，人主病不廣大，人臣病不節儉。」㈥括、毅：指蒙恬與蒙毅兄弟。蒙氏兄弟為齊人。自祖父蒙驁起世代為秦之名將，曾屢立戰功。秦統一六國後，率兵三十萬人出退匈奴進攻，收河南（今內蒙古河套一帶），並修築長城。秦始皇死後，雖擁兵三十萬仍未叛秦，先後被二世所殺。見《史記》卷八十八〈蒙恬列傳〉。㈦離、紀：離，指要離，為春秋時吳國的刺客，嘗刺王子紀信，後歸吳，伏劍而死。見《呂氏春秋・仲冬季・忠廉篇》，詳見〈嘉遯篇〉。紀，指紀信，秦末從劉邦為將，項羽圍滎陽急，他自請乘漢王車黃屋車以誑楚，遂使劉邦從城西門出。項羽怒，燒死紀信。見《史記》卷七〈項羽本紀〉。㈧韓、英：韓，指韓信，淮陰（今屬江蘇）人。初屬項羽，後因蕭何薦為大將，屢建戰功。後迫劉邦封其為齊王。漢立，改封楚王。叛亂降為淮陰侯，後為呂后所殺。見《史記》卷九十二〈淮陰侯列傳〉。英，指英布。今六縣（今安徽六安）人。曾生法黥面，故又稱黥布。秦末率驪山刑徒起義，楚漢戰爭中歸漢，封淮南王。漢初舉兵發動暴亂，戰敗被殺。見《史記》卷九十一〈黥布列傳〉。㈨天威：指帝王。㈩湯鑊：湯，滾水；鑊，無足大鼎。古代一種酷刑，把人投入滾湯中煮死。《史記》卷八十一〈廉頗藺相如列傳〉：「臣知欺大王之罪當誅，臣請就湯鑊。」

【今譯】　「效法蕭何、曹參的宰相指揮之道，羨慕張良、陳平的出奇制勝，追念周勃的盡忠竭力，效尤鮑永、鮑恢二位的直言勸諫。取法晏嬰、公孫弘的節儉清廉，仿效蒙恬、蒙毅的守節至死。寧可像要離、紀信遭受炙身之災，也決不要像韓信、英布那樣，因叛亂而遇殺身之禍。出征應不辭勞苦，班師回朝不居功自傲。淡於功名，重於過失，謙讓先下，誠惶誠恐，戰戰慄慄，常常想著似在威嚴帝王的面前。日日夜夜要虔誠肅敬，猶如總是站在滾水大鼎的酷刑之旁。」

「負荷寄託，則以伊、周㈠為師表；宣力四方，則以吉、召㈡為軌儀；送往視居，則竭忠貞而不迴；搏噬干紀，則若鷹鸇之鷙㈢鳥雀；蕃扞壃場，則慕魏絳㈣、李牧㈤之高蹤；選眾撫民，則希文翁㈥、信臣㈦之德化。夫忠至者無以為國，況懷智以迷上乎？義督者滅祀而無憚，況黜辱之敢辭乎？故能保勞貴以顯親，託良哉於輿歌㈧。昆吾㈨彝器㈩，能者鐫勳，皐陶、后稷㈡，亦何人哉？」

【今註】㈠伊、周：伊，指伊尹，商初大臣，名伊，尹是官名。一說名摯。傳說奴隸出身，為有莘氏女的陪嫁之臣，幫助湯攻伐夏桀。湯去世後，歷佐卜丙、仲壬二王。仲王死後，即位者太甲破壞商湯法制，被他放逐，三年後太甲悔過，又接回復位。周，周公。姬姓，周武王之弟，名旦。曾助武王滅商。武王死後，成王年幼，由他攝政。出敗武庚、三監和東方夷族的反抗。㊁吉、召：吉，即尹吉甫。周宣王時之大臣，曾率師北伐玁狁至太原。見《詩經・小雅・六月》。召，召公，姬姓，名奭，武王滅紂，封召公於北燕。成王時為三公。召王主自陝以西，甚得兆民和。常巡行鄉邑，決獄治政事其下，自侯伯至庶人，各得其所。㊂鷹鸇之鷙：鸇，音ㄓㄢ，一名晨風，似鷂，燕頷鉤喙，色青黃。鷙，如鷹，性凶猛。《淮南子・覽冥篇》：「鷙鳥不忘搏。」《左傳》襄公二十五年：「子產始知然明，問為政焉，對曰：『視民如子，見不仁者誅之，如鷹鸇逐鳥雀也。』」㊃魏絳：春秋晉國人，仕為卿。倬公弟亂行，絳殺其僕，倬公怒欲殺絳，讀其書而自悔。使佐新軍，絳說和戎五利，晉侯聽之而與戎盟，晉由是國勢大盛，復興霸業。參見《左傳》襄公十一年。㊄李牧：戰國趙國名將，長期防守趙之北疆，打敗東胡、林胡、匈奴，因功封為武安君。參見《史記》卷八十一〈廉頗藺相如列傳〉。㊅文翁：西漢廬江舒縣（今安徽廬江西）人，景帝末為蜀郡守，曾派小吏至長安，就學於博士，又在成都設學校，招屬縣子弟入學，入學得免除繇役，以學優者為郡縣令，從此文風大盛。見《漢書》卷八十九〈循吏傳〉。㊆信臣：即召信臣，西漢九江壽春（今安徽壽縣）人，歷任零陵、南陽、河南太守，治行常為第一，為官視民如子，為民興利，被吏民尊稱為「召父」。見《漢書》卷八十九〈循吏傳〉。㈧輿歌：眾人的頌揚。《國語・晉語三》韋昭注：「輿，眾也。不歌曰誦。」㈨昆吾：夏的同盟部落，己姓，在今河南許昌東，善於製造陶器和鑄造銅器，夏君曾命人在昆吾鑄鼎。㈩彝器：古代宗廟常用禮器的總名。如鐘、鼎、樽、罍之類。《左傳》襄公十九年：「取其所得以為彝器」。⑪皋陶、后稷：皋陶，音ㄍㄠ一ㄠˊ，一作咎繇。傳說中東夷族的首領。偃姓，相傳曾被舜任為掌管刑法的官，後被禹選為繼承人。后稷，古代周族的始祖。神話傳說有邰氏之女姜嫄踏巨人足跡，懷孕而生。善於種植各種糧食作物，曾在堯舜時代做官，教民耕種。

【今譯】「肩負先王的重託，就應當以伊尹、周公為師表。四方征伐，就應以尹吉甫、召伯虎為楷模。送往視居，則應竭盡全力而決不迴避。搏殺戰鬪，則應如同凶猛的鷹鸇。馳騁疆場，則嚮往魏絳、李牧崇高的行為。安撫百姓，就應仿照文翁、信臣實行道德教化。所以忠誠之至者尚且無（脫一字）以為國，更何況有智的小人迷惑君主呢？變禮義驅使者敢於滅祀而無所顧忌，更何況貶斥恥辱的仗義直言呢？所以能保功勞顯貴來光耀眾親的，都把良善的慮願寄予眾人的頌揚。昆吾所鑄禮器，能鐫刻在上的能者，除了皋陶、后稷外，還有什麼人呢？」

抱朴子曰：「人臣勳㈠不弘，則恥俸祿之虛厚也；績㈡不茂，則羞爵命之妄高也。履信思順㊂，天人攸贊；畏盈居謙，乃終有慶。舉足則蹈道度㊃，抗手則奉繩墨㊄，褒崇雖淹留㊅而悔辱亦必遠矣。」

【今註】㊀動：指功勳。㊁績：指政績。㊂履信思服：履行忠信之道，思考順服之理。參見《易經・繫辭・上》：「易曰：自天祐之，吉無不利。子曰：祐者助也，天之所助者，順也。人之所助者，信也。履信思乎順，又以尚賢也。是以自天祐之，吉無不利也。」㊃道度：指道德標準。㊄繩墨：本為木匠用細線沾墨汁來畫直線的工具，引申為規矩法度。《莊子・逍遙遊篇》：「吾有大樹，人謂之樗，其大本臃腫而不中繩墨。」㊅淹留：指極少。

【今譯】抱朴子說：「為人臣子，如果功勳不大，則對俸祿的豐厚會感到恥辱；政績不多，會對爵位的崇高感到慚愧。履行忠信之道，思慮順服之理，這樣一來天人都會頌讚。不求多得，居位謙和，終究會有吉慶的。待人接物則按一定的道德標準，處事奉行一定的規矩法度。褒揚崇仰雖然很少而令人懊悔，但是侮辱也必定遠離自身了。」

「若夫損上以附下，廢公以營私，阿媚曲從，以水濟水㊀，君舉雖謬㊁，而諂笑贊善。數進玩好㊂，陷主於惡。巧言㊃毀政，令色㊄取悅，上蔽人主之明，下杜進賢之路；外結出境之交，內樹背公之黨。雖才足飾非㊅，言足文過㊆，專威若趙高㊇，擅朝如董卓㊈，未有不身膏剡鋒㊉，家糜湯火㊁者也。然而愚瞽㊂舍正即邪，違真侶偽，親覽傾僨，不改其軌，殃禍之集，匪降自天也。」

【今註】㊀以水濟水：比喻過錯大增。《莊子・人間世篇》：「是以火救火，以水救水，名之曰益多。」㊁謬：誤謬。㊂玩好：供玩弄而喜好之物。鄭玄《注》：「謂先給九式及吊用，足府庫而有餘財，乃可以共玩好，明玩好非治國之用。」㊃巧言：表面上好聽而實際上虛偽的話。《詩經・小雅・巧言》：「巧言如簧，顏之厚矣。」㊄令色：和悅的臉色。《詩經・大雅・蒸民》：「令儀令色，小心翼翼。」鄭玄《箋》：「令，善也，善威儀，善顏色。」巧言令色，花言巧語，假裝和善的樣子。《論語・學而篇》：「巧言令色，鮮矣仁。」㊅飾非：文飾過錯。《荀子・成相篇》：「拒諫飾非，愚而上同國必禍。」㊆文過：掩飾過錯。《漢書》卷六十六〈公孫劉田楊蔡陳鄭傳〉：「言鄙陋之愚心，若逆指而文過；默而息乎，恐違孔氏各言爾志之義。」㊇趙高：趙國貴族，秦時宦者，任中車府令，兼行符靈令事。利事秦始皇少子胡亥。始王崩於沙丘，趙高與丞相李斯矯詔，逼使長子扶蘇自殺，立胡亥為二世皇帝。後殺李斯，自為丞相，獨攬大權。後又殺二世，立子嬰為秦王。子嬰立，乃誅高。參見《史記》卷六〈秦始皇本紀〉。㊈董卓：東漢隴西臨洮（今甘肅岷縣）人，本為涼州豪強，字仲穎。桓帝末，以破羌胡拜郎中。靈帝時為前將軍。少帝時，大將軍何進謀誅宦官，密召卓，卓乃引兵入朝，宦官既誅，卓遂擅權，廢少帝，立獻帝，自為相國，專斷朝政。曹操與袁紹等起兵反對，他挾獻帝西遷長安，自為太師。殘暴專橫，縱火焚洛陽周圍數百里，使生產受到嚴重破壞。後為王允、呂布所殺。《後漢書》、《三國志》皆有傳。㊉刎鋒：指銳利的刀劍。㊀湯火：沸湯和烈火。喻指危及生命的境地。《列子・楊朱篇》：「踐鋒刃，入湯火。」㊁愚瞽：謂昧於事理。《後漢書》卷二十七〈宣張二王杜郭吳承鄭趙列傳〉：「私慕公叔同升之義，慎於藏文窗位之罪，敢秉愚瞽，犯冒嚴禁。」

【今譯】　「如果損抑下屬，阿諛上司，廢棄公理而謀求私利，阿諛媚上曲從罪惡，過錯越來越大，君主的行為雖有錯誤，仍然諂笑附和讚賞稱善，多次進奉喜愛之物以投其所好，使君王陷於罪惡深淵，用花言巧語詆毀明政，假裝和善以取悅君主。上蒙蔽了君主的聖明，下杜絕了進賢舉才的道路，對朝外搞一些出格的政治交易，在朝內結成一些有背棄公理的朋黨。雖然才智足以文飾過錯，言論足以掩飾罪惡。即使專權淫威如趙高，擅權朝中如董卓，卻沒有不是身死銳利劍鋒之下，其家族也沒有不受沸湯烈火株連的啊！然而盲目愚昧地捨棄正義附和邪惡，違背真理而與虛偽為伍，到處遊樂胡作非為，並不願改邪歸正者，有朝一日實難禍害群聚而至，那就恐怕不是因為老天爺要亡他的了！」

抱朴子曰：「臣喻股肱，則手足也。履冰執熱，不得辭焉。是以古人方之於地，掘之則出水泉，樹之則秀百穀；生者立焉，死者入焉。功多而不望賞，勞瘁而不敢怨。審識斯術，保己之要也。」

【今譯】抱朴子說：「人臣好比股肱，也就是如同手足一樣，站在寒冷的冰上，拿著滾燙的熱水，這是不容推辭的。所以古人在方圓之地，可以掘出水泉，可以種出秀美的植物，各種穀物生長其上，枯死入其中。為人臣子，功勞雖多而不應奢望賞賜，鞠躬盡瘁而不能有所抱怨。明悉和認識這些道理，是臣子自我保護的要則。」

抱朴子曰：「臣職分則治，統廣則多滯。非賁、獲㈠之壯，不可以舉兼人㈡之重；非萬夫之特㈢，不可以總異言之局。韓侯所以罪侵冒之典㈣，子元㈤所以懼不勝之禍也。若乃才力絕倫㈥，文武兼允，入有腹心㈦之高筭，出有折衝㈧之遠略，雖事殷而益舉，兩循而俱濟，」

【今註】㈠賁、獲：賁，孟賁；獲，烏獲，二者皆是戰國時秦國的大勇士。㈡兼人：勝過人，一人抵得兩人。語出《論語・先進篇》：「求（冉求）也退，故進之；由（仲由）也兼人，故退之。」㈢特：傑出的，特出的。《詩經・鄘風・柏舟》：「百夫之特。」㈣韓侯所以罪侵冒之典：指韓昭公因為典冠侵權而兼罪的故事。《韓非子・二柄篇》：「昔者韓昭公醉而寢，典冠者見君之寒也，故加衣於君之上。覺寢而說，問左右曰：誰加衣者？左右對曰：典冠。君因兼罪典衣與典冠，其罪典衣，以為失其事也；其罪典冠，以為越其職也。非不寒也，以為侵官之害，甚於寒。」。㈤子元：指朱博。漢杜陵（今陝西西安東南）人。漢成帝時歷櫟陽等四縣令，累遷至冀、并二州刺史。哀帝時相，後因不任而自殺。參見《漢書》卷八十三〈薛宣朱博傳〉。㈥絕倫：特異；《三國志》卷三十六〈蜀書・關羽傳〉：「孟起（馬超）兼資文武，雄烈過人，……當與益德並驅爭先，猶未及髯之絕倫逸群也。」㈦腹心：猶心腹，比喻君主左右謀仕親信。㈧折衝：折還敵方戰車，意謂抵禦敵人。

《詩經・大雅・綿》：「予曰有御侮。」毛《傳》：「折衝曰御侮。」

【今譯】抱朴子說：「為人臣子職責分明才能管理統一，職責過多就必定有所疏漏。沒有孟賁、烏獲那樣大的能耐，不可肩負超荷的重擔；不是萬人之中的佼佼者，不可駕馭紛繁離亂的局面。韓昭公因為侵凌冒犯法則而兼罪典衣，子元也由於懼怕不勝任而遭禍。如果才力特異，文武兼得，內有輔佐君主的高超策略，外有戰無不勝的深謀遠慮。雖事務繁雜仍能一一安排妥當，多方局面都能得到兼顧。」

「舍之則彝倫㊀斁㊁，委之而無其人者，兼之可也；非此器也，宜自忖引。轅若載重，尠不及矣。常人貪榮，不慮後患。身既傾溺，而禍逮君親㊂，不亦哀哉！人皆辭斧斤㊃所未開，而莫讓攝官所不堪。嗟乎！陳、李㊄所以作戒於力以㊅，而子房㊆所以高蹈㊇於挹盈也。」

【今註】㊀彝倫：猶言倫常。《尚書・洪範》：「我不知其彝倫攸敘。」蔡沈《集傳》：「彝，常；倫，理也。」㊁斁：音ㄧˋ，厭棄。《詩經・周南・葛覃》：「為絺為綌，服之無斁。」㊂君親：

親指父母。《公羊傳》閔公三十二年：「君親無將」。何休《注》：「親謂父母」。㊃斧斤：砍木的工具。《荀子・勸學篇》：「林木茂而斧斤至焉」。㊄陳、李：陳，指陳蕃。參見〈嘉遯篇〉「以蕃、武為厚戒」注。李，指李膺。東漢官吏。字元禮，潁川襄城（今河南襄城）人。桓帝時任司隸校尉，宦官張讓弟朔為官貪殘無道，膺捕而殺之，宦官行事因此大為收斂。當時朝政日壞，綱紀頹弛，膺獨持風裁，以聲名自高。後與陳蕃、竇武共謀誅宦官失敗，死於獄中。見《後漢書》卷六十七〈黨錮列傳〉。㊅以：楊明照曰「以」字當依《藏》本、魯藩本、吉藩本、慎本、盧本、舊寫本……等改作「少」。㊆子房：指張良，字子房。㊇高蹈：此指遠行。《左傳》哀公二十一年：「使我高蹈。」杜預《注》：「高蹈，猶遠行也。」漢建立後，張良曰：「今以三寸舌為帝者師，封萬戶，位列侯，此布衣之極，於良足以，願棄人間事，欲從赤松子游耳。」見《史記》卷五十五〈留侯世家〉。

【今譯】　「當捨棄職位會使得倫常厭棄，而又無人能擔當此任的情況下，接受兼職是應當的。但如果不是適合的人選，就應當自我評估。如果能加以輕重衡量，很少有力不勝任的。一般人貪圖榮華富貴，很少考慮將來的危險。身體尚未完全傾沒，而禍害也殃及了父母雙親，不是很令人可悲的嗎？人們都是推辭砍木的斧斤唯恐不及，而從未說因兼職過多而不堪勝任的。多麼可歎啊！陳藩、李膺自我戒律是因為他們的才能有限，而張良的遠行卻是要隱匿那出眾的才華。」

良規篇　第七

【篇旨】　所謂良規，其實就是維繫王朝統治的倫理綱常。葛洪認為廢立君王是「小順大逆」之事，並不足取。又將君主比擬如天，如父，是絕不可更改的，故云：「夫君，天也，父也。君而可廢，則天亦可改，父亦可易也。」表達了君父的思想。此外，葛洪亦評論周公、伊尹、夏桀之事，提出不同於以往的政治觀點，認為這些人臣不但沒有好下場，且種下了後世王莽仿效的禍因。又以為夏桀、殷紂、周厲王等君主，如果能改置忠良之士，不就可以改變了，為什麼一定要奪篡王位？此種反對僭上，鞏固君權的看法，充分反映出政治倫理喪失的魏晉時期，對於君臣之道重新建立的新觀點。

抱朴子曰：「翔集(一)而不擇木(二)者，必有離罻(三)之禽矣。出身(四)而不料時(五)者，必有危辱之士矣。時之得者，則飄乎猶應龍(六)之覽景雲(七)；時之失也，則蕩然猶巨魚之枯崇陸(八)。是以智者藏其器(九)以有待也，隱其身而有為也。若乃高巖將霣(一〇)，非細縷所綴(一一)；龍門(一二)沸騰，非掬壤㊂所遏。則不苟且於乾沒㊃，不投險於僥倖矣。」

【今註】㊀翔集：出自《論語・鄉黨篇》：「色斯舉矣，翔而後集，曰：『山梁雌雉，時哉，時哉，子路共之，三嗅而作。』」何晏《集解》云：「馬曰：『見顏色不善，則去之。』周曰：『迴翔審觀而後下止』」。㊁擇木：語出《左傳》哀公十一年：「退命駕而行，曰鳥則擇木，木豈能擇鳥。」㊂離罻：離，通「罹」字，遭受。罻，音ㄨㄟˋ，古代捕鳥的網。《禮記・王制篇》云：「鳩化為鷹，然後設罻羅。」㊃出身：挺身而出。㊄不料時：不考慮時機。㊅應龍：語出《漢書》卷一百上〈敘傳・上〉：「應龍潛於潢汙，魚黿媟之，不覩其能奮靈德，合風雲，超忽荒，而躨顯蒼也。」㊆景雲：語出《淮南子・天文篇》：「龍舉而景雲屬。」㊇崇陸：指高地。㊈器：器具，此指才華、能力。㊉霣：音ㄩㄣˇ，殞落。㊀綴：縫合。㊁龍門：係指黃河流經山西省河津縣及陝西省韓城縣間的一小段，此處因河流洶湧湍急而著稱。㊂掬壤：捧一塊泥土。㊃乾沒：僥倖取利之意。

【今譯】抱朴子說：「不選擇樹木而會集的飛禽，必然有遭遇到被網羅的危險；不考慮時候挺身而出的人，必定會有受到危難羞辱的。時機好的人，就飄飄然像龍似的俯覽彩雲；時機丟失了，就空空蕩蕩像大魚躺在高地上枯死。因此，聰明的人總是藏好自己的才幹，等待有所需要的時侯；隱逸自己的身名，等待著有所作為的時候。至於高聳的巖石將要殞落，不是細小的繩子可以繫得住的；龍門河水洶湧奔流，也不是捧些泥土，就可以阻止得了的。不可苟且地等待著乾死，也不要輕易冒險，以求僥倖成功。」

抱朴子曰：「周公之攝王位㈠，伊尹之黜太甲㈡，霍光之廢昌邑㈢，孫綝之退少帝㈣，謂之舍道用權，以安社稷。然周公之放逐狼跋㈤，流言載路；伊尹終於受戮，大霧三日；霍光幾於及身，家亦尋滅。孫綝桑蔭未移，首足異所。皆笑音未絕，而號咷已及矣。夫危而不持，安用彼相？爭臣七人，無道可救㈥。致令王莽㈦之徒，生其姦變，外引舊事以飾非，內包豺狼之禍心，由於伊、霍基斯亂也。將來君子，宜深鑒茲矣。」

【今註】㈠周公之攝王位：周公，名旦，周武王之弟，西周政治家。武王死，以成王年幼，受命攝政。《尚書・洛誥》：「在十有二月，惟周公誕保文武受命，惟七年。」參見《史記》卷四〈周本紀〉。㈡伊尹之黜太甲：伊尹，名摯，是湯妻陪嫁之奴隸，後佐湯滅夏桀，綜理國事，連保湯、外丙、中壬三朝，被尊為阿衡。太甲，商國王，湯嫡長孫，太丁子。中壬死，傳位太甲，伊尹專權自恣，將太甲放逐至桐（今河南虞城東北），七年後，太甲逃回王都，殺死伊尹。參見杜預《春秋左傳集解》後序：「紀年又稱，殷仲壬即居亳，其卿士伊尹，仲壬崩，伊尹乃放太甲於桐，乃自立也。伊尹即位，放太甲七年，太甲潛出自桐，殺伊尹。」對於此事，《史記》卷三〈殷本紀〉也有記載。㈢霍光之廢昌邑：霍光，西漢政治家，字子平，河東平陽（今山西省臨汾縣西南）人，為驃騎將軍。乃霍去病異母弟。武帝時，任奉車都尉，與桑弘羊同受遺詔，立昭帝為嗣，以大司馬大將軍輔政，封博陸侯。昭帝死，迎立昌邑王劉賀，因其淫亂，不久廢，改迎立宣帝。霍光秉政二十餘年，族黨滿朝，權傾內外，死後謚號宣成。宣帝親政，收霍光兵權，以謀反罪名，誅其家族。可參見《漢書》卷六十八〈霍光金日磾傳〉。㈣孫綝之退少帝：孫綝，三國吳國大將軍，權傾人主。少帝，指孫權少子孫亮。孫綝退少帝，擁立孫休為帝，後來孫休又誅孫綝。事見《三國志》卷四十八〈吳書・三嗣主傳〉。㈤狼跋：原為《詩經・豳風》的一篇，史載，及周成王用事，人或譖周公，周公奔楚，後成王知道周公的忠誠，召回。鄭玄注詩云，〈狼跋〉一詩讚美周公攝政，「聞流言不惑，王不知不怨，終立其志，成周之王功，致太平。」㈥爭臣七人，無道可救：語出《孝經・諫章篇》：「昔者，天子有爭臣七人，雖無道，不失其天下。」是說天子有爭臣七人的話，雖然天子無道，也不失天下。

㈦王莽：字巨君，漢元帝皇后之姪。父曼早死，叔伯皆封侯。莽獨孤貧，折節讀書，敬事諸父，交結名士，聲譽甚盛。平帝立，年九歲，以莽為大司馬，元后以太皇太后臨朝稱制，委政於莽。平帝死，立孺子嬰為帝，自稱攝皇帝，以外戚專權，封新都侯，初始元年稱帝，改國號新，取漢代之。參見《漢書》卷九十九〈王莽傳〉。

【今譯】　抱朴子說：「周公攝理王事，伊尹黜逐太甲，霍光廢掉昌邑王，孫綝使少帝退位，說他們是放棄道德，運用權術以維護國家安寧。然而周公在〈狼跋篇〉裏遭到貶斥，傳頌他的事情很多。伊尹終於被殺，被殺時，大霧三天不散。霍光幾乎危及自身，家族也很快被誅滅。孫綝才得勢不久，就被砍頭。這些人物，都是歡笑聲還沒有停息，號哭悲慘的命運就開始了。危機時不出來主持政務，那設宰相有什麼用呢？朝廷上有爭臣七人，無法可救，使得王莽這種出來搞姦邪陰謀，表面上借古制粉飾邪惡，內心裏包藏著豺狼一樣的禍心。這種局面的出現，是由於伊尹、霍光時已經種下了禍根亂源。將來的正人君子，應該從中深深地吸取教訓！」

「夫廢立之事，小順大逆，不可長也。召王之譎㈠，已見貶抑，況乃退主，惡其可乎？此等皆計行事成，徐乃受殃者耳。若夫陰謀始權，而貪人賣之，赤族殄祀，而他家封者，亦不少矣。若有姦佞翼成驕亂，若桀之干辛、推哆㈡，紂之崇侯、惡來㈢，厲㈣之黨也，改置忠良，不亦易乎？」

【今註】 ㈠召王之譎：見《左傳》僖公二十八年：「晉侯召王，以諸侯見，且使王狩。仲尼曰：以臣召君，不可以訓。」故召王之譎，是批評晉侯僭上的行為。㈡若桀之干辛、推哆：桀，夏朝末代君主，暴君。干辛，疑為「末喜」譌。末喜，即妹喜，桀之寵妃；推哆，為夏桀的勇士，參見《墨子・明鬼篇》。㈢紂之崇侯、惡來：紂，即帝辛，商朝的末代君主，暴君。崇侯，即崇侯虎，曾向紂王告密，因禁周文王於羑里，事見《史紀》卷三〈殷本紀〉；惡來，為飛廉之子，亦善進讒言，且有力，參見《史記》卷三〈殷本紀〉、《史記》卷五〈秦本紀〉。㈣厲：指周厲王。

【今譯】 「帝王廢立事情，小順逆大，是不可以滋長的。召王僭上的狡詐行為，已經遭到貶抑，何況那逼迫君主退位的罪惡可以容忍嗎？這些人計行事成，後來慢慢地成了受害者。至於陰謀剛剛確立，貪利之人出賣了它，誅殺家族，而別的受封賞家族也不稱少。如果有姦佞之臣，助其驕亂，如夏桀時的干辛、推哆，殷紂時的崇侯、惡來，周厲王時的凶黨，如果改換忠良，不也很容易嗎？」

「除君側之眾惡，流凶族於四裔，擁兵持壃，直道守法，嚴操柯斧㈠，正色拱繩㈡，明賞必罰，有犯無赦，官賢任能，唯忠是與，事無專擅，請而後行；君有違謬，據理正諫。戰戰兢兢，不忘恭敬，使社稷㈢永安於上，已身無患於下。功成不處，乞骸告退，高選忠能，進以自代，不亦綽有餘裕乎？何必奪至尊之璽紱，危所奉之見主哉？」

【今註】㈠柯斧：指刑具。㈡繩：準繩、標準。㈢社稷：指國家。

【今譯】「清除君主身旁的所有邪惡之人，將凶狠的宗族流放到四陲邊境，擁領軍隊，保衛疆土，堅持道義，遵守法紀，嚴操刑具，把持標準，賞罰分明，犯罪不赦，選賢舉能，唯有忠誠的人才給予官職。不專橫弄權，凡事先請示君主以後再做，君主有不對的地方則要據理力爭，戰戰兢兢，不忘記恭敬的態度，使得君主永遠保住國家，自己也避免了災患。大功告成之後，不再守住原來的位置，請求告退，選拔忠誠能幹的人，推薦他代替自己，不也是顯得綽綽有餘裕嗎？為什麼一定要篡奪王位，使自己侍奉的君主受到危害呢？」

「夫君，大也；父也。君而可廢，則天亦可改，父亦可易也。功蓋世者不賞，威震主者身危，此徒戰勝攻取，勳勞無二者，且猶鳥盡而弓棄，兔訖而犬烹。況乎廢退其君，而欲後主之愛己，是奚異夫為人子而舉其所生捐之山谷，而取他人養之，而云我能為伯瑜㊀、曾參㊁之孝，但吾親不中㊂奉事，故棄去之。雖日享三牲㊃，昏定晨省㊄，豈能見憐信邪？」

【今註】 ㊀伯瑜：指韓伯瑜，漢時人，孝子的典型。劉向《說苑・建本篇》：「伯瑜有過，其母笞之。泣。其母曰：『他日笞子，未嘗見泣，今泣何也？』對曰：『他日瑜得罪，笞嘗痛，今母之力，不能使痛，是以泣。』」參見《宋書》卷二十二〈樂志・四〉曹植〈鼙舞歌・靈芝篇〉。㊁曾參：字子輿，春秋時儒者，又稱曾子。魯國武城（今山東費縣）人。孔丘弟子，以孝稱著，他一日三省其身，為一貫之旨。參見《史記》卷六十七〈仲尼弟子列傳〉。㊂中：適合。㊃三牲：指牛羊豕三種犧牲。㊄昏定晨省：晚上安父母的床衽，清晨問安道好，是為人子的禮節。《禮記・曲禮篇・上》：「凡為人子之禮，冬溫而夏清，昏定而晨省。」鄭《注》：「定，安其床衽也；省，問其安否何如。」

【今譯】「君主就是天，就是父親。如果君主可以廢除，那麼天也可以改變，父親也可以更換了。功勞蓋世的人，不可以賞賜，威望震動君主的人，自身會危險得很，這只是靠著打勝仗陷城池的功勞，就像打完了鳥就把弓丟棄，兔子沒了可以把狗烹煮吃掉一般。何況廢掉自己的君主，轉而期望後立的君主愛護自己，這與以下人有什麼區別呢？他們把自己親生父母拋棄山谷，而去求取別人撫養，嘴裡還說自己能像伯瑜、曾參一樣孝順，只是自己的父母不適合侍奉，所以拋棄他們。如此一來，即使是每天祭享牛羊豬三牲，早晚省定自身，又怎能被人相信、教人憐愛呢？」

「霍光之徒，雖當時增班進爵，賞賜無量，皆以計見崇，豈斯人之誠心哉？夫納棄妻而論前壻之惡，買僕虜而毀故主之暴，凡人庸夫，猶不平之，何者？重傷其類，自然情也。故樂羊以安忍見疎㊀，而秦西以過厚見親㊁。而世人誠謂湯、武㊂為是，而伊、霍為賢，此乃相勸為逆者也。」

【今註】㈠樂羊以安忍見疏：樂羊，一作樂陽，戰國時人，被魏文侯任為將軍。攻打中山時，他的兒子為中山人所獲，烹煮成羹，樂羊飲，最後滅中山，卻使魏文侯有了疑心。樂毅是他的後代。《韓非子・說林篇上》：「文公謂堵師贊曰：『樂羊以我故，而食其子之肉。』答曰：『其子而食之，誰子不食？樂羊罷中山，文公賞其功而有疑心。』」㈡秦西以過厚見親：秦西，疑指秦西巴，為魯國孟孫氏的家臣。因放麑而得罪孟孫氏，卻反受孟孫氏的信賴。《韓非子・說林篇上》：「孟孫獵得麑，使秦西巴載之持歸，其母隨之而啼，秦西巴弗忍而與之。孟孫歸至而求麑，答曰：『余弗忍而與其母。』孟孫大怒逐之，居三月，復召以為子傅。何也？孟孫曰：『夫不忍麑，又且忍吾子乎？』」
㈢湯、武：湯，即成湯；武，即周武王。

【今譯】「霍光那些人，即使當時增官進爵，賞賜無量，都是由於玩弄計謀而被推崇，難道是他們的心誠嗎？娶納別人拋棄的女人並議論她前夫的壞處，買來僕人並詛咒他原來主人的殘暴，對這種行為，庸人凡夫尚且不滿，為什麼呢？因為重傷同類，是人們的自然感情。所以樂羊因安穩容忍而被疏遠，秦西巴由於錯待厚道的人而受到親近。世人都說成湯和周武王是對的，伊尹霍光是賢能的，這真是相互勸勉去做大逆不道的事情啊！」

「又見廢之君，未必悉非也。或輔翼少主，作威作福，罪大惡積，慮於為後患；及尚持勢，因而易之，以延近局之禍。規定策之功，計在自利，未必為國也。取威既重，殺生決口。見廢之主，神器去矣，下流之罪，莫不歸焉。雖知其然，孰敢形言？無東牟、朱虛以致其計，無南史、董狐㊀以證其罪，將來今日，誰又理之？」

【今註】㊀南史、董狐：南史，春秋時齊國著名史官。《左傳》襄公二十五年：「大史書曰：『崔杼弒其君，崔子殺之。其弟嗣書，而死者二人。其弟又書，乃舍之。南史氏聞大史盡死，執簡以往，聞既書矣，乃還。』」董狐，亦稱史狐，春秋時晉國著名史官。《左傳》宣公二年：「孔子曰：『董狐，古之良史也，書法不隱。』」後世將南史、董狐並稱，作為編寫歷史的直書典型。

【今譯】「被廢的君主，未必都是不好的。有些輔佐幼君的人，作威作福，擔心會發生禍患，就依仗自己的權勢來改變他，用以延遲禍患的到來，雖然擁有決定政策的功勳，但他們的目的是為了自身的利益，未必是為了國家。他們取得的威望極高，操有生殺大權，見到君主被廢後，失去了神聖的皇位，各種罪名隨之都歸到他頭上去。即使了解其中的情況，誰又敢說出來呢？沒有東牟、朱虛他們的計謀，也沒有南史、董狐來證明他們的罪行。無論是今天還是將來，誰還會理這些事情呢？」

「獨見者乃能追覺桀、紂之惡不若是其惡，湯、武之事不若是其美也。方策所載，莫不尊君卑臣，強幹弱枝。《春秋》之義，天不可讎，大聖著經，資父事君，民生在三㊀，奉之如一。而許廢立之事，開不道之端，下陵上替，難以訓矣。俗儒沈淪鮑肆㊁，困於詭辯，方論湯、武為食馬肝㊂，以彈斯事者，為不知權之為變，貴於起善而不犯順，不謂反理而叛義正也。」

【今註】㊀三：指君、父、母三者。㊁鮑肆：鮑魚之肆。肆，店鋪。㊂馬肝：相傳馬肝有毒，吃了會死人。《漢書》卷八十八〈儒林傳・轅固傳〉：「食肉毋食馬肝，未為不知味也；言學者毋言湯、武受命，不為儒。」言學者不必須談湯、武。

【今譯】獨具慧眼的人，才會發覺夏桀、商紂的惡，其實並不像這樣醜惡，商湯、周武王也並非那般美好。書籍上所記載的，沒有不是尊君卑臣、強幹弱枝的。《春秋》大義的說法，天是不能讎恨的，聖人撰著經典，教導養父事君。民生在君、父、母三者，都能奉養如一。如果允許廢立大事，開啟不道德的端緒，在下者可以僭越，可以替代，就難以訓導了。庸俗的儒生沉淪於鮑魚之肆，困惑於詭辯之中，正議論著成湯、周武王的革命事跡，這就像是一面在食馬肝，一面卻在談論，真是不懂得權變。可貴的是起初為善而不犯順，不說反理而背叛道義，這才是端正的行為。」

「而前代立言者，不折之以大道，使有此情者加夫立剡鋒之端，登方崩之山，非所以延年長世，遠危之術。雖策命暫隆，弘賞暴集，無異乎犧牛㈠之被紋繡，淵魚之愛莽麥㈡，渴者之資口於雲日㈢之酒，飢者之取飽於鬱肉漏脯㈣也。而屬筆者皆共褒之，以為美談。以不容誅之罪為知變，使人於悒而永慨者也。」

【今註】㈠犧牛：用於祭祀的純白色牛。㈡莽麥：莽草和麥，毒魚之用。《太平御覽》卷九百九十三引「莽草浮魚」，注云：「取莽草葉，並陳粟水，合擣之，以內水，魚皆死。」㊂雲日：酒名。

㊃鬱肉漏脯：鬱肉，腐臭的肉。漏脯，受屋漏滴水污染的肉，有毒。

【今譯】「而前面那些代王立言的人，不折之以大道，沒有善意的心情，他們站立在尖峰的頂端，攀登將要崩坍的山頭，這樣做並非是延長世命、避免危險的方法，即使賜封暫時很隆重，巨賞相連，也無異是被掛花紋和綢繡的犧牛，將被屠宰當作祭品，也無異於貪食粗麥的淵魚，將被捕捉當作食品。口渴了去飲雲日之酒，反而更渴；肚餓了去飽食腐臭的肉與有毒的肉脯，反而死人。對於上述情況，寫書的人反而都來吹捧，以為美談，把不容誅之罪當作知變，令人愁悶而感歎不已！」

「或諫余以此言為傷聖人，必見譏貶。余答曰：『舜、禹歷試內外，然後受終文祖㊀，雖有好傷，聖人者豈能傷哉？昔嚴延年㊁廷奏霍光為不道，于時上下肅然，無以折也。況吾為世之誡，無所指斥，何慮乎常言哉？」

【今註】㊀文祖：《史記》卷一〈五帝本紀〉云：「舜受終於文祖。文祖者，堯大祖也。」鄭玄曰：

「文祖者，五府之大名，猶周之明堂。」㈢嚴延年：東海下邳（今江蘇省邳縣）人。宣帝時，任涿郡太守，曾誅殺東高氏、西高氏，繼遷河南太守。《漢書》卷九十〈酷吏傳・嚴延年傳〉：「宣帝初即位，延年劾奏光擅廢立，亡人臣禮，不道。奏雖寢然，朝廷肅馬敬憚延年。」

【今譯】「有人說我這番話傷了聖人，必將受到譏諷貶斥，我回答說：舜、虞經歷了內外各種事變的考驗，終於成為文祖。即使有人喜愛傷害聖人，難道能夠傷害得了嗎？從前，嚴延年在朝廷上面奏霍光行為不道，當時上下大臣為之肅然，沒什麼可以折服它的，何況我是為人作勸戒，無所指斥，何必擔心一般的言語呢？」

時難篇　第八

【篇旨】　本篇是感歎世上的人才不少，可是能遇上明主，發揮所長的卻不多。人才要嶄露頭角，除了遇逢明君外，還要明君恰有所需，否則仍是徒勞無功。倘若不幸，未逢明君卻遇嫉才的小人，不但志向難遂，反倒遭受無端的禍害，甚至冤死而難言！所以，要在一生之中，遇上可以發揮長才的機運，實在是件難事啊！

抱朴子曰：「盡節無隱㊀者，可為也。若夫使言必納而身必安者，須時㊁。時之否也㊂，夫姦凶之徒，妬所不逮，擁上抑下，惡直醜正㊃，憂畏公方㊄之彈擊邪枉，是以務除勝己以紓其誅。」

【今註】　㊀盡節無隱：做好大臣的節操，不可對君主有所隱瞞。《禮記・檀公篇・上》：「事君有犯而無隱。」《論語・憲問篇》：「子路問事君。子曰：『勿欺也，而犯之。』」㊁須時：等待時機。須，待也。《易經・歸妹》：「歸妹以須。」《釋文》：「須，待也。」㊂時之否也：時運不濟也。否，蔽固不通之意。《易經・否卦》：「象曰：『天地不交，否。』」㊃惡直醜正：以直為惡，以正為醜。《左傳》昭公二十八年：「惡直醜正，實蕃有徒。」㊄公方：公正方直之人。《漢書》卷六十〈杜周傳〉：「近諂諛之人，而遠公方。」唐顏師古《注》：「方，正也。」

【今譯】抱朴子說：「做大臣的要盡到為臣的本分，對國君毫無隱瞞，這是辦得到的。如果想讓國君一定接納自己的諫言，而且直諫之後能平安的處於朝中，就要看自己所處的局勢了。在時運不濟的時候，姦邪凶狠的小人，嫉妒比自己才高的同僚，通常會迎逢上司，壓抑下屬，厭惡嫉視正直的人；憂懼那些剛直守法、彈劾抨擊邪曲不正的大臣，所以極力排擠強過自己的人，以減輕自己受責罰的困擾。」

「明主不世而出㊀，庸君迷於皂白㊁，既不能受用忠益，或乃宣泄至言。於是弘恭、石顯㊂之徒，飾巧辭以搆象似㊃，假至公以售私姦。令獻長生之術者，反獲立死之罪；進安上之計者，施受危身之禍。故曰：『非言之難也，談之時難也㊄。』」

【今註】 ㈠明主不世而出：英明的君主非世間所常有。《史記》卷九十二〈淮陰侯列傳〉：「此所謂功無二於天下，而略不世出者也。」《淮南子・泰族篇》：「夫欲治之主，不世出。」㈡迷於皂白：是非黑白不分也。皂，皁之俗字，黑色也。皂白即黑白，引申為事之是非也。《詩經・大雅・桑柔》：「匪言不能。」鄭《箋》：「賢者見此事之是非，非不能分別皁白，言之於王也。」㈢弘恭、石顯：班固《漢書》卷九十三〈佞幸傳〉：「石顯，字君房，濟南人；弘恭，沛人也。皆少坐法腐刑，為中黃門，以選為中尚書。宣帝時任中書官。恭明習法令故事，善為請奏，能稱其職。恭為令，顯為僕射。元帝即位數年，恭死，顯代為中書令。是時，元帝被疾，不親政事，方隆好於音樂，以顯久典事，中人無外黨，精專可信任，遂委以政。事無大小，因顯白決，貴幸傾朝，百僚皆敬事顯。顯為人巧慧習事，能探得人主微指，內深賊，持詭辯以中傷人，忤恨睚眦，輒被以危法。」㈣搆象似：設計相似的情況。搆，結也。象似，相似也。《歷代名畫記》：「眾皆謹于象似，我則脫落其風俗。」㈤非言之難也，談之時難也：向國君進言並不難，難的是遇到進言的時機。

【今譯】　「英明的君主不會世代都出現，而庸碌的君主又不分是非黑白，既不能接納忠臣任用良策，大臣若仍毫不避諱的進盡直諫，就會讓弘恭、石顯那班嬖倖小人有機可趁，巧立名目，羅織罪狀；或假借公事，以遂私利。所以，貢獻長生不死妙術的人，反遭速死的罪罰；進奏安國計策的人，隨即受到危身之禍。所以說：向國君進言並不難，難的是能否看清進言的最佳時機。」

「夫以賢說聖，猶未必即受，故伊尹干湯，至於七十也㊀。以智告愚，則必不入，故文王諫紂，終於不納也㊁。言不見信，猶之可也，若乃李斯之誅韓非㊂，龐涓之刖孫臏㊃，上官之毀屈平㊄，袁盎之中晁錯㊅，不可勝載也。為臣不易㊆，豈一塗㊇也哉！」

【今註】㊀伊尹干湯，至於七十也：《韓非子・難言篇》：「上古有湯，至聖也；伊尹，至智也。夫至智說至聖，然且七十說而不受，身執鼎俎，為庖宰，昵近習親，而湯乃僅知其賢而用之。故曰：以至智說至聖，未必至而見受。伊尹說湯是也。」㊁文王諫紂終於不納也：《韓非子・難言篇》：「以智說愚必不聽，文王說紂是也。故文王說紂，而紂囚之。……何也？則愚者難說也。故君子難言也。」㊂李斯之誅韓非：韓非，戰國末年韓之公子，與李斯共師事荀卿，著〈孤憤〉、〈五蠹〉諸篇。斯為秦始皇相，進其書，始皇悅，召見之，李斯乃毀非曰：「韓非，韓之諸公子也，今王欲并諸侯，非終為韓不為秦，此人之情也。今王不用，久留而歸之，此自遺患也。不如以過法誅之。」秦王以為然，下吏治非。李斯使人遺非藥，使自殺。韓非欲自陳，不得見。秦王後悔之，使人赦之，非已死矣。見《史記》卷六十三〈老子韓非列傳〉。㈣龐涓之刖孫臏：《史記》卷六十五〈孫子吳起列傳〉：「孫臏嘗與龐涓俱學兵法。龐涓既事魏，得為惠王將軍，而自以為能不及孫臏，乃陰使召孫臏。臏至，龐涓恐其賢於己，疾之，則以法刑斷其兩足而黥之，欲隱勿見。」㈤上官之毀屈平：《史記》卷八十四〈屈原賈生列傳〉：「上官大夫與之同列，爭寵而心害其能。懷王使屈原造為憲令，屈平屬草稾，未定。上官大夫見而欲奪之，屈平不與，因讒之曰：『王使屈平為令，眾莫不知，每一令出，平伐其功曰：以為非我莫能為也。』王怒而疏屈平。屈平疾王聽之不聰也，讒諂之蔽明也，邪曲之害公也，方正之不容也，故憂愁幽思而作〈離騷〉。」㈥袁盎之中晁錯：《漢書》卷四十九〈袁盎晁錯傳〉：「盎素不好晁錯。錯所居坐，盎輒避；盎所居坐，錯亦避：兩人未嘗同堂語。即孝景即位，晁錯為御史大夫，使吏案盎受吳王財物，抵辠，詔赦以為庶人。吳、楚反聞，錯謂丞史曰：『爰盎多受吳王金錢，專為蔽匿，言不反。今果反，欲請治盎，宜知其計謀。』丞史曰：『事未發，治之有絕。今兵西向，治之何益？且盎不宜有謀。』錯猶豫未決。人有告盎，盎恐，夜見竇嬰，為言吳所以反，願至前，口對狀。嬰入言，上迺召盎。盎入見，竟言吳所以反，獨急斬錯以謝吳，吳可罷。」㈦為臣不易：《論語．子路篇》：「人之言曰：『為君難，為臣不易。』如知為君之難也，不幾乎一言而興邦乎？」㈧一塗：同樣的道理。塗，途徑也。

【今譯】「一般說來，讓賢能的人去遊說聖人，都還不一定能馬上被接納，所以伊尹這麼賢能的人，去遊說商湯這樣的聖主，前後交談了七十次，纔終於成功。因此，讓聰明的人來忠告愚昧的人，就必定無法收效，所以文王進諫商紂王，始終都未被接納。如果進諫的言辭不被接納，那也就算了，若是反而遭到禍害，像韓非被李斯害死，孫臏被龐涓斬斷雙足，屈原遭上官大夫毀謗，晁錯受袁盎中傷，這種事例，實在數不清啊！做大臣真不容易，不都是一樣的道理嗎？」

「蓋往而不反者㈠，所以功在身後；而藏器俟時㈡者，所以百無一遇。高勳之臣，曠代㈢而一有；陷冰之徒㈣，委積㈤乎史策。悲夫！時之難遇也，如此其甚哉！」

【今註】㈠往而不反者：《韓詩外傳・卷五》：「朝廷之士為祿，故入而不出；山林之士為名，故往而不返。」㈡藏器俟時：《易經・繫辭・下》：「君子藏器於身，待時而動。」葛洪引用此句，卻有懷才待時，終將失時的意思。與《論語・陽貨篇》所言之意相類。陽貨謂孔子曰：「懷其寶而迷其邦，可謂仁乎？」曰：「不可。好從事而亟失時，可謂知乎？」㈢曠代：猶言曠絕一代，無可比擬也，亦謂「曠世」。《文選》卷十九曹植〈洛神賦〉：「奇服曠世，骨像應圖。」曠，久也，遠也。㊃陷冰之徒：陷入困境之人。陷，墜落也。冰，喻境遇之險，《詩經・小雅・小旻》：「戰戰兢兢，如臨深淵，如履薄冰。」㊄委積：積聚。《周禮・地官・遺人》：「掌邦之委積，以待施惠。」鄭《注》：「少曰委，多曰積。」

【今譯】「賢者隱居不仕，所以能在死後留名；而懷才待仕者，卻往往難遇明主。功勳高崇的大臣，一世代或許才產生一位；而求好心切反倒陷入困境的臣子，在史籍中卻比比皆是。悲哀呀！時運很難遇上，竟難到了這種地步！」

「由茲以言，吾知渭濱呂尚之儔㊀，巖閒傅說之屬㊁，懷其王佐之器，抱其邈世㊂之材，秉竿擁築，老死於庸兒之伍，而遂不遭文王、高宗者，必不訾㊃矣。」

【今註】 ㊀渭濱呂尚之儔：儔，眾也，等類也。《史記》卷三十二〈齊太公世家〉：「太公望呂尚者，東海上人。……嘗窮困，年老矣，以漁釣奸（干）周西伯。西伯將出獵，卜之，曰：『所獲非龍非彲，非虎非羆；所獲霸王之輔。』於是周西伯獵，果遇太公於渭之陽，與語大說，曰：『自吾先君太公曰：「當有聖人適周，周以興。」子真是邪？吾太公望子久矣。』故號之曰『太公望』，載與俱歸，立為師。」㈡巖閒傅說之屬：閒，間也。《史記》卷三〈殷本紀〉：「武丁夜夢得聖人，名曰說（音ㄩㄝˋ）。以夢所見視群臣百吏，皆非也。於是迺使百工營求之野，得說於傅險中。是時說為胥靡，築於傅險。見於武丁，武丁曰是也。得而與之語，果聖人，舉以為相，殷國大治。故遂以傅險姓之，號曰傅說。」司馬貞《索隱》：「舊本作險，亦作巖也。」張守節《正義》：「《括地志》云：『傅險即傅說版築之處。所隱之處，窟名聖人窟，在今陝州河北縣北七里，即虞國、虢國之界。』」《墨子・尚賢篇・下》：「昔者，傅說居北海之洲。圜土之上，衣褐帶索，庸築於傅巖之城，武丁得而舉之，立為三公，使之接天下之政，而治天下之民。」㈢邈世：遠世。邈，遠絕之意。㈣不訾：不思也。《禮記・少儀篇》：「不訾重器。」鄭《注》：「訾，思也。」訾，音ㄗˇ。

【今譯】「由這些事實來看，我相信像姜太公那麼有才幹而垂釣於渭水之濱，或像傅說那麼賢能卻貧居版築之間的人才，雖具備了宰相的器度，懷抱絕世的奇才，卻持著釣竿、拿著版築，老死在凡夫俗子的行列中，一直都沒有遇上周文王、殷高宗這樣的明君的人，一定還是太多太多了！」

官理篇　第九

【篇旨】　本篇說明君臣才智要互相配合的重要性。若是強幹弱枝，或是明珠投闇，結果都是悲慘的；只有君賢臣智，相輔相成，國家才能臻於太平盛世。這也是為官的道理所在，所以篇名稱作「官理」。

抱朴子曰：「騄駬㈠之騁逸迹，由造父㈡之御也；禹、稷之序百揆㈢，遭唐、虞之主也。故能不勞而千里至，揖讓而頌聲㈣作。若乃臧獲之乘驌驦㈤，殷辛之臨三仁㈥，欲長驅輕鶩，則轡急轅逼，欲盡規竭忠，則禍如發機㈦。所以車傾於險塗，國覆而不振也。故良駿敗於拙御，智士躓㈧於闇世。仲尼不能止魯侯之出㈨，晏嬰不能遏崔杼之亂㈩。其才則是，主則非也。」

【今註】 ㊀騄駬：音ㄌㄨˋ ㄦˇ，良馬名。周穆王八駿之一，因毛色為名，又名「綠耳」。《竹書紀年・卷下》周穆王八年：「春，北唐來賓，獻一驪馬，是生騄耳。」《列子・周穆王篇》：「（王）肆意遠遊，命駕八駿之乘，右服驊騮而左綠耳，右驂赤驥而左白㬳（古犧字）。」㊁造父：古之善御者。《史記》卷四十三〈趙世家〉：「造父幸於周繆（穆）王。造父取驥之乘匹，與桃林盜驪、驊騮、綠耳，獻之繆王。繆王使造父御，西巡狩，見西王母，樂之忘歸。而徐偃王反，繆王日馳千里馬，攻徐偃王，大破之。乃賜造父以趙城，由此為趙氏」。㊂禹、稷之序百揆：大禹、后稷擔任各種官職，各種職務都辦得有條不紊。百揆，百官之職。序，有條不紊。《尚書・舜典》載：帝舜使禹作司空，平水土；使棄司稷（掌管農業），播時百穀。㊃頌聲：太平歌頌之聲。《公羊傳》宣公十五年：「什一行而頌聲作矣。」何休《解詁》：「頌聲者，太平歌頌之聲。」㊄臧獲之乘驌驦：臧獲，古之不善御者。驌驦，音ㄙㄨˋ ㄕㄨㄤ，駿馬，又作「肅爽」「驌驦」。《淮南子・主術篇》：「雖有騏驥、騄駬之良，臧獲御之，則馬反自恣，而人弗能制矣。」高誘《注》：「臧獲，古之不能御者，魯人也。」《左傳》定公三年：「唐成公如楚，有兩肅爽馬。」杜預《注》：「肅爽，駿馬名。」㊅殷辛之臨三仁：《論語・微子篇・第一章》：「微子去之，箕子為之奴，比干諫而死。孔子曰：『殷有三仁焉。』」是說商紂王殘暴荒淫，微子啟抱祭器離開朝廷；箕子進諫不聽，便披髮佯狂，降為奴隸；比干力諫不屈，被剖心而死。孔子認為這三人都不惜犧牲小我，挽救社稷，故以「仁」許之。㈦禍如發機：喻災禍來臨之疾速。《淮南子．原道篇》：「其縱之也若委衣，其用之也若發機。」高誘《注》：「機，弩機關，言其疾也。」㈧躓：音ㄓˋ，跌倒，同「跲」；跲，音ㄐㄧㄚˊ。《左傳》宣公一五年：「（魏）顆見老人結草以亢杜回，杜回躓而顛，故獲之。」㈨仲尼不能止魯侯之出：《史記》卷四十七〈孔子世家〉：「（魯用孔丘，以大司寇行攝相事。齊懼，）於是選齊國中女子好者八十人，皆衣文衣而舞〈康樂〉，文馬三十駟，遺魯君。陳女樂文馬於魯城南高門外。季桓子微服往觀再三，將受，乃語魯君為周道游，往觀終日，怠於政事。」㈩晏嬰不能遏崔杼之亂：《左傳》襄公二十五年載：齊莊公私通其臣崔杼之妻，崔杼稱病不視事，公問其病，遂從崔妻。崔杼之徒持兵而起，遂弒公。晏嬰時為齊相，立崔杼門外，曰：「君為社稷死則死之，為社稷亡則亡之。若為己死而為己亡，非其私暱，誰敢任之！」門啟而入，枕屍而哭，三踊而出。是則晏嬰以莊公行事荒淫而死，非為社稷，故不以從殉也。

【今譯】 抱朴子說：「千里馬騄駬之所以能夠奔逸絕塵，是因為擅長駕駛的造父在控御的緣故。大禹、后稷之所以能夠恪盡其職，是因為他們遭逢了唐堯、虞舜這樣英明君主的緣故。所以造父能夠毫不費力地奔馳千里，堯、舜也能拱手謙讓就得到歌頌昇平的讚美。如果配合得不好，讓不會駕馭的臧獲乘坐千里馬，讓暴虐無道的商紂王君臨三位仁者；如果想要驅馳奔逸的馬車，就會發覺轠紲緊綳，車轅失控，如果要三位仁者進諫忠言，就會發覺災禍來得異常快速。所以到後來都會招致馬車傾覆於險要的道路上，國家敗亡而無法振作的結果。因此，千里馬常因笨拙的駕馭而無法發揮長才，智者也會受困於昏昧的世局之中。孔子不能阻止魯昭公出城觀賞女樂，晏嬰不能預防崔杼弒齊莊公，這些都說明了：做大臣的雖然能幹，國君卻昏庸無能，上下不能配合的後果呀！」

「夫君猶器也，臣猶物也，器小物大，不能相受矣。髫孺背千金而逐蛺蜨㊀，越人棄八珍而甘鼃黽㊁，即患不賞好，又病不識惡矣。」

【今註】㊀髫孺背千金而逐蛺蜨：孩童捨棄千金鉅資，仍不免追逐無價值的蝴蝶。髫，音ㄊㄧㄠˊ，小兒垂髮也，以謂幼童。蛺蜨，音ㄐㄧㄚˊㄉㄧㄝˊ，亦作蛺蝶，乃蝶類總稱。㊁越人棄八珍而甘鼃黽：《周禮・天官・膳夫》：「羞用百二十品，珍用八物。」鄭《注》：「珍謂淳熬、淳母、炮豚、炮牂、擣珍、漬、熬、肝膋（音ㄌㄧㄠˊ，腸裏之脂肪）也。」《淮南子・精神篇》：「越人得以髯蛇以為上肴，中國得而棄之無用。」此處作鼃黽（音ㄨㄚ ㄇㄧㄣˇ），即青蛙也。

【今譯】「國君好比是個容器，大臣好比是物品，容器小而物品大，都不能兩相容受了。好比幼童捨棄千金鉅資，仍不免追逐無價值的蝴蝶；越國人不吃君主才能享用的八種珍味，卻偏好蛙蛇之類的爬蟲。這就是不能欣賞美好的東西，又不能認清惡劣口味的毛病了。」

「夫不用，則雖珍而不貴矣；莫與，則傷之者必至。昔衛靈聽聖言而數驚㈠，秦孝聞高談而睡寐㈡，而欲緝隆平之化㈢，收良能之動，猶卻行㈣以逐馳，適楚而首燕㈤也。」

【今註】 ㈠衛靈聽聖言而數驚：此言未見所據，查先秦典籍，僅《論語・憲問篇・第十九章》，載有「子言衛靈公之無道也」一事，言衛靈公善用賢臣，故雖昏聵好逸樂，而衛得以不亡。㈡秦孝聞高談而睡寐：《史記》卷六十八〈商君列傳〉：「公孫鞅聞秦孝公下令國中求賢者，……因孝公寵臣景監以求見孝公。孝公既見衛鞅，語事良久，孝公時時睡，弗聽。罷而孝公怒景監曰：『子之客妄人耳，安足用邪！』」㈢緝隆平之化：得到太平的教化。緝，會聚也。隆，盛也；隆平，太平也。㈣卻行：後退而行。《戰國策・燕策・三》：「太子跪而逢迎，卻行為道，跪而拂席。」㈤適楚而首燕：《戰國策・魏策・四》：「王之動愈數，而離王愈遠耳。猶至楚而北行也。」戰國時代，楚地居南而燕國在北，欲至楚國而面向燕國行去，怎能到達目標呢？

【今譯】「如果不去用它，即使是再珍奇的都不足為貴了；如果不信任他，則傷害他的外力就會降臨了。以前衛靈公聽到聖人的言語驚嚇了好幾次，秦孝公聽到商鞅的高談闊論卻無聊的打起瞌睡來。這樣行事卻想得到昇平的教化，讓賢才立業建功，就好比後退而行去追逐奔馳的馬匹，要去楚國卻向北面走向燕國一樣，是不可能達成願望的。」

務正篇 第十

【篇旨】 無論什麼事物，都有正反兩面。善於利用的人，永遠都能發掘事物的正面，發揮其優點，所以在任何狀況下，他都能得到最好的成效。抱朴子認為看清事物的正面，利用它們的長處，是為人處世、治國用才的最佳方法。「務正」，正是專力於正道而行的原則。

抱朴子曰：「南溟㈠引朝宗㈡以成不測之深，玄圃㈢崇木石以致極天之峻。大夏㈣凌霄，賴群橑之積㈤；輪曲輮直㈥，無可闕之物。故元凱㈦之佐登，而格天㈧之化洽；折衝㈨之才周，則逐鹿㈩之姦寢。」

【今註】 ㈠南溟：南方之大海也，一作「南冥」。《莊子・逍遙遊篇》：「是鳥也，海運則將徙於南冥。南冥者，天池也。」㈡朝宗：喻水之歸海也。《詩經・小雅・沔水》：「沔彼流水，朝宗于海。」㈢玄圃：山名，仙人之居所，亦作懸圃、縣圃。《淮南子・墬（地）形篇》：「崑崙之丘，……或上倍之，是謂懸圃，登之乃靈，能使風雨。」㈣大夏：大屋也。《楚辭・九章・哀郢》：「曾不知夏之為丘兮。」王逸《注》：「夏，大殿也。」《淮南子・本經篇》：「乃至夏屋宮駕。」高誘《注》：「夏屋，大屋也。」㊄賴群橑之積：依靠所有屋椽累積而致。橑，音ㄌㄧㄠˊ，即椽也，屋上承瓦之直木。《廣韻》上聲三十二〈晧〉韻：「橑，屋橑，簷前木。」㊅輪曲轅直：圓曲的車輪與橫直的車轅。㊆元凱：即八元八愷，謂才子賢人也。《左傳》文公十八年：「昔高陽氏有才子八人：蒼舒、隤敳、檮戭、大臨、尨降、庭堅、仲容、叔達，齊聖廣淵，明允篤誠，天下之民謂之『八愷』。高辛氏有才子八人：伯奮、仲堪、叔獻、季仲、伯虎、仲熊、叔豹、季貍，忠肅共懿，宣慈惠和，天下之民謂之『八元』。此十六族也，世濟其美，不隕其名。……舜臣堯，舉八愷使主后土，以揆百事，莫不時序，地平天成。舉八元，使布五教于四方，父義、母慈、兄友、弟共（恭）、子孝、內平、外成。」杜預《注》：「愷，和也。元，善也。」㊇格天：謂致天下太平之功，聞於上天。格，感通也。《尚書・君奭》：「時則有若伊尹，格于皇天。」孔《傳》：「功至大天，謂致太平。」《尚書・堯典》：「允恭克讓，光被四海，格于上下。」㊈折衝：折止敵人之衝車，即擊退敵兵之意。衝，衝車也，兩旁有觸，用以衝城者。《晏子春秋・內篇・雜上》：「仲尼聞夫不出於尊俎之間，而知千里之外，其晏子之謂也，可謂折衝矣。」㊉逐鹿：爭奪帝位。《史記》卷九十二〈淮陰侯列傳〉：「秦失其鹿，天下共逐之。」裴駰《集解》引張晏曰：「以鹿喻帝位也。」

【今譯】 抱朴子說：「南方的大海，聚集了所有向它流來的河水，因而形成難以測量的深度；西方崑崙山上的懸圃，增加了樹木岩石，因而達到頂天的高峻。高聳入雲的大殿，有賴無數椽木由下而上的逐漸堆疊；圓曲的車輪與長直的車轅，也是車輛不可或缺的部分。所以和善誠篤的賢才致用於朝廷，感天動地的善政就得以施行；禦國退敵的將才周備，僭奪帝位的奸謀就不會發生。」

「舜、禹所以有天下而不與㊀，衛靈所以雖驕恣而不危也㊁。眾力并，則萬鈞不足舉㊂也；群智用，則庶績不足康㊃也。故繁足者死而不弊㊄，多士者亂而不亡。然劍戟不長於縫緝，錐鑽不可以擊斷，牛馬不能吠守，雞犬不任駕乘。役其所長，則事無廢功㊅；避其所短，則世無棄材㊆矣。」

【今註】 ㊀舜、禹所以有天下而不與：舜和禹貴為天子，治理天下時，一本至公，以任賢為主，自己不作干預。與，參與也。《論語・泰伯篇》：「巍巍乎！舜、禹之有天下也而不與焉！」㊁衛靈所以雖驕恣而不危也：《論語・憲問篇》：「子言衛靈公之無道也，康子曰：『夫如是，奚而不喪？』

孔子曰：『仲叔圉治賓客，祝鮀治宗廟，王孫賈治軍旅。夫如是，奚其喪？』」㊂眾力并，則萬鈞不足舉：《淮南子・主術篇》：「故積力之所舉，則無不勝也；眾智之所為，則無不成也。」㊃群智用，則庶績不足康：《尚書・益稷》：「元首明哉！股肱良哉！庶事康哉！」康，安也。㊄繁足者死而不弊：繁足，謂百足之蟲，即馬陸也。《文選》卷五十二魏曹冏〈六代論〉：「故語曰：『百足之蟲，至死不僵，扶之者眾也。』」晉張華《博物志》卷四〈物性〉：「百足，一名馬蚿，中斷成兩段，各行而去。」㊅役其所長，則事無廢功：《管子・形勢解篇》：「明主之官物也，任其所長，不任其所短；故事無不成，而功無不立。」《莊子・秋水篇》：「梁麗可以衝城，而不可以窒穴，言殊器也；騏驥驊騮，一日而馳千里，捕鼠不如狸狌，言殊技也。」《淮南子・主術篇》：「故千人之群，無絕梁；萬人之聚，無廢功。」㊆避其所短，則世無棄材：《淮南子・主術篇》：「聖人兼而用之，故无棄才。」《莊子・秋水篇》：「以功觀之，因其所有而有之，則萬物莫不有；因其所无而无之，則萬物莫不无。」

【今譯】「虞舜和夏禹所以會保有天下，卻不必自己費心干預政事；衛靈公所以能夠驕奢恣意的享受，卻不致亡國。這就好比能夠結合眾人之力，那麼萬鈞之重也不怕舉不起來；能運用眾人之智，則再多的功績與它比較，也會相形失色。所以說：百足之蟲，死而不僵；國家多士，朝政再混亂也不致滅亡。然而寶劍槍戟可用來殺敵，卻不能縫紉，鐵錐鑽子也不能當作擊打斬斷的兵器；牛馬不能替人守家驅盜，雞犬也不能讓人駕馭乘騎。只要是使用他的長處，任何事都不致荒廢浪費；不去計較他的短處，則世界上就沒有無用的物品了！」

貴賢篇　第十一

【篇旨】　賢才是君王安國定邦，化成天下，不可或缺的輔佐。善用人才，是明主的要務；立功立業，是賢才的心願。如果君王不看重賢才，賢才將會遯世隱居，一個無臣的國君，是很難以獨力平治天下的。而創業惟艱，守成更是不易。一個從小長在深宮中的太子，全無興廢存亡的治國經驗，一旦憑空承襲了父親傳下來的王位，除了玩樂之外，根本不知賢才的重要，到頭來一定會落得傾危覆滅的悲劇！所以賢才怎能不器重呢？

抱朴子曰：「舍輕艘而涉無涯者，不見其必濟也；無良輔而羨隆平者，未聞其有成也。鴻鸞之凌虛者，六翮㈠之力也；淵虯㈡之天飛者，雲霧之偕㈢也。故招賢用才者，人主之要務也；立功立事者，髦俊㈣之所思也。若乃樂治定而忽智士者，何異欲致遠塗而棄騏騄㈤哉！」

【今註】 ㈠六翮：謂鳥兒最初長出的六根健羽。翮，音ㄏㄜˊ，羽莖，即鳥羽根也。《韓詩外傳・卷六》：「夫鴻鵠一舉千里，所恃者六翮爾。」 ㈡淵虯：深淵裏的虯龍。《廣雅・釋魚》：「有鱗曰蛟龍，有翼曰應龍，有角曰虯龍，無角曰螭龍。」 ㈢雲霧之偕：《易經・乾卦・文言》：「九五曰飛龍在天，雲從龍，風從虎，聖人作而萬物覩。」 ㈣髦俊：才智出眾者，猶俊髦、英髦。髦，毛中之長毫，以喻俊選之士。《漢書》卷一百下〈敘傳・下〉：「疇咨熙載，髦俊並作。」 ㈤騏騄：皆駿馬之稱。騏，騏驥也，《荀子・勸學篇》：「騏驥一躍，不能十步。」騄，騄駬也，周穆王八駿之一，又作「綠耳」。《竹書紀年・卷下》周穆王八年：「春，北唐來賓，獻一驪馬，是生騄耳。」

【今譯】 抱朴子說：「捨棄輕舟卻想要渡過無邊際的河水，不見得一定能辦到；沒有賢良的大臣為輔助，卻想國家昇平興隆，也沒聽過成功的例子。鴻鴈鸞鳥能夠凌空飛翔，是靠著它們強健羽翅的力量；深淵中的虯龍能夠飛騰天上，也須雲霧的憑托。由此說來，招致賢能、任用才俊，是國君最重要的事務；建立大功、創辦大事，也是俊傑們日夜思量的心願。如果只希望國家安定，卻忽略任用賢智的人才，那與想要到達遠方，卻捨棄千里馬，有什麼兩樣呢？」

「夫拔丘園㈠之否滯，舉遺漏之幽人，職盡其才，祿稱其功者，

君所以待賢者也；勤夙夜之在公㈡，竭心力於百揆㈢，進善退惡，知無不為者，臣所以報知己也。世有隱逸之民，而無獨立之主者，士可以嘉遁㈣而無憂，君不可以無臣而致治。是以傅說㈤、呂尚㈥不汲汲於聞達者，道德備則輕王公也。而殷高、周文乃夢想乎得賢者，建洪勛必須良佐也。」

【今註】㈠丘園：喻隱居之地。《易經・賁卦》：「六五，賁于丘園，束帛戔戔。」孔《疏》：「丘園，是質素之處，六五處得尊位，為飾之主，若能施飾，在於質素之處，不華侈費用，則所束之帛，戔戔眾名也。」《文選》卷三東漢張衡〈東京賦〉：「聘丘園之耿絜，旅束帛之戔戔。」㈡夙夜之在公：《詩經・召南・采蘩》：「被之僮僮，夙夜在公；被之祁祁，薄言還歸。」鄭《箋》：「公，事也；早夜在事，謂視濯溉饎爨之事。」㈢百揆：百官之職。《尚書・舜典》：「納于百揆，百揆時敘。」㈣嘉遁：合乎正道的退隱。亦作嘉遯，嘉，善也；遯，避也。《易經・遯卦》：「九五，嘉遯，貞吉。」〈象傳〉：「嘉遯貞吉，以正志也。」㈤傅說：《史記》卷三〈殷本紀〉載：帝武丁即位，思復興殷，而未得其佐。其後武丁夜夢得聖人，名曰說（音ㄩㄝˋ）。迺使百工營求之野，得說於傅巖中。是時說為胥靡，築於傅巖。武丁舉以為相，殷國大治。㈥呂尚：《史記》卷三十二〈齊太公世家〉載：太公望呂尚者，東海人也。其先祖嘗為四嶽，虞、夏之際封於呂，尚從其封姓，故曰呂尚。本姓姜，字牙。嘗窮困，年老矣，垂釣渭水之濱，周文王得之，云：「吾先君太公望子久矣！」故號太公望。武王師之，號為師尚父。」

【今譯】「提拔隱居離世的失意人才，推舉被遺漏的避世隱者，讓各類職位都有適當的人才擔任，每個人的俸祿都能配得上自己的事功，這就是君王對待賢者的應有原則。從早到晚都用心於公務，竭智盡忠在各種職位上，推薦善良，摒斥奸邪，只要自己知道就絕不藏私，這就是大臣報答君王知遇之恩的方法。世界上有隱居避世的高人逸士，卻沒有獨自理國的君主。有才智的人可以正大光明的隱居而不感到憂慮，國君卻不能沒有大臣而治好天下。所以商朝的傅說、周朝的呂尚，都不會急切地拜謁達官顯貴，就是道德完備了，自然會看輕君王公卿。而殷高宗、周文王卻日思夜想的得到賢才，就是因為要建立偉大的事業，一定需要優秀的輔佐呀！」

「患於生乎深宮之中，長乎婦人之手㈠，不識稼穡之艱難㈡，不知憂懼之何理，承家繼體㈢，蔽于崇替㈣。所急在乎侈靡，至務在乎游宴，般于畋獵㊄，湎于酣樂，聞淫聲則驚聽，見艷色則改視。役聰用明，止此二事。鑒澄人物，不以經神，唯識玩弄可以悅心志，不知奇士可以安社稷。」

【今註】㊀生乎深宮之中，長乎婦人之手：《荀子・哀公篇》：「寡人生於深宮之中，長於婦人之手。」《史記》卷七十九〈范睢蔡澤列傳〉：「足下上畏太后之嚴，下惑於姦臣之態，居深宮之中，不離阿保之手，終身迷惑，無與昭姦。」㊁不識稼穡之艱難：《尚書・無逸》：「自時厥後，立王生則逸；生則逸，不知稼穡之艱難，不聞小人之勞。」㊂承家繼體：承家，承襲其家，嗣位為君。承家，《易經・師卦》：「上六，大君有命，開國承家，小人勿用。」孔《疏》：「若其功小，使之承家為卿大夫。」繼體，《史記》卷四十九〈外戚世家〉：「自古受命帝王及繼體守文之君，非獨內德茂也，蓋亦有外戚之助焉。」司馬貞《索隱》：「繼體謂非創業之主，而是嫡子繼先帝之正體而立者也。」㊃崇替：猶言興廢也。《國語・楚語・下》：「君子唯獨居，思念前世之崇替。」韋昭《注》：「崇，終也；替，廢也。」㊄般于畋獵：般，通槃，遊樂也。《孟子・公孫丑篇・上》：「今國家閒暇，及是時，般樂怠敖，是自求禍也。」趙《注》：「般，大也。……且以大作樂，怠惰敖遊。」畋，狩獵之泛稱。畋獵，田獵也。老子《道德經・第十二章》：「馳騁畋獵，令人心發狂。」

【今譯】「做國君的，最怕的就是從小生長在深宮之中，由婦人乳母養大，根本不知道農耕的困苦，不知道憂懼的來源，只是承繼父王留下來的帝位，根本不知國家興廢的道理。繼位之後，他急切想做的，是如何過奢侈浮靡的生活；他最看重的事務，是如何享受冶遊宴飲的樂趣。沉迷在田獵酒色之中，聽到淫蕩的音樂就聳然入神，看到妖艷的美女就目瞪口呆。他所有的聽覺、視覺，只用在這聲色兩件事上。如何明察大臣的良窳，全都不費精神，只知道玩賞戲弄能夠滿足自己的心意，卻不知道安定國家是需要賢良的大臣。」

「犀象珠玉，無足而至自萬里之外㈠；定傾之器㈡，能行而淪乎四境之內。二豎之疾㈢既據而募良醫，棟橈之禍㈣已集而思謀夫，何異乎火起乃穿井㈤，覺飢而占田㈥哉！夫庸隸㈦猶不可以不拊循㈧而卒盡其力，安可以無素而暴得其用哉！」

【今註】㈠犀象珠玉，無足而至自萬里之外：《文選》卷四十一孔融〈論盛孝章書〉：「珠玉無脛而自至者，以人好之也；況賢者之有足乎！」《韓詩外傳・卷六》：「主君亦不好士耳。夫珠出於江海，玉出於崑山，無足而至者，猶主君之好也。士有足而不至者，蓋主君無好士之意耳。」㊁定傾之器：安定國勢的良才。《管子・牧民篇》：「國有四維，一維絕則傾，二維絕則危，三維絕則覆，四維絕則滅。傾可正也，危可安也，覆可起也，滅不可復錯也。」㊂二豎之疾：《左傳》成公十年：「公疾病，求醫于秦。秦伯使醫緩為之。未至，公夢疾為二豎子，曰：『彼良醫也，懼傷我，焉逃之？』其一曰：『居肓之上、膏之下，若我何！』醫至，曰：『疾不可為也。在肓之上、膏之下，攻之不可，達之不及，藥不至焉，不可為也。』」㊃棟橈之禍：亦作「棟撓之禍」，撓，弱也。以屋棟本末俱弱，喻衰亂之世始終皆弱也。《易經・大過卦・彖辭》：「大過，大者過也。棟橈，本末弱也。」九三爻象曰：「棟橈之凶，不可以有輔也。」孔《疏》：「棟橈者，謂屋棟也，本之與末俱橈弱，以言衰亂之世，始終皆弱也。」㊄火起乃穿井：《淮南子・人間篇》：「譬猶失火而鑿池。」㊅占田：以田分配於百姓，使占有之也。乃晉初實行的限田制度。《晉書》卷二十六〈食貨志〉：「男子一人占田七十畝，女子三十畝。」㊆庸隸：被雇傭之奴僕。庸通傭，受雇也。㊇拊循：撫慰也。《荀子・富國篇》：「拊循之，呴嘔之。」楊倞《注》：「拊與撫同。撫循，慰悅之也。」

【今譯】「犀角、象牙、珍珠、寶玉，雖然沒有腿卻能從萬里之外來到眼前；安國定邦的人才，有腿行走，卻淪落在國內而無人理睬。病魔已深入膏肓才去尋求良醫，國家積弱敗亡的災禍已經臨頭才想徵召謀士，這與發生火災後，才挖井取水來救；肚子已覺飢餓，才分田給百姓種稻，又有什麼不同呢！一般受人雇用的奴僕，都還要多加安撫，他們才會盡力做事；人才怎麼可能平常不去理睬，卻想乍然間得到他們的效命呢！」

任能篇　第十二

【篇旨】　發揮潛能，一直都是國家任用官吏最大的期望。人才並不少見，但是要怎麼使他心悅誠服的貢獻自己真正的才能，這就要看國君的統御工夫了。主庸臣賢，偶爾或許產生欺主的事，但是綜觀古今，賢臣效命於庸君，臻國家於富強昇平的史例，實為不少。所以任用賢能之際，如何在君臣之間取得相輔相成的平衡，是國君都應徹底了解的。

或曰：「尾大於身者，不可掉㈠；臣賢於君者，不可任。故口不容而強吞之者，必哽㈡；才非匹而安仗之者，見輕。」

【今註】　㈠尾大於身者，不可掉：獸尾過大，則難以搖動，以喻下強上弱，難以控制也。《左傳》昭公十一年：「末大必折，尾大不掉。君所知也。」《淮南子・泰族篇》：「末大於本則折。尾大於要（腰）則不掉矣。」掉，搖、動也。㈡哽：通「鯁」，食物塞在喉部無法下嚥。

【今譯】　有人說：「尾巴如果比身軀大，就不能夠搖擺；大臣如果比君王賢能，就不可以任用。所以不能一口吃下卻要勉強吞嚥的話，就一定會哽在喉中；才能並不相稱卻要安全倚賴良相治國的話，庸君一定會被看輕。」

抱朴子曰：「詭哉言乎！昔者荊子總角而攝相事㈠，實賴二十五老，臻乎惠康。子賤起家而治大邦㈡，實由勝己者多，而招其弘益。」

【今註】㈠荊子總角而攝相事：《孔子家語》卷四〈六本篇〉：「荊公子行年十五而攝荊相事。孔子聞之，使人往觀其為政焉。使者反，曰：『視其朝，清淨而少事，其堂上有五老焉，其廊下有二十壯士焉。』孔子曰：『合二十五人之智，以治天下，其固免矣！況荊乎！』」《說苑・尊賢篇》：「介之推行年十五而相荊。仲尼聞之，使人往視。還曰：『廊下有二十五俊士，堂下有二十五老人。』仲尼曰：『合二十五人之智，智於湯、武；并二十五人之力，力於彭祖。以治天下，其固免矣乎！』」

㈡子賤起家而治大邦：宓不齊，字子賤，魯人，為孔子七十二弟子之一。最著名之事跡為治單父邑。《韓詩外傳・卷二》稱「（宓）子賤治單父，彈鳴琴，身不下堂，而單父治。」《說苑・政理篇》言及子賤治單父之法，曰：「不齊父其父，子其子，恤諸孤而哀喪紀」，「不齊也所父事者三人，所兄事者五人，所友事者十一人」，「此地民有賢於不齊者五人，不齊事之，皆教不齊所以治之術」。故葛洪讚其「實由勝已者多，而招其弘益」，因使大邦易治。

【今譯】抱朴子聽了，不以為然的說：「這種話真是騙人的狡辯！古代楚國公子才十五歲就作令尹治理國事，完全仰賴二十五位長老的協助，也讓楚國步上安康富庶的境界。宓子賤一出仕就治理大都邑，也是靠著才幹超過自己的賢者全力襄助。」

「齊桓殺兄而立，鳥獸其行㊀，被髮彝酒，婦閭三百㊁，委政仲父，遂為霸宗；夷吾既終，禍亂亟起㊂。魯用季子二十餘年㊃，內無粃政㊄，外無侵削；人之亡沒，殄瘁㊅響集。豈非才所不逮，其功如彼；自任其事，其禍如此乎？」

【今註】㊀齊桓殺兄而立，鳥獸其行：《荀子・仲尼篇》：「齊桓，五伯之盛者也，前事則殺兄而爭國，內行則姑姊妹之不嫁者七人；閨門之內，般樂奢汰，以齊之分，奉之而不足。」㊁被髮彝酒，婦閭三百：《韓非子・難二篇》：「昔者桓公宮中二市，婦閭二百，被髮而御婦人。」㊂委政仲父，遂為霸宗；夷吾既終，禍亂亟起：管夷吾，字仲，春秋齊穎上人，初事公子糾，後相齊桓公，九合諸侯，一匡天下，使桓公成為春秋五霸之首。《韓非子・難二篇》：「齊桓公之時，晉客至，有司請禮。桓公曰：『告仲父』者三。而優笑曰：『易哉為君！一曰仲父，二曰仲父。』桓公曰：『吾聞君人者，勞於索人，佚於使人。吾得仲父已難矣，得仲父之後，何為不易乎哉！』」同篇又載：「得管仲，為五伯長；失管仲、得豎刁，而身死，蟲流出尸不葬。以為非臣之力也，且不以管仲為霸；以為君之力也，且不以豎刁為亂。」㈣魯用季子二十餘年：《說苑・尊賢篇》：「國家惛亂而良臣見。魯國大亂，季友之賢見，僖公即位，而任季子，魯國安寧，外內無憂，行政二十一年。季子之卒後，邾擊其南，齊伐其北，魯不勝其患，將乞師於楚以取全耳。……僖公之性，非前二十一年常賢，而後乃漸變為不肖也，此季氏存之所益，亡之所損也。」㈤粃政：不良之弊政。粃，音ㄅㄧˇ，中空或不飽之穀，同秕。㈥殄瘁：音ㄊㄧㄢˇ ㄘㄨㄟˋ，完全困窮。《詩經・大雅・瞻卬》：「人之云亡，邦國殄瘁。」毛《傳》：「殄，盡；瘁，病。」

【今譯】「齊桓公殺害了胞兄子糾，自立為齊君，家居生活也放蕩不檢點，在宮廷裏披髮飲酒，與妃嬪作樂，後宮美女多達三百，可是他將政事完全交給管仲處理，竟也成了春秋的霸主。管仲過世後，無人替他治國，禍亂立刻發生。魯僖公用季氏為執政，二十多年之間，國內沒有不良的弊政，鄰國沒有侵擾的戰爭。季氏過世後，國家隨即陷入窮困之中。這豈非才能不佳，卻有豐功偉業；自身掌政，亡國之禍立顯的明證嗎？」

「漢高決策於玄幃㈠，定勝乎千里，則不如良、平㈡；治兵多而益善㈢，所向無敵，則不如信、布㈣。兼而用之，帝業克成。故疾步累趨，未若託乘乎逸足；尋飛逐走，未若假伎乎鷹、犬。」

【今註】㈠漢高決策於玄幃：《漢書》卷一下〈高帝紀・下〉五年十二月：「（高祖曰：）夫運籌帷幄之中，決勝千里之外，吾不如子房。」玄幃，即帷幄，軍中的帳幕。㈡良、平：張良、陳平也。張良，字子房，其先五世相韓。韓破，悉以家財求客刺秦王，為韓報仇。後受《太公兵法》於圯上老人，佐高祖，平天下。陳平，陽武人，少時家貧，好讀書，治黃、老之術，事高祖，漢王七年（西元前二百年），嘗以奇計解高祖平城（今山西省大同縣）白登山受匈奴七日之圍。事見《漢書》卷四十〈張陳王周傳〉。㈢治兵多而益善：《史記》卷九十二〈淮陰侯列傳〉：「上常從容與信言諸將能不，各有差。上問曰：『如我能將幾何？』信曰：『陛下不過能將十萬。』上曰：『於君何如？』曰：『臣多多而益善耳。』」《漢書》卷一下〈高帝紀・下〉：「五年十二月：『（高祖曰：）連百萬之眾，戰必勝，攻必取，吾不如韓信。』」㈣信、布：韓信、英布也。韓信，秦末淮陰人。蕭何薦之漢王，拜為大將。與張良、蕭何同稱「漢興三傑」。英布，漢六縣人，曾犯法被黥面，故又稱黥布。楚、漢相爭，隨何說之歸漢，封淮南王，從高祖滅項羽於垓下。事見《漢書》卷三十四〈韓彭英盧吳傳〉。

【今譯】「漢高祖要在軍營帳幕中推演兵法，而決定千里之外的戰爭勝算，這一點比不上張良、陳平；統率大軍愈多愈順手，每戰必勝的話，也比不上韓信、英布。可是漢高祖能容納他們並且任用其才，終於奠定了帝王大業。所以要快步長跑，不如乘騎千里馬的快速；要獵殺鳥獸，最好藉助猛鷹、獵犬的長才。」

「夫勁弩難彀㈠，而可以摧堅逮遠；大舟難乘，而可以致重濟深；猛將難御，而可以折衝㈡拓境；高賢難臨，而可以攸敘彝倫㈢。」

【今註】㈠彀：音ㄍㄡˋ，張滿弓弩。㈡折衝：禦敵也。折，挫敗也；衝，攻城門之衝車。㈢攸敘彝倫：所制定的常規。攸，所。敘，定。彝，宗廟常用之酒器，引申為常法。倫，道、理也。《尚書・洪範》：「我不知其彝倫攸敘。」蔡《傳》：「彝，常；倫，理也。所謂秉彝人倫也。」

【今譯】「強勁的弓弩雖然很難拉滿，拉滿後卻可以摧毀堅固的目標，射到極遠之處；大船不易划動，划動後卻可以載負重物，渡過深邃的大河。勇猛的將領很難統御，統御後卻可以抵抗侵擾，拓展疆土；高明的賢者不易安撫，安撫後卻可以為國家制定合理的法條。」

「昔魯哀庸主也㈠，而仲尼上聖，不敢不盡其節；齊景下才也㈡，而晏嬰大賢，不敢不竭其誠。豈有人臣當與其君校智力之多少，計局量之優劣，必須堯、舜乃為之役㈢哉！何事非君？何使非民㈣？恥令其君不及唐、虞㈤，此亦達者之用心也。」

【今註】㈠魯哀庸主也：《韓非子・五蠹篇》：「仲尼，天下聖人也，修行明道以遊海內。海內說其仁，美其義，而為服役者七十人。……魯哀公，下主也，南面君國，境內之民，莫敢不臣。民者固服於勢，勢誠易以服人。故仲尼反為臣，而哀公顧為君。仲尼非懷其義，服其勢也。故以義則仲尼不服於哀公，乘勢則哀公臣仲尼。」㈡齊景下才也：《論語・季氏篇・第十二章》：「齊景公有馬千駟，死之日，民無德而稱焉。」《淮南子・主術篇》：「景、桓公臣管、晏，位尊也。怯服勇，而愚制智，其所託勢者勝也。」㈢必須堯、舜乃為之役：《孟子・萬章篇・上・第七章》：「湯三使往聘之（伊尹），既而幡然改曰：『與我處畎畝之中，由是以樂堯、舜之道，吾豈若使是君為堯、舜之君哉！吾豈若使是民為堯、舜之民哉！吾豈若於吾身親見之哉！』」㊃何事非君何使非民：《孟子・公孫丑篇・上・第二章》：「何事非君，何使非民；治亦進，亂亦進，伊尹也。」㊄恥令其君不及唐、虞：《孟子・萬章篇・下・第一章》：「（伊尹）思天下之民，匹夫匹婦有不被堯、舜之澤者，如己推而內之溝中。」

【今譯】「古代的魯哀公是庸弱的君主，而像孔子這麼睿智的聖人，也不敢不盡到做臣子的禮節；齊景公是才能低劣的君主，而晏嬰這麼聰明的賢才，也不敢不竭力奉獻他的忠心。由此看來，那有身為大臣的，還敢和國君計較才智的高低，器度的優劣，一定要國君像唐堯、虞舜一樣的聖明，才為他服務呢？任何君主都可以事奉，任何百姓都可以使喚，自己的國君表現得不及堯、舜那般聖明而引以為恥，這才是通達事理的大臣，真正該有的用心。」

欽士篇　第十三

【篇旨】「欽士」就是「敬重士人」之意。士之未得時者，貧無立錐之地，似無以關涉國家安危興亡之局；而縱觀古今史例，不乏得士而國得以昌，無士而國因以亡者。士之可欽，非以其一己之力干城，全視諸其德義之流布，充於天下，博人仰慕法式，因以舉國風俗歸諸淳厚，敵國視之莫敢狎侮，尤以國君因而能開瞶目，徠賢臣，施善政，強國勢，以稱霸天下，可謂用功少而獲益大者也。

抱朴子曰：「由余在戎，而秦穆惟憂㈠。楚殺得臣，而晉文乃喜㈡。樂毅出而燕壞㈢，種、蠡入而越霸㈣。破國亡家，失士者也。豈徒有之者重，無之者輕而已哉！」

【今註】㈠由余在戎，而秦穆惟憂：由余，春秋晉人。亡入戎，奉使入秦，秦穆公異之，退而告內史廖曰：「孤聞鄰國有聖人，敵國之憂也。今由余賢，寡人之害，將奈之何？」遂以女樂贈戎王，以怠其政。由余數諫不聽，遂奔秦。穆公用由余謀伐戎，闢地千里，稱霸西戎。事見《史記》卷五〈秦本紀〉。㈡楚殺得臣，而晉文乃喜：成得臣，楚將，字子玉，官至令尹，與晉兵戰於城濮，兵敗自殺。《左傳》僖公二十八年五月：「既敗，王使謂之曰：『大夫若入，其若申、息（地名）之老何？』子西、孫伯曰：『得臣將死。』二臣止之曰：『君其將以為戮。』及連穀而死。晉侯聞之，而後喜可知也，曰：『莫余毒也已。』」又，宣公十二年秋，「士貞子諫曰：『不可！城濮之役，晉師三日穀，文公猶有憂色，左右曰：「有喜而憂，如有憂而喜乎？」公曰：「得臣猶在。憂未歇也。困獸猶鬥，況國相乎？」及楚殺子玉，公喜而後可知也，曰：「莫余毒也已。」是晉再克，而楚再敗也。』」㈢樂毅出而燕壞：樂毅，魏文侯將樂羊之後，賢而好兵，聞燕昭王築黃金台以招賢，遂委質為臣。久之，為上將軍以伐齊，下齊七十餘城。會昭王死，惠王立，受齊反間而召樂毅回朝。樂毅知惠王不善己，畏誅，遂西降趙。齊田單趁隙設詐，遂破燕軍，七十餘城皆復歸齊。事見《史記》卷八十〈樂毅列傳〉。㈣種、蠡入而越霸：文種，字少禽，楚國郢人，與范蠡同事越王句踐，為大夫，出計滅吳。功成，范蠡勸其引退，不聽，後為句踐賜劍自殺。范蠡，楚宛人，字少伯，入越輔句踐滅吳。以句踐為人可與共患難，不可與共享樂，乃去越入齊，易名鴟夷子皮。後至陶，稱朱公，經商致富。事見《史記》卷四十一〈越王句踐世家〉。

【今譯】 抱朴子說：「智士由余仕於山戎，秦穆公為此憂心。楚國殺了賢相得臣，晉文公喜形於色。燕將樂毅亡奔趙國，燕國因此衰微；文種、范蠡投靠句踐，越國因而稱霸。由此觀之，國破家亡，全因失去了智士的輔佐之故！豈祇是有了賢才，國君就顯得尊貴；沒有賢才，國君就被人鄙視，如此單純呢！」

「柳惠之墓，猶挫元寇之銳㈠，況於坐之於朝廷乎？干木之隱，猶退踐境之攻㈡，況於置之於端右乎？郅都之象，使勁虜振慴㈢。孔明之尸，猶令大國寢鋒㈣。以此禦侮，則地必不侵矣；以此率師，則主必不辱矣。」

【今註】㈠柳惠之墓，猶挫元寇之銳：展禽，字季，魯僖公時人，為魯大夫，因食邑柳下，諡惠，故稱柳下惠。《戰國策・齊策・四》：「（顏）斶曰：『昔者秦攻齊，令：有敢去柳下季壟五十步而樵採者，死不赦。』」㈡干木之隱，猶退踐境之攻：段干木，戰國魏人，隱居魏國，不受官祿。魏文侯以禮事之，過其門，必伏軾為禮。《呂氏春秋・開春論・期賢篇》：「秦興兵欲攻魏，司馬唐諫秦君曰：『段干木賢者也，而魏禮之，天下莫不聞，無乃不可加兵乎！』秦君以為然，乃按兵輟，不敢攻之。」㊂郅都之象，使勁虜振慴：郅（音ㄓˋ）都，漢楊縣人，景帝時為中郎將，敢直諫，面折大臣於朝。遷中尉，執法嚴酷，不避貴戚，列侯宗室見之側目而視，號曰「蒼鷹」。《史記》卷一百二十二〈酷吏列傳〉：「孝景帝乃使使持節拜都為鴈門太守，而便道之官，得以便宜從事。匈奴素聞郅都節，居邊，為引兵去，竟郅都死，不近鴈門。匈奴至為偶人象郅都，令騎馳射，莫能中。見憚如此。」㊃孔明之尸，猶令大國寢鋒：諸葛亮，字孔明，漢琅邪人。早孤，躬耕於南陽，好為〈梁父吟〉，自比於管仲、樂毅。劉備三顧草廬，因效命焉。備曰：「孤之有孔明，猶魚之有水也。」備卒，亮佐後主劉禪於蜀。嘗據五丈原，與司馬懿對抗於渭南，未幾，卒於軍。《三國志》卷三十五〈蜀書・諸葛亮傳〉，裴松之引《漢晉春秋》曰：「（亮死，）楊儀等整軍而出，百姓奔告宣王（司馬懿），宣王追焉。姜維令儀反旗鳴鼓，若將向宣王者，宣王乃退，不敢偪。於是儀結陳而去，入谷然後發喪。宣王之退也，百姓為之諺曰：『死諸葛走生仲達（懿字）。』或以告宣王，宣王曰：『吾能料生，不便料死也。』」

【今譯】　「賢臣柳下惠的墳墓，竟也能摧折凶寇的銳氣，何況是敦請這樣的賢臣效命於朝廷呢？隱者段干木的名聲，都還能阻止敵軍踰境攻伐，何況是敦請這樣的隱者顧問於左右呢？酷吏郅都的偶像，連強悍的匈奴人都害怕發抖。丞相孔明的屍體，使強國的大元帥竟嚇得收兵。所以，用賢臣來抵禦外侮，領土必不致喪失；用賢者來統帥軍隊，君主必不會受辱！」

「是以明主旅束帛於窮巷㊀，揚滯羽於瘁林㊁，飛翹車於河梁㊂，闢四門㊃而不倦，不吝金璧，不遠千里，不憚屈己，不恥卑辭，而以致賢為首務，得士為重寶。舉之者受上賞㊄，蔽之者為竊位。」

【今註】㊀旅束帛於窮巷：準備聘禮請出隱居陋巷的賢者。旅，陳、列也。旅字，《抱朴子・外篇・審舉篇》作「施玉帛於丘園」。束帛，古代聘問的禮物，帛五匹為束。《易經・賁卦・六五・爻辭》：「賁于丘園，束帛戔戔。」《文選》卷三張衡〈東京賦〉：「聘丘園之耿絜，旅束帛之戔戔。」㊁揚滯羽於瘁林：讓受困的鳥禽從枯萎的樹林中重新飛起，以喻禮聘淪落草澤的志士俊傑。滯羽，受滯難行的鳥禽。瘁林，枯萎的樹林。瘁通悴，惟悴、枯萎也。㊂飛翹車於河梁：飛馳聘賢的禮車到隱者的居所。翹車，見《左傳》莊公二十二年：「《詩》云：『翹翹車乘，招我以弓。』」杜預《注》：「古者聘士以弓。」後因以禮聘賢者之車為翹車。河梁，《抱朴子・外篇・審舉篇》作「馳翹車於巖藪」，皆指賢者隱居之處也。㊃闢四門：打開四方城門。《尚書・舜典》：「舜格于文祖，詢于四岳，闢四門，明四目，達四聰。」《漢書》卷六十七〈楊胡朱梅云傳・梅福傳〉：「博覽兼聽，謀及疏賤，令深者不隱，遠者不塞，所謂『辟四門，明四目也。』」㈤舉之者受上賞：《漢書》卷六〈武帝紀〉：「元朔元年：『進賢受上賞，蔽賢蒙顯戮，古之道也。』」

【今譯】「因此，聖明的君主，一定知道準備聘禮，請出隱居於陋巷的賢者；讓淪落鄉野市井的俊傑，重新施展抱負；飛馳聘賢的禮車，到各處賢者的居所；敞開國都四方的城門，聽納賢者的進諫而不厭倦。這樣的國君，他敦聘賢才的時候，不會吝惜黃金美玉，不會嫌憎路途遙遠，不會害怕委屈自己，不會羞愧自已的言辭卑下，完全以招致賢才為首要任務，視獲得智士為貴重的珍寶。能夠推舉賢士的，都能得到最高的獎賞；埋沒賢才的，與竊國之罪相等。」

「故公旦執贄於白屋㈠，秦邵拜昌於張生㈡。鄒子涉境，而燕君擁篲㈢；莊周未食，而趙惠竦立㈣。晉文接亥唐，腳痺而坐不敢正㈤；齊佞之造稷丘，雖頻繁而不辭其勞㈥。楚王受笞於保申㈦，□簡去甲於公廬㈧。彼雖降高抑滿，以貴下賤㈨，終亦并目以遠其明，假耳以廣其聽，龍騰虎踞，宜其然也。」

【今註】㈠公旦執贄於白屋：周公旦，周武王弟也。武王崩，成王年幼，周公攝政，平三叔之亂，建成周雒邑，制定周代禮樂制度。《說苑・尊賢篇》：「周公旦，白屋之士所下者七十人，而天下之士皆至。」「周公攝天子位七年，布衣之士執贄所師見者十二人，窮巷白屋所先見者四十九人。」執贄，執物以為相見禮也。白屋，白茅覆蓋之屋，貧賤者之所居也。《論衡・語增篇》：「周公執贄，下白屋之士。」㈡秦邵拜昌於張生：秦邵，孫星衍謂舊寫本作「秦昭」，當改。張生，謂張祿也，實乃范雎之化名。范雎字叔，魏人也，游說諸侯，欲事魏王。以忤魏相魏齊，被笞擊，幾死，遂亡，伏匿，更名姓曰張祿。秦昭王使者王稽見之於昭王，王大說，屏左右，宮中虛無人，跽而請益。語畢，范雎拜，秦王亦拜。終以雎為相。事見《史記》卷七十九〈范雎蔡澤列傳〉。拜昌，拜昌言也，《抱朴子・外篇・君道篇》：「拜昌言而無所」，可證。昌言，正當之善言也。《尚書・大禹謨》：「禹拜昌言。」孔《傳》：「昌，當也；以益言為當，故拜受而然之。」蔡沈《傳》：「昌言，盛德之言；拜者，所以敬其言也。」㈢鄒子涉境，而燕君擁篲：鄒衍，齊臨淄人。深觀陰陽消息，作怪迂之變，倡言時世之興亡，皆隨金木水火土五德轉移。《史記》卷七十四〈孟子荀卿列傳〉：「騶子（衍）重於齊。適梁，惠王郊迎，執賓主之禮。適趙，平原君側行撇席。如燕，昭王擁彗先驅，請列弟子之座而受業，築碣石宮，身親往師之。」司馬貞《索隱》：「彗，帚也。謂為之埽地，以衣袂擁帚而卻行，恐塵埃之及長者，所以為敬也。」㊃莊周未食，而趙惠竦立：莊周，戰國楚蒙人。嘗為漆園吏。楚威王聞其賢，遣使厚幣迎之，辭不就。與老子同為道家始祖。時趙惠文王喜劍，劍士夾門而客三千餘人，日夜相擊於前，歲死傷者百餘人。太子悝患之，乃使人以千金奉莊子，莊子辭金而說趙王以三劍：天子劍、諸侯劍、庶人劍。說畢，甚中王意，王乃牽而上殿。宰人上食，王三環之，於是不出宮三月，劍士皆服斃其處也。事見《莊子・說劍篇》。㊄晉文接亥唐，腳痺而坐不敢正：晉文，孫星衍謂舊寫本作「晉平」，當改。亥唐，晉國之賢者，隱居不仕，與晉平公交往甚厚。《孟子・萬章篇・下・第三章》：「晉平公之於亥唐也，入云則入，坐云則坐，食云則食。」《太平御覽》卷五百九引稽康《高士傳》：「亥唐，晉人也，高恪寡素，晉國憚之，雖蔬食菜羹，平公每為之欣飽。公與亥唐坐，有間，亥唐出，叔向入，平公伸一足，曰：『吾向時與亥子坐，腓痛足痺，不敢伸。』叔向涬然作色不悅，公曰：『子欲貴乎？吾爵子。子欲富乎？吾祿子。夫亥先生乃無欲也，吾非正坐無以養之，子何不悅哉？』」㊅齊侫之造稷丘，雖頻繁而不辭其勞：齊侫，孫星衍謂舊寫本作「齊任」，惟詳覈史實，當作「齊侯」為是。《韓非子・難一篇》：「齊桓公時，有處士曰小臣稷，桓公三往而弗得見。桓公曰：『吾聞：布衣之士，不輕爵祿，無以易萬乘之主；萬乘之主，不好仁義，亦無以下布衣之士。』於是五往乃得見之。」由引文觀之，「稷丘」當為「稷臣」之訛。㊆楚王受笞於保申：保申，楚文王時人。《說苑．正諫篇》：「保申諫曰：『先王卜以臣為保吉，今王得如黃之狗、箘簬之矰，畋於雲夢，三月不反；及得舟之姬，淫，期年不聽朝。王之罪當笞。』匍伏，將笞王。』……王曰：『敬諾！』乃席王，王伏，保申束細箭五十，跪而加之王背，如此者再，謂王起矣。」《呂氏春秋．貴直論．真諫篇》亦有類似記載。㈧囗簡去甲於公盧：囗簡，依《說苑》所載，當作「趙簡」。《說苑．正諫篇》：「趙簡子舉兵而攻齊，令軍中有敢諫者，罪至死。被甲之士名曰公盧，望見簡子大笑。簡子曰：『子何笑？』對曰：『臣有宿笑。』簡子曰：『有以解之則可，無以解之則死。』對曰：『當桑之時，臣鄰家夫與妻俱之田，見桑中女，因往追之，不能得，還。及其妻怒而去之。臣笑其曠也。』簡子曰：『今吾伐國失國，是吾曠也。』於是罷師而歸。」㈨以貴下賤：《易經．屯卦．初九．象傳》：「以貴下賤，大得民也。」《孔子家語．賢君篇》：「以貴下賤，無不得也。昔者周公居冢宰之尊，制天下之政，而猶下白屋之士，日見百七十人。」

【今譯】「因為賢才如此重要，所以周公攝政後，持著聘禮到陋巷尋求賢士；秦昭王聽范雎的任賢治國大道理，竟感激得下拜為禮。燕昭王因鄒衍的駕臨，竟親自開道迎接；趙惠王聽了莊周用劍王天下的道理，恍然大悟的站在莊周身旁備食奉之。晉平公禮遇亥唐，與唐共坐一室，兩腿坐得發痲了也不敢動彈；齊桓公拜訪臣稷，撲空的次數雖多也不敢以為辛苦。楚文王因貪逸怠政，受到賢臣保申的鞭笞之罰；趙簡子因屬下公盧的諷諭，因而收兵回國。這些君主的作法，雖似降低了自己的地位，壓抑驕滿的心態，以尊貴的君王禮遇卑下的臣民，可是卻獲得了更多的耳目，得以開闊自己的視野，靈敏自己的聽聞。他們能夠龍騰虎踞的睥睨一世，實在是有其道理的。」

用刑篇 第十四

【篇旨】 本篇反映了葛洪的「佐時治國」思想，他主張實行申韓之法，提倡嚴刑峻法。他認為，「德教」只能施於「平世」，刑罰才能治「狡暴」。特別是在亂世，只有「以殺止殺」，「以其所畏，禁其所翫，峻而不犯」，才是「全民之術也」。正是從上述觀點出發，對道家的政治學說進行了一定的批判。

抱朴子曰：「莫不貴仁，而無能純仁以致治也；莫不賤刑，而無能廢刑以整民㈠也。咸云：『明后㈡御世，風向草偃，道洽化醇，安所用刑？』余乃論之曰：『夫德教者，黼黻㈢之祭服也，刑罰者，捍刃之甲冑也。若德教治狡暴，猶以黼黻御剡鋒也；以刑罰施平世，是以甲冑升廟堂也。故仁者養物之器，刑者懲非之具，我欲利之，而彼欲害之，加仁無悛，非刑不止。刑為仁佐，於是可知也。』

【今註】㊀整民：治民。㊁明后：明君，英明的君主。㊂黼黻：音ㄈㄨˇ ㄈㄨˊ，古代禮服上所刺的花紋。

【今譯】抱朴子說：「沒有人不以仁義為可貴，但也沒有人能單純靠仁義而治好天下。無人不把刑罰看作是卑賤的，然而也無人廢除刑罰卻可以整治百姓。有人說：『英明君主治理人世，就好像風吹到哪裡，哪裡的草就仆倒在地，道德洽合，世風純樸，哪裡還要使用刑罰呢？』我於是議論道：『德政教化，好比有花紋的祭服，刑罰好比抵擋鋒刃的盔甲。如果用德政教化處理狡猾殘暴之徒，就仿佛用有花紋的祭服去抵擋鋒尖，而將刑罰用在和平時期，那就是拿盔甲放在廟堂上。所以，仁是用以養育事物的器具，刑是用以懲治邪惡的工具。我想為此謀利，它卻想加害於此，通過仁義不能使其悔改，非用刑罰不能制止。由此可知，刑罰是用來輔仁義的。』」

『譬存玄㊀胎息㊁，呼吸吐納，含景內視㊂，熊經鳥伸者，長生之術也。然艱而且遲，為者尠成，能得之者，萬而一焉。病篤痛甚，身困命危，則不得不攻之以鍼石，治之以毒烈。若廢和、鵲㊃之方，而慕松、喬㊄之道，則死者眾矣。仁之為政，非為不美也。然黎庶巧偽，趨利忘義。若不齊之以威，糾之以刑，遠羨羲、農㈥之風，則亂不可振，其禍深大。以殺止殺，豈樂之哉？』

【今註】㈠存玄：道家修煉養性的功夫。《外真人備急用千金方・養性・道林養性》謂：「存想思念，令見五臟如懸磬」，「不得浮思外念」，否則練功失效。㈡胎息：道家的一種修養方法。《抱朴子・內篇・釋滯篇》謂：「得胎息者，能不以鼻口噓吸，如在胞胎之中」故名。《道藏》中有《胎息經》、《胎息氣經》等書。㈢內視：道家的一種修煉方法。《莊子・列御寇篇》：「賊莫大乎德有心而心有睫，及其有睫也而內視，內視而敗矣。」郭慶藩《集釋》引俞樾曰：「內視者，非謂收視返听也，謂不以目視而以心視也。」㈣和、鵲：即醫和、扁鵲，均為春秋時名醫。㈤松、喬：即赤松子、王子喬，都是有名的得道者。㈥羲、農：即伏羲、神農。

【今譯】『譬如保存去一之道，胎息呼吸，吐納行氣，含景內視，熊經鳥伸，這些都是長生之術，可是艱難地持之以恆的人很少，成功者一萬個當中方有一個。病痛深重，身命困危，就不得不用鍼石烈毒來攻治。如困廢棄醫和、扁鵲的醫方，而羨慕赤松子、王子喬的道法，那麼，死的人就會很多。施行仁政，不是不好，然而黎民百姓中很多人狡猾虛偽，逐利忘義，如果不用威嚴的刑罰來整治他們，只是羨慕伏羲、神農時代的淳樸世風，那麼動亂就會不能平息，而且災禍深重。以殺止殺，難道樂意這樣嗎？』

『八卦之作，窮理盡性明罰用獄，著於〈噬嗑〉㈠；繫以徽纆㈡，存乎〈習坎〉㈢。然用刑其然尚矣。逮於軒轅㈣，聖德尤高，而躬親征伐，至於百戰，殭尸涿鹿，流血阪泉㈤，猶不能使時無叛逆，載戢干戈。亦安能使百姓皆良，民不犯罪而不治者，未之有也。唐、虞㈥之盛，象天用刑㈦，竄、殛、放、流，天下乃服。漢文玄默㈧，比隆成、康㈨，猶斷四百，鞭死者多。夫匠石不舍繩墨，故無不直之木，明主不廢戮罰，故無陵遲之政也。』

【今註】㈠〈噬嗑〉：《易經》卦名，六十四卦之一。㈡徽纆：音ㄏㄨㄟ ㄇㄛˋ，捆綁俘虜或罪犯的繩索。㈢〈習坎〉：《易經》卦名，八卦之一，象徵水。㈣軒轅：即黃帝，姓公孫，名軒轅。㈤阪泉：古地名，其今地有數說。一說在今河北涿鹿東南，晉太康《地理志》：「涿鹿城（今縣東南）東一里有阪泉，上有黃帝祠」，《夢溪筆談》謂在今山西運城城池附近。《史記》卷一〈五帝本紀〉：「軒轅之時，神農氏世衰，諸侯相侵，暴虐百姓，而神農氏弗能征，於是軒轅乃習用干戈，自征不享……以與炎帝戰於阪泉之野，三戰然後得其志。……與蚩尤戰於涿鹿之野，遂擒蚩尤。」

㊅唐、虞：即堯、舜二帝。㊆象天用刑：以天為法式用刑。㊇漢文玄默：漢文，指漢文帝。玄默，指崇尚黃老無為之術。㊈成、康：周成王與周康王。周武王死後，相繼為西周國王。史稱：「成康之治，天下安平，刑措不用者四十餘年。」

【今譯】『八卦的製作，窮盡理性，用牢獄來彰明刑罰，烏在〈噬嗑卦〉中。用繩索捆綁俘虜，保存在〈習坎卦〉。而使用刑罰的情況是久遠的事了。早在黃帝時代，他的聖德很高尚，卻也親自出征討伐，戰事繁多，橫屍涿鹿，流血阪泉，尚且不能使得當時沒有叛逆，收藏干戈而不用又怎麼能夠使百姓都成為良民呢？百姓不犯罪，國家卻不能治理好的事情是沒有過的。唐虞盛世，以天為法式用刑，流放眾多，天下才臣服。漢文帝崇尚黃老無為之術，還到了周成王與周康王時那樣的興隆，斷獄四百仲，鞭死的人很多。工匠不丟棄繩墨，所以沒有不直的木樹，英明的君主不廢掉刑罰，所以沒有殘暴處死人的政治。』

『蓋天地之道，不能純仁，故青陽㈠闡陶育之和，素秋厲肅殺之威，融風扇則枯瘁攄藻，白露凝則繁英彫零。是以品物阜焉，歲功成焉。溫而無寒，則蝡動不蟄，根植冬榮。寬而無嚴，則姦宄並作。利器長守。故明賞以存正，必罰以閑邪。勸沮之器，莫此之要。觀民設教，濟其寬猛，使懦不可狎，剛不傷恩。五刑㈡之罪，至于三千，是繩不可曲也；司寇㈢行刑，君為不舉，是法不可廢也。繩曲，則姦回萌矣；法廢，則禍亂滋矣。』

【今註】㈠青陽：指春天。㈡五刑：商周時五種刑罰，包括劓刑、刵刑、剕刑、宮刑、大辟等。

㈢司寇：官名，西周始置，春秋戰國時沿用，掌管刑獄糾察等事。

【今譯】『大概天地間的道理是，不能單純地依靠仁義。所以，春天有繁衍融樂之和，秋天則肅殺逼人，和風吹拂，枯死的花也舒展開來，露珠凝結則繁花凋零。因此，各類物品豐盛，每年都有豐收。如果只是溫暖不寒，動物就不會蟄藏不現，植物就是在冬天也很茂盛。如果只有寬鬆而不變刑，違法作亂的就將到處都是，鋒利的武器可以長守不敗，但要明賞重罰，揚善懲惡。勸沮之器，沒有比這更重要的了。觀察百姓，設立教育，寬嚴兼用，做到溫文卻不可太親近，剛強卻不至有傷恩。五刑的罪律多至三千條，這是作為準則而不可枉曲的，司寇執法行刑，君主也不能干預，這法律是不能廢棄的。標準不公正，奸邪就會萌生，法律被廢棄了，禍亂就會滋長。』

『亡國非無令也，患於令煩而不行；敗軍非無禁也，患於禁設而不止。故眾慝彌蔓，而下黷其上。夫賞貴當功而不必重，罰貴得罪而不必酷也。鞭樸廢於家，則僮僕怠惰；征伐息於國，則群下不虔。愛待敬而不敗，故制禮以崇之；德須威而久立，故作刑以肅之。班、倕㊀不委規矩，故方圓不戾於物；明君不釋法度，故機詐不肆其巧。』

【今註】㊀班、倕：班，魯班，春秋時魯國名匠。倕，堯時名匠。

【今譯】『國家的滅亡不是因為沒有政令，而是因為政令太煩瑣以致不能施行，軍隊散敗也不在於沒有禁令，而是由於禁令不能貫徹執行。各種奸邪彌漫滋生，下面的欺騙上面的人。賞賜貴重應當根據功勞，但不必太隆重，懲罰也應當根據罪行而不必太嚴酷。在家裡棄除鞭笞，僮僕就會懈怠懶惰起來，國家不進行征戰討伐，臣民就不會虔誠地發生敬愛。只有受到敬重才不會失敗，所以要製作禮儀使他們崇敬你。威嚴需要長久才能樹立，所以要制定刑罰以齊肅人們。魯班、倕等名匠不拋棄規矩，所以方圓不會與物料不合。英明的君主不廢棄法度，所以狡詐之徒不敢放肆取巧。』

『唐、虞其仁如天，而不原四罪㈠。姬公㈡友于兄弟，而不赦二叔㈢。仲尼之誅少正卯㈣，漢武之殺外甥，垂淚惜法，蓋不獲已也。故誅一以振萬，損少以成多。方之櫛髮，則所利者眾，比於割疽，則所全者大。是以灸刺慘痛，而不可止者，以痊病也。刑法凶醜，而不可罷者，以救弊也。六軍如林，未必皆勇。排鋒陷火，人情所憚。然恬顏以勸之，則投命者尠，斷斬以威之，則莫不奮擊。故役歡笑者，不及叱咤之速；用誘悅者，未若刑戮之齊。』

【今註】㊀四罪：古代傳說中舜所流放的四人或四族首領。《尚書・堯典》：「流共工於幽州，放驩兜於崇山，竄三苗於三危，殛鯀於羽山，四罪而天下咸服」。㊁姬公：即周公旦，武王弟、姬姓，因封地在周，史稱周公。武王死後，他代攝政事，輔佐成王，平管、蔡之亂，東征夷土，有功於「成康之治」。㊂二叔：即管叔、蔡叔，周公的兩個弟弟。武王死後，他們反對周公攝政，聯合殷人發動叛亂，被鎮壓下去。㊃少正卯：春秋時魯國人，少正氏，名卯，傳說他聚徒講學，使得孔子之門「三盈三虛」（語見《論衡・講瑞篇》）。《史記》卷四十七〈孔子世家〉：「孔子任魯國司寇時，三月而誅少正卯。」

【今譯】『唐虞的仁義道德好比天大，卻不能原諒四個犯罪的人。周公友愛弟兄，卻不肯赦免管蔡二叔。孔子誅殺少正卯，漢武帝殺死外甥，都是淌著眼淚也要顧惜國法，大概不是維護自己，而是要殺一震萬，損害少數人以保護多數人。把這件事比做梳頭髮，就是得利的頭髮要多，比洗去的頭髮要多，比作割癰疽，就是所保全的骨肉為大。因此，針刺得疼痛而不肯終止，是為了使病痊癒，刑法凶惡而不可去除，是為了拯救稱憋。軍隊眾多，不一定個個都勇敢。衝鋒陷陣、赴湯蹈火，照情理上說人是害怕的。可是以羞躁去勸他們效命的人很少，用斬頭來威嚇他們，則無不奮勇出去。所以通過談笑的方法就不如叱咤來得快，用誘其高興的方法就不如用刑殺來得齊整。』

『是以安于感深谷而嚴其法㊀，衛子疾弃灰而峻其辟㊁。夫以其所畏禁其所翫，峻而不犯，全民之術也。明治病之術者，杜未生之疾；達治亂之要者，遏將來之患。若乃以輕刑禁重罪，以薄法衛厚利，陳之滋章，而犯者彌多，有似穿穽以當路，非仁人之用懷也。』

【今註】㊀安于感深谷而嚴其法：安于，即董安于，任趙上地守，走到石皋上中，見深澗峭如墻，深百仞，問之年人，知人畜都不曾上得山去，於是他感慨道：「吾能治矣，使吾法之無赦，猶入澗之必死，何為不治耶？」㊁衛子疾弃灰而峻其辟：衛子，即商鞅。疾弃灰，對當街弃灰者表示憎恨並處以死刑。參見《史記》卷六十八〈商君列傳〉。

【今譯】『因此，董安于怠慨深谷，嚴其法令。商鞅憎恨在街上撒灰的人，將他們處以死刑。用人們害怕的手段去禁止他們習慣了的惡行，嚴懲不怠才是保全百姓的好路。治病的良方就是防患於未然，治理禍亂的關鍵在於扼止將來的災難。如果以輕刑處理嚴重的犯罪，以鬆散的法律保立豐厚的利益，說來是篇幅增長了，犯罪的人卻更加多了，好似挖穽當路，不合仁者的用心。』

『善為政者，必先端此以率彼，治親以整疏，不曲法以行意，必有罪而無赦。若石碏之割愛以滅親㊀，晉文之忍情以斬頡，故仁者為政之脂粉，刑者御世之轡策；脂粉非體中之至急，而轡策須臾不可無也。肅恭少怠，則慢惰已至；威嚴暫弛，則群邪生心。當怒不怒，姦臣為虎，當殺不殺，大賊乃發。水久壞河，山起咫尺。尋木千丈，始于毫末。鑽燧之火，勺水可滅；鷁卵未孚，指掌可縻。及其乘衝飆而燎巨野，奮六羽以淩朝霞，則雖智勇，不能制也。』

【今註】㊀石碏之割愛以滅親：石碏（音ㄑㄩㄝˋ），春秋時衛國大夫。衛桓公十六年，公子州吁殺桓公、其子石厚參予其謀，碏便設計誘吁州、石厚至陳國，將他們一網打盡，時人稱其大義滅親。事見《史記》卷三十七〈衛康叔世家〉。

【今譯】『善於理政的人，必定先樹正一個榜樣作為其他人的表率，治好親近然後治好疏遠，不歪曲法律，按意志行事，犯有罪行的人必不赦免，就像石碏大義滅親，晉文公忍痛殺頡。所以，仁是治理政事的脂粉，刑是治理世務的馬鞭。脂粉並非身體上最需要的，馬鞭卻是片刻不可無的。威嚴恭順稍有鬆懈，怠慢懶惰就會後生，威嚴只要有短暫的寬鬆，眾人的邪念就會冒出。當怒不怒，奸巨似虎，當殺不殺，巨盜就發。水流久了就會破壞河道，高山起於寸土。高木千丈，起於毫末。鑽石裡出的火星，一勺水就可撲滅，沒有孵出的鵠蛋，一隻手掌可以全部蓋住。可是，等那火苗藉風勢而熊熊燃遍廣闊的原野，當它振翅飛翔，高入雲端的時候，即使智勇雙全的人，也不能控制得了它們。』

『故明君治難於其易，去惡於其微，不伐善以長亂，不操柯而猶豫焉。然則刑之為物，國之神器，君所自執，不可假人，猶長劒不可倒捉，巨魚不可脫淵也。乃崇替之所由，安危之源本也。田常之奪齊㈠，六卿之分晉，趙高之弒秦㈡，王莽之纂漢㈢，履霜逮冰，由來漸矣。或永歎於海濱，或拊心乎望夷，禍延宗祧，作戒將來者，由乎慕虛名於往古，忘實禍於當己也。』」

【今註】㈠田常之奪齊：田常，即田成子、陳成子，春秋時齊國大夫，陳釐子之子，名恒，一作常。

齊簡公四年，殺死簡公，擁立齊平王，任相國，盡殺公族中的強者，擴大封地，從此齊國由陳氏專權。事見《史記》卷四十六〈田敬仲完世家〉。㊁趙高之弒秦：趙高，秦宦官，原係趙國貴族。「進入秦宮，管事二十餘年。」私事始皇少子胡亥，與李斯合謀，偽造遺詔，逼始皇長子扶蘇自殺，立胡亥為二世皇帝，後又殺二世，立子嬰為秦王，旋為子嬰所殺。事見《史記》卷六〈秦始皇本紀〉。㊂王莽之篡漢：王莽，字巨君，漢元帝皇后姪。初始元年稱帝，改國號新。事見《漢書》卷九十九〈王莽傳〉。

【今譯】『所以英明的君主將困難的問題尚在容易時加以解決，將邪惡的東西還在它微小的時候就加以除掉。不攻擊仁善助長動亂，不操持斧柄而猶豫不決。既然如此，那麼刑是國家的神器，君主親自執掌而不能轉給他人，好比長劍不能倒著拿，大魚不能逃脫深水一樣。這就是興廢的由來，安危的本源。田常奪取齊國政權，六卿瓜分晉國，趙高弒奪秦朝，王莽篡奪漢朝，履霜逮冰，由來已久了。有的永歎於海濱，有的拊心乎望夷。災禍延及宗廟，以致成為將來的教訓，那是由於傾慕往古的虛名，忘記當前的實禍的緣故。』

或人曰：「刑辟㊀之興蓋存叔世㊁。立人之道，唯仁與義。我清靜而民自正，我無欲而民自樸。烹鮮㊂之戒，不欲其煩。寬以愛人則得眾，悅以使人則下附。故孟子以體仁為安，揚子雲謂申、韓為屠宰㊃。夫繁策急轡㊄，非造父㊅之御；嚴刑峻罰，非三、五㊆之道。故有虞手不指揮，口不煩言，恭己南面㊇，而治化雍熙矣。宓生㊈政以率俗。彈琴詠詩，身不下堂，而漁者宵肅矣。」

【今註】㊀辟：法。《說文・辟部》：「辟，法也。」㊁叔世：末世。㊂烹鮮：老子《道德經・第六十章》：「治大國若烹小鮮。」鮮，魚。㊃揚子雲：謂申、韓為屠宰：揚子雲，即揚雄。申，申不害；韓，韓非，皆先秦法家代表人物。㊄繁策急轡：策，馬鞭。轡，控制馬的韁繩。㊅造父：古代的善御馬者。見〈君道篇〉注。㊆三、五：三皇五帝。㊇南面：帝王之位南向，放稱居帝位為「南面」。《易經・說卦》：「聖人南面而聽天下，向明而治。」㊈宓生：指宓子賤治單父事。見《呂氏春秋》、《說苑》、《淮南子》、《孔子家語》等書。宓，音ㄈㄨˊ。

【今譯】有人說：「刑法的興盛，大概是在王朝的末世。治人之道，只有仁愛與道義。君主自己清靜，百姓自然會端正，君主自己無所欲求，民眾自然會樸實。治國猶如烹鮮食的教戒，不要嫌其麻煩，用寬厚的能度去愛人，就會得到民眾的擁護；以和悅的態度去役使人，就會使民眾依附於自己。所以孟子認為體現了仁愛就是安定，揚雄則說申不害和韓非等是屠夫。騎馬時頻繁地揮鞭，急劇地勒轡，這並不是善御者造父使用的方法。實行嚴刑峻罰，並不是三皇五帝的治民之道。所以，虞舜手不指揮，口不煩言，恭己地南面而坐，而天下治化卻是和諧康樂。宓子賤治單父事政以率俗，自己彈琴詠詩，不走下殿堂，而漁獵的百姓卻是肅靜安穩。」

「必能厚惠薄斂，救乏擢滯，舉賢任才，勸穡省用，招攜以禮，懷遠以德，陶之成均，治之以庠序㈠。化上而興善者，必若靡草之逐驚風；洗心而革面者，必若清波之滌輕塵。朝有德讓之群后，野無犯禮之軌躅㈡，圜土㈢可以虛蕪，楚革㈣可以永格，何必賞罰可以為國乎？」

【今註】㈠治之以庠序：楊明照《抱朴子外篇校箋・上》：按「治」疑當作「治」。庠序：學校。

㈡軌躅：車的轍跡，比喻古人或前代的遺規。《漢書》卷一百上〈敘傳・上〉：「伏周孔之軌躅。」

圜，音ㄩㄢˊ。㊂圜土：牢獄。《釋名．釋宮室》：「獄又謂之圜土，築其表牆，其形圓也。」圜，音ㄓㄨˊ。㊃楚革：楚，古代的刑杖。革，皮製的刑具。

【今譯】「這樣，必能厚惠薄斂，救濟窮困，舉賢任才，勸勵農耕，儉樸省用，以禮帛招攬人才，以德義安撫遠方，用統一的規範治百姓，興辦學校，實施教化。上面興善而治理得好，下面必定如靡草之隨逐驚風。上面洗心革面，煥然一新，下面必定如清波之滌蕩輕塵。朝廷上有德讓的君主，民間草野就沒有違反禮制遺規的事，牢獄可以虛設而不用，刑具也可以永遠廢棄了。為什麼治國一定要用賞罰呢？」

抱朴子答曰：「《易》稱明罰敕法，《書》有『哀矜折獄』㊀。爵人於朝，刑人於市，有自來矣，豈從叔世？多仁則法不立，威寡則下侵上。夫法不立，則庶事汨㊁矣；下侵上，則逆節明矣㊂。至醇既澆於三代㊃，大樸又散於秦、漢。道衰於疇昔㊄，俗薄乎當今，而欲結繩以整姦欺，不言以化狡猾，委轡策而乘奔馬於險塗，舍柁櫓而汎虛舟以淩波㈥，盤旋以逐走盜，揖讓以救災火，斬晁錯㈦以卻七國，舞干戈以平赤眉㈧，未見其可也。」

【今註】㈠哀矜折獄：楊明照《抱朴子外篇校箋．上》：按《呂刑》「矜」作「敬」，（《尚書大傳》、《孔叢子刑論篇》並引作「矜」）。前〈君道篇〉亦作「敬」，此固不應獨作「矜」也。折獄，決斷獄訟。㈡汩：音ㄇㄧˋ，亂。㈢則逆節萌矣：平津館本作「則逆節明矣」。楊明照《校證》：「明」，《藏》本、魯藩本、吉藩本、慎本、盧本、舊寫本、柏筠堂本、文溯本、《叢書》本、《崇文》本作「萌」。按「萌」字是。《管子．勢篇》：「逆節萌生。」《漢書》卷六十四上〈嚴朱吾丘主父徐嚴終王賈傳．上〉：「今以法割削，則逆節萌起。」又見《新序．善謀下》顏《注》：「萌謂事之始生，如草之萌芽也。」語意與此相近，可證。㈣三代：指夏、商、周。㈤疇昔：過去，從前。㈥舍柁櫓而汎虛舟以淩波：柁，舵。以淩波，孫星衍校：《意林》作「於大海」。㈦晁錯：漢景帝時政治家，主張削弱諸侯王封國的勢力。後吳楚等七國反，打出「清君側」的旗號。由於袁盎的挑撥，景帝誅殺晁錯。㈧舞干戈以平赤眉：楊明照《抱朴子外篇校箋．上》：按此句疑有誤字。《韓非子．五蠹篇》：「當舜之時，有苗不服，禹將伐之，舜曰：『不可。上德不厚而行武，非道也。』

乃修教三年，執干戚舞，有苗乃服。」《淮南子・汜論篇》：「舜執干戚而服有苗。」稚川蓋借用舜事，則「戈」當作「戚」字。干，盾牌；戚，斧，均為古代兵器。用干戚作舞來舞蹈，表示不用武力。赤眉，西漢末年的農民起義軍。義軍皆朱其眉以相識別，由是號曰「赤眉」。

【今譯】 抱朴子回答說：「《易經》上稱明罰敕法，《尚書》上也說要哀敬地決斷獄訟。朝廷上給人封官進爵，又在市集刑人示眾，這種情況是從來就有的。難道只是發生在末世的嗎？過多地強調仁愛，法制就樹立不起來，威嚴過少，下面就會侵犯上面。法制不立，庶眾之事就會混亂了。下面侵犯上面，叛逆的現象就會萌生了。至淳的教化於夏商周三代已經澆薄了，而到了秦漢，大樸的風尚又離散了。道德衰落於從前，當今更是淡薄了。但要結繩而治，以肅整姦欺之人；不加勸導，而化育狡猾之徒，丟棄轡策，而能乘奔馬於險途；舍棄舵櫓，而能泛輕舟於淩波；盤旋以逐走盜，揖讓以救災火；斬晁錯以卻七國之亂，舞干戚以平赤眉起義，如此等等，已經是不可能看到的了。」

「蓋三皇步而五常驟㈠，霸、王以來，載馳㈡載騖。當其弊也，吏欺民巧，寇盜公行，髡鉗㈢不足以懲無恥，族誅不能以禁覬覦。重目以廣視，累耳以遠聽，抗燭以理滯事，焦心以息姦源，而猶市朝有呼嗟之音，邊鄙有不聞之枉。」

【今註】㈠三皇步而五帝驟：平津館本作「五常」。楊明照《抱朴子外篇校箋・上》：「常」，當作「帝」字。《孝經鈎命訣》：「三皇步，五帝驟」（《白虎通・號篇》、《後漢書》卷三十五〈張曹鄭列傳〉李《注》引）。即此文所出。㈡載馳：《詩經・鄘風》篇名，反映國君爭立事件。㈢髡鉗：音ㄎㄨㄣ ㄑㄧㄢˊ。髡，古代一種剃去頭髮的刑罰。鉗，一種刑罰，用鐵圈束頸。

【今譯】「大概三皇的辦法，五帝還能照著去做，而三王五霸時代以來，已經是國君爭奪的局面了。正當弊害流行時，官吏欺詐，民眾巧偽，盜賊公然地橫行，髡鉗等刑罰也不足以懲其無恥的行為，誅殺滅族也不能禁止篡奪王位陰謀。即使重目廣視，累耳遠聽，夜晚秉燭以治理政事，竭盡心思以杜絕姦惡之源，但是市朝上仍有歎息的聲音，邊鄙仍有不了解的冤枉事件。」

「作威作福者，或發乎瞻視之下；凶家害國者，或搆乎蕭牆之內㈠。而欲以太昊㈡之道，治偷薄之俗，以畫一之歌，救鼎湧之亂，非識因革之隨時，明損益之變通也。所謂刻舟以摸遺劍㈢，參天而射五步，摜犀兕㈣之甲，以涉不測之淵；袗㈤卻寒之裘，以禦鬱隆之暑，踵之解結，頤㈥之搔背，其為憒憒㈦，莫此之劇矣。」

【今註】㈠蕭牆之內：《論語・季氏篇》：「吾恐季孫之憂，不在顓臾，而在蕭牆之內也。」蕭牆，門屏。後世因稱內亂為蕭牆之禍。㈡太昊：即伏羲氏。《世本・帝系篇》：「太昊伏羲氏。」《抱朴子・內篇・對俗篇》：「太昊師蜘蛛而結網。」㈢刻舟以摸遺劍：《呂氏春秋・察今篇》：「楚人有涉江者，其劍自舟中墜於水，遽契（刻）其舟曰：是吾劍之所從墜。舟止，從其所契者入水求之。舟已行矣，而劍不行，求劍若此，不亦惑乎？」㈣摜犀兕：摜，擲，扔。兕，雌性犀牛。㈤袗：音ㄓㄣˇ，穿單衣。㈥頤：面頰。㈦憒憒：音ㄎㄨㄟˋㄎㄨㄟˋ，昏亂、糊塗。孫星衍校：《藏》本作「憒憒」，從舊寫本改。

【今譯】「作威作福的人，或者就近在眼前；凶家害國的人，或者就在蕭牆之內互相爭鬥。在這種情況下，要想實行伏羲氏時代的治道，治理偷薄的風俗，以畫一之歌，遵從舊規，無為而治，以挽救鼎湧似的禍亂，這實在是不懂得隨時沿革的道理，不明白損益變通的道理。所謂刻舟求劍，參天而射五步，擲雌性犀牛之甲以涉不測之淵，穿寒冬裘衣以抵擋炎熱的暑氣，用腳去解繩結，用面頰去搔背，如此庸昏無知的事，也沒有那更厲害的了。」

「但當先令而後誅，得情而勿喜，使伯氏㈠無怨於失邑，虞、芮㈡知恥而無訟耳。若強暴掩容，操繩而不憚，誘於含垢，草蔓而不除，恃藏疾之大言，忘膏肓之近急。何異焦喉之渴切身，而遙指滄海於萬里之外，滔天之水已及，而方造舟於長洲㈢之林。安得免夸父㈣之禍，脫淪水之害哉？」

【今註】㈠伯氏：春秋齊國大夫。㈡虞、芮：周文王時的兩個小國，為爭奪土地，去找周文王公斷。傳說他們入周以後，見耕者讓畔，行者讓路，朝中士大夫相讓，大為感動，便停止了訴訟，以所爭土地為閒田而退。參見《詩經・大雅・綿》及毛《傳》。㈢長洲：《十洲記》：「長洲，一名青邱，在南海辰巳之地，地方各五千里，去岸二十五萬里，上饒山川，及多大樹。」㈣夸父：《山海經・大荒北經》：「夸父不量力，欲追日景，逮之於禺谷。將飲河而不足也。將走大澤，未至，死於此。」

【今譯】「但應當先令而後誅，得情而勿喜，使伯氏無怨於失邑，虞芮知恥而無訟爭罷了。如果強盜乘人不備而進行襲擊，竟操繩而不怕，誘於含垢，草蔓而不除；自恃藏疾之大言，忘記深入膏肓的急病。這也就無異於喉嚨極其焦渴，而指望萬里之外的海水；無異於滔天洪水已湧來，而才到長洲伐木造舟。哪兒能避免夸父逐日的殃禍，擺脫沉淪於洪水的災害呢？」

「世人薄申、韓之實事，嘉老、莊之誕談。然而為政莫能錯刑㊀，殺人者原其死，傷人者赦其罪。所謂土梓瓦胾㊁，無救朝飢者也。道家之言，高則高矣，用之則弊，遼落迂闊。譬猶干將不可以縫線㊂，巨象不可使捕鼠，金舟不能淩陽侯㊃之波，玉馬不任騁千里之跡也。」

【今註】㊀錯刑：放置刑罰而不用。㊁土梓瓦胾：梓，音ㄆㄢˊ，盤。胾，音ㄗˋ，切成的肉。㊂干將不可以縫線：楊明照《抱朴子外篇校箋・上》：按〈務正篇〉「然劍戟不長於縫緝」，〈備闕篇〉「縫緝則長劍不及數寸之針」例之，則此「縫線」當作「縫緝」。㊃陽侯：波濤之神。或云伏羲臣。《楚辭・九章・哀郢》：「淩陽侯之氾濫兮，忽翺翔之焉薄。」洪興祖《補注》引應劭說云：「陽侯，古之諸侯，有罪，自投江，其神為大波。」又，清馬驌《繹史》卷三引《論語・摘輔象》云：「伏羲六佐，陽侯為江海。」

【今譯】「世俗之人都鄙薄申不害和韓非的實實在在的辦法，讚美老子與莊子的怪誕空談。然而，為政者沒有能放置刑罰而不用，沒有赦免殺人者的死罪，沒有赦免傷人者的罪責。所謂土盤瓦肉，是無法挽救朝飢者的。道家的言論，可算是清高的了，但付諸應用，就會有弊病，顯得遼落迂闊。譬如干將之類寶劍不可以用來縫製衣服，巨象不可以去捕捉老鼠，金舟不能淩陽侯之波，玉馬不能跑千里之路。」

「若行其言，則當燔桎梏，墮囹圄，罷有司，滅刑書，鑄干戈，平城池，散府庫，毀符節，撤關梁㊀，掊衡量㊁，膠離朱之目㊂，塞子野㊃之耳，汎然不繫，反乎天牧㊄；不訓不營，相忘江湖。朝廷闃㊅爾若無人，民則至死不往來。可得而論，難得而行也。」

【今註】㊀關梁：水陸交通要道上的關卡。㊁掊衡量：掊，同「剖」。衡，衡器。量，量器。㊂膠離朱之目：膠，黏住。離朱，《淮南子・原道篇》：「離朱之明，察箴末於百步之外。」高誘《注》：「離朱者，黃帝臣，明目人也。」㊃子野：師曠的字，晉國樂師，聰耳，能辨音。見《左傳》襄公十八年。㊄天牧：孫星衍校：舊寫本作「放」。案似作「天放」。《莊子・馬蹄篇》：「一而不黨，命曰天放。」即一任自然的意思。㊅闃：音ㄑㄩˋ，靜寂。

【今譯】「如果實行道家的清高之言，就要燒掉桎梏，毀掉牢獄，罷黜官史，消滅刑書，銷融兵器，平填城池，拆散府庫，毀壞符節，撤銷關梁，剖碎衡器量器，黏住離朱的眼睛，閉塞子野的耳朵。汎然如不繫之舟，任其自流漂浮。不訓導不營造，彼此相忘於江湖。朝廷靜寂，好像無人，民人則至死不相往來。道家之可得而論，而卻難得而行。」

「俗儒徒聞周以仁興，秦以嚴亡，而未覺周所以得之不純仁，而秦所以失之不獨嚴也：昔周用肉刑，刖足劓鼻㈠，盟津㈡之令，後至者斬，畢力賞罰，誓有孥戮㈢。考其所為，未盡仁也。及其叔世，罔法翫文㈣，人主苛虐，號令不出宇宙，禮樂征伐，不復由己。群下力競，還為長蛇，伐本塞源，毀冠裂冕。或沈之於漢，或流之於彘㈤，失柄之敗，由於不嚴也。」

【今註】㈠刖足劓鼻：刖，古代的一種刑罰，把腳砍掉。劓，古代的一種刑罰，把鼻子割掉。㈡盟津：即孟津，古黃河津渡名，在今河南孟津縣東北、孟縣西南。相傳周武王伐紂，在此盟會諸侯共渡河。武王曰：「畢立賞罰，以定其功。」師尚父號曰：「總爾眾庶，與爾舟楫，後至者斬。」見《史記》卷四〈周本紀〉。㊂孥戮：謂髡鉗為奴而賣之也。㊃翫：音ㄨㄢˋ，玩。㊄彘：在今山西霍縣。周厲王出奔於彘，不久死。

【今譯】「至於俗儒只聽說周朝以仁而興起，秦朝以嚴刑苛法而滅亡，他們沒有覺察到周的興盛不純粹是仁的緣故，秦的滅亡也不全是嚴刑的結果。從前，周朝也是施用肉刑的，如刖足劓鼻等，周武王在孟津會盟諸侯時，發布告令，強調渡河晚了的要處斬。畢力賞罰，犯者處以髡鉗刑罰，被賣為奴。考察上述行動，可知周初並未盡是仁愛的。及至周朝末世，罔法玩文，君主苛虐。號令不出宇宙，禮樂征伐不再由天子。天下群雄競鬥，還為長蛇，伐本塞源，毀裂冠冕。有的沉沒於漢水，有的出逃至彘。周朝權柄的喪敗，是由於刑法不嚴的緣故。」

「秦之初興，官人得才：衛鞅、由余之徒㊀，式法於內，白起、王翦之倫㊁，攻取於外。兼弱攻昧，取威定霸，吞噬四鄰，咀嚼群雄，拓地攘戎㊂，龍變虎視，實賴明賞必罰，以基帝業。降及杪季㊃，驕於得意，窮奢極泰。加之以威虐，築城萬里，離宮千餘，鍾鼓女樂，不徙而具。驪山之役㈤，太半之賦，閭左㈥之戍，坑儒之酷㈦，北擊獫狁㈧，南征百越，暴兵百萬，動數十年。天下有生離之哀，家戶懷怨曠之歎。白骨成山，虛祭㈨布野。徐福㈩出而重號咷之讎，趙高㈡入而屯豺狼之黨。天下欲反，十室九空㈢。其所以亡，豈由嚴刑？此為秦以嚴得之，非以嚴失之也。」

【今註】㈠衛鞅、由余之徒：衛鞅，即商鞅，原衛國人，至秦，實施變法。詳見《史記》卷六十八〈商君列傳〉。由余，其先晉人。亡入戎，能晉言。戎王使由余觀秦。後降秦，秦穆公以客禮之，問伐戎之形。秦用由余謀伐戎王，益十二國，開地千里，遂霸西戎。見《史記》卷五〈秦本紀〉。㈡白起、王翦：皆秦將領，著名的軍事家。詳見《史記》卷七十三〈白起王翦列傳〉。㈢戎：指西戎。㈣杪季：末世。杪，音ㄇㄧㄠˇ。㈤驪山之役：指秦始皇營造驪山墳墓。驪山，在今陝西臨潼。《漢書》卷二十四上〈食貨志・上〉：「至於始皇，遂并天下；內興功作，外攘夷狄；收泰半之賦，發閭左之戍。」㈥閭左：住在閭里左邊的居民。閭，里門。秦代編制戶口，富人住閭右，貧民住閭左。

徵發徭役，先徵有罪官吏、贅婿、商人、商人子孫，再次徵發閭左貧民。或說閭左即七科謫之的「逋亡人」。㊆坑儒之酷：秦始皇三十五年，將儒生犯禁者四百六十餘人皆坑之咸陽。見《史記》卷六〈秦皇本紀〉。㊇獫狁：音ㄒㄧㄢˇ ㄩㄣˇ，匈奴。㊈虛祭：遙祭。㊉徐福：一作徐市，字君房，琅邪（今山東膠南南）人，秦方士。率童男童女數千人，乘樓船入海，以求仙藥。⑪趙高：秦二世，擅權朝政。⑫十室九空：楊明照《抱朴子外篇校箋・上》：《文選》卷三十六任昉〈天監三年策秀才文〉李《注》引，「九空」作「而九」。按崇賢所引是也。《抱朴子・內篇・論仙篇》：「秦皇使十室之中，思亂者九。」即其切證。《史記》卷一百一十八〈淮南衡山列傳〉：「昔秦絕先王之道，欲為亂者，十家而七。」《漢書》卷〈蒯伍江息夫傳〉：「往者，秦為無道，殘賊天下，……欲為亂者，十室而八。」亦可證。

【今譯】「秦的初期興起，封官任賢，獲得一批人才。商鞅、由余等人在朝內實行變法，白起、王翦等人在外攻戰略地。這樣，兼併弱小，攻打愚昧，取威定霸，吞噬四鄰，咀嚼群雄，開拓土地，攘抑西戎，如龍似虎，一切實在是依賴於明賞必罰，以奠定了帝業。但是，到了秦朝末世，皇帝驕傲得意，窮奢極樂，加以殘暴淫威，修築萬里長城及千餘座離宮，鍾鼓女樂，不徙而具。造驪山墳墓，徵收太半之賦，調發閭左之戍，焚書坑儒，北擊匈奴，南征百越，暴兵百萬，連續了數十年。天下有生離死別的哀愁，家家戶戶懷著怨曠的感歎。白骨成山，虛祭遍野。徐福率童男童女出海，而加重了號咷的仇恨，趙高擅權內廷，屯聚了豺狼之黨。天下欲友，十戶當中就有九家。秦朝所以滅亡，難道是由於嚴刑嗎？這就是說，秦朝以嚴刑得天下，而並非以嚴刑失天下。」

「且刑由刃也，巧人以自成，拙者以自傷。為治國有道，而助之以刑者，能令慝㊀偽不作，凶邪改志。若綱絕網紊，得罪于天，用刑失理，其危必速。亦猶水火者所以活人，亦所以殺人。存乎能用之與不能用。夫癥瘕㊁不除，而不修越人㊂之術者，難圖老、彭㊃之壽也。姦黨實繁，而不嚴彈違之制者，未見其長世之福也。但當簡于、張㊄之徒，任以法理世㊅；選趙、陳㊆之屬，委以案劾。明主留神於上，忠良盡誠於下，見不善則若鷹鸇㊇之搏鳥雀，覩亂萌則若薙田之芟蕪薉㊈。慶賞不謬加，而誅戮不失罪，則太平之軌不足迪。令而不犯，可庶幾廢刑致治，未敢謂然也。」

【今註】 ㊀慝：壞人。㊁癥瘕：中醫學病名，指腹內結塊。以堅硬不易推動，痛有定處的為「癥」。

聚散無常，痛無定處的為「瘕」（音ㄐㄧㄚˇ）。㊂越人：即扁鵲，春秋時名醫。見《史記》卷一百五〈扁鵲倉公列傳〉。㊃老彭：按老彭一指殷大夫名老彭。另說：老指老子，彭指彭祖。㊄于、張：于，于公，東海郯人。《漢書》卷七十一〈雋疏于薛平彭傳〉載：「于公為縣獄吏，郡決曹，決獄平，羅文法者于公所決皆不恨。郡中為之立生祠，號曰于公祠。」張，張湯，杜人。《史記》卷一百二十二〈酷吏列傳〉：「武安侯為丞相，徵湯為史，時薦言之天子，補御史，使案事。與趙禹共定諸律令，務在深文，拘守職之吏。」㊅任以法理世：楊明照《抱朴子外篇校箋・上》：孫（星衍）曰：「（世）疑衍。」按孫說是。吉藩本正無「世」字。當據刪。㊆趙、陳：趙，趙禹，西漢斄（今陝西武功西南）人。周亞夫為丞相，禹為丞相史，府中皆稱其廉平。至太中大夫，「與張湯論定諸律令，作見知，吏傳得相監司。用法益刻，蓋自此始」。見《史記》卷一百二十二〈酷吏列傳〉。陳，即陳咸，西漢沛郡相（今安徽濉縣西北）人。有異材，抗直，數言事，刺譏近臣。元帝時擢為御史中丞，總領三十郡奏事，外考第諸刺史，內執法殿中，公卿以下皆敬憚。見《漢書》卷六十六〈公孫劉田王楊蔡陳鄭傳〉。㊇鶚：古書上說的一種鷹隼類猛禽，能捕燕雀等小鳥。㊈薙田之芟蕪薉：薙，音ㄊㄧˋ，除草。芟，音ㄕㄢ，割。蕪薉，音ㄨˊ ㄨㄟˋ，荒廢，雜草叢生。

【今譯】　「而且刑罰是要用刃器的，聰明的人以它自成事業，笨拙的人以它自成傷害。治國有道，而輔助之以刑罰，能使壞人壞事不會發生，凶邪的人改正過來。如果法網斷絕或者紊亂，得罪於天，用刑失理，其危亡一定是很快的。猶如水與火，可以活人，也可以殺人，關鍵在於會用與不會用。身上長了癥瘕，如果不學名醫扁鵲的方術去消除腫塊，就難以活到老子、彭祖那樣的長壽。姦黨實繁，如果不嚴厲處置違反法制的人，就不可避免亂世的災禍。但是，應當選擇于公、張湯之徒，任以法理，挑選趙禹等等，委以辦案。英明的君主留神於上，忠良的大臣盡誠於下。看見不好的地方，就像鷹鸇捕食鳥雀一樣，發現禍亂的萌芽，就像除割田裏荒蕪雜草一樣。慶賞不謬加，誅戮不失罪，則太平之軌不值得開導了，令而不犯就有希望做到了。所謂廢刑致治的說法，我不敢認為是對的。」

或曰：「然則刑罰果所以助教興善，式遏軌忒㊀也。若夫古之肉刑，亦可復興？」

抱朴子曰：「曷為而不可哉？昔周用肉刑，積祀七百。漢氏廢之，年代不如。至於改以鞭笞，大多死者。外有輕刑之名，內有殺人之實也。及於犯罪上不足以至死，則其下唯有徒謫鞭杖，或遇赦令，則身無損；且髡其更生之髮，撾㊁其方愈之創，殊不足以懲次死之罪。今除肉刑，則死罰之下無復中刑在其閒。而次死罪不得不止於徒謫鞭杖，是輕重不得不適㊂也。又犯罪者希而時有耳，至於殺之則恨重，而鞭之則恨輕，犯此者為多。今不用肉刑，是次死之罪，常不見治也。」

【今註】 ㊀忒：音ㄊㄜˋ，差錯。㊁撾：音ㄓㄨㄚ，敲打。㊂不適：「不」字，孫星衍校：疑衍。

【今譯】 有人說：「既然如此，那麼刑罰果真是可用來助教化興善行，式遏路途上的差錯了。至於古代的肉刑，也可以復興了？」

抱朴子回答說：「為什麼不可以恢復肉刑呢？從前，周代使用肉刑，國祚延續了七百，漢代廢除了肉刑，國祚年代反而不如周代長。至於改用鞭笞代替肉刑，大多數犯人也是死了的，外有輕刑之名，內有殺人之實。有的人犯罪，量刑時上不夠死罪，就只有徒刑、謫貶和鞭杖。或遇皇帝頒布赦令，犯人就身無損傷。且髡刑只是剃去重生的頭髮，敲打剛剛癒合的創傷，很不足以懲罰次死之罪。如今廢除肉刑，則死罪以下，其間就沒有中等的刑罰了。而犯次死罪的，不得不只用徒刑、謫貶與鞭杖，這是輕重不適當的。又犯這種罪的雖然不多，但也時時有發生的。至於殺之則怕重判，而鞭之則怕輕了，犯罪這種程度的為數不少。現在不用肉刑，這就使次死之罪，常常不被治理好。」

「今若自非謀反大逆，惡于君親，及用軍臨敵犯軍法者，及手殺人者，以肉刑代其死，則亦足以懲示凶人。而刑者猶任坐役，能有所為，又不絕其生類之道，而終身殘毀，百姓見之，莫不寒心，亦足使未犯者肅慄，以彰示將來，乃過於殺人。殺人，非不重也，然辜之三日，行埋弃之，不知者眾，不見者多也。」

【今譯】「除了謀反大逆、惡於君親、用軍臨敵犯軍法的以及手殺人者等等之外，以肉刑代替死罪，則亦足以懲示凶人。處以肉刑者尚任坐役能有所為，又不絕其生路，而且終身殘毀，百姓看見了，莫不寒心，亦足以使未犯者害怕，以彰示將來，就超過了死刑的效果。死刑並非不重，但辜之三日，就埋葬了，很多人不知道，很多人沒有看見。」

「若夫肉刑者之為摽戒也多。昔魏世㊀數議此事，諸碩儒達學，洽通殷理者，咸謂宜復肉刑，而意異者駮之，皆不合也。魏武帝㊁亦以為然。直以二陲㊂未賓，遠人不能統至理者，卒聞中國刖人肢體，割人耳鼻，便當望風謂為酷虐，故且權停，以須四方之并耳。通人揚子雲亦以為肉刑宜復也。但廢之來久矣，坐而論道者，未以為急耳。」

【今註】㊀魏世：指三國時期曹魏。㊁魏武帝：曹操。㊂二陲：指蜀漢與孫吳。

【今譯】「至於肉刑對於將來的教戒作用，也就多的了。從前，曹魏時多次議論此事，許多碩儒達學與洽通殷理的人，都認為應該恢復肉刑，但持異議的人進行駁斥，都是不合理的。魏武帝曹操也以為對，只是當時蜀與吳尚未賓服，遠方之人不能懂得至理，突然聽到中原恢復肉刑，砍人肢體，割人耳鼻，便當望風，認為殘酷凶虐，所以暫且不恢復肉刑，以平息四方的議論。通人揚雄也以為肉刑應當恢復，但是廢除已久了，坐而論道者未以此為急務而已。」

審舉篇 第十五

【篇旨】 本篇論述慎重選舉的重要性，作者認為明君應以選拔人才作為首要任務。漢朝之所以滅亡，就因為貢舉制度弊端百出，朝廷賣官鬻爵，視門第財富任命官職，結果是駑庸小人飛黃騰達，貪婪暴虐，高幹良材隱遁山林，不得敘用。針對時弊，作者提出一套嚴格的選舉辦法，「使海內畏妄舉之失，凡人息僥倖之求」，「背競逐之末，歸學問之本」，「奇才可得而役」，同時主張對政府官吏進行法律考覈。

抱朴子曰：「華、霍㈠所以能崇極天之峻者，由乎其下之厚也；唐、虞所以能臻㈡巍巍之功者，實賴股肱㈢之良也。雖有孫陽㈣之手，而無騏驥之足，則不得致千里矣。雖有稽古㈤之才，而無宣力㈥之佐，則莫緣凝庶績㈦矣。人君雖明並日月，神鑒未兆㈧，然萬機不可以獨統，曲碎不可以親總㈨，必假目以遐㈩覽，借耳以廣聽，誠須有司，是康是贊(一一)。故聖君莫不根心(一二)招賢，以舉才為首務，施玉帛於丘園，馳翹車於巖藪(一三)，勞於求人，逸(一四)於用能，上自槐棘(一五)，降逮皁隸(一六)，論道經(一七)國，莫不任職。恭己(一八)無為，而治平刑措；而化洽無外(一九)，萬邦咸寧。設官分職，其猶構(二〇)室，一物不堪(二一)，則崩橈之由(二二)也。然未貢舉(二三)之士，格以四科(二四)，三事九列(二五)，是之自出，必簡標穎拔萃(二六)之俊。而漢之末葉，桓、靈之世，柄(二七)去帝室，政在姦臣，網漏防潰，風穨教沮(二八)，抑清德而揚諂媚，退履道(二九)而進多財。力競(三〇)成俗，苟得無恥，或輸自售之寶，或賣要人之書，或父兄貴顯，望門而辟命(三一)；或低頭屈膝，積習(三二)而見收。」

【今註】(一)華、霍：華，華山。霍，霍山。(二)臻：至。(三)股肱：指左右助手。(四)孫陽：即伯樂，春秋中期秦穆公之臣，善相馬。(五)稽古：通古。(六)宣力：大力。(七)莫緣凝庶績：莫緣，無緣。凝，形成。庶績，眾多功績。(八)神鑒未兆：神鑒，神妙體察。未兆，未來徵兆。(九)總：統管、統括。

⑩遐：遠。⑪是康是贊：康，安。贊，佐。⑫根心：本心，發自內心。⑬軺車：使者之車。巖，山巖。藪，音ㄙㄡˇ，澤藪。巖藪猶言草野，在野士人所居處。⑭逸：安。⑮槐棘：周代在外朝種植槐棘，槐樹三棵，三公位在其下棘左右各九，作為朝臣列班的位次。後以「槐棘」指公卿之位。⑯皁隸：皁（ㄗㄠˋ）、皂。古代賤役。⑰經：經理。⑱恭己：使自己恭誠。⑲化洽無外：楊明照《抱朴子外篇校箋．上》：按「化」上「而」字，似當乙在「萬」字上。無外，無，語助。⑳構：構建。㉑堪：承受。㉒崩橈之由：崩橈，崩毀傾斜。由，因。㉓貢舉：漢魏官吏向君主薦舉人員，泛稱「貢舉」。㉔格以四科：四科，漢代舉士之四種科目，即質樸，敦厚，遜讓，有行。格，準格。㉕三事九列：三事，指司徒，司馬，司空。九列，九品，古代官吏的等級，始於魏晉。㉖簡標穎拔萃：簡，選擇。標穎、拔萃，均指才能秀出。㉗柄：權柄。㉘風積教沮：風，風尚。教，教化。㉙履道：履行仁道。㉚力競：盡力爭逐。㉛望門而辟命：望門，門第高貴的世家大族。辟命，徵召任命。㉜積習：積久成習。

【今譯】 抱朴子說：「華山霍山所以能崇峻雲天，由於它們根基雄厚；唐堯虞舜所以能至臻至巍巍功業，實依賴輔弼的良助。雖然有孫陽（御車）的手而沒有麒麟的足，則不能夠行走千里；雖然有通古博學的才幹而無有力的輔佐，則無由成就眾多功績。君主雖英明如同日月，神妙地體察未來徵兆，然而萬機不可以獨自統領，瑣碎不可以親身理董，必定要借（他人）眼睛以開闊視野，借（他人）耳朵以擴大聽聞，實在須要官員加以安定贊助。因此英明的君主無不盡心招納賢能，以推薦人才作為首要任務。（於是）施獻玉帛於丘林園圃，馳騁翹車於山巖藪澤，辛勤地徵求人才，放心地使用賢能。上自公卿，下至賤役，（祇要能）論道治國，無不授予職位。恭誠自己，無所作為，則統治平安。刑罰不用，感化融洽域外，則萬邦皆寧。設建官位分立職務，就好像構築房屋一般，一物不能承受，則由此而崩毀傾斜。對尚未貢舉的士人，以四種科目作為（授官）準格，三公九品自此選出，一定要選拔才能秀出的俊傑。然而漢代末葉、桓帝靈帝之世，王室失去權柄，朝政把持在姦臣手中，朝綱破漏設防崩潰，風尚衰頹教化沮喪。抑制清德顯揚諂媚，貶退履行道義的人，提拔財富多的人。竭力爭逐成為習俗，苟且的人得以無恥。有的人輸送自售的寶物，有的人出賣要人的書籍。有的人因父兄顯赫，門第高貴而被徵辟任命，有的人低頭屈膝，積久成習而受到接納。」

「夫銓衡㊀不平，則輕重錯謬；斗斛㊁不正，則多少混亂；繩墨不陳㊂，則曲直不分；準格傾側，則滓雜㊃實繁。以之治人，則虐暴而豺貪，受取聚斂，以補買官之費；立之朝廷，則亂劇於棼絲㊄。

引用駑[六]庸，以為黨援[七]，而望風向草偃[八]，庶事之康[九]，何異懸瓦礫而責夜光[一〇]，絃不調而索清音[一一]哉！何可不澄濁飛沈[一二]，沙汰臧否[一三]，嚴試對之法，峻貪夫之防哉？殄瘁攸階[一四]，可勿畏乎？古者諸侯貢士，適[一五]者謂之有功。有功者增班[一六]進爵；貢士不適者謂之有過，有過者黜位削地。猶復不能令詩人謐大車、素餐[一七]之刺，山林無伐檀、罝兔[一八]之賢。況舉之無非才[一九]之罪，受之無負乘[二〇]之患。衡量一失其格[二一]，多少安可復損[二二]乎？夫孤立之翹秀[二三]，藏器以待賈[二四]；瑣碌[二五]之輕薄，人事以邀速[二六]。夫唯待價，故頓淪於窮瘁[二七]矣；夫唯邀速，故佻竊[二八]而騰躍矣。蓋鳥鴟屯飛[二九]，則鸞鳳幽集；豺狼當路，則麒麟遐遁。舉善而教，則不仁者遠矣；姦偽榮顯，則英傑潛[三〇]逝。高概恥與闒茸為伍[三一]，清節羞入饕餮[三二]之貫。舉任[三三]並謬，則群賢括囊[三四]；群賢括囊，則凶邪相引；凶邪相引，則小人道長；

小人道長，則檮杌比肩㉕。頌聲所以不作㉖，怨嗟所以嗷嗷㉗也。」

【今註】㈠銓衡：即權衡，衡量輕重的工具。㈡斗斛：音ㄉㄡˇ ㄏㄨˊ，即量。㈢繩墨不陳：繩墨，木工畫直線的工具。陳，陳設。㈣滓雜：滓，音ㄗˇ，渣滓。雜，雜質。㈤亂劇於棼絲：劇，甚。棼絲，使絲線混亂。棼，音ㄈㄣˊ。㈥駑：遲鈍。㈦黨援：朋黨之援。㈧望風向草偃：像草一樣看望風向倒伏。㈨庶事之康：庶事，眾多事務。康，通「糠」，荒廢。㈩夜光：夜光之珠。⑪絃不調而索清音：絃，琴絃。清音，清純音色。⑫澄濁飛沈：澄清混濁飛揚沉淪，與下文「沙汰臧否」均指斥退小人，起用埋沒的人才。⑬沙汰臧否：沙汰，淘汰。《晉書》卷五十六〈孫綽傳〉：「沙之汰之，瓦石在後」。臧，英良之才。否，指無能之輩。⑭殄瘁攸階：殄瘁，困病，指國家和人民困苦。攸，所。階，因由。⑮適：合格，合適。⑯班：頒，頒賞。⑰大車、素餐：大車，指《詩經・小雅・天將大車》一詩。鄭《箋》：「周大夫悔將小人。幽王之時，小人眾多，賢者與之從事，反見譖，自悔與小人立。」素餐，《詩經・魏風・伐檀》：「彼君子兮，不素餐兮。」素餐即白食，無功而食祿者。⑱伐檀、罝兔：伐檀，砍伐檀木。罝兔，網兔。「伐檀」，「罝兔」亦《詩經》篇名，傷賢者隱退不仕，靠伐木捕兔謀生。⑲非才：不適當人才。⑳負乘：負載為小人之事，車是貴人乘坐之物。小人乘坐君子之車，喻小人居君子之位，則必有禍患。見《易經・解卦》。㉑其格：其，之。格，標準。㉒損：削損，降低。㉓翹秀：才能出眾者。㉔藏器以待賈：將器物收藏起來等待買主。「器」喻才能。懷藏才學以待施展。㉕瑣碌：猥瑣庸碌。㉖人事以邀速：人事，指行禮送賄。邀速，希求速達。㉗頓淪於窮瘁：頓，困頓。淪，沉淪。窮瘁，貪困。㉘佻竊：輕佻盜竊。㉙鳥鴟屯飛：楊明照校證：鳥，《藏》本等作「梟」字是。屯飛，聚飛。㉚潛：潛伏。㉛高概恥與闒茸為伍：高概，氣度軒昂，品質崇高。闒茸，品格卑鄙低下的小人。㉜饕餮：音ㄊㄠ ㄊㄧㄝˋ，傳說中的貪食之獸，喻貪婪凶殘之人。㉝舉任：舉，薦舉。任，任用。㉞括囊：束緊袋口，喻不輕易說話。㉟檮杌比肩：檮杌，音ㄊㄠˊ ㄨˋ，古代傳說中的怪獸，喻惡人。比肩，並肩。㊱作：起。㊲噭噭：哀鳴聲。

【今譯】「權衡不均平，則輕重出現差錯。斗斛不準確，則數量產生混亂。繩墨不設，則曲直無法分別。準則傾倒，則渣滓雜物繁多。以這種人來治理百姓，則暴虐貪婪，受賄索取聚斂，以彌補買官的費用。任職於朝廷，則為亂遠過於絲線被攪混。引用遲鈍平庸的人作為黨援，（他們）像草一樣望著風向倒伏，眾多事務都荒廢掉。（這樣做）無異於懸掛瓦礫而非難明珠，不調琴絃而索求清音。為什麼不能澄清混濁飛揚沉淪，除去無能擇取俊才，嚴格考試對策之法，峻厲貪官污吏之防呢？導致國民困苦的因由，不就可以不畏懼嗎！古代諸侯貢舉士人，合格的謂之有功，有功的人增加頒賞提升爵位。貢士不合適，謂之有過，有過的人廢黜爵位削除封地。（這樣的話）還不能使詩人停息「大車」「素餐」的譏刺。山林中沒有伐木網兔的賢人，何況薦者沒有推舉不適當人才的罪過，受舉者沒有虧負公車的憂患。衡量過失的標準，能比這降低嗎？獨立不群的俊傑，懷藏才器等待買主，猥瑣庸碌的小人，行禮獻賄希求速達。祇因等待出價，所以頓挫淪落於貧困。祇因希求速達，所以輕薄盜竊之輩飛黃騰達。蓋凡梟鴟聚飛，則鴛鴦鳳凰暗自群棲。豺狼當道，則麒麟遠遠遁逃。薦舉良善而施教，則不仁者遠離。姦偽榮耀顯赫，則英傑潛伏消逝。氣度軒昂的志士恥與品格卑鄙的小人為伍，節操純潔的人羞入饕餮之徒的行例。推舉任命都錯謬，則群賢不輕易說話。群賢不輕易說話，則凶暴邪惡之徒相互接引。凶邪相互接引，則小人之道成長。小人之道成長，則惡人並肩，因而頌聲不起，怨恨咨三十嗟嗷嗷哀鳴。」

「高幹長材㈠，恃能勝己㈡，屈伸默語㈢，聽天任命，窮通得失㈣，委㈤之自然，亦焉得不墮多黨者之後，而居有力者之下乎？逸倫㈥之士，非禮不動，山峙淵渟㈦，知之者希。馳逐㈧之徒，蔽㈨而毀之，故思賢之君，終不知奇才之所在。懷道〔一〇〕之人，願效力而莫從。雖抱稷、卨之器〔一一〕，資邈世之量〔一二〕，遂沈滯詣死〔一三〕，不得登敘〔一四〕也。而有黨有力者，紛然鱗萃〔一五〕，人乏官曠〔一六〕，致者〔一七〕又美，亦安得不拾掇而用之乎？靈、獻之世，閹官用事，群姦秉權，危害忠良。臺閣〔一八〕失選用於上，州郡輕貢舉於下。夫選用失於上，則牧守〔一九〕非其人矣；貢舉輕於下，則秀、孝〔二〇〕不得賢矣。故時人語曰：『舉秀才，不知書；察孝廉，父別居〔二一〕。寒素〔二二〕清白濁如泥，高第良將怯如雞〔二三〕。』又云：『古人欲達〔二四〕勤誦經，今世圖官免治生〔二五〕。』蓋疾〔二六〕之甚也。于時懸爵而賣之，猶列肆〔二七〕也；爭津〔二八〕者買之，猶市人〔二九〕也。有直者無分而徑進〔三〇〕，空拳者望途而收跡。其貨多者其官貴〔三一〕，其財少者其職卑。故東園積賣官之錢〔三二〕，崔烈有銅臭之嗤〔三三〕。上為下傚，君行臣甚〔三四〕。故阿佞幸〔三五〕，獨談親容〔三六〕；桑梓議主〔三七〕，中正〔三八〕

吏部，並為魁儈(三九)，各責其估(四〇)。清貧之士，何理有望哉？是既然矣。」

【今註】(一)高幹長材：才幹突出的人。(二)恃能勝己：恃能，自恃有才能，自負。勝己，克制自己。(三)屈伸默語：屈伸，屈曲與伸直。引伸指進退，得意和失意。默語，無語。(四)窮通：窮究。(五)委：附。(六)逸倫：超過同輩的人。(七)山峙淵渟：山峙，山嶽般聳立。渟，水積聚而不流通。比喻氣度沈穆，獨立不群。(八)馳逐：指追逐名利。(九)蔽：摭蔽。(十)懷道：懷抱道義。(十一)稷、禼之器：稷，后稷，周人始祖，善農稼。禼（音ㄒㄧㄝˋ）即契，后契，商人始祖。器，才幹。(十二)資遯世之量：資，具。遯世，遯通藐，藐世猶傲世。量，胸襟。(十三)沈滯詣死：沈，沉淪。滯，廢滯，困頓。詣死，至死。(十四)登敘：登官敘用。(十五)有黨有力者，紛然鱗萃：「有黨者」即上文「多黨者」，有眾多黨援的人。有力者，「力」指財力。鱗萃，像魚鱗一般匯萃。(十六)人乏官曠：人乏，人手缺乏。官曠，官位空曠。(十七)致者：引薦者。(十八)臺閣：朝廷，中央。(十九)牧守：州牧太守。(二十)秀、孝：秀才與孝廉。(二一)別居：另外居住。(二二)寒素：家世清貧之人。(二三)高第良將怯如雞：高第，指出身高貴門第的士人。雞，楊明照《抱朴子外篇校箋・上》：雞，《意林》四引作「黽」，《御覽》四九六引作「蠅」。案「黽」字是。(二四)達：發達。(二五)圖官免治生：圖官，圖謀官職。免，楊明照《抱朴子外篇校箋・上》：

陳澧曰「免」當作「勉」，王校同。案陳、王校是，《御覽》四九六引正作「勉」，當據改。勉治生，勉力治理生計，指竭力聚斂財物。㉖疾：厭惡，憎恨。㉗列肆：列設商鋪。㉘爭津：爭相問津。㉙市人：集市之人。㉚有直者無分而徑進：有直者，「直」通「值」，持。「有持」指手中持貨，與下文「空拳」相反。無分，不分，不加區分。徑進，徑直進入。此句喻祇有錢財，不管其品德優劣都可以向朝廷買官。㉛貨多者其官貴：貨，財貨。貴，高貴。㉜東園積賣官之錢：東園，楊明照《抱朴子外篇校箋・上》：「東」當作「西」，字之誤也。《後漢書》卷八〈孝靈帝紀〉：「光和六年，初幵西邸賣官。」《通鑑》胡《注》「開邸舍於西園，因謂之西邸。」靈帝之開邸賣官，立庫貯錢，乃西園而非東園明矣。㉝崔烈有銅臭之嗤：崔烈，東漢人，歷任郡守、九卿。靈帝時開鴻都門榜賣官爵，烈入錢五百萬，得為司徒，於是聲名衰減。問其子鈞曰：「吾居三公，於議者何如？」鈞答曰：「論者嫌其銅臭。」事見《後漢書》卷五十二〈崔駰列傳〉。嗤，嗤笑。㉞甚：超過。㉟阿佞幸：阿，阿諛。佞，姦。幸，寵幸。㊱獨談親容：獨談，只論。親容，親近之容。㊲桑梓議主：桑梓，家鄉。議主，當指評議薦主。孫星衍校：「故阿」以下數句有脫字。㊳中正：官名。魏建康元年（公元二二〇年）曹丕採吏部尚書陳群建議，推選各郡有聲望之人出任「中正」，評定當地士人品級。後來「中正」一職均由世族豪門擔任。㊴魁儈：魁，首。儈，買賣介紹人。㊵各責其估：

責，索求。估，估價。

【今譯】　「才幹突出的人，自負克制，委屈與得意都默然不語，聽天由命，窮究得失，聽任自然，怎麼不落在有眾多黨援者的後頭，屈居財力雄厚者之下呢？卓越之士，符合禮儀才有所行動，（沉穆的氣度如同）山峰峙立，深淵水積，相知者很少。追逐（名利）之徒，摭蔽並讒毀他們，因此思念賢士的君主，始終不知道奇才的所在。懷抱道義的人，願意效力而無所追隨，雖然身懷后稷后契般的才幹，具有傲世的胸襟，卻沉淪困頓至死，不能登官敘用，而有朋黨有財力的人，像魚鱗一般紛然匯萃。人手缺乏官位空曠，引見者又加以譽美，怎麼不撿起來任用呢？靈帝獻帝之世，宦官執政，群姦秉權，危害忠良。在中央是臺閣選官用人失當，在地方是州郡輕視貢舉。中央選官用人失當，則（任命的）州牧太守不是適當人選。地方輕視貢舉，則（推薦的）秀才孝廉不會賢良。所以當時的人說：「舉秀才，不知書。察孝廉，父別居。寒素清白濁如泥，高第門將怯如雞。」又說：「古者欲達勤誦經，今人圖官勉治生。」大概是過度的憎惡吧。當時懸掛爵位出賣，就好像成排的店鋪。爭相問津的人購之，又如同趕集的人。手中有貨幣的人不加區分都徑直進入，赤手空拳的人（祇能望途而止步。錢貨多的人官位高，財物少的人職位卑）。因此西園堆積賣官之錢，崔烈受到「銅臭」的嗤笑。上行下傚，臣下所作為超過了君主。故此阿諛姦佞之人得到寵幸，只論親近之人……桑梓評議薦主（？）

……中正和吏部一同成為首倫，各自索價。清貧的士人，什麼理由有望呢？這是必然的啊。」

「又邪正不同，譬猶冰炭；惡直㈠之人，憎於非黨㈡。刀尺顛倒者，則恐人之議己也；達不由道㈢者，則患言論之不美也。乃共搆合虛誣，中傷清德，瑕累橫生㈣，莫敢救拔㈤。於是曾、閔獲商臣之謗㈥，孔、墨蒙盜跖之垢㈦。懷正居貞㈧者，填笮㈨乎泥濘之中；而狡猾巧偽㈩者，軒翥⑪乎虹霓之際矣。而凡夫淺識，不辯邪正，謂守道者為陸沈⑫，以履徑⑬者為知變。俗之隨風而動，逐波而流者，安能復身⑭於德行，苦思於學問哉！是莫不棄檢括之勞⑮，而赴用賂之速矣。斯誠有漢之所以傾⑯，來代之所宜深鑒也。」

【今註】㈠惡直：痛惡正直。㈡憎於非黨：憎恨不是同黨之人。㈢達不由道：發達不經由正道。㈣瑕累橫生：瑕，瑕疵，過失。累，麻煩。橫生，突然發生。㈤救拔：救援。㈥曾、閔獲商臣之謗：曾、閔，曾參與閔子騫，孔子兩位門徒，為儒家孝子典範。商臣，篡奪王位，為楚穆王。㈦孔、墨蒙盜跖之垢：孔、墨，孔子、墨子。盜跖，即跖，春秋戰國之際盜首。㈧居貞：處於忠貞。㈨填笮：填，通殄，窮困。笮，音ㄗㄜˊ，逼迫。㈩巧偽：姦巧虛偽。㈡軒翥：音ㄒㄩㄢ ㄓㄨˋ，高飛。㈢守道者為陸沈：守道，遵守道義。陸沈，泥古不合時宜。㈢履徑：行走小道，指行走歪門邪道以求速達的人。㈣復身：返身。㈤是莫不棄檢括之勞：楊明照《抱朴子外篇校箋・上》：「是」下疑脫「以」字。檢括：檢，法度。括，約束。㈥斯誠有漢之所以傾：楊明照《抱朴子外篇校箋・上》：「傾」下疑脫一字，當補「僨」或「墮」字。

【今譯】　「邪惡正直之不相同，猶如寒冰與火炭（不相容）。厭惡正直的小人，憎恨異黨之士。刀尺顛倒的人，畏懼別人議論自己，不是通過正道發達的人，擔心不被言論讚美。於是構合虛妄的誣諂，中傷品德清白的人。過失麻煩突然降臨，沒有人敢於救援。於是曾參、閔子騫受到商臣的誹謗，孔丘、墨翟蒙受盜跖的污垢。胸懷正直操守忠貞的人，窮困窘迫泥濘之中，狡猾姦巧的人，高飛於彩虹之際。普通人見識短淺，對邪正不能分辯，說遵守正道的人是泥古不化，認為行走小路的人是知曉變通。世俗中隨風而動、逐末而流的人，怎麼能返身回到德行，苦思冥想學問呢？因此無不放棄遵循法度的辛勞，而行賄賂的速效。這確實是漢朝之所以傾亡的原因，後代應當深以為鑒。」

或曰：「吾子論漢末貢舉之事，誠得其病㈠也。今必欲戒既往之失，避傾車之路，改有代之絃調㈡，防法翫㈢之或變，令濮上《巴人》㈣，反安樂之正音㈤，腠理㈥之疾，無退走之滯患者㈦，豈有方㈧乎？士有風姿豐偉㈨，雅望㈩有餘，而懷空抱虛㈡，幹植㈢不足，以貌取之，則不必得賢。徐徐先試，則不可倉卒。將如之何？」

【今註】㈠病：弊病。㈡絃調：音調，指評品輿論。㈢法翫：翫法，忽視法律。㈣濮上《巴人》：指淫靡、庸俗之樂。濮上，春秋時，濮水之上流行侈靡音樂。《巴人》，即《下里巴人》。巴人，古代居住四川東部的少數民族，善歌舞。下里即鄉里。《下里巴人》即指其地庸俗音樂。㈤正音：正統的音樂。㈥腠理：中醫名詞，指人的皮膚，肌肉，臟腑的紋理，是氣血流通灌注之處。腠，音ㄘㄡˋ。㈦無退走之滯患者：退走，消失。滯，指氣血滯留不通。意為，氣血沒有暢通的病人。㈧方：藥方。㈨風姿豐偉：風姿，風度姿容。豐偉，容貌豐滿美好。㈩雅望：高雅的名望。㈡懷空抱虛：指虛浮不實，沒有真才實學。㈢幹植：樹幹柱子，喻人的才能。

【今譯】　有人說：「你評論漢末貢舉的事情，確實擊中其弊病。今天一定要戒除以往的過失，避免翻車的道路，改變前代的輿論，防範翫法的變亂，令濮上或《下里巴人》淫靡、庸俗的音樂，回歸並習慣於音樂的正音。患肌膚內臟疾病，氣血沒有暢通的病人，豈有藥方（可救）嗎？士人有豐偉的風姿，聲望非常高雅，然而抱負空虛，才幹不足，根據容貌取用，必定不能得到賢才。從容不迫地預先試用，不可以倉卒行事。怎麼做才好呢？」

抱朴子答曰：「知人則哲，上聖所難。今使牧守皆能審良才於未用，保性履㈠之始終，誠未易也。但共遣其私情，竭其聰明，不為利慾動，不為屬㈡託屈。所欲舉者，必澄思㈢以察之，博訪以詳之，修其名而考其行㈣，校同異以備虛飾㈤。今親族稱其孝友㈥，邦閭歸其信義。嘗小仕者㈦，有忠清之效㈧，治事之幹，則寸錦足以知巧，刺鼠足以觀勇也。又秀孝皆宜如舊試經答策，防其罪㈨對之姦，當令必絕，其不中㈩者勿署，吏加罰禁錮⑪。其所舉書不中者⑫，刺史太守免官，不中左遷⑬。中者多不中者少，後轉不得過故⑭。若受賕㉕而舉所不當，發覺有驗者㉖除名㉗，禁錮終身，不以赦令原，所舉與舉者同罪。今試用此法，治一二歲之間，秀、孝必多不行者㉘，亦足以知天下貢舉不精之久矣。過此，則必多修德而勤學者矣。又諸居職㉙，其犯公坐㉚者，以法律從事㉛；其以貪濁贓汙㉜為罪，不足至死者，刑竟及遇赦㉝，皆宜禁錮終身，輕者二十年。如此，不廉之吏，必將化為夷、齊㉞矣。若乃臨官㉟受取㊱，金錢山積，發覺則自恤㊲得了，免退則旬日㊳復用者，曾、史㊴亦將變為盜跖矣。如此，則雖貢士皆中，不辭㊵於官長之不良。」

【今註】㊀性履：品行。㊁屬：囑。㊂澄思：指深思熟慮，慎重思量。㊃修其名而考其行：楊明照《抱朴子外篇校箋・上》：「修」當作「循」，形之誤也。《鄧析子・無厚篇》「循名責實」，《韓非子・定法篇》「循名而責實」，可證。循其名，循通巡，巡視其聲名。㊄校同異以備虛飾：校同異，參校同與異。備虛飾，防備掩飾。㊅孝友：《詩經・小雅・六月》毛《傳》：「善父母為孝，善兄弟為友。」㈦小仕：擔任過小吏的人。㈧忠清之效：忠貞清廉的功勞。㈨罪：孫星衍校：「罪」疑作「置」，舊寫本「罪」字空白。㈩中：合格。⑪禁錮：禁止做官。⑫其所舉書不中者：楊明照《抱朴子外篇校箋・上》：書，王校「盡」，案王校是。⑬不中左遷：「不中」指受薦舉而不合格的官吏。左遷，降職。⑭後轉不得過故：後，以後。轉，遷調官職。過，超過，高於。故，故職，原先官職。⑮賕：音ㄑㄧㄡˊ，賄賂。⑯有驗：有證據。⑰除名：除去名籍。⑱不行：無品行。⑲居職：在職。⑳公坐：坐法。㉑從事：行事、論處。㉒贓汙：贓，貪贓。汙，污。㉓竟及遇赦：刑滿遇赦。㉔夷、齊：伯夷、叔齊。商末周初孤竹貴族，兄弟二人相互讓位，共奔周武王。武王伐商，夷齊叩馬而諫。及商亡，恥食周粟，隱居首陽山，採薇而食，遂餓死。㉕臨官：為官。㉖受取：受賄索取。㉗自恤：指用金錢贖身。古代貴族官僚犯法，可以「金作贖刑」，交納一定罰金免除刑罰。㉘旬日：十日為旬。「旬日」喻為時短暫。㉙曾、史：曾參與史鰌，孔子學生。有「曾參行仁，史鰌行義」之譽。㉚辭：免。

【今譯】 抱朴子回答說：「了解人則為明哲，這是上聖也感到困難的。今日讓州牧郡守都能明察尚未任用的良才，保持品行始終如一，實在很不容易。但是遣去私人感情，竭盡聰明才智，不被名利欲望所動搖，不被囑咐請託所屈服。對所要薦舉的人，一定要慎思以便觀察，博訪以便詳覈，巡察其聲名，考驗其品行，參校異同以防備其虛偽的掩飾。使親族都稱讚其孝友，邦閭都歸服其信義。曾經擔任過小官的人，有忠貞清廉的功勞，治理事務的才幹，則寸錦就足以知道其精巧，刺鼠足以看到其勇武。另外，秀才孝廉都應當依從過去試經答策的辦法，防備其答對之姦詐，應當使它滅絕。不合格的人不要授予官職，還要加以禁止做官的懲罰。凡所薦舉的人都不合格，刺史太守免去官職，不合格的人降低官位。合格的人多不合格的人少，（薦主）後來遷調的官職不能超過原先的職位。如果受賄而且推舉失當，發現有證據的人，除去名籍，終身禁止做官，不予赦免，令原先被薦舉的人與舉人一同論罪。今日試用這種辦法，治理一二年之間，秀才孝廉中必定有許多無品行的人，這就足以知道天下貢舉不純由來已久。經過這樣後，修德勤學的人一定增多。另外，對眾在職坐法的人法以法律論處，因貪污受賄犯罪，罪不至死的施以刑罰。刑滿遇赦，都應當禁錮終身，輕的也要二十年。這樣做的話，不廉潔的官吏，必將變成伯夷叔齊。如果任官受賄索取，（聚斂的）金錢像山積一般，發現後則自贖了結，罷職不久又重新任用，曾參史鰌也會變成盜跖。這樣的話，雖然上貢的士人都合格，其擔任官長卻不能免於不良。」

或曰：「能言不必能行㈠，今試經對策雖過，豈必有政事之才㈡乎？」抱朴子答曰：「古者猶以射擇人㈢，況經術乎？如其舍旃㈣，則未見餘法之賢乎此也(五)。夫豐草不秀瘠土(六)，巨魚不生小水，格言(七)不吐庸人之口，高文不墮頑夫之筆(八)。故披〈洪範〉而知箕子有經世之器(九)，覽九術而見范生懷治國之略(一〇)，省夷吾(一一)之書，而明其有撥亂之幹，視不害(一二)之文，而見其精霸王之道也。今孝廉必試經無脫謬(一三)，而秀才必對策無失指(一四)，則亦不得闇蔽也(一五)。良將高第，取其膽武(一六)，猶復試之以策，況文士乎？假令不能必(一七)盡得賢能，要必愈於了不試也(一八)。今且令天下諸當在貢舉之流者，莫敢不勤學。但此一條，其為長益風教(一九)，亦不細(二〇)矣。若使海內畏妄舉之失(二一)，凡人息僥倖之求，背競逐之末(二二)，歸學問之本，儒道將大興，而私貨(二三)必漸絕，奇才可得而役(二四)，庶官可以不曠矣。」

【今註】 (一)行：行事，做。(二)政事之才：處理政務的才幹。(三)以射擇人：射，射箭。西周春秋時代統治者常通過「射禮」舉行射箭比賽，從中選拔人才。(四)旃：音ㄓㄢ，猶「之」。(五)餘法之賢乎此：餘法，其他辦法。賢乎此，比這更好。㈥秀堉土：秀，茂秀。堉土，貧堉土地。㈦格言：可為準格法式的言語。㈧高文不墮頑夫之筆：高文，高妙文章。頑夫，愚笨無知的人。㈨披〈洪範〉而知箕子有經世之器：披，翻覽。〈洪範〉，《尚書・周書》中一篇，記載箕子對武王的講話，乃後人所託。箕子，商末貴族，紂王叔父，官太師，封於箕（今山西太谷東北）。因勸諫而為紂王所囚。武王滅商後被釋放。經世之器，治國的才具。㈩范生懷治國之略：范生，當即范雎，《抱朴子・外篇・任命篇》：「范生來辱於溺簀」可證。范雎，戰國時魏人。入秦游說秦昭王，任秦相，遠交近攻。因舉人不當，謝病辭職，不久病死。略，才略。㈡夷吾：管仲之名（仲為字），任齊桓公之卿，進行改革，國力大振，齊遂稱霸。《漢書》卷三十〈藝文志〉道家著錄有《管子》八十六篇。㈢不害：申不害，戰國法家，鄭國京（今河南滎陽東南）人。其理論「本於黃老而主刑名」，主張中央集權。曾任韓昭侯之相。㈢脫謬：脫文錯謬。㈣指：意指。㈤闇蔽：闇音ㄢˋ，同蔭，蔭庇。㈥取其膽武：以其膽氣英武為勇敢。㈦必：疑因下句「要必」而衍。當刪。㈧要必愈於了不試也：愈，逾，勝過。了，完全。㈨風教：風俗教化。㈢細：詳密。㈡失：過失。㈢背競遂之末：背，背離。末，末業。㈢私貨：指請託賄賂之事。㈣役：役使。

【今譯】 有人說：「能說不必能做，今日試經對策雖然通過，難道就一定有政務的才幹？」抱朴子回答說：「古代尚通過射箭選擇人才，何況經國之術！如果捨棄（試對）的話，不見得有其他辦法比它更好的。豐草不茂盛於貧墝土壤，大魚不生長於小水之中，格言不吐自庸人之口，妙文不落自笨夫之筆。因此覽〈洪範〉而知箕子有經世的才具，閱《九術》而見范雎懷治國的大略。觀夷吾著作而明瞭其撥亂反正的才幹，視申不害文章而看見其精通霸王之道。如今孝廉一定要試經沒有脫漏謬誤，秀才一定要對策不失意指，這樣他們就不能得到包庇蔭護。良將高門，以膽氣英武為勇，尚且還試之對策，何況文士呢。假如（試對）不能盡得賢能，總必定勝過完全不試。今天當令天下在貢舉之列的人，不敢不勉力學習。但是僅此一條，用來長久地益助風教，也還不夠詳密。假如使海內都畏懼妄自推舉的過失，大家停止僥倖的追求，背棄競逐的末業，回歸學問的根本，儒道即將大興，私貨必定逐漸斷絕，奇才能夠得到並使用，眾多官職可以不空缺了。」

或曰：「先生欲急㊀貢舉之法，但禁錮之罪，苛而且重，懼者甚眾。夫急轡繁策，伯樂所不為㊁；密防㊂峻法，德政之所恥。」

抱朴子曰：「夫骨填肉補之藥㊃，長㊄於養體益壽，而不可以救暍溺㊅之急也。務寬含垢之政，可以蒞敦御朴㊆，而不可以拯衰弊㊇

之變也。虎狼見逼，不揮戈奮劍，而彈琴詠詩，吾未見其身可保也㊈。燎火及室，不奔走灌注，而揖讓盤旋㊉，吾未見其焚之自息也。今與知欲賣策者論此，是與跖議捕盜也。」

【今註】㊀急：速行。㊁急轡繁策，伯樂所不為：轡，御馬之繩。策，馬鞭。義同「快馬加鞭」。伯樂所不為，《戰國策・楚策》：「驥……服鹽車而上太行，蹄申膝折，尾湛胕潰，漉汁灑地，白汗交流，中阪遷延，負轅不能上。伯樂遭之，下車攀而哭之，解紵衣以冪之。驥於是俛而噴，仰而鳴，聲達於天，若出金石聲音。」㊂密防：嚴密防範。㊃骨填肉補之藥：骨填，填骨，強骨。肉補，補肉，增肌。㊄長：長處。㊅暍溺：暍，中暑。溺，溺水。㊆菈敦御朴：臨視敦厚駕御樸實。㊇衰弊：衰落敗亡。㊈吾未見其身可保也：楊明照《抱朴子外篇校箋・上》：「『身』下《御覽》三五一引有『之』字。」㊉揖讓盤旋：揖讓，古代賓主相見的禮節。揖，拱手為禮，有「土揖」，「時揖」、「天揖」。讓，謙讓，有所謂「三讓」。詳《周禮・正義》卷七十二《秋官・司儀》。盤旋，古代行禮時盤旋進退的動作姿態。

【今譯】有人說：「先生想速行貢舉的辦法，但禁錮之罪，苛刻而且嚴重，害怕的人很多。快馬加鞭，是伯樂所不做的。密防峻法，是德政所羞恥的。」

抱朴子說：「強骨增肌的藥，長處在於養身益壽，而不能用來解救中暑與溺水之急。務必鬆緩污穢之政，雖然可以陵駕敦厚樸實，卻不可以拯救衰敗之亂。見到虎狼迫近，不揮戈奮劍，而是彈琴詠詩，我沒見到（這樣做）可以保住性命的。大火燃燒到房屋，不奔跑潑水，而是作揖恭讓左右盤旋，我沒見到大火會自己熄滅的。現在和想賣策的人議論這件事，（無異）和盜跖議論捕盜。」

抱朴子曰：「今普天一統，九垓㊀同風。王制政令，誠宜齊一。夫衡量小器，猶不可使往往㊁而有異，況人士之格，而可參差而無檢㊂乎？江表雖遠㊃，密邇海隅㊄，然染道化，率禮教㊅，亦既千餘載矣。往雖暫隔，不盈㊆百年。而儒學之事，亦不偏廢也。惟以其土宇褊於中州㊇，故人士之數，不得鈞㊈其多少耳。及其德行才學之高者，子游、仲任之徒㊉，亦未謝上國⑪也。昔吳土初附⑫，其貢士見偃以不試⑬。今太平已近四十年矣，猶復不試，所以使東南儒業衰於在昔(一四)也。此乃見同於左衽之類(一五)，非所以別(一六)之也。且夫君子猶愛人以禮，況為其愷悌(一七)之父母邪！法有招患(一八)，令有損化(一九)，其此之謂(二〇)也。今貢士無復試者，則必皆修飾(二一)馳逐，以競虛名，誰肎復開卷(二二)受書哉？所謂饒(二三)之適足以敗之者也。自有天性好古，必悅藝(二四)文，學不為祿，味道(二五)忘貧，若法高卿、周生烈(二六)者。學精而不仕，徇乎榮利者(二七)，萬之一耳。至於甯越、倪寬、黃霸之徒(二八)，所以強自篤勵(二九)於典籍者，非天性也，皆由患苦困瘁，欲以經術自拔耳。向使(三〇)非漢武之世，則朱買臣、嚴助之屬(三一)，亦未必讀書也。今若取富貴之道，幸有易於學者，而復素無自然之好(三二)，豈肎復空自勤苦，執灑埽(三三)為諸生，遠行尋師問道者乎？兵興之世，武貴文寢(三四)，俗人視儒士如僕虜(三五)，見經誥如芥壤者(三六)，何哉？由於聲名背乎此也。夫不用譬猶售章甫於夷越(三七)，徇髯蛇(三八)於華夏矣。今若遐邇一例㊴，明考課試，則必多負笈千里，以尋師友，轉其禮賂之費，以買記籍㊵者，不俟㊶終日矣。」

【今註】㈠九垓：中央及八極之地，義同「九州」。垓，音ㄍㄞ。㈡往往：時常。㈢檢：查。㈣江表：長江以南之地。㈤密邇海隅：非常靠近海邊。㈥染道化，率禮教：染，感染。率，遵循。㈦盈：滿。㈧土宇徧於中州：土宇，土地和屋宇，指疆地領土。徧，偏離。中州，中原。㈨鈞：同均，計算。《周禮．司稼》：「掌均萬民之食」，《注》：「謂度其多少。」㈩子游、仲任之徒：子游，言偃字，春秋戰國之際吳人，孔子弟子。習於文學。仕魯任武城宰，以禮樂教民。孔子曾戲曰：「殺雞焉用牛刀」，治小而用大道。仲任，王充字，東漢會稽上虞人。出身平民。少時入京師受業太學，「好博覽而不守章句」，通百家眾流。曾為小吏多年，仕進無途。晚年罷職家居，從事撰述。代表作《論衡》。⑪謝上國：謝，拜謝。上國，皇室。指受到中央朝廷重用。⑫附：歸附。⑬見偃以不試：見偃，「見」當讀為「蹇」，雙聲疊韻。蹇偃即蹇連，又作偃蹇，艱難。「其貢士見偃以不試」，謂吳地初附，貢士困難，故以免試。⑭在昔：往昔。⑮見同於左衽之類：見同，同化，聚同。左衽，古代某些少數民族服裝前襟向左掩，異於中原華夏族之右衽。吳本越人舊居地，當地土著「文身斷髮」，故文中以「左衽」稱呼吳地之民。⑯別：區別。⑰愷悌：和易寬仁。⑱招患：招引禍患。⑲損化：減損變化。⑳其此之謂：說的就是這種情況。㉑修飾：指矯飾。㉒開卷：翻開書卷。㉓饒：富裕。㉔埶：通藝。㉕味道：體味義理。㉖法高卿、周生烈：法高卿，即法真，扶風郿（今陝西郿縣東）人。博通內外圖典，為關西大儒。辟公府，舉賢良，皆不就。會順帝西巡，前後四徵，終不降屈。見《後漢書》卷八十三〈逸民傳〉。周生烈，三國時魏文士。姓周生，名烈。敦煌（今甘肅敦煌）人。魏初被徵注書，著有《義例》等。見《三國志》卷十三〈魏志・王肅傳〉。㉗徇乎榮利者：徇，環繞，猶言熱中。榮利，榮耀名利。㉘甯越、倪寬、黃霸之徒：甯越，戰國時趙人。原為中牟農夫，因努力求學，十五歲而成周威公之師。倪寬，西漢千乘人。治《尚書》，為孔安國弟子。家貧無資，為人作傭，帶經而鋤，休息則讀誦。任官有政績。黃霸，西漢淮陽陽夏人，歷任楊州、潁川太守，御史大夫，丞相，為政外寬內明。㉙強自篤勵：強，勉強。篤勵，專心努力。㉚向使：倘若。㉛朱買臣、嚴助之屬：朱買臣，西漢吳縣人。家貧好讀書，擔束薪，行且誦書。武帝時任會稽太守，平定東越之亂。嚴助，西漢會稽人。家貧，曾為親戚富人所辱。武帝時任中大夫，會稽太守。與朱買臣交善。㉜自然之好：天生的喜好。㉝灑埽：灑，噴水於地上。埽，同「掃」。㉞寢：衰。㉟僕虜：奴僕俘虜。㊱見經誥如芥壤者：經誥，經書典誥。芥，小草。壤，泥土。㊲售章甫於夷越：章甫，商人宋人所戴帽子之名。語本《莊子・逍遙遊篇》「宋人資章甫而適諸越，越人斷髮文身，無所用之。」㊳徇髯蛇：徇，示。髯，音ㄖㄢˊ，蚺。髯蛇即蟒蛇。㊴遐邇一例：遠近同等對待。一例，同例，不加區分。㊵記籍：書籍。㊶俟：等待。

【今譯】抱朴子說：「當今普天一統，九州同風。朝廷制度政令，實在應該整齊劃一。衡量不過是小器，尚且不可以使它們時常相異，何況人們的品格，可以參差不齊而不加檢查嗎？江南雖然遙遠，非常靠近海隅，然而感染道化遵循禮教，也已經千餘年了。往昔雖然暫時阻隔，不滿百年，而儒學之事也沒有偏廢，只是因為它的疆土偏離中原，所以士人的數量，不能夠計算出它有多少。至於德行才學高超的人，如子游仲任之徒，也沒得到中央的重用。昔日吳地剛剛歸附，因貢士困難而不予考試。現在太平已近四十年了，仍舊不考試，因此使東南地區的儒業比往昔衰落。（免試）這是為了同化吳地人民，並非用它來區別對待。君子尚能以禮愛人，何況是和易寬仁的父母呢。法律能招致禍患，政令有減損變化，說的就是這種情況。現在貢士不再考試，必定都矯飾競逐以爭奪虛名，什麼人肯再翻開書卷，接受典籍呢？所謂使其富裕，正足以使其失敗。自然有人生性好古，心喜藝文，學習不圖利祿，體味義理而忘記貧困，像效法高卿周生功烈的那種人，學問精純而不做官。熱中榮耀功利者，萬分之一罷了。至於寧越、倪寬、黃霸之徒，之所以強自專心勤奮攻讀經典，並不是（出自）天性所好，都由於貧困受苦，想以經術自拔。假如不是漢武帝之世，朱買臣、嚴助之輩也未必讀書。現在如果獲取富貴的辦法，僥倖比讀書容易，並且又一向沒有天生的喜好，怎麼肯再白費力氣，灑水掃地充當學生遠行尋師請教道義呢？戰爭年代，武貴文衰，俗人將儒生看作奴僕俘虜一般，視經書典誥如同小草泥土。為什麼這樣呢？由於聲名背離他們的緣故。不加使用，就好像在東夷南越出售章甫，在華夏中原出示蟒蛇一樣。現在倘若遠近地區都同等看待，嚴明考試，必定有許多人背負書箱，行走千里以尋找師友，將他們行禮送賄的費用轉用於購買書籍。這不必等多久了。」

抱朴子曰：「才學之士堪㊀秀、孝者，已不可多得矣。就令其人若如桓、靈之世，舉吏不先以財貨，便安臺閣主㊁者，則雖諸經兼本解㊂，於問無不對，猶見誣枉，使不得過矣。常追恨于時執事㊃，不重為之防㊄。余意謂新年㊅當試貢舉者，今年便可使儒官才士，豫㊆作諸策，計足周用㊇。集上㊈禁其留草㊉殿中，封閉之；臨試之時，亟賦之(十一)。人事因緣(十二)於是絕。當答策者，皆可會著(十三)一處，高選臺省(一四)之官親監察之，又嚴禁其交關(一五)出入，畢事(一六)乃遣。違犯有罪無赦。如此，屬託之冀窒矣(一七)。夫明君恃(一八)己之不可欺，不恃人之不欺己也。亦何恥於峻為斯制(一九)乎？若試經法立，則天下可以不立學官(二〇)，而人自勤樂(二一)矣。案四科亦有明解法令之狀(二二)，今在職之人，官無大小，悉不知法令。或有微言(二三)難曉，而小吏多頑(二四)，而使之決獄(二五)，無以死生委之(二六)，以輕百姓之命，付無知之人也，作官長不知法，為下吏所欺而不知，而決其口筆(二七)者，憒憒不能知食法(二八)，與不食不問，不以付主(二九)者。或以意斷事(三〇)，蹉跌(三一)不慎法令，亦可令廉良之吏，皆取明律令者試之如試經，高者隨才品敘用。如此，天下必少弄法之吏，失理之獄矣。」

【今註】(一)堪：勝任。(二)便安臺閣主：便安，安頓，指賄賂。臺閣主，尚書臺官長。因尚書臺在宮廷建築之內，故稱「臺閣」。(三)雖諸經兼本解：楊明照《抱朴子外篇校箋・上》：「兼本」疑「本」

字為衍文，或應乙在「兼」字上。諸經兼本，謂諸經書也。此句意為，雖然眾經書都能解釋。④執事：執政者。⑤不重為之防：重，嚴厲。防，設防。⑥新年：明年，新的一年。⑦豫：預先。⑧計足周用：計，估計。周用，完備可用。⑨集上：集中起來上交。⑩草：草稿。⑪亟賦之：亟，立即，迅速。賦，授。⑫人事因緣：人事，囑託行賄。因緣，機緣。⑬會著：集中。⑭臺省：尚書臺與中書省。⑮交關：來往。⑯畢事：事畢。⑰冀窒：冀，希望。窒，息。⑱恃：依恃，依賴。⑲峻為斯制：嚴峻這種制度。⑳學官：主管學務的官員和官學教師。漢代有五經博士，博士祭酒。西晉有國子祭酒，博士，助教等。㉑勤樂：勤勞安樂。㉒狀：情況。㉓微言：含義深遠精微的言辭。㉔頑：昏憒愚笨。㉕決獄：斷獄。㉖無以死生委之：楊明照《抱朴子外篇校箋・上》：「無」下疑脫一字（或是「異」字）。委，付。㉗口筆：口舌與筆。謂靠口舌毛筆決獄，非依法律。㉘憒憒不能知食法：楊明照《抱朴子外篇校箋・上》：憒憒，王校「憒憒」，按王校是。〈用刑篇〉「其為憒憒」，《藏》本等亦誤為「憒憒」也。憒憒，昏憒無知。食法，消化法令。㉙不以付主：主，上級。謂不將案卷付送上級。㉚以意斷事：憑主觀決斷事務。㉛蹉跌：失足跌倒，比喻失誤。

【今譯】　抱朴子說：「有才幹學識的人，勝任秀才孝廉的已經不多了。即令這種人，如果在桓靈之世，推舉官吏時不先進獻財貨以安撫臺閣官長的，則雖然眾經整部都能解釋，對所問無不對答，還會受到誣諂冤枉，使他們不能通過。我常常追恨當時執政者，不能夠為此嚴加設防。我以為明年應試貢舉的，今年便可以讓文官才士預先作好眾策，估計足夠完備可用，便匯集上文，禁止將草稿留在殿中。將它們封閉起來，到考試時間，立刻付與考生。請託、送禮和機緣由此而絕。應當回答策問的人，都可以聚集在一處受到高選，臺省官員親自監察他們，並嚴禁其來往出入，事情完畢後才遣發。違犯者有罪不赦。這樣的話，囑託的希望就被窒息了。明君依靠自己不被人欺瞞，不指望別人不欺騙自己，又何必為嚴厲這種制度而抱愧呢？如果試經之法建立，天下就可以不設學官，而且人人勤勞安樂。今案，四科也存在明確解釋法令的情況。現在在職的人，無論官職大小，都不懂法令，或者難以明白含義精微的文辭，而且小吏多昏憒愚蠢，讓他們決斷獄訟，無異將生死大權委付給他們，把老百姓的性命付與無知者經管。做長官的不懂法律，被下級小吏欺騙而懵然不知。靠口舌毛筆斷獄的人，昏昏然不懂得學習消化法令，和那些不食法、不請教，不（將案卷）付送上級的人，憑主觀決斷事務，草率失誤。法令方面，也可以讓廉潔優良的官吏，都由明瞭律令的人對他們加以考試，如同試經一樣，成績高的人根據其才能品級登敘任用。這樣的話，天下翫法的官吏，無理的刑獄就必定可以減少了。」

交際篇 第十六

【篇旨】 本篇論述交際之道。作者鄙視那種為了功名富貴不惜降低人格，卑辭悅色奔走豪門，結交權貴的輕薄小人，對「德薄位高」的當權者只收容小人，不接納奇士表示極大的憤慨。葛洪認為歷史上的管仲、朱博之所以能建功立業，全賴「交之力也」。因此君子應當慎重交際，「所企及則必簡乎勝己，所降結則必料乎同志」。朋友相處須「狎而不慢，和而不同」，見過則諫，有過則改，如此才符合交際之道。

抱朴子曰：「余以朋友之交，不宜浮雜㈠。面而不心㈡，揚雄㈢攸譏。故雖位顯名美，門齊年敵㈣，而趨舍異規㈤，業尚乖互㈥者，未嘗結焉。或有矜其先達㈦，步高視遠，或遺忽陵遲㈧之舊好，或簡弃後門㈨之類味㈩，或取人以官而不論德，其不遭知己，零淪丘園者，雖才深智遠，操清節高者，不可㈡也。其進趨偶合，位顯官通者，雖面牆庸瑣㊂，必及也。如此之徒，雖能令壤蟲㊃雲飛，斥鷃戾天㊃，手捉刀尺㊄，口為禍福，得之則排冰吐華㊅，失之則當春彫悴，余代其踧踖㊆，恥與共世。」

【今註】㈠浮雜：孫星衍校：《藏》本作「雜浮」，從《意林》乙轉。㈡面而不心：指貌合神離。語出《法言・學行篇》：「朋而不心，面朋也。友而不心，面友也」。「心」謂真心相交。㈢揚雄：孫星衍校：《藏》本作「揚雲」，從《意林》改。楊明照《抱朴子外篇校箋・上》：按孫改非。魯藩本、吉藩本……亦並做「揚雲」。〈逸民篇〉「揚雲不以治民益世」，〈酒誡篇〉「揚雲酒不離口」，又「揚雲通人」，是本書固有作「揚雲」者矣。〈博喻篇〉「干木，胡明」稱胡孔明為胡明，正猶稱揚子雲為揚雲然也。㈣門齊年敵：指門第相當，年紀相仿。㈤趨舍異規：指進退標準不同。趨，趨向，進取。舍，捨棄，退止。規，規則標準。㈥業尚乖互：指志業崇尚相互違逆。業尚，志業崇尚。乖互，違逆相背。㈦先達：有聲望地位的先輩。㈧遺忽陵遲：遺忽，遺忘忽視。陵遲，衰頹。「陵遲之好」猶言患難之交。㈨簡弃後門：簡弃，怠慢拋棄。後門，原指超過門禁時限，不及入城無宿處。此處當指不及高門，無所依止。⑩類味：類，同。猶言同行。⑪不可：不被認可。⑫面牆庸瑣：面牆，《尚書・周官》「不學面牆」，《偽孔傳》：「人而不學，其猶正牆面而立。」謂不學的人如面對牆壁，一無所見。後以「面牆」比喻不學。庸瑣，庸碌無為。㊂壤蟲：土壤中的昆蟲。㊃斥鷃戾天：斥，驅。鷃，即鵪，不善飛翔。戾，達。㊄刀尺：裁衣用的剪刀尺子，喻主宰人們命運的手段。㊅華：花。㊆踧踖：音ㄘㄨˋㄐㄧˊ，侷促不安。

【今譯】　抱朴子說：「我以為朋友的交往，不應該虛浮亂雜，貌合而不真心，這是揚雄所譏諷的。因此儘管地位顯赫、聲名美好，門當戶對、年紀相仿，但進取退止有不同的準則，志業崇尚相互背離的人，是不曾結交的。有的人矜持自己是有聲望地位的先輩，趾高氣揚，眼界高遠；有的人遺忘忽略患難之舊交，有的人怠慢摒棄無所依靠的同行，有的選人看其官位而不論德業。那些不逢知己，零落沉淪於山丘園圃的人，雖然才智深遠，節操清高，卻不被認同。至於那些進退相投，地位顯赫，官運亨通的人，雖然不學無術，庸碌無為，卻必定通達。如此之徒，雖然能令土壤裏的昆蟲雲集而飛，驅使斥鷃飛達天際，手握刀尺，口為禍福，得意時則排冰吐花，失意時則當春凋零憔悴。我替這種人感到侷促不安，羞與他們共世。」

「窮之與達，不能求也。然而輕薄之人，無分㊀之子，曾無疾非

㈡俄然之節㈢，星言宵征㈣，守其門廷，翕然㈤諂笑，卑辭悅色，提壺執贄㈥，時行索媚；勤苦積久，猶見嫌拒，乃行因託長者以構合之。其見受也，則踊悅過於幽繫之遇赦；其不合也，則懊悴㈦劇於喪病㈧之逮己也。通塞㈨有命，道貴正直，否泰㈩付之自然，津塗⑪何足多咨⑫。嗟乎細人⑬，豈不鄙哉！人情不同，一何遠邪？每為慨然，助彼羞之。」

【今註】 ㈠無分：沒有情分。分，情分。㈡疾非：疾，憎恨，厭惡。非，非議。憎恨非議。㈢俄然之節：俄，傾側。節，節操。㈣星言宵征：星言，星夜游說。宵征，夜行。㈤翕然：皆然。翕，音ㄒ一ˋ。㈥提壺執贄：壺，酒壺。贄，求見所送禮物。㈦懊悴：懊喪憂懼。㈧喪病：死亡之病，絕症。㈨通塞：暢通堵塞。㈩否泰：否，敗、衰。泰，安。指世道勝衰，人事通塞。⑪津塗：津，渡口。塗，道路。喻人生坎坷奔波。⑫咨：感歎。⑬細人：見識短淺的小人。

【今譯】「窮困與發達是不能強求的。然而輕薄之人、無情之士，不曾憎恨非議歪邪的節操，星夜游說奔走，守在門庭，皆然諂笑，卑辭悅色，提壺獻禮，常行諂媚求榮之事。如此長期辛勤勞苦，猶自受到嫌棄拒絕，於是求託長輩加以搆合。見到被接受，就歡欣跳躍勝過囚犯遇到赦免；如不契合，則懊惱憂懼甚於絕症降臨到自己身上。（仕途）暢通堵塞自有天命，道以正直為貴，否泰盛衰付之自然，津渡路途何足以多咨嗟？可歎啊，見識短淺的小人，難道不可鄙夷嗎！人們情懷之不相同，相距是多麼遙遠，我每每為之感慨，替小人感到羞愧。」

「昔莊周見惠子㈠從車之多，而弃其餘魚，余感俗士不汲汲㈡於攀及至也。瞻彼云云㈢，馳騁風塵者，不懋建德業，務本求己，而偏徇㈣高交以結朋黨，謂人理莫此之要，當世莫此之急也。以嶽峙獨立者，為澀吝疏拙㈤；以奴顏婢睞者，為曉解當世。風成俗習，莫不逐末，流遁遂往㈥，可慨者也。」

【今註】㈠惠子：即惠施，曾任魏相。㈡汲汲：心情急迫的樣子。㈢云云：紜紜，紛紜眾多。㈣徇：曲從，環繞。㈤澀吝疏拙：澀，枯澀。吝，吝嗇。疏，空疏。拙，笨拙。㈥流遁遂往：遂，可以涉行的水道。遁遂往，遁水道而往，喻不行正道。

【今譯】「昔日莊子見到惠施隨車之多而丟棄所剩的魚，使我有感於俗鄙之士，無不急切地攀附追隨權貴。看他們眾多紛紜，馳騁風塵，不去大建德業，致力根本，求助自己，而是屈從高貴之交以結成朋黨，還說為人之道沒有比這更加重要的，當今之世沒有比這更加迫切的。將山嶽般峙立，獨立不群的人，視為枯澀吝嗇、空疏笨拙，將奴顏婢睞的人當作通曉當今世情。風氣成為習俗，無不逐末而流，遁遂而往，實在令人感慨。」

「或有德薄位高，器盈志溢，聞財利則驚掉㈠，見奇士則坐睡。繿縷㈡杖策，被褐負笈㈢者，雖文艷相、雄㈣，學優融、玄㈤，同之埃芥㈥，不加接引。若夫程鄭、王孫、羅裒之徒㈦，乘肥衣輕㈧，懷金挾玉者，雖筆不集札㈨，菽麥不辨，為之倒屣㈩，吐食握髮⑪。」

【今註】㈠掉：動搖。㈡繿縷：衣服破舊。㈢笈：書箱。㈣相、雄：司馬相如與揚雄，均為漢代著名文學家。㈤融、玄：指馬融與鄭玄，二人皆為東漢經學大師。㈥埃芥：塵埃芥末。㈦程鄭、王孫、羅裒之徒：程鄭，漢初大工商主。其祖先於秦始皇時從山東被遷至蜀郡臨邛。從事冶鑄業，成為天下巨賈。王孫，指王孫卿，西漢末大工商主，賣豆豉致富，以財養士，與雄傑交，王莽時任京司市師。羅裒，西漢成哀年間大工商主，成都人，往來巴蜀經商，數年致千餘萬，又事賒貸，鹽井之利。⑧乘肥衣輕：肥，指肥馬。輕，指裘衣。《論語・雍也篇》：「子曰：『赤（公西赤）之適齊也，乘肥馬，衣輕裘。』」⑨筆不集札：札，木札，書寫所用的木片。古人書畢，用繩子將札捆束起來。比喻無學問，不能成文。⑩倒屣：倒屣相迎。屣，鞋。倒屣，謂急於迎客，倒穿鞋子。⑪吐食握髮：「食」又作「哺」，「握」亦作「捉」。《史記》卷三十三〈魯周公世家〉：「周公戒伯禽曰：『……我一沐三捉髮，一飯三吐哺，起以待士，猶恐失天下之賢人。』」後以「吐哺捉髮」喻急於求賢。

【今譯】 「或者有品德薄、官位高，躊躇滿志的人，聞聽財利就驚喜動心，見到奇士則坐著入睡。那些衣服破舊，手持策杖，身披短褐，背負書箱的人，雖然文采比司馬相如、揚雄艷麗，學問比馬融、鄭玄優良，卻與塵埃芥末等同看等。反而像程鄭、王孫卿、羅裒之徒，乘肥馬穿裘衣，懷抱黃金挾持寶玉，雖然落筆不能成文，大豆麥子不會分辨，卻為他們倒屣相迎、吐食握髮，待如賢才。」

「余徒恨不在其位，有斧無柯㊀，無以為國家流穢濁於四裔㊁，投畀於有北㊂。彼雖赫奕，刀尺決乎㊃勢力足以移山拔海，吹呼能令泥象㊄登雲，造㊅其門庭，我則未暇也。而多有下意怡顏，匍匐膝進，求交於若人，以圖其益。悲夫！生民㊆用心之不鈞㊇，何其遼邈之不肖也哉！余所以同生聖世而抱困賤本㊈，後顧而不見者，今皆追瞻㊉而不及，豈不有以乎！然性苟不堪⑪，各從所好，以此存亡，予不能易也。」

【今註】㊀有斧無柯：柯，斧柄。「斧柯」喻權柄。㊁四裔：四方邊遠之地。《左傳》文公十八年「投諸四裔，以御魑魅。」㊂投畀於有北：指投付於北方寒冷不毛之地。語出《詩經・小雅・巷伯》。畀，音ㄅㄧˋ，付。有北，北方寒冷不毛之地。孫星衍校：《藏》本作「投負人於北波」，今從盧本。㊃刀尺決乎：孫星衍校：有脫文。㊄泥象：泥做的象。㊅造：到。㊆生民：百姓。㊇鈞：同均。㊈抱困賤本：抱困，指抱著困乏奔走於權貴門庭。賤本，輕視根本。㊉追瞻：追隨瞻仰。⑪堪：承受。

【今譯】「我徒然自恨不在他們的官位上，沒有權柄，無法為國家將這些污濊混濁的人，流放到四方邊遠之地，投付於寒冷不毛的北方。他們雖然顯赫，刀尺決斷……勢力卻足以移山拔海，吹呼能令泥象高登入雲，如果要造訪他們的門庭，我是沒有空暇的。然而多有人曲意奴顏，匍匐爬行，乞求結交這種人以圖謀利益。可悲啊！百姓用心之不同，是多麼遙遠不相似。我因此以為同生於聖世，那些抱困奔走，輕視根本，顧後而不能瞻前的人，今天都追隨仰慕（權貴），猶恐不及，豈不是有緣由的嗎？然而如果心性不能承受，各自隨從自己所好，由此生存或滅亡，那麼我是無法改變的。」

或又難曰：「時移世變，古今別務，行立乎己，名成乎人。金玉經於不測㈠者，託㈡於輕舟也；靈鳥萃於玄霄㈢者，扶搖㈣之力也；芳蘭之芬烈者，清風之功也；屈士㈤起於丘園者，知己之助也。今先生所交必清澄其行業，所厚必沙汰㈥其心性。孑然隻跱㈦，失弃名輩，結雠一世，招怨流俗，豈合和光以籠物㈧，同塵之高義乎？若比智而交，則白屋㈨不降公旦㈩之貴；若鈞才而遊，則尼父㈡必無入室之客矣。」

【今註】㈠經於不測：經，經過。不測，指深不可測的河流。㈡託：依託。㈢靈鳥萃於玄霄：靈鳥，指大鵬。玄霄，冥渺的雲霄。㈣扶搖：急劇盤旋而上的暴風。㈤屈士：埋沒的人才。㈥沙汰：陶冶。㈦孑然隻跱：孑然，孤獨一人。隻跱，跱，同峙。孤立。㈧和光以籠物：和，溫和。和光，使光芒溫和不顯露。籠物，籠罩事物。㈨白屋：以白茅覆蓋的房屋，指沒有做官的士人住屋。㈩公旦：周公旦，武王弟，曾攝政七年，後歸政成王。⑪尼父：孔子之字。

【今譯】有人又問難說：「時間遷移世代改變，古今有不同的追求。樹立品行在乎自己，成就名聲取決於人。黃金玉石經過深不可測的河流，是依託於輕舟；靈鳥匯集於冥渺的雲霄，要靠暴風的扶送。芳蘭所以能香氣濃郁，是清風的功勞；埋沒的人才能崛起於丘林園圃，有賴知心朋友的協助。現在先生所交往的，必定是事業行為都清白無暇的人；先生所厚重的，必定是要陶冶心性的人。（這樣的話）孤單一人，失交見棄於名流，一輩子結仇，招惹流俗怨恨，豈符合以溫和的光芒籠罩事物，混同塵俗的高義？如果相同才智才交往，則茅屋就不會有周公旦之類的貴人降臨；如果相同才智才交遊，則孔子必定沒有入室的客人。」

抱朴子曰：「吾聞詳㈠交者不失人，而泛結者多後悔。故曩哲㈡先擇而後交，不先交而後擇也。子之所論，出人㈢之計也。吾之所守，退士㈣之志也。子云玉浮鳥高，皆有所因㈤，誠復別理一家之說也。吾以為寧作不載之寶，不飛之鵬，不颺㈥之蘭，無黨之士，亦損於夜光之質㈦，垂天㈧之大，含芳之卉，不朽之蘭乎？且夫名多其實，位過其才，處之者猶尠㈨免於禍辱，交之者何足以為榮福哉！由茲論之，則交彼而遇㈩者，雖得達不足貴，玭㈡之而誤者，譬如蔭朽樹之被笮㈢也。彼尚不能自止其顛蹶，亦安能救我之碎首哉！」

【今註】㈠詳：審慎。㈡曩哲：先哲。㈢出人：追求出人頭地者。㈣退士：無意榮華富貴的山林隱士。㈤因：羈絆。㈥不颺：無風吹拂。㈦亦何損於夜光之質：亦，孫星衍校：疑當「有何」字。夜光，指美玉。㈧垂天：天穹。㈨尠：同鮮，音ㄒㄧㄢˇ，少。㈩遇：遇合，受到賞識優待。

㈡芘：音ㄅ一ˋ，通庇，指蔭蔽。㈢笮：讀作「柞」，砍除。

【今譯】　抱朴子說：「我聽說慎交者不失交於人，濫交者多有後悔。因此往昔哲人先擇友而後結交，不先結交而後再選擇。你所談論的，是追求出人頭地者的打算。我所操守的，是隱居山林的志向。你說玉石浮水、禽鳥高飛，都有所羈絆，誠然是另種道理，一家之言。我卻以為寧願做不被運載的寶物，不能飛翔的鵬鳥，無風吹拂的蘭蕙，沒有朋黨的志士，這何嘗有損於夜光的美質，天穹的廣大，含芳的花卉，不朽的蕙蘭！況且聲名多於實際，官位超過才能，處在這種地位的人尚且難以避免禍害屈辱，（和他們）交往的人何足以感到榮耀幸福呢！由此論之，結交那種人受到賞識，雖得以騰達不足為貴；托庇那種人而受害，就好像蔭附於朽樹而被砍除一樣。那種人尚且不能制止自身的顛撲，怎麼能挽救我破碎的腦袋呢！」

「吾聞大丈夫之自得而外物㈠者，其於庸人也，蓋逼迫不獲已㈡而與之形接㈢，雖以千計，猶蚤蝨之積㈣乎衣，而贅疣之攢㈤乎體也。失之雖以萬數，猶飛塵之去嵩、岱，鄧林㈥之墮朽條耳。豈以有之為益，無之覺損乎？」

【今註】㊀自得而外物：自得，怡然自得，自覺快意。外物，置身物外。《莊子・外物篇》：「外物不可必。」謂對身外事物不可固執，順其自然。㊁不獲已：不得已。㊂形接：表面應酬，與「神交」相反。㊃蚤蝨之積：蝨，虱之異體。積，聚集。㊄攢：聚。㊅鄧林：神話傳說中的樹林。《山海經・海外北經》記載夸父與日逐走，道渴而死，棄其杖，化為鄧林。

【今譯】「我聽說大丈夫怡然自得，置身物外，對於庸俗之人，大概是迫不得已才和他們表面應酬。（這種人）雖然數以千計，猶如跳蚤虱子黏積在衣服中，贅疣聚集在身體上。失去它們雖以萬數，猶如塵埃飛離嵩山泰山，鄧林墮腐朽枝條一樣，豈能認為有它為益，無它為損嗎？」

「且夫朋友也者，必取乎直諒㊀多聞，拾遺㊁斥謬，生無請言㊂，死無託辭，終始一契㊃，寒暑不渝者。然而此人良未易得，而或默語殊塗，或憎愛異心，或盛合衰離，或見利忘信。其處今也，譬猶禽魚之結侶，冰炭之同器，欲其久合，安可得哉！」

【今註】㊀直諒：直，正直。諒，信實。㊁拾遺：遺，遺失。謂檢取過失。㊂請言：請託之言。㊃契：契約。

【今譯】「況且朋友必定挑選那種正直信實，博學多聞，能夠檢討過失，斥責謬誤，生無請託之言，死無推託之辭，始終遵守信約，寒暑不渝友情的人。然而這種人實在很難得到。而有的人內心默語、異路殊途，有的愛恨不同心，有的興盛時附合、衰亡時離棄，有的見到利益就忘掉信義。他們相處在今世，就好像飛禽和游魚結成伴侶，寒冰與火炭相聚一器，想要他們長久相諧，怎麼可能辦到呢？」

「夫父子天性㈠，好惡宜鈞。而子政、子駿㈡，平論異隔㈢；南山、伯奇，辯訟有無。面別㈣心殊，其來尚㈤矣。總而混之，不亦難哉！世俗之人，交不論志，逐名趨勢，熱來冷去，見過不改，視迷不救；有利則獨專而不相分，有害則苟免而不相恤；或事便則先取而不讓，值機會則賣彼以安此。凡如是，則有不如無也。天下不為盡不中交㈥也，率於為益者寡而生累者眾。」

【今註】㈠父子天性：父子天然本性。㈡子政、子駿：指劉向、劉歆父子。為西漢末著名古文派經學大師。詳〈擢才篇〉注。子駿，劉歆之字，劉向子，西漢末著名古文經學大師，曾任王莽國師，後謀誅王莽，事泄自殺。㊂平論異隔：平論，評論。異隔，差異隔閡。㊃面別：面容不同。㊄尚：常。㊅中交：忠於交情。

【今譯】「父親與兒子是天然性情，愛好與厭惡應當相同，然而子政、子駿所發評論卻隔閡相異，南山、伯奇爭辯有和無。面別心殊，向來平常。（將志向不同的人）匯統混同，不是很困難嗎？世俗的人，結交不論志向，追逐聲名，趨附權勢，熱來冷去，看到（朋友）過錯不加指正，見人迷路不予拯救，有利益則獨占而不讓，有害則苟且求免不相周濟。凡這種人，有不如沒有。天底下不是都不忠於交情的。（只不過）通常為益的人少而生累的人多。」

「知㊀人之明，上聖所難。而欲力厲近才㊁，短於鑒㊂物者，務廣其交，又欲使悉得，可與經夷險而不易情㊃，歷危苦而相負荷者，吾未見其可多得也。雖搜琬琰㊄於培塿㊅之上，索鸞鳳乎鴟鵂㊆之巢，未為難也。吾亦豈敢謂藍田㊇之陽，丹穴㊈之中，為無此物哉？亦直言其稀已矣。夫操尚㊉不同，猶金沈羽浮也。志好之乖次，猶火升而水降也。苟不可同，雖造化㈡之靈，大塊之匠㈢，不可使同也，何可強乎！」

【今註】㈠知：了解。㈡力厲近才：力厲，盡力，極力。近才，接近人才。㈢短於鑒：短，缺乏。鑒，審察。㈣經夷險而不易情：經，經歷。夷險，安危。易，改變。㈤琬琰：皆美玉名。㈥培塿：小土丘。㈦鷦鷯：音ㄐㄧㄠ ㄌㄧㄠˊ，鳥名，其窠精巧。㈧藍田：古之藍田山，在今陝西省藍田縣東，以出產美玉而聞名於世。㈨丹穴：朱砂礦。㈩操尚：節操崇尚。㈡造化：天地。㈢大塊之匠：大自然。

【今譯】「知人之明，上聖也感到困難。想要盡力接近人才，卻缺乏審鑒事物能力的人，務必廣為交際，並希望使（結交的人）都能親附自己。經安危而不改變友情，歷危苦而相互承擔重荷的人，我沒見到可以多得的。雖然搜求琬琰於小丘之上，索取鸞鳳於鷦鷯之巢，不算困難，我又怎麼敢說藍田之陽、丹穴之中，沒有這一類東西呢？不過坦率地說這是很稀少的吧。操守崇尚之不相同，好比金沉而羽浮。志向喜好之相背離，猶如火升而水降。如果不能相同，即使造化之靈，自然之匠，仍不可以使它們相同，怎麼能夠勉強呢？」

「余所稟訥騃㈠，加之以天挺篤嬾㈡，諸戲弄㈢之事，彈棊博弈㈣，皆所惡見；及飛輕走迅㈤，遊獵傲覽，咸所不為，殊不喜嘲褻㈥。凡此數者，皆時世所好，莫不耽㈦之，而余悉闕焉，故親交所以尤遼㈧也。加以挾直，好吐忠藎㈨，藥石所集，甘心者尠。又欲勉之以學問，諫之以馳競㈩，止其摴蒱⑪，節其沈湎⑫此又常人所不能悅也。毀方瓦合⑬，違情偶俗⑭，人之愛力，甚所不堪，而欲好日新⑮，安可得哉！知其如此而不辯⑯改之，可不謂之闇於當世，拙於用大乎？」

【今註】㈠稟訥騃：稟，稟賦。訥，木訥。騃，音ㄞˊ，呆。㈡天挺篤嬾：天挺，生性鯁直。篤，忠厚。嬾，同「懶」，疏懶。㈢戲弄：玩弄。㈣彈棊博弈：彈，彈琴。棊，同「棋」。博，局戲，用六箸十二棋。弈，圍棋。㈤飛輕走迅：輕，指獵鷹。迅，指駿馬。㈥嘲褻：嘲謔狎褻。㈦耽：沉湎。㈧遼：疏遠。㈨忠藎：忠誠。㈩馳競：馳馬競賽。⑪摴蒱：音ㄕㄨ ㄆㄨˊ，古代博戲。⑫沈湎：指沉溺於酒。㊂毀方瓦合：語出《禮記・儒行篇》「毀方而瓦合」。《注》：「去己之大圭角，下與眾人小合也。必瓦合者，示君子為道不遠人。」按，謂磨去棱角，與眾人相合。《疏》：「方」謂物之方正有圭角鋒鋩也。「瓦合」謂瓦器破而相合。㊃違情偶俗：違情，違背性情。偶俗，合於時俗。㊄日新：語出《易經・大畜》「日新其德」。天天更新。㊅辯：孫星衍校：辯，盧本作「便」。

【今譯】「我的稟賦木訥呆板，加之天性鯁直，篤厚疏懶，諸嬉遊玩弄之事，彈琴下棋博弈皆厭惡見到。至於放飛鷹、跑駿馬，出遊打獵，傲然觀覽，全都不做，實在是不喜歡嘲謔狎褻。凡此數種，都是當今世人所嗜好的，無不沉湎其中，而我卻全然廢缺，所以親近之交因此而大大疏遠。加之直率喜歡吐露忠誠之言，如藥物砭石匯集，甘心（接受）的人很少。又想勉勵以學問，規勸其馳馬競逐，制止其博戲，節制其沉湎，這又是一般人所不高興的。磨去棱角迎合眾人，違背性情以合時俗。人們吝惜氣力，很（使人）無法忍受，而又想日日更新，怎麼可能辦到呢！知道這樣還不改正，不能不說是愚昧於當世，笨拙於用人？」

「夫交而不卒㊀，合而又離，則兩受不弘㊁之名，俱失克終㊂之美。夫厚則親愛生焉，薄則嫌隙結焉，自然之理也，可不詳擇乎！為可臨觴拊背㈣，執手須臾㈤，欲多其數而必其全，吾所懼也。」

【今註】㈠卒：終。㈡弘：長、大。㈢克終：能夠善終。㈣臨觴拊背：比喻尚未舉杯就親熱到摟肩拍背的程度。觴，酒杯。拊背，拍背。㈤須臾：片刻，喻初相識。

【今譯】「結交而無終，聚合又分離，則雙方都蒙受了不光大的名聲，都喪失了能夠善終的美譽。寬厚則生親愛，薄情則結嫌隙，這是自然的道理，可以不慎重選擇嗎！怎可（剛）對著酒杯就摟肩拍背（親熱），握手片刻，就想增多（朋友）數量並一定要他們周全完美，這是我所畏懼的。」

或曰：「然則都可以無交乎？」抱朴子答曰：「何其然哉㈠！夫畏水者何必廢舟楫，忌傷者何必棄斧斤？交之為道，其來尚矣。天地不交則不泰，上下不交即乖志。夫不泰則二氣隔并㈡矣，志乖則天下無國矣。」

【今註】㈠何其然哉：楊明照《抱朴子外篇校箋・上》：「何其然哉」「何」下當再有一字（「謂」

或「為」）。㈡隔并：隔絕。

【今譯】有人說：「然而都可以沒有交際嗎？」抱朴子說：「並不是這樣。畏水的人，何必廢除舟楫。忌傷的人，何必丟棄斧頭。交際作為道，其來悠久。天地不相交接則不能安泰，君臣不相交往則離心背德。不安泰則天地之氣隔絕，志向相背則天下沒有國家。」

「然始之甚易，終之竟難㈠。患乎所結非其人，敗於爭小以忘大也。《易》美金蘭㈡，《詩》詠百朋㈢。雖有兄弟，不如友生㈣。切思三益㈤，大聖㈥所嘉，門人所以增親，惡言所以不至㈦；管仲㈧所以免誅戮而立霸功，子元㈨所以去亭長而驅朱軒㈩者，交之力也。單絃不能發《韶》、《夏》㈡之和音，孑色不能成袞龍之瑋燁㈢，一味不能合伊鼎之甘㈢，獨木不能致鄧林之茂。」

【今註】㈠終之竟難：疑作「竟之絲（是）難」。孫星衍校：《藏》本作「寬難」，盧本如此，疑作「實難」。或，絲，治絲，喻區分良莠。㈡《易》美金蘭：《易經·繫辭上》：「二人同心，其利斷金。同心之言，其臭如蘭。」後以「金蘭」比喻友情深厚投契。㊂《詩》詠百朋：見《詩經‧小雅‧菁菁者莪》：「既見君子，錫我百朋。」《詩》，《詩經》，此指《小雅‧常棣》，詳下注。㊃友生：友人。語出《詩經‧小雅‧常棣》。㊄切思三益：楊明照《抱朴子外篇校箋‧上》：尋繹文勢，「切思」與「三益」並列，「思」疑當作「偲」。切偲，《論語‧子路篇》：「朋友切切偲偲，兄弟怡怡」，指相互切磋督促。三益：《論語‧季氏篇》云：「益者三友，……友直，友諒，友多聞，益矣。」指三種有益的朋友。㊅大聖：指孔子。㊆門人所以增親，惡言所以不至：語出《尚書‧大傳》：「孔子曰：文王得四臣，丘亦得四友焉。自吾得回也，門人加親，是非胥附焉。……自吾得由也，惡言不入於門，是非御侮焉。」㊇管仲：春秋初期政治家，和鮑叔牙相善。齊亂，隨公子糾出奔魯，叔牙則隨公子小白（齊桓公）奔莒。後糾與小白爭奪君位，管仲率軍截道，射中小白帶鉤。小白詐死，搶先回國即位。管仲被囚，叔牙力薦他為相，終輔佐桓公成就霸業。㊈子元：朱博之字，西漢人。少時曾任杜陵亭長，好客廣交。曾以計營救其友御史中丞陳咸，由是顯名。哀帝時曾為丞相，後因附傅晏下廷尉，自殺。㊉朱軒：古代王公顯貴所乘朱漆車子。㊁《韶》、《夏》：《韶》，虞舜樂名。《夏》，亦古樂歌名。㊂孑色不能成袞龍之瑋燁：孑色，單色。袞龍，古代王公衣服上所繡的龍。瑋，珍奇、貴重。燁，耀煌。㊂伊鼎之甘：伊，伊尹。傳說伊尹曾負鼎俎說滋味，以求商湯的任用。

【今譯】　「然而（交友）開始十分容易，競終卻很困難。為患於所交之人不當，失敗於爭小而忘大。《易經》頌揚友情，《詩經》歌詠百朋，「雖有兄弟，不如友人」。相互切磋督促，結交直、諒、多聞三種益友，這是聖人孔子所嘉許的。門生之所以能增益親情，惡言之所以能不至，管仲所以能幸免受戮而建立霸王之功，子元之所以能拋棄亭長而驅趕朱車，（全賴）交際的力量。單根絲絃不可能發出《韶》《夏》的和聲，孤單的顏色不能成就袞龍衣裳的華美，一種滋味不能調出鼎食的甘美，獨株樹木不能致使鄧林茂盛。」

「玄圃㊀極天，蓋由眾石之積。南溟浩瀁㊁，實須群流之赴。明鏡舉則傾冠見矣，羲和㊂照則曲影覺矣，檃括修則枉刺之疾消矣㊃，良友結則輔仁㊄之道弘矣。達㊅者知其然也，所企及則必簡㊆乎勝己，所降結則必料乎同志㊇。其處㊈也則講道進德，其出也則齊心比翼。否㊉則鈞魚鈞之業，泰則協經世㊁之務。安則有以精義㊂，危則有以相恤。恥令譚、青專面地之篤⑬，不使王、貢擅彈冠之美⑭。夫然，故交道可貴也。」

【今註】㊀玄圃：神話中的山名。《文選》卷三張衡〈東京賦〉注：「懸（玄）圃在昆侖閶闔之中」。玄與懸古字通。㊁南溟浩瀁：南溟，南方大海。浩瀁，浩渺。㊂羲和：古代神話中主日月之神。㊃檃括修則枉刺之疾消矣：檃括，矯揉彎曲竹木使平直或成形的器具。枉刺，枉，彎曲。刺，楊明照《抱朴子外篇校箋·上》：「《藏》本、魯藩本、吉藩本等作「剌」，未誤，當據改。剌，違戾。《鹽鐵論・申韓篇》「若檃括輔檠之正弓弧（佤）刺也。」㊄輔仁：謂以仁道相輔助。㊅達：通達，明曉。㊆簡：挑選，選擇。㊇所降結則必料乎同志：降結，下交。屈己結交地位比自己低的人。料，意料。㊈處：居，指未仕閑居。下句「出」則指出門、出仕。㊉否：指仕途不順。⑪經世：治理國家。⑫以精義：以，為，行事。精義，精誠信義。⑬恥令譚、青專面地之篤：恥，使人感到羞恥，義近斥責。譚、青，即薛譚及秦青，古代傳說中秦國的兩位善歌之人。《列子・湯問篇》：「薛譚學謳于秦青，未窮青之技，自謂盡之，遂辭歸。秦青弗止，餞于郊衢，撫節悲歌，聲振林木，響遏行雲。薛譚乃謝求反，終身不敢言歸。」專，獨自。面地，低頭面對地。「篤」上疑脫一字，

「篤」屬下讀，指友情深厚。⑭不使王、貢彈冠之美：王，王吉。貢，貢禹。《漢書》卷七十二〈王貢兩龔鮑傳〉：「吉與貢禹為友，世稱王陽（陽，吉之字）在位，貢公彈冠。言其取舍同也。」意謂王吉做官，貢禹亦準備出仕，兩人同進同退。

【今譯】「玄圃高聳入雲，係由眾石積壘而成。南海浩渺無涯，實須眾多河流匯注。舉起明鏡就看見冠帽不正，日月照臨就察覺影子傾斜。檃括修治則彎曲的禍患消除，結交良友則相助的仁道發揚光大。通達的人知曉這種道理，所追趕的必定選擇（那些）勝過自己的人，所屈己下交的也必定是預料中的同仁志士。居家則（一起）講道修德，出任則齊心比翼。失意則一同從事釣魚之業，安泰則協同治理國家事務。平安時能夠真誠信義，危殆時能夠互相周濟。斥責能令薛譚、秦青獨自低頭抱愧，（友情）厚篤不讓王吉、貢禹專擅彈冠美譽。這樣的話，交際之道就可貴了。」

「然①實未易知，勢利生去就②，積毀壞刎頸之契，漸漬釋③膠漆之堅。於是有忘素情之綢④歎。或睚眥而不思⑤，遂令元伯、巨卿⑥之好，獨著於昔；張耳、陳餘之變⑦，屢搆於今。推往尋來，良可歎也。夫梧禽⑧不與鴟梟⑨同枝，麟虞⑩不與豺狼連群，清源不與濁潦㊁混流，仁明不與凶闇同處。何者？漸染積而移直道㊂，暴迫㊂則生害也。」

【今註】 ㊀然：「然」字以下，孫星衍校：有脫文。盧本補「虛」字，未知是否。楊明照《抱朴子外篇校箋・上》：「然」下似脫「人」字。㊁勢利生去就：以勢利興衰來取決依附或離開。㊂漬釋：漬，浸泡。釋，蝕。㊃素情之綢：素情，舊情。綢，孫星衍校：盧本作「惆」。㊄睚眥而不思：睚眥（眦），音一ㄚˊ ㄗˋ，怒目而視，引申為小怨小忿。不思，不省思反省。㊅元伯、巨卿：分別為張劭、范式之字。均東漢人，二人結生死之交，事跡見《後漢書》卷八十一〈獨行列傳〉。㊆張耳、陳餘之變：張耳，漢初諸侯王，與陳餘為刎頸之交，同從武臣北定趙地。後張耳為章邯困於邯鄲，數召陳餘解圍，餘懼兵少不敢前，二人遂絕交，兵戎相見。數年後張耳與韓信擊破趙軍，斬陳餘於泜水上。變，翻臉，絕交。㊇梧禽：棲居梧桐之禽，指鳳凰之類珍禽。㊈鴟梟：鴟，音ㄔ，鷂鷹。梟，貓頭鷹。均被視為惡鳥。㊉麟虞：麟，麒麟。虞，騶虞（音ㄗㄡ ㄩˊ）。《說文》謂「白虎黑文，尾長於身，仁獸，食自死之肉。」㊁潦：積水。㊂漸染積而移直道：染積，感染增積。直道，正道。㊂暴迫：即迫暴，迫近凶暴。

【今譯】「然而人們確實不容易了解，權勢和利益興衰往往被用來取決依附或離開朋友，毀謗多了也會破壞刎頸之交，浸泡久了也會逐漸腐蝕膠漆的堅固，於是（人們）有忘記舊情的感歎。有的人怒目而視而不省思，於是令元伯、巨卿的友好，獨自著稱於昔日；張耳、陳餘之絕交，常常發生在今天。追究過去尋求未來，真是令人歎息。（棲居）梧桐的禽鳥不能和鴟梟同立一枝，麒麟騶虞不與豺狼連群，清澈水源不和污濁的積水混流，仁厚明哲（之人）不與凶殘昏憒同處。為什麼這樣？因為逐漸感染累積而改正道，親近凶暴則生害（的緣故）。」

或人曰：「敢問全交㈠之道，可得聞乎？」抱朴子答曰：「君子交絕猶無惡言，豈肎向所異辭乎㈡？殺身猶以許友，豈名位之足競乎？善交狎而不慢㈢，和而不同㈣，見彼有失，則正色而諫之；告我以過，則速改而不憚。不以忤彼心而不言，不以逆我耳而不納。不以巧辯飾其非，不以華辭文其失。不形同而神乖，不匿情而口合。不面從而背憎，不疾㈤人之勝己。護其短而引㈥其長，隱其失而宣其得，外無計數之諍㈦，內遺㈧心競㈨之累。夫然後㈩〈鹿鳴〉㈡之好全，而〈伐木〉㈢之刺息。」

【今註】㈠全交：周全的交際。㈡豈肎向所異辭乎：肎（音ㄎㄣˇ）向，楊明照《抱朴子外篇校箋・上》：「『肎向』當作『背向』。『肎』或書作『肯』，與『背』相近，始能與上文『君子交絕猶無惡言』句文意相屬。異辭，非議之辭。此句意為，怎麼會有背後有所非議呢？㈢狎而不慢：狎，狎近。慢，不莊重。㈣和而不同：語出《論語・子路篇》。和，和諧，溫和，不顯露鋒芒。同，混同，附和。意思說君子溫和恭謙而不盲目附和。㈤疾：通「嫉」。㈥引：引導。㈦計數之諍：計數，猶計較。諍，《孝經》〈注〉：「諍，鬬也。」《一切經音義》引〈倉頡〉：「諍，訟也」。㈧遺：棄。㈨心競：內心中存在的競爭念頭。㈩後：楊明照《抱朴子外篇校箋・上》：「『後』，《藏》本、魯藩本、吉藩本、舊寫本作『故』，『故』字是。㈡〈鹿鳴〉：《詩經・小雅》之始，天子燕饗群臣嘉賓之詩，頌君臣上下和諧。㈢〈伐木〉：《詩經・小雅》之詩。詩中借鳥鳴之聲比喻朋友之道。蔡邕〈正交論〉：「古之交者，其義敦以正，其誓信以固。迨夫周德始衰，頌聲既寢，〈伐木〉有「鳥鳴」之刺，〈谷風〉有「棄子」之怨，其所由來，政之失也。」

【今譯】有人說：「敢問周全交際的方法，能夠知道嗎？」抱朴子回答說：「君子斷交尚無惡言，怎會在背後對所結交的朋友說出非議的話呢？（君子）猶能犧牲生命以應許友人，聲名地位豈足以（和友情）來競逐呢？正確的交際方式（應該）親密而不怠慢，溫和而不附和。見到對方有過失，就正色諫勸他，別人告訴我有過錯，則應迅速改正沒有憚懼。不因為忤逆對方人之心而不敢言語，不因為不順我耳而不加採納。不用巧辯掩飾過錯，不以華麗言辭文飾過失，不貌合神離，不隱瞞真情而口頭附合，不表面相從而背後憎恨，不嫉妒別人勝過自己。掩擭其短處而引導其所長，隱瞞其過失而宣揚其優點。在外沒有計較的話，在內在丟棄競爭念頭的牽累。這樣一來，就可以成就〈鹿鳴〉之好，平息〈伐木〉之譏。」

「若乃輕合而不重離㊀，易厚而不難薄㊁，始如形影，終為參辰㊂，至歡變為篤恨，接援化成讎敵㊃。不詳㊄之悔，亦無以㊅……。往者漢季陵遲㊆，皇轡㊇不振，在公之義替㊈，紛競之俗成。以違時㊉為清高，以救世為辱身。尊卑禮壞，大倫遂亂。在位之人，不務盡節㊁，委㊂本趨末，背實尋聲㊂。王事廢者其譽美，姦過積者其功多。莫不飛輪兼策㈣，星言假寐㈤，冒寒觸暑，以走權門，市㈥虛華之名於秉勢㈦之口，買非分之位於賣官之家。或爭所欲，還相屠滅。於是公叔、偉長㈧疾其若彼，力不能正，不忍見之，爾乃發憤著論，杜門絕交，斯誠感激有為而然。」

【今註】㈠輕合而不重離：輕合，輕視聚合。不重離，不看重別離。謂無情誼。㈡易厚而不難薄：易厚，怠慢忠厚。難薄，責難輕薄。㈢參辰：同參、商。參、商二星此出則彼沒，兩不相見。比喻彼此乖離不睦。㈣接援化成讎敵：接援，接引救援。讎，同「仇」。㈤詳：善。㈥「無以」以下：孫星衍校：下有脫文。㈦漢季陵遲：季，末。陵遲，衰頹。㈧皇轡：轡，駕車之韁繩。義同王權。㈨替：陵替。㈩違時：違背時尚。⑪不務盡節：務，勉力。盡節，竭盡節操。⑫委：委棄。⑬背實尋聲：實，實在。聲，指虛名。⑭策：馬鞭。⑮星言假寐：星言，星夜游說。假寐，和衣而睡，打盹。⑯市：買。⑰秉勢：掌權。⑱公叔、偉長：公叔，朱穆字。東漢人，幼以孝稱。舉孝廉，授侍御史。有感世人澆薄，作〈崇厚論〉、又作〈絕交論〉。見《後漢書》卷四十三〈朱樂何列傳〉。偉長，徐幹字，三國魏人。《三國志》卷二十一〈魏書・徐幹傳〉裴《注》引〈先賢行狀〉：「幹清玄禮道，輕官忽祿，不耽世榮。」曾兩次拒絕出仕。

【今譯】「如果輕視聚合，不重別離。怠慢忠厚，不責難輕薄。開始如形影不離，最後終像參、商二星一般兩不相見。至歡變為深恨，接援化成仇敵。不善的翻悔……漢末衰頹，王權不振。為公之義陵替，紛爭之風俗成形。以違背時務為清高，將救世視為侮辱自身。尊卑之禮崩壞，大倫於是混亂。在位之人，不勉力竭盡節操，委棄根本追逐末業，避實在而就虛名。荒廢王事的人聲譽美，姦過增累的人功勞多。大家無不快馬加鞭，星夜游說，不稍歇息，冒寒觸暑走動權門。購買虛浮聲名於掌權者之口，買非分官位取於售官之家。有的人（為了）爭奪想要的（權益）還相互殘殺。於是，公叔、偉長痛恨那種樣子，（感到）力量不能矯正，不忍心目覩，於是發憤撰寫論著，閉門絕交，實在是有所感觸激憤才這樣做的。」

「蓋矯枉而過正，非經常之永訓㊀也。徒㊁當遠非類之黨，慎諂黷㊂之源。何必裸袒以詭㊃彼己，斷粒㊄以刺玉食㊅哉？夫交㊆之為非，重諫而不止，遂至大亂。故禮義之所弃，可以絕矣。」

【今註】㊀經常之永訓：經常，長久。永訓，典式，永久法則。㊁徒：但。㊂黷：音ㄉㄨˊ，污黑。

㊃裸袒以詭：裸袒，赤身。詭，責備。㊄粒：米粒。㊅玉食：美食。㊆交：孫星衍校：《藏》本作「反」，從舊寫本改。

【今譯】「大蓋矯正過了頭，並不是長久的法則。但應當疏遠不是同類的朋黨，謹防諂媚污垢的源頭。何必裸身來責備你我，斷糧來譏刺美食呢？所交往的友人有了過錯，竭力勸諫而不改正，遂將導致大亂。這種人是禮義所摒棄的，可以絕交。」

備闕篇　第十七

【篇旨】　招徠人才，以備其闕，是「備闕」一文的主旨。從正面看，「天生我材必有用」，每個人都有自己獨特的長才；從反面看，「因其所無而無之，則萬物莫不無」，每個人才都有落魄失勢的時候。如因能夠善用別人或萬物的長處，就必能建立恢弘遠大的勳業；如果只是計較短處，棄人長才，必然落得一事無成的後果。

抱朴子曰：「騕褭(一)能奮蘭筋(二)以絕景，而不能履冰以乘深(三)；猛虎能似雷霆以博噬(四)，而不能踊雲霧以凌虛(五)；鴻、鶤(六)不能振翅於籠罩之中，輕鷂(七)不能電擊於几筵之下。物既然矣，人亦如之。故能調和陰陽(八)者，未必能兼百行(九)，修簡書(十)也；能敷五邁九(十一)者，不必能全小潔(十二)，經(十三)曲碎也。」

【今註】 ㈠騕褭：音一ㄠˇ ㄋ一ㄠˇ古良馬名。《淮南子・齊俗篇》：「夫待騕褭、飛兔而駕之，則世莫乘車。」㈡蘭筋：馬筋之名稱，在馬目之部位。《文選》卷四十一陳琳〈為曹洪與魏文帝書〉：「及整蘭筋」句下，李善《注》引《相馬經》云：「筋從玄中出，謂之蘭筋。玄中者，目上陷如井字。蘭筋豎者千里。」㈢履冰乘深：《詩經・小雅・小旻》：「戰戰兢兢，如臨深淵，如履薄冰。」㈣猛虎能似雷霆以博噬：此段三句，《百子》本作：「猛虎能吼雷霆以博噬，而不能振翅於籠罩之中。」㈤踊雲霧以凌虛：《韓非子・難勢篇》：「飛龍乘雲，騰蛇遊霧。」踊，跳躍貌。㈥鴻、鶤：鴻，大雁。《詩經・小雅・鴻鴈》：「鴻鴈于飛，肅肅其羽。」毛《傳》：「大曰鴻，小曰鴈。」鶤，雞之大者。《爾雅・釋畜》：「雞三尺為鶤。」㈦輕鴿：鴿，猛禽，似鷹而較小。㈧調和陰陽：謂陰陽寒暑之配置調適也。《漢書》卷五十六〈董仲舒傳〉：「是以陰陽調而風雨時，群生和而萬民殖。」㈨百行：謂各種行為。《詩經・衛風・氓》：「士之耽兮，猶可說也。」鄭《箋》：「士有百行，可以功過相除。」㈩簡書：竹簡書信也。《詩經・小雅・出車》：「豈不懷歸，畏此簡書。」毛《傳》：「簡書，戒命也，鄰國有急，以簡書相告，則奔命救之。」⑪敷五邁九：猶言「敷邁九五」，謂進極至帝王之尊位也。敷，開舒、溥大也。九五，天子之位也。《易經・履卦・彖辭》：「剛中正，履帝位而不疚。」孔《疏》：「以剛處中，得其正位，居九五之尊，是剛中正，履帝位也。」㉜潔：比喻操守純潔不汙。㉝經：治理。

【今譯】抱朴子說：「千里馬騕褭，能夠奮力奔馳倏忽千里，卻不能小心翼翼的在深淵薄冰之上行走；猛虎能夠以雷霆萬鈞的聲勢，博殺吞噬獵物，卻不能騰雲駕霧的遨遊天空。鴻鴈、大雞不能夠在小小的鳥籠網罩裏拍擊翅膀，輕逸迅捷的鶻鷹，也不能在茶几桌筵之下閃電般的博擊獵物。萬物既是如此，人當然也不例外。所以能夠調和陰陽寒暑的人，未必能擅長各種技藝，寫出好文章；位極帝王之尊的，也未必能保全小德行，做好零星瑣碎的雜事。」

「惠子㊀上相之標也，而不能役舟楫以淩陽侯㊁；漢高神武之傑也㊂，而不能治產業㊃，端檢括㊄；淮陰㊅良將之元㊆也，而不能修農商，免飢寒㊇；周勃㊈社稷之骾也，而不能答錢穀，責獄辭㊉。若以所短棄所長，則逸儕拔萃之才⑪不用矣；責具體而論細禮，則匠世濟民之勳不著矣。」

【今註】㊀惠子：惠施，戰國時宋人，為梁惠王之相，與莊子交遊頗深。《說苑・雜言篇》：「梁相死，惠子欲之梁，度（渡）河而遽墮水中，船人救之。船人曰：『子欲何之而遽也？』曰：『梁無相，吾欲往相之。』船人曰：『子居船檝之間而困，無我則子死矣，子何能相梁乎？』惠子曰：『子居艘楫之間，則吾不如子。至於安國家、全社稷，子之比我，蒙蒙如未視之狗耳。』」㊁淩陽侯：乘波濤也。淩，音ㄌㄧㄥˊ，乘也。《楚辭・九章・哀郢》：「淩陽侯之氾濫兮。」王逸《注》：「淩，乘也。」陽侯，水神名。古陽陵國君溺死於水，其神能為大波。《戰國策・韓策》：「塞漏舟而輕陽侯之波，則舟覆矣。」鮑彪《注》：「說陽侯多矣，今按：四八目，伏羲六佐，一曰陽侯為江海。蓋因此為波神歟！」㊂漢高神武之傑也：《易經・繫辭・上》：「古之聰明叡知，神武而不殺者夫。」《漢書》卷二十三〈刑法志〉：「漢興，高祖躬神武之材，行寬仁之厚，總擥英雄，以誅秦、項。」㊃不能治產業：《漢書》卷一下〈高帝紀・下〉九年：「（高祖）曰：『始大人常以臣亡賴，不能治產業，不如仲力。今某之業所就孰與仲多？』殿上群臣皆稱萬歲，大笑為樂。」㊄端檢括：端正行為法度。檢，品行節操也。括，法度也。《廣雅・釋詁・一上》：「括，灋（法）也。」㊅淮陰：韓信，淮陰人，與張良、蕭何並稱漢興三傑。封為淮陰侯。㊆元：首也。《爾雅・釋詁・下》：「元，首也。」《尚書・益稷》：「元首明哉！」㊇不能修農商，免飢寒：《史記》卷九十二〈淮陰侯列傳〉：「始為布衣時，貧無行，不得推擇為吏，又不能治生商賈，當從人寄食飲。」

㈨周勃：漢沛人，木彊敦厚，嘗為人吹簫給喪事。佐高祖定天下，文帝拜為右丞相。㈩不能答錢穀，責獄辭：周勃答錢穀事，未見所出。責獄辭事，見《史記》卷五十七〈絳侯周勃世家〉所載：文帝以勃為丞相，勃受印未久，請辭。其後人有告勃欲反，下廷尉，勃恐，不知置辭，以千金與獄吏，獄吏乃以書牘背示之，勃納其言而上疏，文帝見其獄辭，乃謝曰：「吏方驗而出之。」於是赦歸，復爵邑。勃既出，曰：「吾嘗將百萬軍，然安知獄吏之貴乎？」㈡逸儕拔萃之才：超越同輩，出類拔萃的人才。逸，節行超逸也。儕，同輩之人。拔萃，才學出眾也，《孟子・公孫丑篇・上》：「有若曰：『聖人之於民，亦類也。出於其類，拔乎其萃，自生民以來，未有盛於孔子也。』」

【今譯】　「惠施有做宰相的才能，卻不會自己划船渡過大河。漢高祖是聖明英武的帝王，卻不會治理產業，檢束行為法度。韓信是優秀將才中最傑出的，卻不懂得在早年從事農商，免除飢寒的威脅。周勃是國家棟梁之臣，卻不懂得處理錢穀雜事，寫好獄訟的供辭。如果只計較一個人的缺點而忽視他的長處，那麼，即使是超逸絕倫的優秀人才也顯得無用；要求具備整體並且做好瑣細的禮節，那麼，治世濟民的功勳就不能完成了。」

「天不能平其西北，地不能隆其東南㈠，日月不能摛光㈡於曲穴㈢，衝風㈣不能揚波於井底。擿齒，則松櫝不及一寸之筳㈤；挑耳，則棟梁不如鷦鷯㈥之羽。彈鳥，則千金不及丸泥之用；縫緝，則長劍不及數分之針。」

【今註】㈠天不能平其西北，地不能隆其東南：《淮南子・天文篇》：「昔者共工與顓頊爭為帝，怒而觸不周之山，天柱折、地維絕，天傾西北，故日月星辰移焉；地不滿東南，故水潦塵埃歸焉。」又〈原道篇〉亦載：「昔共工之力觸不周之山，使地東南傾。」㈡摛光：發舒光亮。摛，舒、發也。㈢曲穴：奧深曲折之洞穴。《淮南子・脩務篇》：「螘知為垤，貛貉為曲穴。」㈣衝風：暴風，飀風也。《楚辭・九歌・少司命》：「衝風至兮水揚波。」宋洪興祖《注》：「五臣曰：衝風，暴風也。」㈤擿齒，則松櫝不及一寸之筳：剔牙的話，松樹、櫝樹就比不上一寸長的牙籤。擿，音ㄊㄧˋ，挑取也。櫝，音ㄐㄧㄚˇ，楸也，梓屬。宋羅願《爾雅翼・卷九》：「椅、梓、楸、櫝，一物而四名。」明李時珍《本草綱目・卷三十五》：「楸，葉大而早脫，故謂之楸。」筳，音ㄊㄧㄥˊ，小木枝也。㈥鷦鷯：似雀而小，長約三寸，以茅葦等營巢於林間或樹穴，性易馴。

【今譯】「天蓋不能將它傾頹的西北方拉平，地塊也不能將低陷的東南方填高，日月的光亮不能照進曲折的深穴中，颶風也不能在深井裏揚起波濤。要剔牙齒，則松樹、櫃樹比不上一寸長的牙籤；要掏耳朵，則橫梁大柱比不上小鳥的羽毛。要射小鳥，則金塊比不上小石頭有用；要縫衣服，則長劍比不上幾寸長的縫衣針。」

「何必伏巨象而捕鼠㈠，制大鵬以司晨乎？故姜牙㈡賣煦無所售㈢，而見師於文、武。蔣生㈣憒慢於百里，而獨步三槐㈤。」

【今註】㈠伏巨象而捕鼠：《抱朴子・外篇・逸民篇》：「何必服巨象使捕鼠。」㈡姜牙：《史記》卷三十二〈齊太公世家〉載：太公望呂尚者，東海人，姓姜氏，字牙。嘗窮困，年老矣，以漁釣干周文王，後助武王伐紂，建立周室。㈢賣煦無所售：「煦」，《繼蓮龕本》作「漿」，孫星衍亦疑當作「漿」。《史記》卷三十二〈齊太公世家〉：「呂尚蓋嘗窮困。」司馬貞《索隱》：「譙周曰：『呂望嘗屠牛於朝歌，賣飲於孟津。』」煦，烝、熱也。㈣蔣生：即蔣琬，字公琰。三國蜀湘鄉人。從劉備入蜀，諸葛亮稱其有社稷之才。㈤憒慢於百里，而獨步三槐：為百里侯則行事糊塗，為丞相則才堪勝任。憒慢，即憒憒，猶言糊塗。《三國志》卷四十四〈蜀書・蔣琬傳〉：「督農楊敏曾毀琬曰：『作事憒憒，誠非及前人。』」百里，猶言百里侯，舊謂一縣之長。三槐，謂三公一類的高級官位。周代外朝植三槐木，三公坐向之，因轉謂三公也。《三國志》卷四十四〈蜀書・蔣琬傳〉載：劉備以琬為廣都令，琬眾事不理，時又沉醉，將加罪戮。諸葛亮請曰：「蔣琬，社稷之器，非百里之才也。其為政以安民為本，不以脩飾為先。」亮卒，乃封琬為尚書令。

【今譯】「因為萬物各有所長，所以何必要馴服大象去捕捉老鼠，訓練大鵬來鳴啼報曉呢？古史也有明證；姜子牙賣漿水點心沒有生意，卻被周文王、武王尊為國師；蔣公琰做廣都縣令辦事糊塗，偏偏能勝任愉快丞相的重責。」

擢才篇 第十八

【篇旨】 本篇論述選拔人才的困難和阻力。英逸之才介潔獨立，不但不為短視者所賞識，反而備受誹謗者猜忌和陷害。統治者「以賢為愚」，亦必「以愚為賢」。是非不分，正邪不辨，將導致政權的傾覆滅亡。作者葛洪期待出現一個「玄鑒表徵」的明君，「披泥抽淪玉，澄川掇沈珠」，起用埋沒的人才，對懷才不遇，始終保持人格尊嚴的士大夫給予了讚美與稱揚。

抱朴子曰：「華章藻蔚㊀，非矇瞍㊁所玩；英逸之才，非淺短所識。夫瞻視不能接物，則袞龍㊂與素褐㊃同價矣；聰鑒㊄不足相涉，則俊民㊅與庸夫一槩㊆矣。眼不見，則美不入神焉；莫之與，則傷之者至焉。」

【今註】 ㊀華章藻蔚：均指華美的色彩。㊁矇瞍：音ㄇㄥˊ ㄙㄡˇ，瞎子。㊂袞龍：繡畫有卷龍形狀的禮服。為古代天子、上公所穿的禮服。㊃素褐：白色粗布短衣，貧民所穿。㊄聰鑒：聰，聽力敏銳；鑒，審察照鑒。「聰鑒」猶言視聽靈敏。㊅俊民：有才能之士。㊆槩，同「概」字。

【今譯】 抱朴子說：「華美鮮麗的色彩，不是瞎子所能賞玩的；英俊超逸的人才，不是淺薄短視的人所能認識的。視力不能辨別物品，則繡龍的禮服和粗布短褐同等價值；視聽不相通，則英才與庸人是一視同仁的。眼睛看不見，則美不能進入眼神，不與英逸之人相親，那麼傷害就要到臨了。」

「且夫愛憎好惡，古今不均，時移俗易，物同價異。譬之夏后㊀之璜㊁，曩㊂直㊃連城，鬻之於今，賤於銅鐵。故昔以隱居求志為高士，今以山林之儒為不肖㊄。故聖世人㊅之良幹，乃闇俗㊆之罪人也；往者之介潔㊇，乃末葉之羸劣㊈也。弘偉之士，履道之生，其崇信㊉匪徒重仞⑪之牆，其淵澤⑫不唯呂梁之深也，故短近不能賞而淺促不能測焉。因以異乎己而薄之矣，以不求我而疾⑬之矣，不貴不用，何足言乎？乃有播埃塵於白珪，生瘡痏⑭於玉肌⑮，訕疵⑯雷同⑰，攻伐獨立。曾參蒙劫剽之垢⑱，巢、許獲穿踰之謗⑲。自匪明並懸象㊁，玄鑒㊂表微者，焉能披泥抽淪玉，澄川掇沈珠哉！」

【今註】㊀夏后：夏朝國君。㊁璜：玉器名，形狀如璧之半。㊂曩：昔。㊃直：值。㊄不肖：不賢。㊅人：孫星衍校為衍字。㊆闇俗：闇，暗。「闇俗」猶世俗，庸俗。㊇介潔：孤介高潔。㊈羸劣：羸弱無能。㊉崇信：崇高正直。信古通申，《廣雅・釋詁》：「申，直也。」㊀重仞：二仞。仞，古長度單位，周制八尺，漢制七尺為仞。㊁淵澤：指心胸、抱負。㊂疾：痛恨、誹謗。㊃痏：音ㄨㄟˇ，瘡。㊄玉肌：如玉一般的肌體。㊅訕疵：訕，譏毀。疵，誹謗。㊆雷同：共同，相同。㊇曾參蒙劫剽之垢：曾參，孔子弟子。《戰國策・秦策・二》：「費人有與曾子同名族者而殺人。人告曾子母曰：曾參殺人。」如此三告，曾母投杼逾牆而走。㊈巢、許獲穿踰之謗：巢、許，巢父與許由。巢父，堯時高士。山居不出，年老以樹為巢，故號「巢父」。相傳堯曾欲讓位給巢父許由，皆不受。穿踰，當指「踰墻鈷隙」，男女偷情。㊉懸象：《周禮・天官・大宰》：「正月之吉，……乃懸治象之法於象魏。」象魏，古天子、諸侯官門外懸示教令的臺闕。「明並懸象」謂英明如同象魏臺上懸掛的法令。楊明照《抱朴子外篇校箋・上》：按《意林》四引此文，「自匪」上尚有「識珍者必拾濁水之明珠，賞氣者必將（《初學記》卷二七〈御覽〉卷八〇三引作「採」）穢藪之芳蕙」

二句，甚是。當據增。按「明木」，楊明照《抱朴子外篇校箋·上》作「明本」。㈢玄鑒：猶玄覽，深刻觀察。「微」當作「徵」。表徵，事物顯露在外的徵象。

【今譯】「愛憎好惡，古今不同。時世遷移，風俗變易，同樣的事物價值卻不盡相同。譬如夏朝國君的玉璜，從前價值連城，拿來今日出售，比銅鐵還要賤價，所以從前隱居求志的人被視為高士，今日山林的儒生卻被視為無能。所以聖世時代的良才，乃（出身）下層的罪人。往昔清高孤潔的人士，乃末世的羸弱無能之輩。弘偉的士人，行道的儒生，他們的崇高正直不是兩重牆壁可以比擬，他們的心胸抱負也不只如呂梁藪澤之深。因此目光短近的人不能賞識，氣度淺狹的人不能測量，這是因為他們和自己不同而加以輕視，因為他們不求我們而加以誹謗。不顯貴不舉用，這還有什麼話可說？還有播散塵埃在白珪之上，生疥瘡在白玉的肌體上，共同參議毀謗異同，攻擊討伐獨立不群的人。曾參曾經蒙受搶劫的污垢，巢父、許由受到穿越的誹謗。若非賢明如象魏臺上懸掛的法令，深刻地體察事物顯露在外的徵兆，怎麼能劈開泥土取出埋沒的美玉，澄清川流拾掇沉落的寶珠呢？」

「夫珪璋㈠居肆㈡而不售，矧㈢乃翳㈣於槃㈤璞㈥乎？奇士扣角㈦而見遏㈧，況乃潛於罝藪㈨乎？孫臏思騁其秘略，而司馬刖之㈩；韓非願建治績，而李斯殺之㈡；賈誼㈢慷慨，懷經國之術，而武夫排之；子政忠良，有匡危之具，而恭、顯陷之㈢。和氏所以抱璜而泣血㈣，禽息所以發憤而碎首㈤也。」

【今註】㈠珪璋：珪，古玉器名，長條形，上端作三角形；璋，玉器名，頂端斜銳角形。珪璋，均為古代貴族行禮時常用禮器。㈡肆：店鋪。㈢矧：音ㄕㄣˇ，何況。㈣翳：遮蔽。㈤槃：同「盤」字。㈥璞：蘊玉之石，亦指未雕琢之玉。㈦扣角：指敲牛角。扣，通「叩」。㈧遏：遏制。㈨罣藪：罣，當作罩，通「澤」字。澤，指聚水窪地。藪，水少的澤地。「澤藪」猶言草野。㈩孫臏思騁其秘略，而司馬刖之：孫臏，戰國時軍事家。魏將龐涓忌其才能，誆他入魏，處以臏刑。後為齊威王軍師，先後兩次大敗魏軍。㈡韓非願建治績，而李斯殺之：韓非，戰國時法家，為韓國貴族。其著作受秦王政重視，曾出使秦國，後為李斯陷害，自殺於獄中。楊明照《抱朴子外篇校箋・上》：「韓非願建治績」，「建」下《徐校》沾「其」字，盧本「建其」二字並排刻。按有「其」字，始能與上「孫臏思騁其秘略」句相儷。㈢賈誼慷慨，懷經國之術，而武夫排之：賈誼，西漢前期政治家。文帝時為博士，不久遷太中大夫，為大臣周勃、灌嬰等排擠，貶為長沙王太傅。武夫，指周勃、灌嬰等武將。㈢子政忠良，有匡危之具，而恭、顯陷之：子政，劉向之字，西漢晚期大臣，著名學者。元帝時曾上書反對權臣弘恭、石顯，受到排擠。㈣和氏所以抱璞而泣血：和氏，即卞和，春秋時楚人。在山中得璞玉，獻給厲王，王使玉工辨識，斷為石頭，以欺君罪斷和左足。後武王即位，卞和又獻玉，仍以欺君罪再斷其右足。及文王即位，卞和抱玉，哭於荊山下。謂文王使者曰：「吾非悲刖也，悲夫寶玉而題之以石，貞士而名之以誑。」文王使人剖璞，果得寶玉，命名為「和氏之璧」。㈤禽息所以發憤而碎首：禽息，春秋時秦大夫。曾推薦百里奚於繆公，不納。及公出，禽息當車以頭擊闑，腦精出，曰：「臣生無補於國，不如死也。」繆公感悟，遂用奚，秦以霸。

【今譯】　「珪璋陳列在商肆內尚不能售出，何況遮藏在木盤中的璞玉呢。奇士敲打牛角猶受阻遏，況乎隱居於草野（的士人）。孫臏想施展其神奇兵略，而司馬對他施以刖刑。韓非願建立治國功績，而李斯將他殺害。賈誼胸襟開闊，懷治國之術，而武夫將他排斥。子政忠誠英良，有匡扶危機的才幹，而弘恭、石顯加以諂害。和氏因此抱璞而泣血，禽息因此發泄憤懣而撞碎首級。」

「夫玉石易別於賢愚，愛寶情篤於好士，以易別之寶，合篤好之物，猶獲罪截趾，歷世受誣。況乎難知之賢，非意所急，讒人畫蛇足於無形，姦臣畏忠貞之害己，體曲者忌繩墨之容㈠，夜裸者憎明燭之來。是以高譽美行，抑而不揚，虛構之謗，先形生影。又無楚人號哭之薦㈡，萬無一遇，固其宜矣。」

【今註】㈠繩墨之容：繩墨，木匠畫直線的工具，比喻規矩或法度。繩墨之容，謂容貌端正。㈡楚人號哭之薦：指楚昭王十年（公元前五〇六年）吳用伍子胥計攻破楚國，楚大夫申包胥赴秦國求救，在宮廷痛哭七日夜，終使秦發兵救楚。

【今譯】「寶玉石頭比賢明愚蠢要容易辨別，愛寶物比愛好士人來得情深。以容易鑒別的寶玉加上厚愛之物，尚且會獲罪截斷足趾，歷代受到誣蔑，何況難被認識的賢人，不是意願中所急迫要得到的。進讒言的人畫蛇添足於無形，邪姦佞臣畏懼忠貞會傷害自己。駝背的人，嫉妒端正的面容；夜間裸體的人，憎恨明燭的到來。因此崇高聲譽美好品行，受到抑制而不宣揚。虛構的誹謗，影子卻先生於形體。又沒有楚人痛哭喊號叫以自薦，萬無一遇，固得其誼。」

「夫以玉為石者，亦將以石為玉矣；以賢為愚者，亦將以愚為賢者矣。以玉為石，未有傷也；以愚為賢者，亡之診㈠也。蓋診亡者，雖存而必亡；猶脈死者，雖生而必死也，可勿慎乎！於戲，悲夫，莫之思者也。」

【今註】 ㈠診：診斷。

【今譯】 「將美玉當作石頭的人，也會把石頭當作美玉。將賢才當作愚夫的人，也會把愚夫當作賢才。將美玉當作石頭，是沒有傷害的，但是將愚夫當作賢才，卻是死亡的診斷。診斷為死亡的人，雖然存活而必定會死亡，猶如脈搏已死的人，雖活著而必定死去一樣，這可以不謹慎嗎？不能想到這一點的人，實在是可悲啊！」

「昔仲尼上聖也，東受累於齊人，南見塞於子西㈠。文種㈡大賢也，初不齒於荊俗，末雍㈢游於鈞如㈣。競年立功，不亦難乎？夫結綠、玄黎㈤，非陶㈥、猗㈦不能市也；千鈞之重，非賁㈧、獲㈨不能抱也。白雪㈩之紘，非靈素不能徽㈡也；邁倫㈢之才，非明主不能用也。然耀靈、光夜之珍，不為莫求而虧其質，以苟且於賤賈；洪鍾、周鼎，不為委淪(一三)而輕其體，取見舉於侏儒，嶧陽(一四)、雲和(一五)，不為不御(一六)而息唱，以競顯於淫哇(一七)；冠群之德，不以沈抑而履徑(一八)，而剸節(一九)於流俗。是以和璧變為滯貨，柔木(二〇)廢於勿用，赤刀之鑛(二一)，不得經歐冶(二二)之爐；元凱(二三)之疇，終不值四門(二四)之闢也。」

【今註】(一)子西：楚令尹。孔子入楚，楚昭王欲以書社七百里封之，受子西反對而止。(二)文種：春秋末越大夫，字少禽，助越王句踐復國滅吳，後句踐聽信讒言，賜劍命其自殺。(三)雍：安。(四)鈞如：如，語助詞。「鈞」指權要。或疑「如」當讀作「樞」、「如」「樞」古音相近。(五)結綠、玄黎：皆美玉名稱。《史記》卷七十九〈范雎蔡澤列傳〉：「宋有結綠，梁有縣黎，楚有和璞。」(六)陶：指陶朱公范蠡。助句踐滅吳，後游陶（今山東定陶縣西北），改名陶朱公，以經商成為巨富。(七)猗：猗頓，戰國時大商人，以經營珠寶、鹽池致富，善於鑒別寶玉。(八)賁：孟賁，戰國時勇士，衛人。相傳他能「生拔牛角」。(九)獲：烏獲，戰國時秦力士，能舉千鈞之重。(一〇)白雪：與「陽春」均為雅樂之名。(一一)徽：彈奏。(一二)邁倫：超邁群倫，指超越同輩。(一三)委淪：委頓沉淪。(一四)嶧陽：嶧山之陽，在山東鄒縣東南。嶧，音ㄧˋ。《尚書・禹貢》「嶧陽孤桐」。梧桐為製琴良材，此處以產桐之山名為琴瑟代稱。㊄雲和：地名，未詳所在，亦為出琴材之地。《周禮・春官・大司樂》「雲和之琴瑟」。㊅御：用，彈奏。㊆淫哇：靡曼之音。㊇履徑：小路，指奔走於旁門左道。權貴之家，與「履道」相背而馳。㊈剸節：折節。剸，音ㄊㄨㄢˊ。㊉柔木：指質地柔嫩的梧桐。㊁鑛：同「礦」字。㊂歐冶：即歐冶子，春秋末的著名工匠，曾為越王楚王鑄造名劍。㊂元凱：八元、八凱之省稱。八元，指春秋時高陽氏之八位才子。八凱，高辛氏之才子。「元凱」後泛指賢臣才士。㊃四門：即四學，學校名。魏明帝太和十年曾「立四門博士，於四門（國都四門）置學」。

【今譯】「從前仲尼是上聖之人，東邊受齊人所累，西邊受子西阻擾。文種是大賢之人，最初不齒楚地風俗，最後卻安然行走於權要中樞。逐年立功，不也是很困難嗎！像結綠、玄黎這些美玉，非陶朱公、猗頓不會購買。千鈞的重物，非孟賁、烏獲不能舉抱。高雅的音樂，非靈素不能彈奏。超邁群倫的人才，非明主不能任用。然而在黑暗中閃爍靈光的珍寶，不因為無人需求而減損它的美質，以便苟且於低賤的商賈。大鍾周鼎，也不因為委頓沉淪而輕賤它的器體，以求得侏儒的薦舉。嶧陽雲和所產的琴瑟，不因為不彈奏而息唱，以爭顯於靡曼之音。德性冠群的人，不因為埋沒壓抑而行旁門走道，對流俗折節曲膝。所以和氏玉璧變成滯銷的貨品，柔軟琴材因不用而腐朽，冶煉赤刀的礦石，終不能經歷歐冶子的熔爐，賢良人士，最終不逢四門的開闢。」

任命篇 第十九

【篇旨】 本篇通過對居泠先生的介紹，闡述了用人思想。所謂「居泠」，顧名思義，是虛構的人物。「恬愉靜素，形神想忘」；「道靡遠而不究，言無微而不研」。這也正是葛洪的自我畫像。但是，他不主張消極地「出世」，認為「君子藏器以有待也，稽德以有為也」；反映了當時官方道教的「入世」的政治特色。

抱朴子曰：「余之友人，有居泠先生者，恬愉靜素，形神相忘。外不飾以驚愚之容，內不寄有為之心，遊精《墳》《誥》㈠，樂以忘憂。晝競羲和㈡之末景，夕照望舒㈢之餘耀。道靡遠而不究，言無微而不研。然車跡不軔權右之國㈣，尺牘不經貴勢之庭。是以名不出蓬戶，身不離畎畝。於是翼亮大夫候而難之，曰：『余聞淵蟠起則玄雲赴，道化霑則逸才奮。故康衢有角歌之音㈤，鼎俎發凌風之跡。沽之則收不貲之賈，踊之則超在天之舉，耀逸景於暘谷(六)，播大明乎九垓(七)，動蔭當世(八)，聲揚罔極。故尋仞(九)之塗甚近而弗往者，雖追風(一〇)之腳不能到也；楹棁(一一)之下至卑而不動者，雖鴻、鶤(一二)之翅未之及也。況乎寢足於大荒(一三)之表，斂羽於幽梧之枝(一四)，安得效迅以尋景，振輕乎蒼霄哉？年期奄冉(一五)而不久，託世飄迅而不再，智者履霜則知堅冰之必至，處始則悟生物之有終。六龍促軌於大渾(一六)，華顛倏忽而告暮。古人所以映順流而顧歎，眄過隙而興悲矣。先生資命世之逸量，含英偉以邈俗，銳翰汪濊(一七)以波涌，六奇抑鬱而淵稸(一八)；然不能淩扶搖(一九)以高竦，揚清耀於九玄(二〇)，器不陳於瑚、簋(二一)之末，體不免於負薪之勞，猶奏和音於聾俗(二二)之地，鬻章甫於被髮之域(二三)。徒忘寤於翰林(二四)，銳意以窮神，崇琬琰(二五)於懷抱之內，吐琳瑯於毛墨之端(二六)，躬困屢空(二七)之儉，神勞堅高之間，譬若埋尺璧於重壤之下，封文錦於沓匱之中，終無交易之富，孰賞堙翳之珍哉？夫龍驥維縶，則無以別乎蹇驢；赤刀韜鋒，則曷用異於鉛刃？鱣鮪㉘不居牛跡，大鵬不滯蒿林。願先生委龍蛇㉙之穴，升利見㉚之塗，釋戶庭之獨潔，覽二鼠㉛而遠寤，越窮谷㉜以登高，襲丹藻以改素，競驚飆於清晨，不盤旋以錯度㉝，收名器㉞於崇高，響鍾鼎之慶祚。柏成㉟一介之夫，採薇㊱何足多慕乎？』」

【今註】 ㊀《墳》《誥》：《墳》，《三墳》，傳說中三皇時代的著作。見偽孔安國《尚書序》。《誥》，古代一種訓誡的文告，如《尚書》中有〈康誥〉、〈酒誥〉。㊁羲和：神話人物，指駕日車的神。㊂望舒：神話人物，指為月神駕車的神，後用為月的代稱。㊃不軔權右之國：軔，如震切。支住車輪不使轉動的木頭。國，疑作「閾」。㊄康衢有角歌之音：康衢，大路。《爾雅・釋宮》：「四達謂之衢，五達謂之康。」角，軍中的一種樂器。㊅暘谷：亦作「湯谷」；暘，音一尢ˊ。古代傳說中的日出處。㊆九垓：謂兼該八極的九州地面。㊇世：《藏》本作「已」，從舊寫本改。

⑨尋仞：尋，古長度單位，八尺為尋。仞，古長度單位。據陶方琦《說文仞字八尺考》謂周制為八尺，漢制為七尺，東漢則為五尺六寸。⑩追風：駿馬名。秦始皇有馬名追風。⑪楹棁：楹，柱子。棁，音ㄓㄨㄛˊ，梁上的短柱。⑫鶤：亦作「鵾」（音ㄎㄨㄣ），鵾雞，一種像鶴的鳥。⑬大荒：《山海經・大荒西經》：「大荒之中，有山名曰大荒之山，日月所入，……是謂大荒之野。」後來泛指遼闊的原野或邊遠的地方。⑭此下舊寫本空白七字。⑮奄冉：猶荏苒，形容時光逐漸推移。⑯六龍促軌於大渾：六龍，傳說日神乘車，駕以六龍。大渾，物大集而不散之貌。《淮南子・精神篇》：「契大渾之樸，而玄至清之中。」渾，不散之貌也。⑰汪濊：水深廣的樣子。濊，音ㄏㄨㄛˋ。⑱六奇抑鬱而淵稸：六奇，出奇制勝的謀略。漢陳平六出奇計，協助劉邦統一天下。《史記》卷一百三十〈太史公自序〉稱之為六奇。稸，同「蓄」，積聚。⑲扶搖：急劇盤旋而上的暴風。⑳九玄：九天。㉑瑚、簋：瑚，古代盛黍稷的祭器和食器。簋，音ㄍㄨㄟˇ，古代食器。圓口，圈足，青銅或陶製，盛行商周時期。㉒聾俗：舊謂不辨美惡的世風。㉓鬻章甫於被髮之域：章甫，古代的一種帽子。見《莊子・逍遙遊篇》。被髮之域，古代吳越一帶風俗，散髮不作髻。㉔翰林：指文才薈萃之地。㉕琬琰：琬圭和琰圭。比喻品德或文辭之美。㉖吐琳瑯於毛墨之端：琳瑯，精美的玉石。比喻珍異的物品、文章或人材。毛，舊寫本作「毫」。㉗屢空：常常貧困，也指安貧樂道。㉘鱣鮪：

鱣，魚名，即鰉。鮪，鱘鰉的古稱。㊈龍蛇：《易經·繫辭·下》：「龍蛇之蟄，以存身也。」後因以喻隱退。㊉利見：《易經·乾卦》：「飛龍在天，利見大人。」後來詩文中稱得見君主為利見。㊀二鼠：佛教以白、黑二鼠比喻晝夜，又比喻日月。《賓頭盧突羅闍為優陀延王說法經》：「白黑鼠者，喻晝夜。」㊁窮谷：幽谷。㊂錯度：《藏》本作「詣夜」，從舊寫本改。㊃名器：古代稱表示等級的稱號和車服儀制等為名器。㊄柏成：孫星衍校：舊寫本作「伯夷」涉下句，望文改耳。此乃柏成子高，與「採薇」非一事。柏成子高，堯時諸侯。見《風俗通》。㊅採薇：相傳商孤竹君的兩個兒子伯夷、叔齊，互讓王位，逃到周。周武王伐紂時，兩人曾叩馬諫阻。武王滅商後，他們恥食周粟，逃到首陽山，採薇而食，餓死山中。見《孟子·萬章篇·下》、《史記》卷六十一〈伯夷列傳〉。

【今譯】 抱朴子說：「我的朋友中，有叫居泠先生的。他性情安恬愉悅，平靜素雅，追求精神，忽略形體。外表上不故意作驚駭愚笨的樣子，內裡也不寄存著有所為的心思，精究遠古典籍，快樂得忘記了憂愁。他白天與太陽爭逐暮晚的光景，夜裡又利用月亮的餘輝，沒有什麼邈遠的學說不曾研究，沒有什麼深奧的言論不曾探討。但是他的車轍不曾到過權臣的第宅，書信不曾遞向貴族的門庭。因此名聲不能傳出茅舍，身體不能離開田地。於是輔佐帝王的大夫等候機會非難他說：『我聽說深淵裡的蟠龍飛起時，烏雲就聚集而來；治道教化遍及天下，隱逸的人就會奮發起來。所以大路上的行人有奏起軍樂的，廚房裡的伙夫也有得志凌風的。人的才能可以挨到無法估量的價值，一旦發揮作用就能超越天空，可以在太陽昇起的地方放射超逸的光輝，在九州大地播撒輝煌的光明，功勳庇蔭當代，聲名遠揚無邊。所以數尺遠的道路，是很近的，但如果不抬腳的話，即使有快馬的四蹄，也不能到達；梁柱底下，是最低矮的地方，但如果不飛動的話，即使有巨鳥的雙翅，也不能抵達。何況在荒遠的地方之外止步不前，在隱秘的梧桐枝上斂翅不飛，又怎麼能效仿迅鳥來探尋日光，在青天上展翅翱翔呢？時間推移不久留，一生飛逝不再來。聰明的人踏上白霜，就知道堅冰一定會到來，在生命開始時就明白它有終結。六龍駕日車在遼闊的天空飛速前進，倏忽之間頭髮已白，暮年已到。這就是古人為什麼映照流水而發出悲歎，看到時光飛逝而感到悲哀呀。先生有聞名於世的超群氣量，心裡懷著卓越的才識，邈視世俗，銳利的文筆像深水上掀起大波，出奇制勝的謀略蓄積成深潭，但是不能高聳地駕風扶搖直上，在九天之上顯示清輝。美器卻不被陳設在瑚簋的末尾，身體也免不了背負柴草的勞累。這就好比在世俗聾子的地方奏響和諧的音樂，在風俗披髮不束的地方出售帽子，白白地沉迷在文章裡，專心一意地深究事物的精微道理，胸懷裡充滿美好的品德，筆端下流露出珍異的文才，身體卻因常常窮困而被束縛，精神因為固執和高傲而困勞。就像把直徑一尺的美玉埋在深土之下，把花紋美麗的錦緞封藏在緊閉的櫃櫥中，到底不得交換帶來的富裕。誰會賞識堙埋的珍寶呢？駿馬被縶住，就跟跛驢沒什麼區別，好刀藏起鋒刃，又和鉛鑄的鈍刀有什麼不同？鱣、鮪這樣的大魚不住在牛蹄印形成的小水窪裡，大鵬鳥不停留在矮樹叢中。希望先生放棄隱居的所在，登上晉見君主的道路，不再獨自保持門庭的潔淨，看到晝夜交替而深深醒悟。跨越深谷，登上高峰，換掉樸素的白衣，穿上華麗的官服。要像在清晨興強勁的暴風爭競一樣上升，不要考慮名節的虛飾而盤桓流連，去獲取高貴的身分，享受鐘鳴鼎食的福分。柏成子高只是卑小的一人，伯夷採薇的高節又怎麼足以傾慕呢？』」

「居泠先生應曰：『蓋聞靈機冥緬㈠，混芒眇昧㈡。禍福交錯乎倚伏之閒，興亡纏綿乎盈虛之會；迅遊者不能脫逐身之景，樂成者不能免理致之敗；匡流末者，未若挺治乎無兆之中；整已然者，不逮反本㈢乎玄朴之外。是以覺尺蠖㈣者，甘屈以保伸；識通塞者，不慘㈤悅於否泰。且夫洪陶範物㈥，大象流形㈦，躁靜異尚，翔沈舛情。金寶其重，羽矜其輕。篤隘者，執束於滓涅；達妙者，逍遙於玄清。潢洿納行潦(八)而潘溢，渤澥吞百川而不盈(九)。鮋鰕(一〇)踊悅於泥濘，赤螭淩厲(一一)乎高冥。嚼香餌者，快嗜欲而赴死，味虛淡者，含天和而趨生；識機神者，瞻無兆而弗惑；闇休咎(一二)者，觸強弩而不驚。各附攸好，安肯改營？吾聞五玉(一三)不能自剖於嵩岫，騰蛇(一四)不能無霧而電征，龍淵(一五)不能勿操而斷犀兕，景鍾(一六)不能莫扣而揚洪聲。金芝須商風而激耀(一七)，倉庚俟煙熅而修鳴(一八)，騏騄(一九)不苟馳以赴險，君子不詭遇(二〇)以毀名。運屯(二一)，則沈淪於勿用；時行，則高竦乎天庭。士以自衒為不高，女以自媒為不貞。何必委洗耳(二二)之峻標，效負俎(二三)之干榮哉？夫其窮也，則有虞婆娑(二四)而陶鈞，尚父(二五)見逐於愚嫗，范生來辱於溺簣(二六)，弘、式匿奇於耕牧(二七)；及其達也，則淮陰(二八)投竿而稱孤，文種解屩而紆青(二九)，傅說釋築而論道(三〇)，管子脫桎為上卿。蓋君子藏器以有待也，穡德以有為也。非其時不見也，非其君不事也，窮達任所值，出處無所繫。其靜也，則為逸民(三一)之宗；其動也，則為元凱之表。或運思於立言，或銘勳乎國器(三二)。殊塗同歸，其致一焉。士能為可貴之行，而不能使俗必貴之也；能為可用之才，而不能使世必用之也。被褐、茹草(三三)，垂綸、罝(三四)兔，則心歡意得，如將終身。服冕乘軺，兼朱重紫(三五)，則若固有之！常如布衣，此至人之用懷也。若席上之珍不積，環堵(三六)之操不粹者，予之罪(三七)也。知之者希，名位不臻，以玉為石，謂鳳曰鶡(三八)者，非余罪也。夫汲汲於見知，悒悒於否滯者，裳(三九)民之情也；浩然而養氣，淡爾而靡欲者，無悶之志也。時至道行，器大者不悅；天地之閒，知命者不憂。若乃徇萬金之貨，以索百十(四〇)之售，多失骭(四一)毛，我則未暇矣。』」

【今註】(一)靈機冥緬：神機深遠莫測。(二)混芒眇昧：渾混迷茫，渺茫不明。(三)不逮反本：孫星衍校：「反」舊寫本作「原」。(四)尺蠖：尺蠖蛾的幼蟲。《易經・繫辭・下》：「尺蠖之屈，以求信

（伸）也。」清郝懿行《爾雅義疏・釋蟲》：「其行先屈後申，如人布手知尺之狀，故名尺蠖。」後常用以比喻人的先屈後伸。㊄不慘：孫星衍校：慘，舊寫本作「羞」。㊅洪陶範物：洪陶，巨匠。指天。以天之生物，如匠人的範造器物，故稱。㊆大象流形：大象，老子《道德經・第四十一章》：「大象無形。」又老子《道德經・第三十五章》：「執大象，天下往。」晉王弼《注》：「大象，天象之母也。」指世界一切事物的本原。流形，《易經・乾卦》：「雲行雨施，品物流行。」《疏》：「言乾能用天地之德，使雲氣流行，雨澤施布，故品類之物，流布成形。」因以指萬物形體。㈧潰洿納行潦：潰洿，即潰汙，低窪積水處。行潦，路上的積水。㈨渤澥：即渤海。㈩鮋鰕：鮋，小魚。鰕，通「蝦」。㈠凌厲：勇往直前，氣勢猛烈。㈡休咎：善惡，吉凶。㈢五玉：指五種色彩的美玉。《抱朴子・內篇・雜應篇》云：「五玉者，隨四時之色，春色青，夏赤，四季月黃，秋白，冬黑。」㈣騰蛇：傳說中一種能飛的蛇。㈤龍淵：寶劍名。相傳春秋時楚王使風胡子因吳王請歐冶子、干將二人作鐵劍三枚。一曰龍淵，二曰泰阿，三曰工布。謂龍淵觀其狀如登高山，臨深淵，故名。參見《越絕書》卷十一〈越絕外傳記寶劍〉。㈥景鍾，傳說為黃帝時五鍾之一。《管子・五行篇》：「昔黃帝以其緩急作五聲，以政五鍾。令其五鍾：一曰青鍾大音，二曰赤鍾重心，三曰黃鍾洒光，四曰景鍾昧其明，五曰黑鍾隱其常。」㈦金芝須商風而激耀：金芝，仙草。商風，秋風，西風。

㈧倉庚俟煙熅而修鳴：倉庚，黃鶯別名。也叫商庚、鸝黃。煙熅，陰陽二氣和合貌。㈨騏騄：良馬。

㈩詭遇：指打獵時不按禮法規定而橫射禽獸。後喻用不正當的手段獵取名利地位。㈡屯：艱難。㈢洗耳：比喻不願聽，不願問世事。《孟子・盡心篇・上》漢趙岐《注》：「樂道守志，若許由洗耳，可謂忘人之勢矣。」晉皇甫謐《高士傳》：「堯讓天下於許由，……由於是遁耕於中岳潁水之陽，箕山之下，終身無經天下色。堯又召為九州長，由不欲問之，洗耳於潁水濱。」㈢負俎：《史記》卷三〈殷本紀〉：「（伊尹）負鼎俎，以滋味說湯，致於王道。」俎，俗謂刀砧板，庖人所至必隨身攜帶，故稱負俎。後以喻干時以求進。㈣有虞婆娑：有虞，即虞舜。婆娑，闌珊、舒展。㈤尚父：即呂尚，姓姜，字牙（一說子牙），名尚。因先祖曾封呂，子孫以封地為氏，故稱呂尚。㈥范生來辱於溺簀：范生，指范雎。戰國魏人，字叔，為秦昭王相，封於應，號應侯。范雎發跡前，家貧，曾被人用便器污辱。參見《史記》卷七十九〈范雎蔡澤列傳〉。簀，苦怪切，籠也。㈦弘、式匿奇於耕牧：弘，公孫弘。少時家貧，牧豕海上。後被徵為博士，官至丞相。式，卜式，入山牧，十餘年，羊至千餘頭，買田宅。後官至御史大夫。傳並見《漢書》卷五十八〈公孫弘卜式兒寬傳〉。㈧淮陰：即韓信。韓信原封楚王，有人告其謀反，漢高祖用陳平計，偽游雲夢，執信，降封為淮陰侯。傳見《史記》卷九十二〈淮陰侯列傳〉。㈨文種解屩而紆青：文種，春秋越大夫，字少禽，也作子禽，楚國郢人，與范蠡共事越王句踐，出計滅吳，功成，范蠡勸其引退，不聽，後為句踐賜劍自殺。參閱《吳越春秋》卷十〈句踐伐吳外傳〉。紆青，繫佩印綬。比喻地位顯貴。《文選》卷四十五漢揚雄〈解嘲〉：「紆青拖紫，朱丹其轂。」《注》：「《東觀漢記》曰：印綬，漢制，公侯紫綬，九卿青綬」㉚傳說釋築而論道：傳說，殷相。相傳說曾版築於傳巖之野，武丁訪得，舉以為相，出現殷中興的局面。因得說於傳巖，故命為傅姓，號傅說，參閱《尚書・說命》，《楚辭・離騷》，《呂氏春秋・求人篇》，《史記》卷三〈殷本紀〉。㉛逸民：指避世隱居的人。㉜國器：國家的寶器，指鐘鼎之屬。㉝被褐、茹草：褐，粗布或粗布衣服。草，草具，粗劣的食物。㉞罝：捕獸用的網。㉟朱紫：古代高級官員的服色，朱衣紫綬。㊱環堵：四圍土墻。㊲罪：孫星衍校：罪，《藏》本作「過」，從舊寫本改。下云「非余罪」，明此作「罪」。㊳鶚：鳥名。㊴裳：即「常」字。㊵百千：孫星衍校：舊寫本、盧本作「百千」。㊶骭：音ㄍㄢˋ，脛骨，也指小腿。

【今譯】「居冷先生回答說：『我聽說神機深遠，渾混迷芒，高遠幽昧。禍和福互相交替，互為依靠，興和亡相互縈繞，彼此盈虛不一。走得快的人不能擺脫追逐在身後的影子，樂於成功的人也免不了會有失敗。等事情已發展到末了才加以糾正，不如在徵兆未出現前就直接把它治理。整治雖已如此完成了，但還比不上回歸到原來玄妙質樸的境界。因此從尺蠖蛾的幼蟲身上省悟到屈伸的道理，甘願受屈以保住舒伸的機會；知道通達和阻塞的關係，不因為運氣的好壞而高興或悲傷。再說天之生物，有如人範造器物，從一個本原產生出萬物形體，有的好靜，有的好動，有的凌空飛翔，有的沉潛水中，情況各自不同。黃金珍視它的貴重，羽毛誇耀它的輕飄。執著狹隘的人被束縛在污濁的地方，通達玄妙的人逍遙自得在玄清的天空。低窪積水的地方，接納道路上的積水就會溢出，渤海容納百川卻不會盈滿。小魚小蝦在泥沼裏歡欣跳躍，大龍在高遠的天空勇往直前。嚼食香餌的，為滿足貪欲而遭到了死亡；嚐味素淡的，含著天然的和氣而日趨長生。懂得事物變化根據和規律的，沒有看到事物發展的徵兆也不迷惑，深諳吉凶的，碰上強弩的傷害也不會驚慌。（他們）各自趨向所好，哪兒肯改變自己的追求。五玉不能自己從高山中分剖出來，騰蛇沒有霧氣伴隨就不能隆隆出行。名叫龍淵的寶劍，不運用就不能斬斷東西；像犀兕形狀的景鍾，不敲擊，就不能發出洪亮的聲音。芝草要等秋風吹來才煥發出光彩，黃鶯要到陰陽二氣和合的時候才長鳴。好馬不隨便奔馳，以赴險難；君子不採取不正當的手段，以毀壞自己的名譽。運氣不佳時，埋沒而不被重用；時運到了，就高高聳立在朝廷上。讀書人以自我誇耀為不高尚，女子以自薦婚姻為不貞節。為什麼一定要放棄許由洗耳那樣的清高格調，仿效伊尹負俎來求取榮華呢？不得志的時候，虞舜逍遙自如地垂釣，呂尚被愚蠢的婦人驅趕，范睢被人用便器污辱，公孫弘和卜式把自己的奇才隱藏在耕田放牧中。等到得志的時候，韓信扔下釣竿而稱王，文種脫下草鞋而繫佩印綬，傅說放下版築的活而談論治國的大道，管仲脫去桎梏而成為上卿。大概君子隱藏才能來等待機會，蓄積美德以便有所作為。不是施展才能的時機，就不出現，不是賢明的君主，就不輔佐。得志還是不得志，聽憑所遇到的機會，出仕還是隱留，沒有什麼可束縛。閒居的時候，就為隱士所尊崇，出仕的時候則是有才德的大臣們的表率，有的人務於思考，創立學說；有的人建立功業，被鑄在國家的寶器上，道路不同，結果一樣，他們所得到的是相同的啊。士能夠做出可貴的行動，卻不能使世俗之人一定崇尚它，能成為有用的人才，卻不能使世間必定啟用他。穿著粗布衣，喫著粗陋的食物，釣魚網兔，卻高興自得。如果要一輩子戴高冠，乘軒車，穿著朱紫官服，卻感到就像本來如此，跟穿著布衣一樣平常。這是道德修養達到最高境界的人的胸懷啊。如果筵席上珍肴不豐足，甘居陋室的操行不純，是我的過錯；了解我的人少，名聲和地位不高，把美玉當作石頭，稱鳳凰為鷃鳥，這不是我的過錯。急切地要被人了解，官運不通就愁悶不安，是常人的情況。正大剛直，涵養元氣，淡於名利，沒有嗜欲，是沒有煩惱苦悶的標誌。時運到了，學說被實行，氣量大的人不因此而高興。天地之間，認識天命的人從不憂慮。至於拿著價值萬金的貨物，求取百十金的價錢，把小腿毛磨掉許多，這種事我就沒有空閒了。』」

名實篇 第二十

【篇旨】 本篇通過對漢末靈獻之時品評人物，名不副實情況之原因的分析，指出「佞人相汲引而柴正路，俊哲處下位而不見知」是「與開闢並生」，「匪唯一世」的問題，表達了「寧潔身以守滯，恥脅肩以苟合」的清高思想。但他並未對封建統治者完全失望，而是抱著「德音可邀乎將來」的希望，以「樂天知命」，「安時處順」的人生態度，等待明君「招賢」、「擢奇」，以實現「康庶績於百揆」的政治理想。

門人問曰：「聞漢末之世，靈、獻之時，品藻㊀乖濫，英逸窮滯，饕餮得志，名不準實，賈不本物，以其通者為賢，塞者為愚。其故何哉？」

【今註】 ㊀品藻：鑒定等級。

【今譯】 門人弟子問道：「聽說漢朝末年，靈帝和獻帝的時候，品定人物等級，不待實情，卓越的人才不得志，貪殘的人得其所欲。名不副實，價格與實物不相稱。把得志的人當作賢人，把不得志的人看作愚人。這是因為什麼原因呢？」

抱朴子答曰：「夫雷霆輷磕㊀，而或不聞焉；七曜㊁經天，而或不見焉。豈唯形器有聾瞽哉？心神所蔽，亦又㊂如之。是以聞格言而不識者，非無耳也；見英異而不知者，非無目也，由乎聰不經妙，而明不逮奇也。」

【今註】㊀輷磕：輷，象聲，同「轟」。磕，大聲。㊁七曜：古人以日、月與金、木、水、火、土五大行星為七曜。㊂亦又：舊寫本作「亦有」，二字古通用。

【今譯】抱朴子回答說：「雷霆隆隆，而有人聽不見，日月和五星經行天空，而有人看不見。這難道只是形體上有聾子和瞎子的緣故嗎？心神被蒙蔽了，也會有這樣的情況發生。因此，聽到至理之言而不懂的，並非因為沒有耳朵，有傑出的人才而不了解的，不是因為沒有眼睛，而是由於聽力不及微小的聲音，眼力不達罕見的事物啊。」

「夫智大量遠者，盤桓㊀以山峙；器小志近者，蓬飛而萍浮。夫唯山峙，故莫之能動焉；夫唯萍浮，故流而不滯焉。方之貨也，則緘連以待賈者，雖至珍而難售；鳴鼓以徇之者，雖凡蔽而易盡。比之材也，則結根於嵩、岱者，雖竦蓋千仞，垂蔭萬畝，而莫之知也；插株於塗要者，雖鉤曲戾細而速朽，而猶見用也。」

【今註】 ㊀盤桓：廣大貌。

【今譯】 「智慧高，抱負遠的人，像高大聳立的群山；智能低，志向小的人，像飄飛的蓬草，逐浪的浮萍。只因為像山一樣聳立，所以沒有人能振動；只因為像浮萍一樣飄浮，所以流動而不滯塞。把他們比作貨物，那麼用繩子捆紮好等人來買的，雖然是最好的珍寶，也難以售出；敲起鼓來大聲張揚的，即使是平常的劣物，也容易賣完。把他們比作木材，那麼紮根在嵩山與泰山的，雖然樹冠高聳千仞，樹蔭廣垂萬畝，卻沒有人知道它；插枝在要道上的，即使又彎又細，容易腐朽，也還是被採用。」

「故廟堂有枯楊之瑚、簋，窮谷多不伐之梓、豫也㊀。是以竊華名者，螻蜥㈡騰於雲霄；失實價者，翠虯㈢淪乎九泉。於是斥鷃㈣淩風以高奮，靈鳳卷翮以幽戢，鉛鋒充太阿之寶，犬羊佻㈤虎狼之資矣。」

【今註】㈠梓、豫：梓，美木名。豫，《藏》本作「橡」，從舊寫本改。豫，豫章，木名。㈡螻蜥：螻，螻蛄；蜥，蜥蜴。㈢虯：音ㄑㄧㄡˊ，傳說中的無角龍。㈣斥鷃：即鵪鶉。斥，本作「尺」，古字通。㈤佻：音ㄊㄧㄠ，緜高切，竊取貌。

【今譯】「所以廟堂之上有枯楊木做的祭器，深谷之中有許多未被砍伐的梓豫之材。因此竊取了顯耀名聲的，像螻蜥飛騰到雲霄；失去了寶物價格的，像翠龍沉淪在九泉下。於是斥鷃駕風高飛，神鳳卷翅深藏，鉛鑄的鋒刃，冒充太阿寶劍，犬羊竊取了虎狼的資望。」

「夫佞者鼓珍賂為勁羽，則無高而不到矣；乘朋黨為舟楫，則無遠而不濟矣。持之以夙興側立，加之以先意承指，其利口諛辭也似辨，其道聽塗說也似學，其心險貌柔也似仁，其行污言潔也似廉，其好說人短也似忠，其不知忌諱也似直，故多通焉。且亦奉望我者，欲我益之，不求我者，我不能愛，自然之理也。」

【今譯】「小人把珍寶財物作有力的翅膀，就沒有什麼高度不能到達；把朋黨當舟船，就沒有什麼遼遠的水面不能渡過。保持早晚傍立的謙遜態度，再加上預先領會接受上司的旨意；他們的鋒利口舌，阿諛之辭好像很動聽；他們無根據的道聽塗說好像是很有學問；他們的心思陰險，卻外表柔順，似乎親善仁愛；他們的行為污穢，卻言論高潔，好像很廉潔；他們喜歡議論人短處，似乎很忠誠；他們不懂忌諱，卻好像很率直，所以他們多地位顯達。再說尊奉我，盼望我的，想要我給他好處，無求於我的，我不能喜愛。這是自然而然的道理。」

「夫賢常少而愚常多，多則比周而匿瑕，少則孤弱而無援，佞人相汲引而柴正路，俊哲處下位而不見知，拔茅㊀之義圮，而負乘㊁之群興，亢龍高墜，泣血漣如㊂。故子西逐大聖之仲尼㊃，臧倉毀命世之孟軻㊄。二生不免斯患，降茲亦何足言！斯禍蓋與開闢並生，苦之匪唯一世也。歷覽振古，多同此疾。」

【今註】 ㊀拔茅：指推薦引進。《易經・泰卦》：「拔茅茹，以其彙。」茅之為物，拔其根而牽引者也。後因以喻同道者相互引進。㊁負乘：喻小人居於君子之位。《易》曰：「負且乘」。負也者，小人之事也。乘也者，君子之器也。㊂泣血漣如：泣血，極其悲痛而無聲的器泣。漣如，垂淚貌。㊃子西逐大聖之仲尼：子西，即鬬宜申。春秋楚國大夫，字子西。楚昭王將以書社地七百里封孔子，子西止之。參見《史記》卷四十七〈孔子世家〉。㊄臧倉毀命世之孟軻：臧倉，戰國魯人。平公之嬖人。平公欲見孔子，臧倉阻之。見《孟子・梁惠王篇・下》。

【今譯】 「情況常常是賢人少而愚人多。愚人多了就可以相互勾結，隱藏過失，賢人少了就孤獨無力，沒有後援。小人互相引進而阻斷正路，才智出眾的人處在低位不被了解，仁人相互引薦的行為不見了，竊居高位的小人越來越多。飛龍從高天上墜落，悲痛地無聲哭泣。所以子西趕走大聖人孔子，臧倉詆毀名高於世的孟軻。這二人也免不了遭受這種災禍，惡運降臨到我們頭上又有什麼可說呢？這種災禍大概是跟天地開闢同時出現的，受這種痛苦的不只是一代人啊。歷觀往昔，大多同有這種情況。」

「至於駑蹇矯首於瑂㊀輦，駃驥委牧乎林坰。彼己尸祿，邦國殄瘁，下淩上替，實此之由。或蟲流而莫斂，或逆竄於申亥㊁，或擢筋於廟梁，或絕命於望夷。蓋所拔之非真，而忠能之不用也。」

【今註】㊀瑂：多么切。刻、畫。㊁申亥：舊寫本作「曲亥」。楚靈王因行殺人、取財等事，令人對其懷恨在心。後靈王率召伐徐之際，這些人聯合公子比、公子棄疾作亂，靈王的軍隊聞之潰散。芋地之尹申亥引靈王至其家，靈王日不食，於申亥家自縊而亡。事見《左傳》昭公十三年。

【今譯】「至於劣馬昂首牽引雕飾文采的帝王車輛，駿馬被委棄放牧在遙遠的郊野；小人空吃俸祿，國家困病；下品高昇，上品衰微，的確是因為這個原因。有的人身為蟲豸之流而不知收斂，有的人逃竄至申亥之地自盡，有的人被抽筋懸掛在廟梁之上，有的人亡命外夷，原因就在於所選拔的不是有真才實學的人，而忠誠能幹之士又不被重用。」

「故明君勤於招賢，而汲汲於擢奇，導達凝滯，而嚴防壅蔽。才誠足委，不拘於屠釣；言審可施，抽之於戎戍。或舉於牛口之下，而加之於群僚之上；或拔於桎梏之中，而任以社稷之重。故能勳業隆濟，拓境服遠，取威定功，垂統長世也。」

【今譯】「所以英明的君主努力招納賢才，急切地選拔奇才；引導、疏通凝滯的渠道，嚴格防止人才的堵塞、蒙蔽。才能確實足以託付重任的，不因他是屠父、漁夫而有所限制，言論周密可以施行的，就把他從戍卒中抽拔出來。或者把他從牛口之下舉拔出來，放在眾官之上；或者把他從桎梏中解放出來，委以國家重任。所以他們能夠功高業成，開疆拓土，降服遠夷，獲得威望，定下功業，使皇統流傳，世代綿長。」

「夫直繩者，枉木之所憎也；清公者，姦慝之所讎也。人主不能運玄鑒以索隱，而必須當塗之所舉。然每觀前代專權之徒，率其所舉皆在乎附己者也，所薦者先乎利己者也。」

【今譯】「筆直的墨線，是彎木所憎恨的；清廉的官吏，是姦邪的人所讎視的。君主不能運用明鏡之察來求取隱士，而必定需要當權者的推薦。然而常常看到前代的專權之人舉薦的標準，都在於是否阿附自己；他所首先舉薦的，是有利於自己的人。詆毀自己所害怕的，引進自己所喜愛的。」

「毀所畏而進所愛，所畏則至公者也，所愛則同私者也。至公用則姦黨破，眾私立則主威奪矣；姦黨破則昇泰之所由也，主威奪則危亡之端漸矣。毀所畏則恐辭之不痛，雖刖劓㊀之，猶未慊㊁意焉，故必除之而後快也；彼進所愛，則苦談之不美，雖位超之，猶未逞心焉，故必危彼以安此也。是故抱枉而死，無愆而黜者，有自來矣。」

【今註】㊀刖劓：刖，音ㄩㄝˋ，古代一種把腳砍掉的酷刑。劓，音ㄧˋ，割掉鼻子，古代的一種酷刑。

㊁慊：音ㄧㄢˋ，或作「慊」，甘心也。

【今譯】「他們所害怕的是極公正的人，所喜愛的是跟他一樣偏私的人。公正的人被任用，惡人的朋黨就會破敗；眾多的私人登上高位，君主的威權就被剝奪了。姦黨破敗，是昇平安泰的必經之路；主上的威權被剝奪，則國家滅亡的危險就開始了。詆毀所害怕的，則唯恐言辭不痛切，即使是用刖刑、劓刑處置這些人，也不甘心，一定要除掉他們才高興。引進所愛的，就苦於誇讚得不夠好，即使位置超過他自己也不稱心。所以他們一定要危害那些公正的人來使自己的私黨安全。因此懷著冤屈而死的，沒有過失而被貶黜的，從來就有啊。」

「所以體道合真，嶷然特立，才遠量逸，懷霜履冰，思綿天地，器兼元凱，執經衡門㈠，淵渟㈡嶽立。寧潔身以守滯，恥脅肩以苟合。樂飢陋巷，以勵高尚之節；藏器全真，以待天年之盡。非時不出，非禮不動，結褐嚼蔬，而不悒悒也；黃髮終否，而不悢悢㈢也。」

【今註】㈠衡門：以橫木為門，指簡陋的房屋。㈡渟：水靜止不流。㈢悢悢：惆悵。悢，力尚切。

【今譯】「所以賢人依照天道，順合本性，高高地獨立於世，才能遠大而氣量超群，胸懷像霜雪一樣高潔，行動像踏在冰上一樣謹慎，思想像天地一樣久遠，兼有「八元」和「八凱」的才能，卻在簡陋的房屋裡捧讀經書，像深淵裏的水，靜止不流，像高大的山嶽，巍然聳立。寧可滯留不進，也要保持自身的高潔，恥於脅肩逢迎，無原則地附和。樂於在狹陋的小巷裡挨餓，以磨練高尚的節操，隱藏才能，保全本性，來等待生命的盡頭。不是合適的時機不出現，不合乎禮的事不做。編織粗布衣，嚼食蔬食，卻不愁悶不安，到老來仍然運氣不佳也不惆悵。」

「安肯蹙太山之峻，以適鑿枘㊀之中，斂垂天之羽，為戒旦㊁之役？編於仕類，而抑鬱庸兒之下。捨鸞鳳之林，適枳棘之藪㊂，競腐鼠於踞鴟㊃，而枉尺以直尋㊄哉！且大賢之狀也至拙，其為味也甚淡，蕭然自足，泊爾無知，知之者稀而不慼，時不能用而不悶。」

【今註】㊀鑿枘：鑿，榫眼。枘，音ㄖㄨㄟˋ，榫子，榫頭。㊁戒旦：告戒天將明。㊂藪：音ㄙㄡˇ，水少而草木茂盛的湖泊。㊃鴟：鴟鴞，音ㄔ ㄒㄧㄠ，貓頭鷹一類的鳥。㊄枉尺以直尋：《孟子·滕文公篇·下》：「且《志》曰：『枉尺而直尋』，宜若可為。」八尺為一尋，屈一尺而得伸直八尺，指小有所屈而大有所獲。

【今譯】「哪肯緊縮泰山一樣的高度，以塞進鑿眼之中，收斂起連天的翅膀，去做更夫的差使；排列在官吏中，被壓抑在庸才下；捨棄棲息鸞鳳的樹林，到那荊棘叢生的湖泊中；去跟驕傲的鴟鳥爭奪死老鼠呢？他們是在小的方面受些委屈，以便在大的方面有所收穫啊。況且大賢的外表極為笨拙，品味非常虛淡，冷靜而自我滿足，恬靜而沒有欲望。了解他的人少，卻不憂愁；時運不到，不被任用也不煩悶。」

「雖并日無藜藿之糝㈠，不以易不義之太牢㈡也；雖縕袍無卒歲之服，不冐樂無道之狐白㈢也。獨可散髮高枕，守其所有已，絕不曲躬低眉，求其所未須也。德薄位厚，弗交也；名與實違，弗親也；榮華馳逐，弗務也；豪俠姦權，弗接也；俗說細辨，不答也；脅肩所赴，弗隨也。貌愚而志遠，面垢而行潔。確乎若嵩、岱，銓衡㈣所不能測也；浩乎若滄海，斗斛所不能校也。」

【今註】㈠藜藿之糝：藜，疾藜，一種長刺的野生植物。藿，豆葉。糝，以米和羹。㈡太牢：指牛、羊、豕三牲。㈢狐白：狐腋下的白毛。指精美的狐裘。㈣銓衡：銓，秤。衡，秤杆，秤。

【今譯】「即使連日沒有野菜稀飯，也不去做不應當的行為，以換取太牢盛饌；即使穿著舊棉袍，沒有能度過年的衣服，也不做無德的事，以享受穿狐裘的快樂。只可披散了頭髮，隱居不出，守住他本來就有的東西，絕不彎腰低頭，求取那不必需的。品德低劣，官位高的人，不去結交；名聲和實才相違背的人不去親近；追逐榮華的事不做；強橫的俠士，邪惡的勢力不接觸；庸俗的言論，見識短淺的辯論不予回答；脅肩諂媚以逐利的行為不去跟從。外表愚笨而志向高遠，面孔骯髒而行為高潔，像高山一樣剛強，不是秤戥所能稱量的，像滄海一樣廣闊，不是斗斛所能量校的。」

「峻其重仞之高，隱其百官之富。觀彼佻竊，若草莽㈠也。邈世之操，眇焉冠秋雲之表；遺俗之神，緬焉棲九玄之端。雖窮賤，而不可脅以威，雖危苦，而不可動以利。其所業耳可聞而不可盡也；其所執守可見而不可論也。」

【今註】㈠草莽：叢生的雜草。

【今譯】「嚴守他重仞之高的節操，隱藏他多過眾官的才能，來看那輕浮的小人，像雜草一樣。他們遠超於世人的品行，高遠地超越秋雲之上；忘卻世俗的精神，遙遠地停留在九天的那一端。雖然貧窮卑賤，卻不能用威權來脅迫他；雖然處於危急困苦之中，卻不能用利益來引誘他。他所從事的，能聽說，但不能完全了解；他所堅持施行的，可以看到，但不可以妄力評論。」

「故疾之者，齊聲而側目；愛之者，寡弱而無益。亦猶撮壤不能填決河，升水不能殄原火。於是蕺鼓㈠戢雷霆之音，鞦韆悆喋䜊㈡

之響。芳蕙芟夷，臭鮑佩御。玄鬯㊂傾棄而不羞，醨酪專灌於圓丘。汗血㊃驅放而垂耳，跛蹇馳騁於鑾軒。此古人之所以懷沙負石，赴流魚葬，而不堪與之同世也。已矣！悲夫！」

【今註】 ㊀鼖鼓：鼖，音ㄈㄣˊ，軍用大鼓也。《周禮・地官・鼓》：「以鼖鼓鼓軍事」。《疏》：「案，大司馬云：『春執鼓鐸，王執路鼓，諸侯執鼖鼓，將軍執晉鼓。』」《周禮・考工記・韗人》：「鼓長八尺，鼓四尺，中圍加三之一，謂之鼖鼓。」 ㊁鞉鞞忞喋鼛：鞉，音ㄊㄧㄠˊ，徒刀切。有柄的小鼓，以手搖之作聲。鞞，音ㄅㄧㄥˇ，奴移切。即「鼙」，一種軍用小鼓。鼛，音ㄍㄠ，大鼓。 ㊂玄鬯：玄，黑色。鬯，音ㄔㄤˋ，古代祭祀用的香酒。 ㊃汗血：古代一種駿馬。

【今譯】 「所以憎惡他的人，齊聲攻擊，怒目而視；愛護他的人，勢孤力單，沒有作用。就像一小撮泥土不能填塞絕堤的河水，一小升水不能撲滅燎原的大火。於是大鼓收斂起雷霆般的聲音，小鼓放肆地喋喋不休；芳草被割除，臭魚被佩掛；黑色的香酒被倒掉也不感到羞愧，醨酪專被澆到小山丘上，好馬被趕走，垂下耳朵，劣馬卻駕著帝輦奔跑。這就是古人為什麼寧可懷抱沙石，投身河流，葬身魚腹，也不能忍受跟他們同處在一個世界上。算了吧！真可悲啊！」

「然捐玄黎於洿濘㊀，非夜光之不真也，由莫識焉；投彤盧㊁而不彎，非繁弱㊂之不勁也，坐莫賞焉。故瓊瑤俟荊和而顯連城之價㊃，烏號須逢門㊄而著陷堅之功，飛菟㊅待子豫而飆騰，俊民值知己而宣力。」

【今註】㊀玄黎於洿濘：玄黎，美玉名。與「懸黎」同。洿濘，低窪地。㊁彤盧：紅黑色的弓矢。《書傳》，彤，赤。盧，黑。參閱《公羊傳》定公四年：「挾弓而去楚」。㊂繁弱：古代良弓名。㊃瓊瑤俟荊和而顯連城之價：荊和，即春秋時楚人卞和。相傳他在山中得一璞玉，兩次獻給楚王，都被認為虛假，先後砍去雙腳。楚文王即位，他抱璞玉哭於荊山下，王使人雕琢其璞，果得寶玉，稱為「和氏之璧」。㊄逢門：古代善射者。即逢蒙。㊅飛菟：駿馬名。

【今譯】「然而把美玉扔在泥沼裏，不是因為晚上光線暗，看不真切，而是因為沒人認得；拋棄紅黑色的弓矢不拉張，不是因為繁弱良弓不夠強勁，而是因為無人賞識。所以美玉要等楚國的卞和到來，才能顯現連城的價值；烏號良弓要碰上逢門，才會顯露穿透堅革的功用；飛菟等待子豫駕馭，才能夠像暴風一樣奔馳；才智出眾的人，遇上知己才可以發揮力量。」

「若夫美玉不出重岫，良弓不鑿百札㊀，驥騄㊁不服朱軒，命世不履爵勢，則孰知其能攄符彩之耀曄㊂，頓雲禽於千仞，騁逸跡以追風㊃，康庶績於百揆㊄乎？夫其不遇，亦得不雜糅於瓦石，鈞㊅賤於朽木，列鑣於下乘㊆，等望於凡瑣哉！」

【今註】㊀札：古時鎧甲上的金屬葉片。㊁驥騄：驥，音ㄐㄧˋ，千里馬。騄，音ㄌㄨˋ，即騄耳，馬名，周穆王八駿之一。㊂攄符彩之耀曄：攄，音ㄕㄨ，散布，抒發。符彩，玉的紋理光彩。㊃追風：馬名，以疾馳而稱。㊄康庶績於百揆：康，舉。庶績，各種事功。百揆，古代總領國政的長官。㊅鈞：通「均」，平均，同等。㊆列鑣於下乘：鑣，音ㄅㄧㄠ，馬嚼子。下乘，下等的馬車。

【今譯】「假如美玉不出重重深山，良弓不穿透層層鎧甲，駿馬不拉朱紅色的高車，名高一世的人不獲得爵位、勢力，那麼誰又知道他們能散放出玉石的光彩，射落千仞高空的雲中飛鳥，騎上駿馬飛奔，當上總領國政的長官，建立各種功業呢？不遇明君，也應得不錯雜在瓦片石塊之中，跟朽木同樣低賤；不列位於下等的馬群中，名望等同於平凡的小人啊！」

「嗟乎！彍㈠棘矢而望高手於渠、廣，策疲駑而求繼軌於周穆㈡，放斧斤而欲雙巧於班、墨，忽良才而欲彝倫㈢之攸敘，不亦難乎？名實雖漏於一世，德音可邀乎將來。樂天知命，何慮何憂？安時處順，何怨何尤哉？」

【今註】㈠彍：音ㄎㄨㄛˋ，張弩，把弓拉滿。㈡繼軌於周穆：繼軌，猶踵跡，謂接續前人之業。周穆，指周穆王，西周國王，姬姓，名滿，昭王之子。曾西出犬戎，俘虜五王，並將部分犬戎遷到太原（今甘肅鎮原一帶）。還東攻徐戎，在涂山（今安徽懷遠東南）會合諸侯。後世傳說他曾周遊天下。《穆天子傳》即寫他西遊的故事。㈢彝倫：天、地、人之常道。

【今譯】「唉！拉張劣弓而期望成為高手；鞭打疲憊的劣馬，而想要接繼周穆王的事跡；不動斧頭，而幻想兼有魯班、墨翟的機巧；忽視優良的人才，而想保持天、地、人之常道的秩序，這不是很困難嗎？雖然在當代名實不能相符，好消息可希望在將來得到。樂從天命的安排，知守性命的分限，有什麼可憂慮的？安於時運，順應時勢，有什麼可埋怨的呢？」

清鑒篇 第二十一

【篇旨】 本篇論述鑒定人才的問題。作者認為，知人是很不容易的，尤其不能從表面現象看人。「夫貌望豐偉者不必賢，而形器尪瘁者不必愚，咆哮者不必勇，淳淡者不必怯。」因此，作者強調：「願加清澄，以漸進用，不可頓任，輕假利器，收還之既甚難，所損者亦已多矣。」值得注意的是，作者反對憑個人的愛恨好惡來鑒別人才，指出：「同乎己者，未必可用；異於我者，未必可忽也。」

抱朴子曰：「咸㈠謂：『勇力絕倫者，則上將之器㈡，治聞治亂者，則三、九㈢之才也。』然張飛、關羽萬人之敵，而皆喪元㈣辱主，授首㈤非所。孔融、邊讓文學邈俗，而並不達治務，所在敗績。鄧禹、馬援田間諸生，而善於用兵。蕭何、曹參，不涉經誥㈥，而優於宰輔㈦。爾則知人果未易也。欲試可乃已，則恐成折足覆餗㈧；欲聽言察貌，則或似是而非，真偽混錯。」

【今註】㈠咸：楊明照《抱朴子外篇校箋・上》云：「咸」，吉藩本作「或」。按作「或」始與下段文意吻合。〈用刑篇〉「或云明后御世」，《藏》本、魯藩本、慎本等亦誤「或」為「咸」也。㈡上將之器：上將，指高級將領。器，才能，人才。㈢三、九：指三公九卿之類高級官吏。㈣元：人頭。㈤授首：被殺。㈥經誥：指經典書籍。誥，如《尚書》有〈康誥〉、〈酒誥〉。蕭何出身於沛主吏掾（掌一縣吏事），曹參係獄掾（即典獄長），均不熟習經籍。㈦宰輔：指相國，即宰相。㈧則恐成折足覆餗：孫星衍校曰：舊寫本「成」字空白，疑衍。楊明照《抱朴子外篇校箋・上》：按以下文「欲聽言察貌，則或似是而非，真偽混錯。」例之，此處不僅無衍文，且脫去三字。楊氏所言合理，然所脫三字，無從增補。折足覆餗，意謂鼎足折斷，食品傾倒了出來。語出《易經・鼎卦》：「鼎折足，覆公餗。」餗，音ㄙㄨˋ，指鼎中食品。

【今譯】　抱朴子說：「有人以為勇力絕倫的，就是當上將的人選；博通治亂的，就是三公九卿的人才。然而，張飛與關羽，威武勇猛，被稱為萬人之敵，而他倆卻都喪身死亡，使先主劉備受辱，他倆被殺身亡，非得其所。孔融與邊讓，文學才能遠遠超過世俗之人，但是他們並不通達政治事務，所在敗績，結果被曹操殺死。鄧禹和馬援，原是民間諸生，但善於用兵打戰，以功封侯。蕭何和曹參，原先並不熟習經典書籍，但治理政務卻優於一般的宰相。那樣看來，知人果真是不容易的。要想輕易地試用人才，恐怕就會造成折足覆餗的結局；要想從表面上看人，聽言察貌，就會出現似是而非、真假混雜的情況。」

「然而世人甚以為易，經耳過目，謂可精盡。余甚猜焉，未敢許也。區別臧否㈠，瞻形得神，存乎其人，不可力為。自非明並日月，聽聞無音者。願加清澄，以漸進用，不可頓任㈡。輕假利器，收還之既甚難，所損者亦已多矣。無以一事闇保其餘，同乎己者，未必可用；異於己者，未必可忽也。」

【今註】㈠臧否：評論好壞。㈡頓任：立即任用。

【今譯】「然而，世俗之人以為知人甚為容易，經過一番耳目觀察，就說可以精確詳盡地知人了。對此，我很猜疑，不敢讚許。區別與評論人才的好壞，觀察形體，深得精神，存乎其人，不可力為，除非聰明如同日月，連無聲音的也能聽到。我希望在鑒別人才時，加以澄清，以求漸漸地進用，不可以急促地任用，輕易地授人利器權柄，否則，要收回利器權柄是很困難的，而所造成的損失也已經夠多的了。無法以一件事暗保其餘方面，跟自己意見相同的人，未必都可以任用；跟自己意見不同的人，未必都可以忽略。」

或難曰：「夫在天者垂象，在地者有形，故望山度水，則高深可推；風起雲飛，則吉凶可步㈠。智者覩木不瘁㈡，則悟美玉之在山；覿㈢岸不枯，則覺明珠之沈㈣淵。彗星出，則知鱣魚之方死，日月蝕，則識騏麟之共鬥。華、霍㈤不須稱，而無限之重可知矣；江、河不待量，而不測之數已定矣。鴻鵠㈥之翼，騄騏㈦之足，雖未飛走，輕迅可必也。」

【今註】㈠步：推步，根據天象推算人的吉凶。㈡瘁：凋萎。㈢覿：音ㄉㄧˊ，見。㈣沈：同「沉」。㈤華、霍：華，華山，在今陝西華陰南。霍，霍山，山以華為名者非一。《抱朴子・內篇・金丹篇》云：「江東名山之可得住者，有霍山，在晉安。」即今福建南安之霍山。㈥鴻鵠：天鵝。㈦騄騏：良馬。《商君書・畫策》：「騏驎騄駬，每一日走千里。」

【今譯】 有人質難說：「在天空垂掛著種種的天象，在地上的有各種的形狀。所以觀望山勢，審度河水，就能測算到山高與水深；風吹起，雲飛揚，就能據此推測到人的吉凶。聰明的人看到山上樹木不凋萎，就能知道美玉藏在此山中；看到河岸邊水不枯竭，就能察覺明珠潛沉在深淵中。看到彗星出現，就知道鯨魚剛剛死掉；看到日蝕或月蝕，就知道麒麟正在相搏鬥。華山與霍山不必去稱它們的重量，而那無限之重是可以知道的。大江、大河的水不必去估量，而那不測之數是已經確定了的。天鵝的羽翼，良馬的腿腳，雖然未曾疾飛奔馳，而它們的速度之快是可以肯定的。」

「豪曹㊀之劍，徐氏㊁匕首，雖未奮擊，其立斷無疑也。駮子㊂有吞牛之容，鶚㊃鷇㊄有凌鷙㊅之貌。卉茂者土必沃，魚大者水必廣。虎尾不附狸身，象牙不出鼠口。叔魚無猒之心，見於初生之狀。食我滅宗之徵，著乎開胞之始。申童覺竊妻之巫臣，張負知將貴之陳平。范子所以絕跡於五湖者，以句踐蜂目而鳥喙也。趙人所以息意於爭鋒者，以白起首銳而視直也。文王之接呂尚，桑陰未移㊆，而知其足師矣。玄德㈧之見孔明，晷景㈨未改，而腹心已委矣。」

【今註】㈠豪曹：豪客之輩，勇士。㈡徐氏：按《戰國策・燕策・三》：「於是太子（丹）預求天下之利匕首，得趙人徐夫人之匕首。」《史記》卷八十六〈刺客列傳〉司馬貞《索隱》：「徐，姓；夫人，名。謂男子也。」㈢駮子：駮，音ㄅㄛˊ，野獸。《爾雅・釋畜》：「駮如馬，倨牙，食虎豹。」駮子，指幼小的駮。㈣鶚：凶猛的魚鷹。㈤鷇：音ㄎㄡˋ，待哺食的雛鳥。㈥鷙：音ㄓˋ，鷹之類的凶鳥。㈦桑陰未移：桑樹陰影未曾移動，比喻時間暫忽。㈧玄德：即劉備。㈨晷景：日影。

【今譯】「勇士的寶劍，徐夫人的匕首，雖然未曾奮擊，而它們的鋒利是沒有疑問的。幼小的駮（猛獸）已有吞食牛的容貌，待哺的小鶚已有凌迫老鷹的威勢。花草茂盛的地方，土壤必定是肥沃的，生長著大魚的河水，必定是深廣的。老虎的尾巴不會附在狐狸的身上，象牙不會生在老鼠的嘴上。叔魚的貪得無厭之心，已在初生之時就現出情況。滅亡我宗族的徵兆，已在開胞之始就已經顯著了。申童事先發覺巫臣的竊妻行為，張負預知陳平會富貴的，所以將女孫嫁給他。范蠡功成後所以絕跡於五湖，是因為看到越王句踐長得蜂目鳥嘴的樣子。趙國人所以息意於爭鋒，因為看到秦將白起尖頭而目光直視的樣子。周文王拜訪呂尚，在極短的時間之內，就知道呂尚足以為太師。劉備拜見孔明，在極短的時間之內，就把孔明當作腹心。」

『郭泰㈠中才，猶能知人，故入潁川則友李元禮㈡，到陳留則結符偉明㈢，入外黃則親韓子助㈣，至蒲亭則師仇季知㈤，止學舍則收魏德公㈥，觀耕者則拔茅季偉㈦，奇孟敏㈧於擔負，戒元艾㈨之必敗。終如其言，一無差錯。必能簡精鈍於符表，詳舒急乎聲氣，料明闇於舉厝㈩，察清濁於財色，觀取與於宜適，謂虛實於言行，考操業於閨闥⑪，校始終於信效，善否之驗，不其易乎？』

【今註】㈠郭泰：字林宗，太原介休（今屬山西）人，東漢末太學生首領。傳見《後漢書》卷六十八〈郭符許列傳〉。㈡李元禮：即李膺，潁川襄城（今屬河南）人。㈢符偉明：即符融，陳留浚儀（今屬河南）人。嘗師事李膺。㈣韓子助：即韓卓，以字稱。㈤仇季知：當作仇季智，即仇覽，以字稱。陳留考城人。㈥魏德公：陳之名士。㈦茅季偉：指茅容，陳留人。㈧孟敏：字叔達，鉅鹿楊氏人。㈨元艾：疑即黃允，字子艾，濟陰人。㈩舉厝：舉止。⑪閨闥：音ㄍㄨㄟ ㄊㄚˋ，內室。

【今譯】「東漢名士郭泰雖是中等人才，尚能知人，所以入潁川就和李元禮為師友，到陳留就跟符融結交，入外黃就與韓子助親近，至蒲亭就與仇季智為師友，遊太學就收魏德公為生徒，從野耕者中獎掖了茅季偉，為孟敏擔負之事而奇異，告誡子艾將會敗事，最終確如郭泰所說，沒有一點兒差錯。可見，必定能夠從表象中簡擇出精明的與愚鈍的，從聲氣中詳別出舒坦的與急促的，從舉止中預料到人的精明與闇弱，從對財色的態度覺察到人的清廉貪濁，根據情況適宜的程度決斷取與的行動，檢核言行的虛實，考察在內室的操業，從誠信與效果校驗為人的始終，如此，鑒驗人才的好壞，不是容易的嗎？」

抱朴子答曰：「余非謂人物了不可知，知人挺無形理也。徒以斯術存乎大明，非夫當㊀人自許。然而世士各謂能之，是以有云，以　警付任耳。夫貌望豐偉者不必賢，而形器尪瘁者㊁不必愚，咆哮者不必勇，淳淡者不必怯。或外候同而用意異，或氣性殊而所務合。非若天地有常候，山川有定止也。物亦故有遠而易知，近而難料，譬猶眼能察天衢㊂，而不能周項領㊃之間。耳能聞雷霆，而不能識蟥㊄蝨之音也。唐、呂、樊、許㊅善於相人狀，唯知壽夭貧富，官秩尊卑，而不能審情性之寬剋，志行之洿隆㊆。惟帝難之，況庸人乎？」

【今註】㊀當：孫星衍校曰：疑作「常」。㊁形器尪瘁者：形器，疑作「形氣」。尪，音ㄨㄤ，瘦弱。瘁，憔悴。楊明照《抱朴子外篇校箋・上》：「器」，《意林》四引作「氣」。按馬氏所引極是。上云「貌望」，此云「形氣」，皆指外候言。《抱朴子・內篇・道意篇》「煎熬形氣」，亦以「形氣」連文。㊂天衢：猶言天途、天路。衢音ㄑㄩˊ。㊃項領：頸部。㊄蟥：音ㄧˇ，蟻。㊅唐、呂、樊、許：皆古代善相人者。唐，即唐舉，戰國時人。《荀子・非相篇》：「今之世，梁有唐舉，相人之形狀顏色，而知其吉凶妖祥。世俗稱之，古之人無有也，學者不道也。」呂，即呂公。漢呂后之父，其見劉邦儀態非常，便以其女（呂后）妻之。見《史記》卷八〈高祖本紀〉。樊，其名未詳。《藝文類聚》、《太平御覽》等類書引其《樊氏相法》。楊明照據《隋書・經籍志》推測其乃秦末漢初之人。許，即許負，秦末漢初人。曾相薄姬之子當為天子，後果立為帝，即漢文帝。當周亞夫為河內侯時，言其「三歲而侯，侯八歲而為將相，持國秉，貴重矣，於人臣無兩，其後九年而君餓死。」後果如其所言。見《史記》卷四十九〈外戚世家〉、卷五十七〈絳侯周勃世家〉。㈦洿隆：洿，音ㄨ，低下。隆，崇高。

【今譯】抱朴子答道：「我並不是說人物一點也不可以了解，知人全無形貌道理可言。我只是以為知人之術，存乎大明大智之中，並非一般人自誇所能掌握。然而，世俗之士都說自己能夠掌握，因此我有上述的說法，以便在任用人物時能有所警惕。外貌看來豐偉的人未必都是賢能的人，形氣瘦弱憔悴的人也未必都是愚笨的人，說話咆哮的人未必是勇猛的，言語淳淡的人未必是怯懦的。有些人外表相同而心意各異，有些人氣質性情殊異而所追求的相同。不像天地間有固定的氣候變化，山脈河流有固定的地方。事物也本有遠的容易了解，近的反而難以預料的情況。比如眼睛能觀察天空的天象，而不能完全看到頸部。耳朵能夠聽到雷霆轟鳴，而不能聽到蟻與蝨的聲音。唐舉、呂公、樊氏、許負等人，善於相人形貌狀態，只知道人壽長短、貧賤富貴、官秩尊卑，而不能審察人類情性的寬容與強制，人的志行的低下與崇高。帝王也難以掌握知人之術，何況平庸之人呢？」

「而吾子㈠舉論形之例，詰精神之談，未修其本，殆失指矣。夫亡射之箭，皆破秋毫，然準的恆不得為工㊁。叔向㊂之母，申氏㊃之子，非不一得，然不能常也。陶唐㊄稽古而失任，姬公㊅欽明而謬授。尼父㊆遠得崇替於未兆，近失澹臺㊇於形骸。延州㊈審清濁於千載之外，而蔽奇士於咫尺之內。知人之難，如此其甚。」

【今註】㊀吾子：指前段質難的人。㊁亡射之箭三句：疑有脫誤。楊明照《抱朴子外篇校箋・上》：按此文有脫誤。《韓非子・外儲說左上》：「夫心砥礪殺矢，彀弩而射，雖冥而妄發，其端未嘗不中秋毫也；然而莫能復其處，不可謂善射，無常儀的也。」又《韓非子・辯問篇》：「夫砥礪殺矢，而以妄發，其端未嘗不中秋毫也；然而不可謂善射者，無常儀的也。」稚川遣辭出此。則「亡」當作「妄」，「恆」上合有「無」字。「準的無恆」，即「無常儀的」也。㊂叔向：春秋時晉國大夫，羊舌氏，名肸（音ㄒㄧˋ）。㊃申氏：姜姓。㊄陶唐：即堯。㊅姬公：即周公。㊆尼父：即孔子。㊇澹臺：即澹臺滅明，字子羽。其狀貌甚惡，孔子以為材薄，後來學業修成，名施乎諸侯。孔子聞之，曰：「以貌取人，失之子羽。」事見《史記》卷六十七〈仲尼弟子列傳〉。㊈延州：即春秋時吳國季札，精通音樂。聘於晉，請觀於周樂，使工為之歌〈周南〉、〈召南〉等，吳公子季札逐一評其歌樂。見《左傳》襄公二十九年。所謂「千載之外」，指〈周南〉、〈召南〉等樂歌。

【今譯】「而你舉出以形貌知人的例子，反駁精神的論調，並沒有掌握知人之術的根本，完全喪失了旨意。胡亂地射箭，也都能射中秋毫，然而沒有固定的目標，就不能算是精於射術。叔向之母，申氏之子，並非沒有一得，然而不能經常如此。唐堯博通遠古，而也有任人不當的地方，周公恭敬聰明，而也有授人謬誤的地方。孔子可以根據徵兆推斷遙遠的興亡之事，而對近在身邊的澹臺滅明並不了解，失之以貌取人。吳公子季札能夠審辨千年以上的歌樂，而不了解近在咫尺的奇士。可見，知人是如此之艱難！」

「『郭泰所論，皆為此人過上聖乎？但其所得者，顯而易識；其所失者，人不能紀。且夫所貴，貴乎見俊才於無名之中，料逸足乎吳坂㊀之間，掇懷珠之蚌於九淵之底，指含光之珍於積石之中。若伯喈㊁識絕音之器於煙燼之餘，平子㊂剔逸響之竹於未用之前。六軍之聚，市人之會，暫觀一覩，無所眩惑，探其潛生之心計，定其始終之事行，乃為獨見不傳之妙耳。若如末論㈣，必俟考其操蹈之全毀，觀其云為之好醜，此為絲線既經於銓衡㈤，布帛已歷於丈尺，徐乃說其斤兩之輕重，端匹之修短㈥，人皆能之，何煩於明哲哉？』」

【今註】㈠料逸足乎吳坂：逸足，指駿馬。言欲料擇揀選善走之良馬於吳坂之間。㈡伯喈：即蔡邕，陳留圉人，妙操音律。史載，吳人有燒桐以爨者，邕聞火烈之聲，知其良木，因請而裁為琴，果有美音，而其尾猶焦，故時人名曰「焦尾琴」焉。傳見《後漢書》卷六十下〈蔡邕列傳〉。㈢平子：即張衡，南陽西鄂（今河南南陽）人。楊明照《抱朴子外篇校箋・上》云：「㓨」，《意林》四引作「別」。按「別」字是。當據改。㈣若如末論：孫星衍校曰：句有脫誤。盧本作「未論」，亦未確。㈤銓衡：即權衡，衡量輕重的器具。㈥端匹之修短：端，古布帛長度名。晉杜預《注》云：「二丈為一端，二端為二兩，所謂匹也。」修，長。

【今譯】「郭泰所做的，能夠超過上等聖人嗎？只是他所獲得的例子，淺顯而且容易識別；他所失誤的例子，人們沒有加以記載。知人之貴，貴在於從無名之輩中選拔出俊異之才，從吳地山坡之間辨認出善走良馬，從九淵之底拾到懷珠之蚌，從積石堆中指出含光之珍寶。好像蔡邕從煙燼之餘識別出絕音之器，張衡從未用過的竹中挑選出逸響的材料。六軍聚合，市人會集，那場面暫忽地看一看，不會覺得眩惑。但是探則其暗中萌生的心計，確定行事的始終，才是獨見不傳之妙術。如果要做到這一點，必須考察六軍操練的勝與敗，觀察市人行為的好與醜。如果像絲線已經權衡，布帛已經丈量過，才慢慢地說出斤兩的輕重，端匹的長短，這是人人都能做到的，何必麻煩明哲的聖人呢？」

行品篇 第二十二

【篇旨】 題為「行品」，就是評論各類人物行為的優劣，並定其品級。作者首先把「善人之行」分為「聖人」、「賢人」、「道人」、「孝人」、「仁人」、「忠人」等三十九類。又根據「惡者之事」分為「悖人」、「逆人」、「凶人」、「惡人」、「虐人」、「讒人」等四十三類。最後，作者對真偽難分的十種情況作了剖析，並加以闡述剖析，強調指出：「夫物有似而實非，若然而不然，料之無惑，望形得神聖者。其將病諸，況乎常人？故用才取士，推昵結友，不可以不精擇，不可以不詳試也。」

抱朴子曰：「擬玄黃㊀之覆載，揚明並以表微；文彪昺㊁而備體，獨澄見以入神者，聖人也。稟高亮之純粹，抗峻標以邈俗，虛靈機以如愚，不貳過而諂黷㊂者，賢人也。居寂寞之無為，蹈修直而執平者，道人也。盡烝嘗㊃於存亡，保髮膚以揚名者㊄，孝人也。垂惻隱於有生，恆恕己以接物者，仁人也。端身命以徇國㊅，經險難而一節者，忠人也。覿微理於難覺，料倚伏(七)於將來者，明人也。量理亂以卷舒(八)，審去就以保身者，智人也。順通塞而一情，任性命而不滯者，達人也。不枉尺以直尋(九)，不降辱以苟合(一〇)者，雅人也。據體度以動靜(一一)，每清詳而無悔者，重人也。體冰霜之粹素，不染潔於勢利者，清人也。篤始終於寒暑，雖危亡而不猜者，義人也。守一言於久要，歷歲衰而不渝者，信人也。摛銳藻(一二)以立言，辭炳蔚而清允者，文人也。奮果毅之壯烈，騁干戈以靜難者，武人也。甄《墳》《索》之淵奧(一三)，該(一四)前言以窮理者，儒人也。銳乃心於精義，吝寸陰以進德者，益人也。識多藏之厚亡，臨祿利而如遺者，廉人也。不改操於得失，不傾志於可欲者，貞人也。卹急難而忘勞，以憂人為己任者，篤人也。潔皎分以守終，不遜避而苟免者，節人也。飛清機之英麗，言約暢而判滯者，辯人也。每居卑而推功，雖處泰而滋恭者，謙人也。崇敦睦於九族㈤，必居正以赴理者，順人也。臨凝結而能斷，操繩墨㈥而無私者，幹人也。拔朱紫於中構㈦，剖猶豫以允當者，理人也。步七曜㈧之盈縮，推興亡之道度者，術人也。赴白刃而忘生，格兕㈨虎於林谷者，勇人也。整威容以肅眾，仗法度而無二者，嚴人也。創機巧以濟用，總音數而並精者，藝人也。淩強禦而無憚，雖險逼而不沮者，黠人也。執匪懈於夙夜，忘勞瘁於深峻者，勤人也。蒙謗讟㈩而晏如，不慴⑪懼於可畏者，勁人也。聞榮譽而不歡，遭憂難而不變者，審人也。知事可而必行，不猶豫於群疑者，果人也。循繩墨以進止，不乾沒於僥倖者，謹人也。奉禮度以戰兢，及親疏而無尤⑫者，良人也。履道素⑬而無欲，時雖移而不變者，朴人也。凡此諸行，了無一然，而不躋善人之跡者，下人也。」

【今註】㈠玄黃：指天地。《易經・坤卦・文言》：「夫玄黃者，天地之雜也，天玄而地黃。」

㈡昺：音ㄅㄧㄥˇ，明亮、光明。㈢貳過而諂黷：貳過，重犯同一過失。《孔子家語・弟子行》：「失能夙興夜寐，諷誦崇禮，行不貳過，稱言不苟，是顏回之行也。」諂，奉承，討好。黷，污辱、輕慢。㈣烝嘗：烝，古代冬祭名。《周禮・春官・大宗伯》：「以烝，冬享先王。」嘗，古代秋祭名。《詩經・小雅・天保》：「禴祠烝嘗。」孔穎達《疏》曰：「嘗，嘗新穀。」㈤保髮膚以揚名者：《孝經》云：「身體髮膚，受之父母，不敢毀傷，孝之始也。立身行道，揚名於後世，以顯父母，孝之終也。」㈥端身命以徇國：楊明照《抱朴子外篇校箋・上》：「端」，《御覽》四一八引作「竭」。按「竭」字較長。〈貴賢篇〉「竭心力於百揆」，其用「竭」字宜與此同（《文選》卷五十二章昭〈博弈論〉有「其在朝也竭命以納忠」語）。㈦倚伏：指福禍的變化。老子《道德經・第五十八章》云：「禍兮福所倚，福兮禍所伏。」倚，依憑。伏，潛藏。㈧量理亂以卷舒：楊明照《抱朴子外篇校箋・上》：按「理」疑當作「治」（〈君道〉、〈用刑〉、〈應嘲〉三篇，並有「治亂」之文）。此蓋唐避高宗諱改而未校復者。㈨枉尺以直尋：《孟子・滕文公篇・下》：「且夫枉尺而直尋者，以利言也。如以利，則枉尋直尺而利，亦可為與？」枉，曲。直，伸直。尋，漢代以前的長度單位，八尺為一尋。⑩苟合：無原則地附和。⑪據體度以動靜：楊明照《抱朴子外篇校箋・上》：按「體」疑「禮」之形誤。本篇下文「奉禮度以戰兢」，〈弭訟篇〉「心忘禮度」，〈詰鮑篇〉「閑之以禮度」，並其證（《申鑒・雜言上篇》「禮度之與」，亦以「禮度」連文）。⑫摛鋭藻：摛，音ㄔ，鋪張。《文選》卷四十五班固〈答賓戲〉：「馳辯如濤波，摛藻如春華。」藻，詞藻。⑬甄《墳》《索》：甄，鑒別。《墳》，傳說三皇之書，謂之《三墳》。《索》，《八索》，傳說是遠古之書。《左傳》昭公十二年：「是能讀《三墳》、《五典》、《八索》、《九丘》。」孔穎達《疏》引偽孔安國《尚書序》：「八卦之說，謂之八索。索，求其義也。」⑭該：同「賅」，完備。⑮九族：一說父、祖、曾祖、高祖及自身、子、孫、曾孫、玄孫。一說以父族四、母族三、妻族二，計九族。⑯繩墨：木匠畫直線用的工具。這裏比喻規矩、準則或法度。⑰拔朱紫於中構：朱紫，比喻人品高下。中構，指內室。⑱步七曜：步，推步。七曜，金木火水土五星及日月。⑲格兕：格，格鬥。兕，雌性犀牛。⑳讟：音ㄉㄨˊ，誹謗、怨言。㉑慴：音ㄓㄜˊ，害怕。㉒尤：過失。㉓道素：即道義。

【今譯】抱朴子說：「比如天覆地載，發揚光明，照耀細微，文彩彪炳而全體備全，獨具真見，達到出神入化的程度，這樣的人就是聖人。稟受高亮的純粹之氣，堅持崇高的標準，遠遠超過世俗之人，心靈虛袒，好像是蠢愚的樣子，不重犯同一過失，不奉承也不輕慢別人，這樣的人就是賢人。甘於寂寞，無為而居，行為正直，做事平穩，這樣的人就是道人。始終盡力於各種祭祀，保護得之父母的身體，不敢毀傷，立身行道，揚名於後世，以光宗耀祖，這樣的人就是孝人。對於有生之物懷著惻隱之心，接人待物秉持恕己的原則，這樣的人就是仁人。為了國家而竭盡身命，經歷險難而氣節如一，這樣的人就是忠人。從難以發覺的事物中觀察出細微的道理，並能夠預料未來的禍福，這樣的人就是明人。估量治亂的形勢，保持卷舒的狀態，審察去就的方向，保障自身的安全，這樣的人就是智人。用情意理順通塞的狀況，任其性命而行，不遭到阻滯，這樣的人就是達人。不枉尺直尋，追求私利，不使自己屈辱，無原則地附和，這樣的人就是雅人。根據禮度而行動，做事總是清楚而周密，從來沒有悔恨，這樣的人就是重人。自身像冰雪一般素淨，不受到勢利的污染，這樣的人就是清人。不管是寒冬或苛暑，始終篤守如一，雖然碰到危亡的情況，但也不猜疑，這樣的人就是義人。信守久要的諾言，經歷歲衰而始終不渝，這樣的人就是信人。鋪陳敏銳的詞藻以立言，文辭炳蔚而清允，這樣的人就是文人。奮□時果毅壯烈，騁馳戰場，以平息亂難，這樣的人就是武人。探討古代典籍深奧的意義，使前人之言完備，窮究道理，這樣的人就是儒人。使你的心銳意於精義，吝惜每寸光陰，以增進德行，這樣的人就是益人。知明財富多了要厚亡的道理，碰到祿利就如遺失了似的，這樣的人就是廉人。不因為利害得失而改變節操，不將自己的志向傾注於可以得到的利慾，這樣的人就是貞人。撫卹急難而忘記了自己的辛勞，以憂人作為自己的責任，這樣的人就是篤人。潔身自好，、終遵守節操，不逃遁避讓，不苟免於世俗，這樣的人就是節人。言討清楚英麗，說話簡約流暢，而且能判別疑難問題，這樣的人就是辯人。每每甘居卑位而推功給別人，雖然地處康泰，而卻越發恭敬他人，這樣的人就是謙人。對於九族總是崀尚敦厚和睦的風氣，必定站在公正的立場上，以理服人，這樣的人就是順人。遇到疑難問題時能夠明斷，持守原則而無私心，這樣的人就是幹人。從內室中區分行品高下的，判別猶豫，做到允當，這樣的人就是理人。觀察日月與五星的盈缺變化，推測人事道度的興亡，這樣的人就是術人。爭赴戰場而忘記自身的生存，敢攀林谷中跟兕虎之類猛獸格鬥，這樣的人就是勇人。整頓威容，肅靜民眾，執行法度，毫不走樣，這樣的人就是嚴人。創製機巧之具，以供使用，總攬並精音樂聲律，這樣的人就是藝人。碰到強暴之徒而不害怕，雖遇險難而不沮喪，這樣的人就是黠人。做事從早到晚不懈怠，於深山峻嶺之中忘記了勞瘁，這樣的人就是刀人。蒙受誹謗而安然處之，不害怕強暴的勢力，這樣的人就是勁人。聽到榮譽而不心歡，遭遇憂難而不變色，這樣的人就是審人。知道事情可行就一定去做，面臨各種疑難而不猶豫，這樣的人就是果人。一舉一動總是遵循原則，不圖謀僥倖的情況，退樣的人就是謀人。戰戰兢兢地遵奉禮度，對待親疏關係而無過失，這樣的人就是樸人。凡是不屬於上述人就是良人。實行原則（道）而無私欲，時勢雖移而終究不變，這樣的人就是樸人。凡是不屬於上述各種行為，一點也沒有具備，不能躋身於善人之列，那就算是下等之人。」

門人請曰：「善人之行，既聞其目矣；惡者之事，可以戒俗者，願文垂誥焉。」

【今譯】門人請教說：「關於善人的行為，已經聽說過了。而惡人的事情，可以用來勸戒世俗之人的，我希望先生以文垂誥。」

抱朴子曰：「不致養於所生，損道而危身者，悖人也。懷邪偽以偷榮，豫利己而忘生者，逆人也。背仁義之正途，苟危人以自安者，凶人也。好爭奪而無猒，專醜正而害直者，惡人也。出繩墨以傷刻，心好殺而安忍者，虐人也。飾邪說以浸潤，構謗累於忠貞者，讒人也。雖言巧而行違，實履濁而假清者，佞人也。不原本於枉直，苟好勝而肆怒者，暴人也。措細善以取信，陰挾毒而無親者，姦人也。承風指以苟容，揆㊀主意而扶非者，諂人也。言不計於反覆，好輕諾而無實者，虛人也。覩利地而忘義，棄廉耻以苟得者，貪人也。覬豔逸而心蕩，飾誇綺而思邪者㊁，淫人也。見成事而疑惑，動失計而多悔者，闇人也。背訓典而自任，恥請問於勝己者，損人也。知善事而不逮，雖多為而無成者，劣人也。委德行而不修，奉權勢以取媚者，弊人也。履蹊徑以僥速，推貨賄以爭津者，邪人也。既傲很以無禮，好凌辱乎勝己者，悍人也。被抑枉而自誣，事無苦而振懾者，怯人也。治細辯於稠眾，非其人而盡言者，淺人也。闇事宜之可否，雖企慕而不及者，頑人也。知事非而不改，聞良規而增劇者，惑人也。無濟恤之仁心，輕告絕於親舊者，薄人也。既疾其所不逮，喜他人之有災者，妒人也。專財穀而輕義，觀困匱而不振者㊂，吝人也。冒至危以僥倖，值禍敗而不悔者，愚人也。情局碎而偏黨，志唯務於盈利者，小人也。騁鷹犬於原獸，好博戲而無已者，迷人也。忘等威之異數，快飾玩之誇麗者，奢人也。耽聲色於飲讌㈣，廢慶弔於人理者，荒人也。既無心於修尚，又怠惰於家業者，嬾㈤人也。無抑斷之威儀，每脫易㈥而不思者，輕人也。觀道義而如醉，聞貨殖耀波擾㈦者，穢人也。杖淺短而多謬㈧，闇趨舍㈨之臧否者，笨人也。憎賢者而不貴，聞高言而如聾者，嚚㈩人也。覩朱紫(一一)而不分，雖提耳(一二)而不悟者，蔽人也。違道義以趍趄(一三)，冒禮刑耀罔顧者，亂人也。每動作而受嗤，言發口而違理者，拙人也。事酋豪如僕虜，值衰微而背惠者，慝(一四)人也。捐貧賤之故舊，輕人士而踞傲者，驕人也。棄衰色而廣欲，非宦學而遠游者，蕩人也。無忠信之純固，背恩養而趨利者，叛人也。當交顏而面從，至析離而背毀者，偽人也。習強梁(一五)而專己，距忠告而不納耀，刺人也。」

【今註】㈠揆：揣測。㈡飾誇綺而思邪者：楊明照《抱朴子外篇校箋・上》：按「誇」疑當作「袴」

（〈疾謬篇〉「舉足不離襦紈袴之側，可謂旁證」）。㊂觀困匱而不振者：楊明照《抱朴子外篇校箋・上》：按「振」本與「賑」通，然〈君道篇〉「緩賑濟而急聚斂」，〈吳失篇〉「而不以賑戰士之凍餒」，〈守塉篇〉「收寓箱以賑乏乎」，〈辭義篇〉「賑貧者之乏」，〈應嘲篇〉「不能賑匃憲之貧」，皆是「賑」字，則此不應獨作「振」也。㊃讌：宴。㊄嬾：懶。㊅脫易：輕率，不講究禮貌。《韓非子・八經篇》：「脫易不自神曰彈威。」㊆聞貨殖而波擾：貨殖，經商。波擾，波動不安。㊇杖淺短而多謬：楊明照《抱朴子外篇校箋・上》：按「杖」疑當作「仗」。〈嘉遯篇〉「仗獨是以彈眾非」，〈疾謬篇〉「而仗氣力以求畏」，〈廣譬篇〉「仗法度者」，《抱朴子・內篇・論仙篇》「仗其短淺之耳目」，又《抱朴子・內篇・微旨篇》「仗其短見」，並其證。㊈趨舍：同「趣舍」，取舍。㊉嚚：音ㄧㄣˊ，愚蠢。⑪朱紫：真偽混淆。⑫提耳：提起耳朵而聽。⑬趑趄：音ㄗ ㄐㄩ，猶豫不進。⑭慝：音ㄊㄜˋ，惡，邪。⑮強梁：強橫，凶暴。

【今譯】　抱朴子回答說：「不致力於養生之術，損玄道而危害了自身，這樣的人就是悖人。心懷邪偽，竊取榮貴，圖謀私利，忘記養生，這樣的人就是逆人。背棄仁義的正途，只圖危害別人，以保障自身的安全，這樣的人就是凶人。熱中爭奪，貪得無厭，專門醜化並危害正直之人，這樣的人就是惡人。超越法度而傷害別人，心性好殺而殘忍，這樣的人就是虐人。掩飾邪惡之說，以侵蝕影響別人，對於忠貞的人構築誹謗，這樣的人就是讒人。言談靈巧，而行為與之違背，實際上做事濁穢，而表面上似乎清白，這樣的人就是佞人。不推究本來的是非曲直，只圖好勝，肆意發怒，這樣的人就是暴人。做些細微的善行，以取信於人，暗中挾藏毒計，而不顧親近，這樣的人就是姦人。秉承風旨，只圖容悅，揣測主子的心意，扶助壞事，這樣的人就是諂人。言論經常反來覆去，喜歡輕易地允諾，而實際不去兌現，這樣的人就是虛人。看到有利的地方，就忘記了道義，拋棄廉恥，只圖謀取，這樣的人就是貪人。看到艷麗的女人，就心蕩起來，裝飾華麗，思念邪惡，這樣的人就是淫人。看到事情成功了，反而疑惑起來，做事失策，經常後悔，這樣的人就是闇人。違背訓典而自以為是，恥於向比自己強的人請教，這樣的人就是損人。了解好事而做不到，雖然多做而不能成功，這樣的人就是劣人。委棄德行而不修，事奉權勢以取媚，這樣的人就是弊人。走小路，幻想速達，推銷貨賄，爭渡津口，這樣的人就是邪人。既傲狠無禮貌，又好凌辱勝過自己的人，這樣的人就是悍人。被壓抑受委曲，而說自己過錯，事情並不辛苦，而自己卻害怕了，這樣的人就是怯人。在大眾面前搬弄細辯巧說，對不合適的人卻盡力而言，這樣的人就是淺人。不懂事情是否可做，雖然企慕而做不到，這樣的人就是頑人。知道事情做錯了而仍不改正，聽到良好的規勸反而增加不滿的情緒，這樣的人就是惑人。沒有救濟撫恤別人的仁愛之心，輕易地拒絕親朋舊友的請求，這樣的人就是薄人。妒嫉別人的優點（自己所做不到的地方），為別人有災難而欣喜，這樣的人就是妒人。專重財穀而輕視仁義，看到困匱的人而不加以賑濟，這樣的人就是吝人。冒著最大的危險，幻想避免不幸，碰到禍難與失敗而仍不悔悟，這樣的人就是愚人。性情器量細碎而偏於私黨，志向只在於營求盈利，這樣的人就是小人。帶著鷹犬在原野上奔馳打獵，愛好賭博，不肯罷休，這樣的人就是迷人。忘記了上下等級威儀的差異，以奢麗的服飾珍玩為快樂，這樣的人就是奢人。沉溺於酒宴聲色，廢棄了合於人情常理的歡慶與弔喪活動，這樣的人就是荒人。既對長遠的事業無所用心，又懶於治理家業，這樣的人就是懶人。沒有抑斷的威儀，每每不思考如何講究禮儀，這樣的人就是輕人。仗憑淺短的知識，經常發生謬誤，不懂得好壞的取捨，這樣的人就是笨人。看到道義，全然無知，如同醉人一樣，聽到經商謀利，就奔走追逐，這樣的人就是穢人。憎恨賢者而不尊貴，聽到高尚的言辭，好像聾子一樣，這樣的人就是嚚人。看到真偽混淆的情況，而不會分別，雖然提耳面告，而仍不覺悟，這樣的人就是蔽人。違背道義，行動上猶豫不進，冒犯禮度刑法，而全然不顧，這樣的人就是亂人。一舉一動，就會引起嗤笑，每每開口發言，就違背道理，這樣的人就是拙人。服事首領權貴如同僕人與奴虜，遭到權勢衰微就背棄從前的恩惠，這樣的人就是邪惡的人。捨棄貧賤的故舊，傲慢地輕視士人，這樣的人就是驕人。拋棄衰色的內人，到處追求新歡，遠遊並非為了求學，這樣的人就是蕩人。沒有純固的忠信可言，背叛恩養之人，而熱中於私利，這樣的人就是偽人。學習凶暴，自己專橫獨斷，拒絕別人的忠告，不加採納，這樣的人就是刺人。當相遇時表示同意，到了分離時又背毀先前的約定，這樣的人就是叛人。」

抱朴子曰：「人技未易知，真偽或相似。士有顏貌修麗，風表閑雅，望之溢目，接之適意，威儀如龍虎，盤旋㈠成規矩。然心蔽神否，才無所堪，心中所有，盡附皮膚。口不能吐片奇，筆不能屬㈡半句；入不能宰民，出不能用兵；治事則事廢，銜命則命辱。動靜無宜，出處莫可。蓋難分之一也。士有貌望樸悴，容觀矬㈢陋，聲氣雌弱，進止質澀㈣。然而含英懷寶，經明行高，幹過元凱㈤，文蔚春林。官則庶績康用，武則克全獨勝。蓋難分之二也。士有謀猷㈥淵邃，術略入神，智周成敗，思洞幽玄，才兼能事，神器無宜；而口不傳心，筆不盡意，造次㈦之接，不異凡庸。蓋難分之三也。士有機變清銳㈧，巧言綺粲，擥㈨引譬喻，淵湧風厲；然而口之所談，身不能行；長於識古，短於理今，為政政亂，牧民(一〇)民怨。蓋難分之四也。士有外形足恭，容虔言恪，而神疏心慢，中懷散放，受任不憂，居局不治。蓋難分之五也。士有控弦命中，空拳入白，倒乘立騎，五兵(一一)畢習；而體輕慮淺，手勦(一二)心怯，虛試無對，而實用無驗。望塵奔北(一三)，聞敵失魄。蓋難分之六也。士有梗槩(一四)簡緩，言希貌樸，細行闕漏，不為小勇，跼蹐拘檢(一五)，犯而不校，握爪垂翅，名為弱愿(一六)。然而膽勁心方，不畏強禦，義正所在，視死猶歸，支解寸斷，不易所守。蓋難分之七也。士有孝友溫淑，恂恂(一七)平雅，履信思順，非禮不蹈，安困潔志，操清冰霜；而疏遲迂闊，不達事要，見機不作，所為無成，居己梁倡(一八)，受任不舉。蓋難分之八也。士有行己高簡，風格峻峭，嘯傲偃蹇(一九)，淩儕(二〇)慢俗，不肅檢括(二一)，不護小失，適情率意，旁若無人，朋黨排譴，談者同敗，上友不附，品藻所遺。而立朝正色，知無不為，忠於奉上，明以攝下。蓋難分之九也。士有含弘曠濟，虛己受物，藏疾匿瑕，溫恭廉潔，勞謙沖退，救危全信，寄命不疑，託孤㉒可保；而純良暗權，仁而不斷，善不能賞，惡不忍罰，忠貞有餘，而幹用不足，操柯猶豫，廢法效非，枉直混錯，終於負敗。蓋難分之十也。夫物有似而實非，若然而不然。料之無惑，望形得神，聖者其將病諸，況乎常人？故用才取士，推昵結友，不可以不精擇，不可以不詳試也。若乃性行之惑變，始正而終邪，若王莽初則美於伊、霍㉓，晚則劇於趙高㉔，又非中才所能逆盡也。若令士之易別，如鶡鶚㉕之與鴻鵠，狐兔之與龍麟者，則四凶㉖不得官於堯朝，管、蔡不得幾危宗周㉗，仲尼無澹臺之失㉘，延陵無捐金之恨㉙，伊尹無七十之勞㉚，項羽無嫌范㉛之悔矣。所患於其如碔砆之亂瑾瑜㉜，鶡螟㉝之似鳳皇，凝冰之類水精㉞，煙熏之疑雲氣，故令不謬者尟㉟也。惟帝難之，矧㊱乎近人哉！夫惟大明，玄鑒幽微，靈銓揣物，思灼沈昧，瞻山識璞，臨川知珠。士於難分之中，而無取舍之恨者，使臧否區分，抑揚咸允。武丁、姬文㊲不獨治，而傅說㊳、呂尚不永棄，高、莽、宰嚭㊴不得成其惡，弘恭、石顯㊵無所容其偽矣。斯蓋取士之較略，選擇之大都耳。精微以求，存乎其人，固非毫翰㊶之所備縷也。」

【今註】 ㈠盤旋：周旋進退。㈡屬：撰著。㈢矬：音ㄘㄨㄛˊ，矮小。㈣澀：遲鈍。㈤元凱：八元八凱。元，善也；凱通「愷」，和也。昔陽氏有才子八人：蒼舒、隤敳、檮戭、大臨、尨降、庭堅、仲容、叔達，謂之八愷。高辛氏有才子八人：伯奮、仲堪、叔獻、季仲、伯虎、仲熊、叔豹、季貍，謂之八元。見《左傳》文公十八年。㈥猷：計謀。㈦造次：魯莽、輕率。㈧士有機變清銳：楊明照《抱朴子外篇校箋・上》：「變」，《藏》本、魯藩本、吉藩本作「辯」；舊寫本作「辨」。按上文：「飛清機之英麗，言約暢而判滯者，辯人也。」此節專就喜說者言，則作「辯」是也。

（「辨」與「辯」通）。〈正郭篇〉「此人有機辯風姿」，亦作「機辯」連文。⑨擥：同「攬」，摘。⑩牧民：治理民眾。⑪五兵：五種兵器，即戈、殳、戟、酋矛、夷矛。⑫勦：剿。⑬奔北：戰敗。⑭梗槩：大略。⑮跼蹐拘檢：跼蹐，音ㄐㄩˊ ㄐㄧˊ，畏縮不安的樣子。拘檢，拘謹。⑯弱愿：弱，軟弱。愿，謹慎老實。⑰恂恂：謙恭謹慎的樣子。⑱梁倡：謂處境狼狽，進退失所。⑲偃蹇：音ㄧㄢˇ ㄐㄧㄢˇ，驕傲，傲慢。⑳儕：同輩的人。㉑檢括：檃栝，矯正邪曲的器具，引申為規則、法度。㉒託孤：以遺孤相託。㉓伊、霍：伊，伊尹，商初輔佐大臣。霍，霍光。王莽為安漢公時，曾比擬為伊尹、霍光。事見《漢書》卷九十九〈王莽傳〉。㉔趙高：秦宦官。始皇死，與李斯偽造遺詔，逼使始皇長子扶蘇自殺，立少子胡亥為二世皇帝。㉕鷦鷯：音ㄐㄧㄠ ㄌㄧㄠˊ，又叫「巧婦鳥」，形小。㉖四凶：堯時四凶族，即渾敦、窮奇、檮杌、饕餮，見《左傳》文公十八年。㉗管、蔡不得幾危宗周：管，管叔。蔡，蔡叔。宗周，西周都城鎬京的別稱，在今陝西西安市豐鎬村西北。㉘澹臺之失：詳見〈清鑒篇〉注。㉙延陵無損金之恨：楊明照《抱朴子外篇校箋・上》：「捐」，吉藩本作「損」。按「捐」、「損」於此均不愜，疑字有誤。《韓詩外傳》卷十：「吳延陵季子遊於齊，呼牧者取之（《論衡・書虛篇》作「季子呼薪者曰：『取彼地金來。』」《吳越春秋》佚文作「謂薪者曰：『子來取此金。』」（《類聚》卷八〇又卷八三、《御覽》卷四九一又卷六九四引。）皇甫謚《高士傳》作「顧披裘公曰：『取彼金。』」魏隸《高士傳》作「顧而視之，謂公曰：『取彼金。』」（《類聚》卷三六引。）」牧者曰：『子何居之高，視之下，貌之君子，而言之野也！』……延陵季子知其賢者，請問姓字。牧者曰：『子乃皮相之士也，何足語姓字哉！』遂去。延陵季子立而望之。不見乃止。據此，則「捐」當作「指」矣。㉚伊尹無七十之勞：七十，七十年。或疑作「十七」，湯即位十七年而踐天子位。㉛范：范增，項羽的主要謀士。他多次勸項羽殺劉邦，項羽不聽。後項羽中劉邦反間計，削其權力，他忍而離去，途中病死。事見《史記》卷七〈項羽本紀〉。㉜碔砆之亂瑾瑜：碔砆，亦作「武夫」，似玉的美石。《文選》卷七司馬相如〈子虛賦〉：「瑌石碔砆。」《山海經・南山經》郭璞注：「砆，武夫，石似玉。」瑾，美玉。瑜，美玉。㉝鷦螟：孫星衍校曰：即焦明（鳥）。㉞水精：石英。㉟尠：音ㄒㄧㄢˇ，鮮，少。㊱矧：音ㄕㄣˇ，況且。㊲武丁、姬文：武丁，商朝國王，後被稱為高宗。即位後，重用傅說等為大臣，政績顯著。姬文，即周文王。㊳傅說：原是傅岩地方從事版築的奴隸，後被武丁任為大臣，治理國政。㊴高、莽、宰嚭：高，趙高。莽，王莽。宰嚭，春秋時吳國大夫，原叫伯嚭，官為太宰，故又稱太宰嚭。吳王夫差伐越，句踐棲於會稽，使大夫種因吳太宰嚭而行成，請委國為臣妾。吳王聽太宰嚭，卒許越平，與盟而罷兵去。後越王句踐滅吳，誅太宰嚭，以為不忠。㊵弘恭、石顯：弘恭，西漢沛人。石顯，字君房，西漢濟南人。皆少坐法腐刑，為中黃門，以選為中尚書。宣帝時，恭為中書令，善為奏請，能稱其職。顯為僕射。元帝即位數年，恭死，顯代為中書令。事無大小，因顯白決，貴幸傾朝。傳見《漢書》卷九十三〈佞幸傳〉。㊃毫翰：毛筆，引申為文詞。

【今譯】抱朴子說：「人的才能並不容易了解，真的與假的有時是相似的。有的士人面貌修麗，風度儀表閒雅，望之滿目，與之接觸感到適意，威嚴的儀態如龍似虎，周旋進退儼然成為規矩。然而，心蔽神壞，才能無所堪任，心中所有的東西，完全表現在外貌，言談時說不出一點驚人之語，執筆寫不出半句文辭，對內不能治理民眾，對外不能用兵作仗，做事就壞事，奉命就使命令受到屈辱，動靜無宜，出處莫可。這大概就是真偽難分的第一種情況。有的士人外貌看來樸素憔悴，容貌矮小醜陋，聲音氣質像弱女子，周旋進止顯得遲鈍。然而含英懷寶，熟悉經書，品行高尚，才幹超過了八元八凱之類才人，文辭寫得漂亮，宛如春天的林木，做官就能取得顯著的政績，打仗就能克全獨勝。這大概是真偽難分的第二種情況。有的士人計謀深遠，精通術略，善於考慮到成敗各種情形，洞察幽微玄妙的問題，才氣與辦事能力兼備，精神與形器無不適宜。然而，口不會表達心裏所想的，筆不能完全寫出自己的意思，待人輕率魯莽，與凡庸之人沒有差異。這大概是真偽難分的第三種情況。有的士人善於辯說，言談清楚銳利，巧妙綺粲，摘引比喻，好像淵水洶涌，大風凌厲。然而嘴上說的，自己不能身體力行，善於識古，卻不善於治理今天的事務，做官理政就使政治敗亂，治理民眾就使民眾產生怨恨。這大概是真偽難分的第四種情況。有的士人外表甚為恭敬，容貌虔誠，言談謹慎。然而，內心神態疏慢，懷著散慢放任的心態，接受任命時不用心思，平居局促，不理事務。這大概是真偽難分的第五種情況。有的士人精於射騎，控弦命中，空拳入白，倒乘立騎，各種兵器都練習。然而，身體輕盈，思慮淺短，剿敵時心裏懦怯，虛試無對，而實際上打仗時毫無效驗，望塵敗北，聞敵失魄。這大概是真偽難分的第六種情況。有的士人大略簡樸緩慢，言談稀小，容貌樸素，行為細小，不為小勇，畏縮拘謹，不計較別人的侵犯，握爪垂翅的樣子，名義上頗為軟弱老實。然而膽壯心大，不畏強暴，做正義的事，視死如歸，即使被支解寸斷，也不改變自己信守的道義。這大概是真偽難分的第七種情況。有的士人孝友溫淑，謙恭平雅，做事講信用，思慕順和，不符合禮度的事不做，安於貧困，潔志自好，操行猶如清淨的冰霜。然而，疏忽迂闊，做不了重要的事，不會見機而作，事情沒有成功的，處境狼狽不堪，受任不舉。這大概是真偽難分的第八種情況。有的士人行為高尚簡樸，風格嚴峻，言談傲慢，威迫同輩，看不起世俗，不講究規矩，不掩護小的過錯，適情率意，旁若無人，朋黨爭鬬，談者同敗，不結交上友，為品評人物時所遺忘。然而，立朝做官，一本正色，知無不為，忠於奉上，明以攝下。這大概是真偽難分的第九種情況。有的士人心胸廣大，虛己受物，藏疾匿瑕，溫恭廉潔，勞謙沖退，救危全信，寄命不疑，託孤可保。然而，心地純良而不懂權術，仁愛而不能決斷，對善者不能給予賞獎，對惡者又不忍加以懲罰，忠貞有餘而才幹不足，操權柄而猶豫，廢棄法度而模仿壞的，結果是非曲直混淆，終於失敗。這大概是真偽難分的第十種情況。總之，物有相似而實際上不同，好像如此而又不是如此，看上去沒有疑惑，觀望形貌而獲得精神，聖者尚有真偽難分的弊病，何況平常的人呢！因此，用才取士，推昵結友，不可以不精細地選擇，不可以不詳盡地試用。至於有些人性行往往惑變，開始時端正而最終走向邪惡，例如王莽，最初被讚美為伊尹、霍光，後來則比趙高還壞，這又非中等才能的人所能做絕的。假使士人很容易識別，如同區別鷦鷯與鴻鵠，區別狐兔與龍麟，那麼，四凶就不得在堯朝時做官，管叔、蔡叔就不得發動幾乎危及西周王朝的叛亂，孔子就沒有「以貌取人，失之澹臺」的感歎，伊尹就沒有七十年的辛勞，項羽就沒有嫌棄范增的後恨。病患在於以碔砆之假亂美玉之真，鶡螟好像鳳凰，冰塊類似水精，熏煙猶如雲氣，所以能夠正確辨別的人鮮少。歷來帝王都難以知人，何況近今的常人呢！只有大明大智的人，才能玄妙地鑒別幽微的情況，以心靈衡量並揣測人物，以思想之火花照耀矇昧狀態，看到山就知道藏有美玉，到了河邊就知道藏有珍珠。這樣，儘管士人處於真偽難分之中，但無取捨失當之恨，能夠區分好壞，抑揚都允當。這樣，不只是武丁、周文王能治天下，而且傅說、呂尚永遠不會被遺棄，趙高、王莽、太宰嚭不得成其奸惡，弘恭、石顯的詐偽也沒有存在的餘地了。以上說的就是取用士人的概略，選舉士人的大要。精微地取用人才，還在於善於知人的人，這本來不是筆墨所能一一詳述的。」

弭訟篇　第二十三

【篇旨】　「弭訟」的意思是「平息爭訟」，本篇就民間的婚嫁爭訟發表意見。作者說：「夫婚媾之結，義無逼迫，彼則簡擇而求，此則可意乃許。輕諾後悔，罪在女氏。食言棄信，與奪任情，嚴防峻制，未之能弭。」作者還對豪右權臣與輕薄小人進行了抨擊，但終究維護封建倫理關係。

姑子劉君士由之論曰：「人綱㊀始於夫婦，判合㊁擬乎二儀㊂。是故大婚之禮，古人所重，將合二姓之好，以承祖宗之基。主人拜迎於門，聽命於廟㊃。玄纁贄幣㊄，親御授綏㊅。壻㊆有三年之喪，致命女氏，女氏許諾而不敢改。大喪既沒㊇，請命於壻，壻有辭焉，然後乃嫁。所以崇敬讓也，豈有先訟後壻之謂乎㊈？」

【今註】　㊀綱：指綱常，三綱五常。㊁判合：夫婦相配合。《周禮・地官・媒氏》：「掌萬民之判。」鄭玄《注》：「判，半也，得耦為合，主合其半，成夫婦也。《喪服》傳曰：『夫婦判合。』鄭司農云：『主萬民之判合。』」㊂二儀：兩儀，指天地。《易經・繫辭・上》：「是故易有太極，是生兩儀。」㊃廟：宗廟。㊄玄纁贄幣：玄，帶赤的黑色。纁，音ㄒㄩㄣ，淺紅色。玄與纁兩種染料，古代用以染祭服。引申為用作儀物的幣帛的代辭。贄，音ㄓˋ，初次求見人時所送的禮物，這裡指娉禮。㊅親御授綏：御，駕車。綏，車上的繩子，為拉手所用。㊆壻：同「婿」字，指夫家。㊇沒：盡，終。㊈豈有先訟後壻之謂乎：楊明照《抱朴子外篇校箋・上》：陳（澧）曰：「榮案承訓本（即）魯藩本作『後婚』。」按《藏》本、舊寫本亦作「後婚」，較勝。

【今譯】 姑媽的兒子劉君士由此而議論，說：「人倫綱常開始於夫婦關係，夫婦相配合比擬為天地兩儀。因此，大婚的典禮為古代人們所重視，這將是把兩個姓氏的人結合和好，以繼承祖宗的基業。婚禮時，主人在門口拜迎，聽命於宗廟，各種禮品錢幣要親自接送。如果夫婿家遇有三年之喪，致辭於女家，女方答應而不敢改嫁。等到大喪完畢，請求於夫婿家，男方有所致辭。然後才嫁，這樣做是為了崇尚敬讓的風氣，難道有什麼先訟爭而後結婚的說法嗎？」

「而末世輕慢，傷化敗俗，舉不修義，訐而弗與㊀，訟鬩㊁穢辱，煩塞官曹㊂。今可使諸爭婚者，未及同牢㊃，皆聽義絕，而倍還酒禮，歸其幣帛。其嘗已再離者，一倍裨㊄娉；其三絕者，再倍裨娉。如此，離者不生訟心，貪吝者無利重受，乃王治之要術，不易之永法也。」

【今註】㊀訏而弗與：楊明照校云：「『許』字誤。按『訏』字誤。當依《藏》本、魯藩本、慎本、舊寫本、柏筠堂本、文溯本、《叢書》本、《崇文》本改作『許』（此平津本寫刻之誤）。㊁鬩：音ㄒㄧˋ，爭吵。㊂官曹：官署。㊃同牢：古代結婚儀式中，新郎新娘同吃一分牲牢，表示共同生活的開始。《禮記・昏義》：「婦至，婿揖婦以入，共牢而食。」㊄裨：大裘以外的禮服。

【今譯】「但是，如今末世輕浮疏慢，傷教化，敗風俗，舉動不遵循道義，許嫁而不嫁，發生了爭吵與辱罵，都要麻煩官府來處理。現在可以規定，那些為婚嫁而爭訟的人，如果尚未同牢完婚的，都聽任其離異，加倍退還酒禮，歸還錢帛財禮。那些已經再次離異的人，一倍裨娉；那些已三次離異的，再倍裨娉。如此辦理，離異的人不會產生訴訟的念頭，貪吝的人也不會得到重大的利益，這就是王者治理天下的重要術略，是永遠不變的法則。」

抱朴子答曰：「劉君愍德讓之淩替㈠，疾民爭之損化，雖速我訟，室家不足；用和之貴，將遂淪胥㈡。創讜言以拾世遺㈢，建嘉謀以拯流遁，紛譁之俗，將以此而易；無恥之風，將由茲而移。彌綸㈣情偽，固難間矣。誠經國之永法，至益之篤論也。洪㈤以不敏，不識至理，造次㈥承問，竊有疑焉。」

【今註】㈠愍德讓之淩替：愍，哀憐，憂愁。淩替，頹廢，廢弛。㈡淪胥：相率淪喪或陷溺。㈢創讜言以拾世遺：讜言，正直的言論。世遺，世俗遺忘的事物。㈣彌綸：包括，統攝。㈤洪：葛洪自稱。㈥造次：匆忙。

【今譯】抱朴子回答說：「劉君為德義謙讓風尚的廢弛而憂愁，痛恨那種民間爭訟損害教化的情況，有感於訟爭日益激烈，室家不足負擔，貴和之道就將相率淪喪，所以提出正直的意見以倡導被世俗遺忘了的風俗，提出良好的建議以拯救已消失的習俗。如此，爭訟紛譁的風俗將會改變，無恥的風氣將會轉移，到處真偽不分的情形也就難以存在了。這確實是治理國家的永久法則，是最有裨益的篤誠之論。我葛洪不聰明，不懂得最深的道理，承蒙你匆忙地發問，私下有所疑慮。」

「夫婚媾㈠之結，義無逼迫，彼㈡則簡擇而求，此㈢則可意乃許，輕諾後悔㈣，罪在女氏，食言棄信，與奪任情，嚴防峻制，未之能弭㈤，今猥忞之，唯責裨娉倍㈥貧者所憚㈦也，豐於財者，則適其願矣。後所許者，或能富殖，助其裨娉，必所甘心。然則先家拱默㈧，不得有言，原情論之，能無怨歎乎？」

【今註】㈠婚媾：指婚姻。㈡彼：指男方。㈢此：指女方。㈣輕諾後悔：輕諾，輕易答應。後悔，後來反悔。㈤弭：弭平、平息。㈥唯責裨娉倍：楊明照《抱朴子外篇校箋・上》：按「倍」疑應在「責」字下。㈦憚：怕。㈧拱默：拱手緘默。

【今譯】「男女婚姻結合，從道義上說不該有逼迫，男方則選擇而求，女方則中意才許諾。如果輕易地答應而後來又反悔，那罪錯在於女方。自食諾言，拋棄信義，任情與奪，即使加以嚴防制止，也未能平息爭訟。如今任意放肆，只處以加倍的娉禮財物，這卻是貧窮人家擔憂的。對於財富豐足的人來說，則恰好滿足了願望。如果後來許嫁的人，家財富足，幫助女方退還原先的娉禮錢物，女方必定甘心許嫁給後者。既然如此，那麼，原先的男方拱手緘默，不得說什麼了，究其情況而論，他能夠沒有怨歎嗎？」

「夫不伏之人，視死猶歸，血刃之禍，於是將起。今苟惜其辭訟之小醜，而構其難忍之大恨，所謂愛其僦㊀覽之煩，忘其凋殞㊁之酷也。夫買物於市者，或加價而奪之，則尠忍而不忿然矣。況乎見奪待告之妻哉！」

【今註】㊀僦：音ㄐㄧㄡˋ，運送。㊁凋殞：傷亡。

【今譯】「內心不服氣的人，視死如歸，血刃之禍於是發生了。現在只哀惜訟爭這類小的醜行，而卻造成了歎忍的血海深仇。真是所謂愛惜其運送的小麻煩，忘記了傷死的殘酷。從市集上購買物品，有時加價而奪取，則很少有忍而不怒的情況，何況被奪的是待告之妻呢！」

「此法遂用者，將使結婚者雖納敬、親迎㊀，猶抱有見奪㊁之慮。何者？劉君之論，以同牢為斷，固也。爾則女氏雖受幣積年，恒挾在意之威㊂，恃可數奪，必惰於擇壻；壻小不得意，便得改悔。結釁㊃速禍，莫此之甚矣。曩㊄人畫法，慮關終始，杜漸防萌㊅，思之良精。而不闕恣奪之路㈦，斷以報板之制者，殆有意乎？」

【今註】㈠將使結婚者雖納敬、親迎：楊明照校云：按「敬」當作「徵」。《儀禮・士婚禮》：「納徵，玄纁，束帛，儷皮。」鄭注：「徵，成也。使使者納幣以成昏禮。」㈡見奪：指被奪妻。㈢恒挾在意之威：楊明照校云：按「在」當作「任」。㈣讎：仇。㈤曩：從前。㈥杜漸防萌：防範未然。㈦而不闕恣奪之路：楊明照校云：按「闕」字蓋涉上而誤，當作「開」。

【今譯】「劉君提出的辦法若實施，將使結婚的人雖已納徵親迎，還是抱有被奪妻的疑慮。為什麼呢？劉君的意見，以為同牢完婚就使夫婦關係穩固了。那麼樣，女方雖接受錢財多年，卻經常帶著任意之威，自恃可以數奪，必定惰於選擇女婿。女婿年小不得意，便得改悔。結成怨仇，速成血禍，沒有比這更激烈的了。前人制訂法度，考慮到從頭到尾的全部過程，防範未然，想法精良，而不開啟任意掠奪的道路，以制訂判處訟爭法律的人，恐怕有意於此吧？」

「儻令女有國色㈠，傾城絕倫㈡，而值豪右㈢權臣之徒，目玩治容㈣，心忘禮度，資累千金，情無所吝，十倍還娉，猶所不憚，況但一乎？華氏不難於殺孔父而取其妻㊄，楚人為子迎婦以其美而自納之。以此論之，豈惜傾竭居產，以助女氏還前家之直㊅哉！小人輕薄，睚眦㊆成怨，又喜委衰逐盛，蹋冷趨熱。此法之行，則必多奪貧賤而與富貴者矣。不審吾君㊇何方以防弊乎？」

【今註】㊀儻令女有國色：儻，同「倘」，假使。國色，稱容貌美麗而冠絕一國的女子。《公羊傳》昭公三十一年：「顏夫人者，嫗盈女也，國色也。」㊁傾城絕倫：傾城，形容女子貌美。《漢書》卷九十七上〈外戚傳・上〉：「北方有佳人，絕世而獨立，一顧傾人城，再顧傾人國。」後因用「傾城傾國」形容絕色女子。絕倫，超越群倫。㊂豪右：豪門大族。古代以右為上，因稱豪門大族為「豪右」。㊃冶容：豔麗的容貌。㊄華氏不難於殺孔父而取其妻：華氏，即春秋時太宰華督。孔父，春秋時宋國貴族，字孔父，名嘉，孔子六世祖。孔父嘉官為大司馬，受宋穆公囑，立殤公，殤公立十一年，民不堪命，華督謀奪孔父之妻，並將他殺死。㊅直：價值。㊆睚眦：音一丫ˊ ㄗˋ，發怒瞪眼。㊇吾君：劉君。

【今譯】「假使有容貌美麗冠絕一國的女子，傾城絕倫，而卻碰到了豪右權臣之徒，他們目覩艷麗的女子，心裏忘記了禮度，家財累千金，情無所吝惜，花費十倍於歸還的娉禮錢財，尚所不怕，何況只有一倍的娉禮錢物呢？華氏不難於殺死孔父，並奪其妻子，楚國有人為兒子娶新婦，因看到新婦美貌而納為自己的妻妾。由此看來，難道會有愛惜全部家產而不肯幫助女方退還前夫家娉禮財物的嗎？小人行為輕薄，發怒瞪眼，結成怨仇，又喜新厭舊，棄冷趨熱。劉君的辦法如果實行，則必定經常發生掠奪貧賤者的利益而給與富貴者的情形。不知道劉君用什麼方法來防止弊病？」

或曰：「可使女氏受娉禮無豐約㈠，皆以即日報板㈡，後皆使時人署姓名於別板㈢，必十人已上，以備遠行及死亡。又令女之父兄若伯叔，答墹家書，必手書一紙。若有變悔而證據明者，女氏父母兄弟皆加刑罪。如此，庶於無訟者乎！」

【今註】㈠約：事先說定。㈡報板：將內容刻寫在木板上，作為以後訟爭的憑證。㈢別板：其他的木板。

【今譯】 有人建議說：「可以使女方接受娉禮時沒有過多的要求，並事先加以約定，當即把內容刻寫在木板上。接著，要使當時人署姓名於另外的木板上，必須多達十個人以上，以備退還及死亡時發生訟爭的憑據。又叫女方父兄或者伯父叔父給女婿家致答書信，必須親手書寫。如果今後發生變悔的事情，可以有明確證據，女方父親、母親、哥哥、弟弟都要加以判罪。這樣，或許沒有訟爭的吧！」

酒誡篇　第二十四

【篇旨】　本篇勸誡人們不要酗酒，並對如何有效地禁酒發表了意見。作者生動地描述了酒醉後各種各樣的醜態，分析了酗酒造成的眾多危害。強調指出：「夫酒醴之近味，生病之毒物，無毫分之細益，有丘山之巨損。君子以之敗德，小人以之速罪。耽之惑之，尠不及禍。世之士人亦知其然，既莫能絕，又不肯節。縱心口之近欲，輕召災之根源。」

抱朴子曰：「目之所好，不可從也；耳之所樂，不可順也；鼻之所喜，不可任也；口之所嗜，不可隨也；心之所欲，不可恣也。故惑目者，必逸容鮮藻㊀也；惑耳者，必妍音㊁淫聲也；惑鼻㊂者，必茝蕙芬馥㊃也；惑口者，必珍羞嘉旨㊄也；惑心者，必勢利功名也。五者㊅畢惑，則或承之禍為身患者，不亦信哉！」

【今註】 ㈠逸容鮮藻：逸容，超逸的容貌。鮮藻，指色彩鮮艷的服飾。㈡妍音：美好的音樂。㈢鼻：指「鼻頭」。㈣茝蕙芬馥：茝蕙，繼昌、陳其榮《校勘記》：榮案《群書治要》作「芷蕙」。茝，音ㄔㄞˇ，一種香草。《爾雅．釋草》：「蘄茝，蘼蕪。」郭璞注：「香草，葉小如萎狀。」《淮南子》云：「似蛇床。」蕙，一種香草，俗名佩蘭。馥，香氣。㈤珍羞嘉旨：珍羞，亦作「珍饈」，貴重珍奇的食品。嘉，美。旨，美味。㈥五者：指目、耳、鼻、口、心。

【今譯】 抱朴子說：「眼睛所看到的好東西，不可以跟從它。耳朵所聽到的歡樂，不可以依順它。鼻頭聞到的好東西，不可任意地喜歡。嘴裡嗜好的東西，不可以隨便地進食。心中的慾望，不可以沒有拘束。所以，使眼睛迷惑的，必定是超群的容貌與鮮艷的服飾。使耳朵迷惑的，必定是動聽而淫邪的音樂。使鼻子迷惑的，必定是春草的芬芳香氣。使嘴巴迷惑的，必定是珍貴美味的食物。使人心迷惑的，必定是功名勢利。以上五個方面都受到迷惑，則或招來災禍，造成自身的患難，不也是確實的嗎！」

「是以智者嚴㯻括㈠於性理，不肆神以逐物，檢之以恬愉，增之以長算㈡。其抑情也，劇乎隄防之備決；其御性也，過乎腐轡㈢之乘奔。故能內保永年，外免釁㊃累也。蓋飢寒難堪者也，而清節者不納不義之穀帛焉；困賤難居者也，而高尚者不處危亂之榮貴焉。蓋計得則能忍之心全矣，道勝則害性之事棄矣。」

【今註】㊀檃括：矯揉彎曲竹木等使之平直或成形的器具。《韓非子・顯學篇》：「雖有不恃檃括而自直之箭，自圓之木，良工弗貴也。」《淮南子・修務篇》：「木直中繩，揉以為輪，其曲中規，檃括之力。」㊁算：指「策劃謀略」。㊂轡：駕馭牲口用的嚼子和韁繩。㊃釁：過失，罪過。

【今譯】「因此，明智的人嚴於約束性理，不放肆追逐喜好的東西，以達到心身恬靜愉快的要求檢點自己，增長自己的謀略。明智的人控制情慾，超過了對堤壩決口的防備；控制性慾，超過了對腐轡駕車的防備。所以能內保長壽，外則免除世上的禍患。大概飢寒往往使人難以忍受，但清廉節儉的人不取不義的穀帛；困賤往往使人難以居住，但高尚之士不趁危亂之機而得到榮耀與富貴。大概有了辨法就能使難忍之心得以保全，道義勝了就能將害性之事拋棄了。」

「夫酒醴㊀之近味，生病之毒物，無毫分㊁之細益，有丘山之巨損，君子以之敗德，小人以之速罪，耽㊂之惑之，尠㊃不及禍。世之士人，亦知其然，既莫能絕㊄，又不肎節㊅，縱㊆心口之近欲，輕㊇召災之根源，似熱渴之恣冷，雖適己而身危也。小大亂喪，亦罔非酒。」

【今註】㊀醴：甜酒。㊁毫分：一絲一毫，比喻「細微」。㊂耽：沉溺。㊃尠：鮮，少。㊄絕：禁絕、戒除。㊅節：節制。㊆縱：放縱、縱容。㊇輕：輕視。

【今譯】「酒醴的滋味相近，但都是導致疾病的毒物，沒有一分一毫的細微利益，卻有丘山般的巨大損失。君子因它而敗壞德行，小人因它而迅速構成罪錯。耽溺或迷惑於酒醴的人，很少有不發生災禍的。世上的士人也知道這樣的後果，然而既不能戒除，又不肯節制，放縱自己的喜好欲望，忽略了招來災禍的根源。好像乾渴時恣意喝冷飲，雖然自己感到舒適，但身體危險了。社會上大大小小的喪亂，也沒有不是酒所造成的。」

「然而俗人是酣是湎。其初筵也，抑抑濟濟，言希容整，詠〈湛露〉之「厭厭」㈠，歌「在鎬」之「愷樂」㈡，舉「萬壽」之觴㈢，誦「溫克」㈣之義。日未移晷㈤，體輕耳熱。夫琉璃㈥海螺之器並用，滿酌罰餘之令㈦遂急。醉而不止㈧，拔轄㈨投井。於是口涌鼻溢，濡首及亂。屢儛躚躚㈩，舍其坐遷㈡；載㈢號載呶，如沸如羹。或爭辭尚勝，或啞啞獨笑，或無對而談，或嘔吐几筵，或偵蹷良倡㈢，或冠脫帶解。」

【今註】㈠詠〈湛露〉之「厭厭」：〈湛露〉，《詩經・小雅》篇名。〈詩序〉謂為天子宴諸侯之詩。厭厭：美好貌。《詩經・周頌・載芟》：「有厭其杰」。毛《傳》：「言杰苗厭然特美也」。㈡歌「在鎬」之「愷樂」：鎬，鎬京，西周都城。在今陝西西安市豐鎬村西北。愷，快樂。㈢觴：指盛滿酒的杯子。㈣溫克：謂喝醉了還能自加克制，保持溫和恭敬的態度。《詩經・小雅・小宛》：「飲酒溫克」。㈤移晷：晷，日影。移晷，指時間過得很快。㈥琉璃：一種礦石質的有色半透明的材料。《漢書》卷九十六上〈西域傳・上〉：「（罽賓國）出，……珠璣、珊瑚、虎魄、璧、流離。」

㈦令：酒令。㈧醉而不止：陳其榮案《治要》作「不出」，此用《詩經・小雅・賓之初筵篇》語，當據改。㈨轄：車上的零件，插在軸端的孔內。⑽屢僛蹮蹮：僛，同「舞」，《莊子・在宥篇》：「鼓歌以僛之」。蹮蹮，音ㄒㄧㄢ，迴旋舞動的樣子。㈡坐：同「座」。㈢載：又，且。㈢傎蹷良倡：傎，音ㄉㄧㄢ，顛倒，錯亂。蹷，音ㄐㄩㄝ，倒。孫星衍校云：《藏》本作「值」。《群書治要》載此篇作「顛蹷梁倡」，知舊作「傎」。良倡，梁倡，比喻「進退失所」。

【今譯】「但是世俗之人，酣飲酒，沉湎於酒。酒宴之初，濟濟一堂，言談不多，儀容整潔，朗誦〈湛露〉之類美好的詩篇，歌唱西周的歡樂音樂，舉起滿酌的酒杯，敬祝萬壽無疆，喝醉了還能自我克制，保持溫和恭敬的態度。過了一會兒，身體覺得飄飄然，兩耳發熱。就用琉璃海螺做成的酒杯，統統倒滿酒，叫著酒令，互相罰酒，竟然急醉而不止，拔轄投井，於是口湧鼻溢，滿頭沾濕，秩序哄亂，每每迴旋舞動，離棄坐位，又是號叫，又是呶呶不休，如同沸羹。有的爭吵好勝，有的啞啞獨笑，有的獨自無對地說話，有的嘔吐弄髒了桌筵，有的神魂顛倒，進退失所，有的脫掉帽子，解開衣帶。」

「貞良者流華督之顧眄㈠，怯懦者效慶忌㈡之蕃捷，遲重者蓬轉

而波擾㊂，整肅者鹿踊而魚躍。口訥㊃於寒暑者，皆搖掌而譜聲㊄；謙卑而不競者，悉裨瞻以高交㊅。廉恥之儀毀，而荒錯之疾發；闒茸㊆之性露，而傲佷之態出㊇。」

【今註】㊀華督之顧眄：華督，春秋時任宋國太宰，謀奪孔父嘉之妻，並將他殺死。顧，看。眄，音ㄇㄧㄢˇ，斜看。㊁慶忌：春秋時代吳王僚之子，勇無人敵。後為要離刺殺。見《吳越春秋・闔閭內傳》。㊂遲重者蓬轉而波擾：遲重，遲鈍。《漢書》卷六十〈杜周傳〉：「周少言重遲。」蓬轉，蓬草隨風流轉。擾，《意林》作「偃」。㊃訥：出言遲鈍，不善於講話。㊄譜聲：譜曲。孫星衍校云：《藏》本作「垂掌而諧」，從《意林》改。陳其榮案《治要》作「俯掌」。㊅悉裨瞻以高交：孫星衍校云：《意林》作「皆裨瞻而高發」。㊆闒茸：音ㄊㄚˋ ㄖㄨㄥˊ，指卑劣微賤的人。章太炎《新方言・釋言》：「闒為小戶，茸為小草，故並舉以狀微賤也。」㊇而傲佷之態出：楊明照《抱朴子外篇校箋・上》：按〈行品篇〉「既傲佷以無禮」，〈疾謬篇〉「所謂傲佷明德」，則此「佷」字亦當作「佷」，始能一律（「傲佷」連文見《左傳》文公十八年）。佷，通「狠」字，凶惡。

【今譯】「原本貞良的人像華督那樣眉來眼去，怯懦的人卻效仿著慶忌的蕃捷，遲鈍的人如同蓬草隨風飛轉，如同波浪翻滾，嚴肅的人似鹿奔跑，似魚跳躍。原來終年不善於說話的人，都擊拍歌唱；原來謙卑而不競爭的人，都壯起膽來，高聲地發表意見。這樣，廉恥的儀態毀滅了，而荒誕錯誤的毛病發生了；卑賤的性情顯露了，而傲狠凶惡的態度表現出來了。」

「精濁神亂，臧否顛倒。或奔車走馬，赴阬㊀谷而不憚，以九折之阪為螘封㊁；或登危蹋穦㊂，雖墮墜而不覺，以呂梁之淵㊃為牛跡也。或肆忿於器物，或酗醟㊄於妻子；加枉酷於臣僕，用刿鋒乎六畜㊅；熾火烈於室廬㊆，掊㊇寶玩於淵流；遷威怒於路人㊈，加暴害於士友。褻嚴主以夷戮㊉者，有矣；犯凶人而受困者，有矣。言雖尚辭，煩而叛理；拜伏徒多，勞而非敬。」

【今註】㊀阬：同「坑」。㊁以九折之阪為螘封：楊明照校云：「封」下，《治要》五〇引有「也」字。按有「也」字，與下「以呂梁之淵為牛跡也」句儷。阪，山坡。螘，同「蟻」。㊂穦：同「頹」，倒塌。㊃呂梁之淵：一說在西河，一說在彭城。《莊子・達生篇》云：孔丘觀於呂梁，縣水三千仞，流沫四十里，黿鼉魚鼈之所不能游也。㊄酱：音ㄩㄥˋ，酗酒。㊅用剡鋒乎六畜：剡，音ㄧㄢˇ，銳利，尖。孫星衍校云：本脫「六畜」二字，從《群書治要》補。㊆熾火烈於室廬：楊明照校云：按「火烈」二字當互已，上下各句可證。㊇掊：音ㄆㄡˇ，擊破。㊈路人：孫星衍校云：本作「踞人」，從《群書治要》改。㊉夷戮：殺戮。

【今譯】「精神錯亂，好壞顛倒。有的奔車走馬向著坑谷，而不怕把曲折的山坡當作蜀蟻洞的封口。有的攀登危峰頹岩，雖然掉下來了，而仍把呂梁之淵當作生途。有的對器物肆意發怒，有的對著妻子酗酒。有的向臣僕施加殘酷的行為，有的用尖刀刺向六畜。有的放大火燒掉房屋，有的擊破珍寶並拋進河流。有的遷威怒於路人，有的加暴害於朋友。有的因褻瀆嚴厲的主人而被殺戮，有的因觸犯凶惡之人而遭到了圍困。有的酒後胡言亂語，煩瑣而違背道理。有的酒醉做出拜人的樣子，拜得多且辛勞，但並非敬仰別人。」

「臣子失禮於君親之前，幼賤悖慢於耆宿㊀之坐。謂清談為詆詈㊁，以忠告為侵己。於是白刃抽而忘思難之慮，棒杖奮而罔顧乎前後。搆漉血之讎㊂，招大辟㊃之禍。以少凌㊄長，則鄉黨㊅加重責矣；辱人父兄，則子弟將推刃矣；發人所諱㈦，則壯士不能堪㈧矣；計數深尅，則醒者不能恕矣。起眾患於須臾㈨，結百痾於膏肓㈩。奔駟⑪不能追既往之悔，思改而無自反之蹊⑫。」

【今註】㈠耆宿：年高而有道德學問的人。㈡詆詈：詆，謗毀。詈，音ㄌㄧˋ，罵。㈢搆漉血之讎：漉，孫星衍校云：《群書治要》作「灑」。漉血，擄去血。讎，同「仇」字。㈣大辟：古代五刑之一，商、周、春秋、戰國等時期死刑的通稱。㈤凌：欺凌。㈥鄉黨：鄉，孫星衍校云：《群書治要》作「邦」。鄉黨，周制以五百家為黨，一萬二千五百家為鄉，後因以「鄉黨」泛指鄉里。㈦諱：諱言，不願說的。㈧堪：忍受。㈨須臾：一會兒，比喻極短的時間之內。㈩結百痾於膏肓：痾，音ㄜ，病。膏肓，人體內心下膈上的部位。後稱病勢嚴重為病入膏肓。⑪駟：古代稱套四匹馬的車，也泛指馬。⑫自反之蹊：反，同「返」。蹊，小路。

【今譯】「臣子在君親面前喪失禮節，幼賤之輩在耆宿的座前表現得怠慢。把清談當作罵人，把別人的忠告當作對自己的侵害。於是拔刀劍相鬥，而忘記了思難之慮，棒杖奮擊，而不顧前顧後，造成了殺傷之仇，而自己也終於被處以死刑。以少欺凌長者，則鄉里加以重責。污辱別人的父兄，則子弟將動刀毆鬥。觸發別人所諱言的事，則壯士不能忍受。計數深刻，則清醒者不能寬恕。一會兒發生了眾多的災難，百病集結於膏肓。奔馳的馬車不能追已往之悔，思考改正而已無自返之路。」

「蓋智者所深防，而愚人所不免也㊀。其為禍敗，不可勝載。然而歡集，莫之或釋，舉白㊁盈耳，不論於能否。計瀝霤於小餘㊂，以稽遲㊃為輕己。傾匡注於所敬，殷勤變㊄而成薄。勸之不持，督之不盡，怨㊅色醜音所由而發也。」

【今註】㊀而愚人所不免也：楊明照《抱朴子外篇校箋・上》：孫（星衍）曰：「（『愚』）《藏》本作『喣』」按魯藩本、吉藩本、慎本、舊寫本亦並作「喣」，固誤；孫據盧本改為「愚」，亦非。《治要》五〇引作「庸」，極是。當據改。㊁舉白：謂舉杯告盡。或謂罰酒。《漢書》卷一百上〈敘傳・上〉唐顏師古《注》：「白者，罰爵之名也。飲有不盡者，則以此爵罰之。」㊂計瀝霤於小餘：楊明照《抱朴子外篇校箋・上》：陳（澧）曰：「『計』字《治要》作『料』。承訓本同。」按魯藩本、吉藩本、慎本、舊寫本亦並作「料」。本書屢用「料」字，則此當以作「料」為是。㊃稽遲：

遷延，滯留。㊄變：孫星衍校云：《藏》本作「勸」，盧本作「勸」，從《群書治要》改。㊅怨：孫星衍校云：《群書治要》作「惡」。

【今譯】「大概明智的人所深防的事，對於愚蠢的人來說，卻是不可避免的。酗酒所造成的禍敗現象，實在不可勝記。然而酒宴歡飲卻沒有停止，舉杯罰酒之聲充斥耳朵，不管人們能否繼續喝酒，料想瀝過的清酒又是小餘，以為別人酒喝慢些就是對自己的輕視，傾匡注於所敬的人，殷勤變成了輕薄。勸之不持，督之不盡。暴怒的臉色和醜惡的罵聲，因此而發生了。」

「夫風節府藏㊀，使人惚恍㊁，及其劇者，自傷自虞㊂。或遇斯疾，莫不憂懼，吞苦忍痛，欲其速愈㊃。至於醉之病性，何異於茲？而獨居密以逃風，不能割情以節酒。若畏酒如畏風，憎醉如憎病㊄，則荒沈之咎塞，而流連㊅之失止矣。夫風之為疾㊆，猶展攻治，酒之為變，在乎呼噏㊇。及其悶亂㊈，若存若亡，視泰山如彈丸，見滄海如盤盂，仰嚾㊉天墮，俯呼地陷，臥待虎狼，投井赴火，而不謂惡也。夫用身之如此，亦安能惜敬恭之禮，護喜怒之失哉？」

【今註】㈠風節府藏：風，風疾，臨床表現多見頭痛、寒熱汗出，遍身遊走疼痛等症。府藏，腑臟，中醫對人體胸、腹內部器官的總稱。心、肝、脾、肺、腎叫「臟」，胃、膽、三焦、大腸、小腸、膀胱叫「腑」，通稱五臟六腑。㈡惚怳：怳，同「恍」。惚恍，精神不集中，迷迷糊糊。㈢虞：憂慮。㈣愈：痊癒。㈤若畏酒如畏風，憎醉如憎病：孫星衍校云：今本但作「若畏風憎病」，從《群書治要》補。又《意林》作「君若畏酒如畏疾，憎醉如憎大病」。㈥流連：貪戀遊樂而不想離去。㈦疾：孫星衍校云：《群書治要》作「病」。㈧噏：同「吸」。㈨悶亂：孫星衍校云：本作「間亂」，從《群書治要》改。㈩嚾：呼喚。

【今譯】「風疾生於人的腑臟，使人精神恍惚不定。等到風疾的病情加劇了，自己就悲傷憂慮起來。患了這種疾病，沒有不憂愁懼怕的，忍受痛苦，希望病情迅速痊癒。至於酒醉時給人的性理所造成的病患，跟風疾有什麼差異呢？但是人們只居住清靜以躲避風疾，卻不能割斷對酒的貪戀。如果害怕酒跟害怕風疾一樣，憎恨酒醉跟憎恨病患一樣，那麼耽溺於酒的罪過就會停止，而且喪失了戀酒的地方。風疾所帶來的病患，尚能展開攻治，而飲酒所出現的變化，在於呼吸之間。到了酒醉感到悶亂，眼前的情景似存似亡，看到泰山猶如一顆彈丸，見到滄海好像一只盤盂，向上喚一聲，天就掉下來，向下呼一聲，地就陷下去，臥身等待虎狼，投井赴火，而卻不知道會有凶惡。酒醉到了如此的地步，哪裏能夠愛惜敬恭的禮節，防止喜怒無常的過失呢？」

「昔儀狄㊀既疏，大禹以㊁興。糟丘酒池，辛、癸㊂以亡。豐侯㊃得罪，以戴尊㊄銜盃。景升荒壞，以三雅之爵㊅。劉松爛腸，以逃暑之飲㊆。郭珍發狂，以無日不醉㊇。信陵之凶短㊈，襄子之亂政㊉，趙武之失眾⑪，子反之誅戮⑫，漢惠之伐命⑬，灌夫之滅族⑭，陳遵之遇害⑮，季布之疏斥⑯，子建之免退⑰，徐邈之禁言⑱，皆是物⑲也。世人好之樂之者甚多，而戒之畏之者至少。彼眾我寡，良箴⑳安施？且願君子節之而已。」

【今註】 ㊀儀狄：禹臣。《戰國策・魏策・一》：「昔者，帝女令儀狄作酒而美。進之禹，禹飲而甘之，遂疏儀狄，絕旨酒，曰『後世必有以酒亡其國者。』」袁珂按《文選》卷三十四曹植〈七啟〉及卷三十五張協〈七命〉注引《戰國策》均作「黄帝女儀狄作酒而美，進之於禹。」則作酒之儀狄即「帝女」，非「帝女令儀狄作酒」。或均脫一「令」字。㊁以：因。㊂辛、癸：辛：即殷紂王。《史記》卷三〈殷本紀〉：「大最樂戲於沙丘，以酒為池，縣肉為林，……為長夜之飲。」《正義》引《太公六韜》云「紂為酒池，迴船糟丘而牛飲者三千餘人為輩。」癸，指夏桀，夏朝的末代君王。㊃豐侯：周成王時之諸侯，因喝酒亡國。後世酒器，作豐侯之形，以為告誡。見《竹書紀年・下・成王十九年》、《說文解字・卷五上・豐字》、《太平御覽》卷七六二引東漢崔駰〈酒箴〉、李尤〈豐侯銘〉。㊄尊：酒器。㊅景升荒壞，以三雅之爵：景升，即漢末劉表。表，字景升，初平元年任荊州刺史，後為荊州牧。其子弟驕貴，以酒器名三爵。上者伯雅受七升，中者仲雅受六升，下者季雅受五升。爵，酒器。㊆劉松爛腸，以逃暑之飲：劉松，三國時人，曾官光祿大夫。曾以盛夏三伏之際，與袁紹子弟晝夜酣飲，至於極醉。見《初學記》卷三引《典論》。㊇郭珍發狂，以無日不醉：郭珍，曾官洛陽令，家財巨億。每暑夏召客飲，使侍婢數十盛妝飾、被羅縠，使之進酒。見《太平御覽》卷四七二引《典論》。㊈信陵之凶短：信陵，即信陵君魏無忌，戰國時期四公子之一，有食客三千。凶短，凶短折，早死。信陵君被奪軍權後，「公子自知再以毀廢，乃謝病不朝，與賓客為長夜飲，飲醇酒，多近婦女。日夜為樂飲者四歲，竟病酒而卒。」事見《史記》卷七十七〈魏公子列傳〉。⑩襄子之亂政：襄子，趙襄子，春秋時期晉國大夫。傳說其曾連續飲酒五日五夜，國內朝政混亂。見《新序・刺奢篇》。⑪趙武之失眾：趙武，即趙文子，亦稱趙孟，春秋時期晉國大夫。曾沈醉於酒，周景王使臣劉定公因有「神怒民叛，何以能久」之譏，見《左傳》昭公元年。⑫子反之誅戮：子反，春秋時楚國將軍。楚共王十六年，晉伐鄭。鄭告急，共王救鄭。與晉兵戰鄢陵，晉敗楚，射中共王目。共王召將軍子反。「子反嗜酒，從者豎陽穀進酒醉。」王怒，射殺子反，遂罷兵歸。事見《史記》卷四十〈楚世家〉。⑬漢惠之伐命：漢惠，即漢惠帝劉盈。伐命，斃命。⑭灌夫之滅族：灌夫，西漢潁陰（今河南許昌）人，字仲孺。喜任俠，家財錢數十萬，嗜酒，性剛。後因在酒宴上侮丞相田蚡，被劾為不敬，族誅。傳見《漢書》卷五十二〈竇田灌韓傳〉。⑮陳遵之遇害：陳遵，西漢杜陵（今陝西西安東南）人。字孟公。王莽當政時，為校尉。後為河南太守、九江及河內都尉。更始時，任大司馬護軍，奉命前往匈奴，在朔方酒醉後為人所殺。⑯季布之疏斥：季布，漢初楚人。著名的遊俠。布為河東守。孝文帝時，召欲以為御史大夫。「人又言其勇，使酒（酗酒）難近。至，留邸一月，見罷。」事見《漢書》卷三十七〈季布欒布田叔傳〉。⑰子建之免退：子建，即曹植，史稱「植任性而行，不自彫勵，飲酒不節。」魏文帝黃初二年，監國謁者希旨，奏「植醉酒悖慢，劫脅使者」。有司請治罪，文帝以太后故，貶爵安鄉侯。傳見《三國志》卷十九〈魏書・陳思王植傳〉。
㈥徐邈之禁言：徐邈，字景山，薊人。曹操時，禁酒，而邈私飲至於沉醉，自稱「中聖人」。曹操得知此事，甚怒。鮮于輔進曰：「平日醉客謂酒清者為聖人，濁者為賢人。邈性修慎，偶醉言耳。」竟坐得免刑。事見《三國志》卷二十七〈魏書・徐邈傳〉。㈨是物：指貪酒。㈢箴：勸告。

【今譯】　「從前，製作美酒的儀狄被疏遠，大禹因此興盛。建造糟丘酒池，殷紂王和夏桀因此滅亡。豐侯得罪，因為戴尊銜盃，沉溺於酒。劉景升荒淫敗壞，因為貪戀三雅之爵。劉松肚腸潰爛，因為逃暑之飲。郭珍發狂，因為無日不醉酒。信陵君的早死，趙襄子的亂政，趙武的失眾，子反的被誅，漢惠帝的斃命，灌夫的滅族，陳遵的遇害，季布的被斥，子建的免退，徐邈的禁言，如此等等，都是由貪酒的緣故。世俗之人愛好酒的甚多，而戒酒和害怕飲酒的極少。前者眾多而後者稀少，善良的勸告又哪兒能夠被聽取呢？我將希望君子們能節制飲酒而已。」

「曩㈠者既年荒穀貴，人有醉者相殺，牧伯㈡因此輒有酒禁，嚴令重申，官司搜索，收執榜徇者相辱㈢，制鞭而死者太半。防之彌峻，犯者至多，至乃穴地而釀，油囊懷酒。民之好此，可謂篤矣。

余以匹夫之賤，託此空言之書，末如之何矣。」

【今註】㊀曩：從前。㊁牧伯：古時州牧與方伯的合稱，這裏指地方長官。㊂辱：孫星衍校云：當作「屬」。

【今譯】「從前曾經發生荒年，穀物昂貴，有的人喝酒醉了就互相廝殺，地方長官因此往往有禁酒的措施。嚴厲的命令一再申明，官吏到處搜索，被抓起來拷打的人接連不絕，制鞭而死的人占了大半。禁酒的措施越嚴，而犯禁者極多，以至挖地穴而釀酒，用油囊盛酒。人民如此好酒，真是誠篤的了。我以微賤的平民身分，託此空言之書，勸人們禁酒，其結果會是如何的呢？」

「又臨民者㊀雖設其法，而不能自斷斯物，緩己急人，雖令不從，弗躬弗親，庶民弗信。以此而教，教安得行；以此而禁，禁安得止哉？沽㊁賣之家，廢業則困，遂修飾賂遺，依憑權右，所屬吏不敢問。無力者獨止，而有勢者擅市。張壚專利，乃更倍售，從其酤買，公行靡憚，法輕利重，安能免乎㊂哉？」

【今註】㈠臨民者：指當官的人。㈡沽：買也。㈢安能免乎：孫星衍校云：《意林》作「安能令絕乎」。

【今譯】「又當官的人，雖然設法禁酒，而自己卻不能做到斷絕飲酒。對己寬緩而對人嚴急，雖然重申禁酒的命令，人們還是不會聽從的。不親自做到，百姓就不會相信。如此教化人民，教化哪兒會得以實行？如此禁酒，哪兒能禁得了酒呢？買賣酒的人家，停業就面臨困窮，於是修飾賄賂，依憑權臣豪右的勢力經營酒業，地方官吏也就不敢過問了。只有無勢力的人家停止買賣酒，而有勢力的人獨霸了市場，開張壚灶，專利經營，就加倍地出售，任其買賣，公行不怕，法輕利重，哪裡能夠做到禁酒呢？」

或人難曰：「夫夏桀、殷紂之亡，信陵、漢惠之殘，聲色之過，豈唯酒乎？以其生患於古，而斷之於今，所謂以褒姒㈠喪周，而欲人君廢六官㈡，以阿房㈢之危秦，而使王者結草菴㈣也。」

【今註】㈠褒姒：周幽王的寵妃。褒國（今陝西勉縣東南）人，姓姒。周幽王寵立她為后，及幽王被殺時，西周滅亡，她也被俘。事見《史記》卷四〈周本紀〉。㈡六官：當作「六宮」，指后妃及其住處。㈢阿房：即阿房宮，遺址在今西安市西阿房村。全部工程至秦亡時猶未完成，故未正式命名，時人因其前殿所在的地名為阿房，即稱之阿房宮。㈣菴：同「庵」，小草屋。

【今譯】 有人質難說：「夏桀與殷紂王的滅亡，信陵君與漢惠帝的短命早死，是由於溺於聲色的結果，難道只是酒的緣故嗎？用古代禍患的例子而斷言今日酗酒所造成的結果，正好像用褒姒喪周的例子，而要後世君王廢棄六宮后妃，好像用阿房宮危害秦朝的例子，而要君王居住在小茅屋裡一樣。」

「蓋聞昊天表酒旗之宿㈠，坤靈挺空桑㈡之化，燎柴員丘㈢，瘞薶圻澤㈣，祼鬯儀彝㈤，實降神祇㈥，酒為禮也㈦。千鍾、百觚㈧，堯、舜之飲也。唯酒無量，仲尼㈨之能也。姬旦㈩酒肴不徹，故能制禮作樂。漢高婆娑巨醉，故能斬蛇鞠旅⑪。于公引滿一斛，而斷獄益明⑫。管輅傾仰三斗，而清辯綺粲⑬。揚雲酒不離口，而《太玄》乃就⑭。子圉醉無所識，而霸功以舉⑮。一瓶之醪⑯傾，而三軍之眾悅。解毒之觴行，而盜馬之屬感。消憂成禮，策勳飲至⑰，降神合人，非此莫以也。內速㉘諸父，外將嘉賓，如淮如澠㉙，《春秋》所貴。由斯言之，安可識㉚乎？」

【今註】㊀昊天表酒旗之宿：昊天，指天。宿，住宿地。㊁坤靈挺空桑：坤靈，指地。空桑，地名，在魯也，相傳孔子生於空桑之地。㊂燎柴員丘：燎柴（音ㄔㄞˊ），放火燃燒的祭祀。員，通「圓」。㊃瘞薶圻澤：瘞，埋葬。薶，同「埋」。圻，地的邊界。㊄祼鬯儀彝：祼，祼禮，以爵酌郁鬯酒以敬客。鬯，音ㄔㄤˋ，香酒。彝，酒具或者祭器。㊅祇：地神。㊆酒為禮也：酒為各種禮儀之用。㊇千鍾、百觚：鍾，古代量器名，又是容量單位。觚，音ㄍㄨ，古代的一種酒器。㊈仲尼：孔子。㊉姬旦：即周公。⑪漢高婆娑巨醉，故能斬蛇鞠旅：漢高，即漢高祖劉邦。婆娑，形容迴旋跳舞的樣子。斬蛇，事見《史記》卷八〈高祖本紀〉：「劉邦好酒及色，常醉臥。曾以亭長為縣送徒酈山，到豐西澤中，止飲，夜乃解縱所送徒，徒中壯士願從者十餘人。劉邦被酒，夜至澤中，拔劍擊斬蛇。行數里，醉，因臥。後有人傳說是赤帝子斬白帝子，蛇即白帝子。劉邦乃心獨喜，自負。諸從者日益畏之。」鞠，告誡。《詩經・小雅・采芑》：「陳師鞠旅。」⑫于公引滿一斛，而斷獄益明：于公，即于定國之父親，西漢東海郯（今山東郯城西南）人。史稱：于公為縣獄吏，郡決曹。決獄平，羅文法者于公所決皆不恨。其食酒至數石不亂，冬月請治讞，飲酒益精明。事見《漢書》卷七十一〈雋疏于薛平彭傳〉。㈢管輅傾仰三斗，而清辯綺粲：管輅，三國魏術士。字公明，平原（今山東平原西南）人。其人容貌粗醜，無威儀而嗜酒。《三國志》卷二十九〈魏書・管輅傳〉裴《注》引〈輅別傳〉云：「時年十五，有辯才。大會賓客百餘人，座上有能言之士。輅先飲『三升清酒』與人辯難，言皆有餘，號之『神童』。」案本篇作「三斗」，未知何據，抑或為「三升」之誤。㈣楊雲酒不離口，而《太玄》乃就：揚雲，即楊雄，《漢書》作揚雄，經清段玉裁考證，「揚」應作「楊」。字子雲，蜀郡成都（今屬四川）人。西漢文學家、哲學家、語言學家。《太玄》，楊雄仿《易》撰著的書。楊雄家素貧，嗜酒，人希至其家。時有好事者載酒肴從游學。事見《漢書》卷八十七下〈楊雄傳・下〉。㈤子圉醉無所識，而霸功以舉：楊明照《抱朴子外篇校箋・上》：孫（星衍）曰：「（子圉）疑有誤。」按「子圉」二字有誤，誠如孫氏說，惟未言其所當作。考周代稱子圉者，有晉懷公（懷公本名圉，然《春秋》內外傳及《史記》時稱為子圉）及見商太宰者（見《韓非子・說林篇・上》）。然一則被殺於高粱，一則為宋臣，與霸均無涉也。又群籍所稱古代霸者，有昆吾、大彭、豕韋、齊桓、晉文、秦穆、宋襄、楚莊、吳闔閭、吳夫差、越句踐十一人（楊明照曾撰〈五霸考〉，載一九四〇年《文學年報》第六期）。其中與醉酒有關者，厥惟晉文。《左傳》僖公二十三年：「（晉公子重耳）及齊，齊桓公妻之，……公子安之。從者以為不可，將行，……公子不可。姜與子犯謀，醉而遣之。」（又見《國語・晉語四》、《史記・晉世家》、《烈女傳・賢明・晉文齊姜傳》）即其事已。然則「子圉」當作「晉文」乎（〈用刑〉、〈廣譬〉二篇並用晉文事）？晉文醉無所識而霸功以舉者，蓋言其得為盟主，實濫觴於醉遣（《抱朴子》此段假或人難語，極贊酒之功能故云然）。否則懷安於齊，焉有四方之志，而為五霸之豪英哉？子圉係重耳之侄，稚川蓋誤記致偽耳。
㈥醪：音ㄌㄠˊ，汁滓混合的酒。㈦飲至：古代的一種典禮。《左傳》桓公二年：「凡公行告於宗廟，反行飲至舍爵策勳焉，禮也。」㈧速：召，請。《詩經・小雅・伐木》：「既有肥羜，以速諸父。」
㈨淮：水名，即淮河。澠，水名，即澠水。《左傳》昭公十二年：「有酒如澠，有肉如陵。」㈩識：孫星衍校曰：當作「誡」。

【今譯】「聽說上天表彰掛著酒旗的居宿地，地神宣揚空桑的教化，在圓丘上燎柴祭祀，在圻澤舉行葬禮，用祼禮香酒儀彝等祭器，降迎天神地神，上述活動都是以酒作為禮儀的。堯、舜能夠飲酒達千鍾百觚，孔子也能飲酒無量。周公不撤走酒肴，所以能制禮作樂。漢高祖歌舞婆娑，喝得大醉，所以斬除擋路的蛇，以告誡部眾。于公飲酒滿一斛，而斷獄更加清明。管輅仰酒三斗之酒，而辯說清楚綺粲。楊雄酒不離口，而《太玄》一書就撰成了。子圉（疑當為晉文公重耳）在齊國酒醉無知，被送出齊國，重新踏上征途，最終霸業一舉成功。用了一瓶的醇酒，就使三軍士卒喜悅；秦穆公賜了解毒的酒，就使盜食善馬之徒感恩報德。消除憂患，化為禮儀，策封功勳，舉行「飲至」典禮，降神合人，沒有不使用酒的。內請諸父輩，外請嘉賓，視酒如淮如澠，這是《春秋》一書所貴重的。由此說來，哪兒可以勸誡不飲酒的呢？」

抱朴子答曰：「酒旗之宿㊀，則有之矣。譬猶懸象著明，莫大乎日月；水火之原，於是在焉。然節而宣之，則以養生立功；用之失適，則焚溺而死。豈可恃懸象之在天，而謂水火不殺人哉？宜生之具，莫先於食；食之過多，實結癥瘕㊁。況於酒醴之毒物乎㊂！」

【今註】㊀宿：住宿的店家。㊁癥瘕：癥，癥結，肚子裏結硬塊的病。瘕，音ㄐㄧㄚˇ，腹中結塊的病。㊂酒醴之毒物乎：孫星衍校云：《藏》本作「毒之物乎」，從盧本乙轉。

【今譯】抱朴子回答說：「懸掛酒旗的店舍，原本是有的。譬如天空上懸象顯著明亮的，沒有大過於日月，水與火也因此而存在。然而，對於水火節制的使用，就能養生立功。用了不當，失去控制，就會被燒死或溺死。難道可以因為懸象之在天，而說水火不會死人嗎？適宜養生的東西，沒有比食品更重要的了。而吃得過多，實在會使腹中出現結塊的毛病，何況是飲用酒醴之類的毒物呢？」

「夫使彼夏桀、殷紂、信陵、漢惠荒流於亡國之淫聲，沉溺於傾城之亂色，皆由乎酒熏其性，醉成其勢，所以致極情之失，忘修飾之術者也。我論其本，子識其末，謂非酒禍，禍其安出？是獨知猛雨之霑衣，而不知雲氣之所作；唯患飛埃之糝目㈠，而不覺飆㈡風之所為也。千鍾、百觚，不經之言，不然之事，明者不信矣。」

【今註】　㈠糝目：碎粒進入眼中。　㈡飆：音ㄅㄧㄠ，暴風。

【今譯】　「那夏桀、殷紂王、信陵君、漢惠帝，荒流於亡國的淫聲，踪溺於絕色的美人，都是由於酒熏染了他們的性情，醉酒造成了那種局勢，所以導致極情之失，忘記了修飾之術。我議論的是根本性的問題，而你卻只懂得枝節，如果說不是酒引出禍害，那禍害是從哪裡產生呢？這正像只知道暴雨會淋濕衣服，而不懂得雨是由雲氣所產生的；正像只擔心飛埃碎粒會進入眼睛，而不覺察到塵埃碎粒是暴風颳出來的。堯、舜飲酒千鍾百觚，這是不經之言，沒有那樣的事，明智的人是不會相信的。」

「夫聖人之異自才智，至於形骸非能兼人㈠，有七尺㈡三丈之長，萬倍之大也。一日之飲，安能至是？仲尼則畏性之變，不敢及亂。周公則終日百拜，肴乾酒澄。上聖戰戰，猶且若斯，況乎庸人，能無悔乎？」

【今註】㈠兼人：一人抵得兩人。㈡七尺：孫星衍校云：當有誤。

【今譯】「聖人與俗人的差異，在於才智的不同，至於形體並非一人能抵得兩人，有什麼七尺三丈之長，萬倍之大。一天的飲酒，哪裡能有這麼多呢？孔子則害怕性情的變化，不敢說及亂難。周公則終日百拜，肴乾酒清。上聖戰戰兢兢，尚且如此，何況平庸之人能不悔悟嗎？」

「漢高應天㈠，承運革命，向㈡雖不醉，猶當斬蛇。于公聰達，明於聽斷，小大以情，不失枉直㈢。是以刑不濫加，世無怨民。但其健飲，不即廢事。若論大醉，亦俱無知。決疑之才，何賴於酒？」

【今註】㈠應天：應乎天理。㈡向：假使。㈢枉直：曲枉或正直。

【今譯】「漢高祖承應天運，革秦之命，假使不酒醉，還是要斬除擋道的蛇。于公聰明達理，善於聽斷，大小以情，不失是非曲直的標準。因此刑不濫加，世無怨民。如果只是大量飲酒，不就荒廢政事？若論其大醉，也就什麼都不知道了，判決疑案的才能為什麼要依賴酒呢？」

「未聞皐繇、甫侯、子產㈠、釋之，醉乃折獄㈡也。管輅年少，希當劇談，故假酒勢以助膽氣。若過其量，亦必迷錯。及其刺毫釐於爻卦㈢，索鬼神之變化，占氣色以決盛衰，聆鳴鳥以知方來㈣，候風雲而尅吉凶，觀碑柏而識禍福㈤，豈復須酒，然後審之？」

【今註】㈠子產：春秋時著名的政治家。鄭國貴族子國之子，名僑，字子產。㈡折獄：判決訴訟案件，使曲直分明。㈢刺毫釐於爻卦：刺，探，察。爻，組成八卦的長短橫畫，「⚊」是陽爻，「⚋」是陰爻，每六爻合成一卦。㈣聆鳴鳥以知方來：《三國志》卷二十九〈魏書・管輅傳〉載：「管輅又至郭恩家，有飛鳩來在梁頭，鳴甚悲。輅曰：『當有老公從東方來，攜豚一頭，酒一壺。主人雖喜，當有小故。』明日果有客，如所占。」㈤觀碑柏而識禍福：《三國志》卷二十九〈魏書・管輅傳〉載：「管輅隨軍西行，過毌丘儉墓下，倚樹哀吟，精神不樂。人問其故，輅曰：『林木雖茂，無形可久；碑誄雖美，無後可守。玄武藏頭，蒼龍無足，白虎銜尸，朱雀悲哭，四危以備，法當滅族。不過二載，其應至矣。』卒如其言。」

【今譯】「未曾聽說過子產釋放皐繇、甫侯時，是酒醉才判決訴訟案件的。管輅年紀輕，希望能激烈論辯，所以才借酒勢以壯膽氣。如果他喝酒過量了，也必定會迷糊錯誤。至於他探測八卦爻象的毫釐的消息，摸索鬼神的變化，占候氣色以判斷盛衰，聆聽鳥鳴以預知未來的事情，觀察風雲的變化以控制人事的吉凶，看到墓碑與樹木而知道未來的禍福，這些難道必須酒醉而後才能知道嗎？」

「揚雲㈠通人，才高思遠；英贍之富，稟之自天；豈藉外物，以助著述？及其數㈡飲，由於偶㈢好；亦或有疾，以宣藥勢耳。子圉肆㈣志，蓋已素定。雖復不醉，亦於終果。瓶醪㈤悅眾，寓言之喻。誠能賞罰允當，威恩得所，長算縱橫，應機無方，則士思果毅，人樂奮命。其不然也，雖流酒淵，何補勝負？繆公飲盜㈥，造次之權㈦，舍法長惡，何足多稱哉！豈如慎之邪？」

【今註】㈠揚雲：指揚雄。㈡數：多次。㈢偶：偶爾。㈣肆：致力。㈤瓶醪：指一瓶醇酒。㈥繆公飲盜：繆公，即秦繆公，春秋時秦國君主。初，繆公亡善馬，岐下野人（盜）共得而食之者三百餘人，吏逐得，欲法之。繆公曰：「君子不以畜產害人。吾聞食善馬肉不飲酒，傷人。」乃皆賜酒而赦之。後三百人在秦擊晉的戰爭中，皆推鋒爭死，以報食馬之德。事見《史記》卷五〈秦本紀〉。㈦造次之權：匆促之間的權宜之計。

【今譯】「揚雄是位學識淵博貫通古今的人，才思高遠；英武贍豐的富裕，稟受於天；難道要靠外物，才能助於著述嗎？至於他多次喝酒，是由於偶爾的愛好，或者他患有疾病，要用酒來渲泄藥勢吧。子圉（疑當作晉文公重耳）盡極的志向，大概本來已經確定的，雖然不醉於酒，最終也會取得結果。所謂用一瓶醇酒使三軍士眾喜悅，是寓言式的譬喻。如果確實能做到賞罰允當，施加威嚴與恩惠也各得其所，長算縱橫，應變無窮，則士卒都會果敢堅毅，人人樂於拼命作戰。若不是那樣的話，雖然賜酒多如深淵之水，對於勝敗有什麼作用呢？秦繆公給盜馬的人們飲酒，只是匆促之間的權宜之計。捨棄法度，增長了罪惡，有什麼值得多稱讚呢？難道比得上謹慎地對待飲酒嗎？」

疾謬篇 第二十五

【篇旨】 疾，憎恨；謬，指謬誤的行為。以此為題，反映了作者對社會上各種歪風邪氣的憤恨。文中指出，自漢末以來，世俗敗壞，蓬髮亂鬢，橫挾不帶；或褻衣以接人，或裸袒而箕踞；朋友之集，類味之遊，莫切切進德。因此，作者強調：「余願世人改其無檢之行，除其驕吝之失，遣其誇矜尚人之疾，絕息嘲弄不典之言。」當然，葛洪維護的是封建禮教，宣揚男女有別，「無行媒不相見、不雜坐、不通問、不同衣物，不得親授」，甚至認為這些就是「聖人重別杜漸之明制」。這就反映了他的局限性。

抱朴子曰：「世故㊀繼有，禮教漸頹㊁，敬讓莫崇，傲慢成俗，儔㊂類飲會，或蹲或踞㊃，暑夏之月，露首袒體。盛務唯在摴蒱㊄彈棋㊅，所論極於聲色之閒，舉足不離㊆綺襦紈袴㊇之側，游步不去勢利酒客之門。不聞清談講㊈道之言，專以醜辭嘲弄為先。以如此者為高遠，以不爾者為騃㈩野。」

【今註】 ㈠世故：指變亂。《文選》卷四十三嵇康〈與山巨源絕交書〉：「機務纏其心，世故繁其慮。」 ㈡積：同「頹」。 ㈢儔：同伴。 ㈣或蹲或踞：蹲，屈兩膝如坐，臀部不著地。踞，兩腳底和臀部著地，兩膝上聳。 ㈤摴蒱：與「樗蒱」同，為古代的一種博戲。博具有子，有馬，有五木等。人執六馬，用五木擲采。采有十種，分貴采、雜采二大類。貴采得連擲，打馬，過關，雜采則否。 ㈥彈棋：彈，發射彈丸。棋，圍棋。 ㈦舉足不離：孫星衍校云：本作「舉口不踰」，從《群書治要》改。 ㈧綺襦紈袴：指富貴人家的子弟。他們穿著各種絲絹褲。《漢書》卷一百上〈敘傳・上〉：「出與王、許（外戚）子弟為群，在於綺襦紈袴之間，非其好也。」 ㈨講：孫星衍校云：本作「論」，從《群書治要》改。 ㈩騃：音ㄞˊ，癡呆。

【今譯】 抱朴子說：「變亂繼續不斷地發生，禮教漸漸地頹廢，所以禮讓之風得不到尊崇，而傲慢卻成了習俗。同伙們飲酒聚會，有的蹲著，有的踞坐；在暑夏之月裡，露著頭光著身體。熱中於摴蒱、彈丸、圍棋等，談論的盡是些聲色之類事。舉足出入的離不開穿著絲絹的富貴人家子弟，交遊往來的離不開勢利酒客之門。聽不進清談講道之言，專門以惡辭嘲弄為先。認為這樣做就算是高遠的，不那樣的就是癡呆粗野。」

「於是馳逐之庸民，偶俗之近人，慕之者猶宵蟲之赴明燭，學之者猶輕毛之應飆風㈠。嘲戲之談，或上及祖考㈡，或下逮婦女。往者務其必㈢深焉，報者恐其不重焉。倡之者不慮見答之後患，和之者恥於言輕之不塞。周禾之芟㈣，溫麥之刈㈤，實由報恨，不能已也。利口㈥者扶強而黨勢，辯給㈦者借鍒以刺瞂㈧。以不應者為拙劣，以先止者為負敗。如此，交惡之辭，焉能默哉！」

【今註】㈠飆風：暴風。㈡祖考：祖，父母以上的尊長。考，指已死的父親。㈢必：孫星衍校云：《藏》本作「不」。㈣芟：音ㄕㄢ，割。㈤溫麥之刈：溫，古國名，故城在今河南溫縣西南。刈，割。㈥利口：能言善辯。㈦辯給：口才敏捷。《韓非子・難言篇》：「捷敏辯給，繁於文采，則見以為史。」㈧借鍒以刺瞂：鍒，音ㄖㄡˊ，矛。瞂，音ㄈㄚ，盾。《方言》九：「盾，自關而東或謂之瞂。」

【今譯】「於是，馳逐之庸民，偶俗之近人，傾慕者好像夜蟲飛向明亮的燭光，效仿者好像輕的羽毛隨暴風飛舞。嘲弄戲笑的言談，有的說及祖輩父輩等尊長，有的說及婦女。說出去的一方總想說得深刻尖銳，對答的一方則唯恐答的不重。倡之者不考慮被答之後患，和之者則以不講輕薄言辭為恥辱。周禾的被割，溫麥的被刈，實在是由於怨恨而產生的報復情緒不能平息的結果。善言能辯的人扶植強大的勢力而結成私黨，口才敏捷的借用鋉以刺盾，認為對方不應答的就是拙劣，認為先停止的就是失敗。這樣，交惡之辭哪兒能沉默呢？」

「其有才思者之為之也㊀，猶善於依因機會，準擬體例，引古喻今，言微理舉，雅而可笑，中而不傷，不棖㊁人之所諱，不犯人之所惜。若夫拙者之為之也，則枉曲直湊，使人愕愕然㊂。妍之與媸㊃，其於宜絕，豈唯無益而已哉？」

【今註】 ㊀其有才思者之為之也：孫星衍校云：本作「者為人也」，從《群書治要》補改。㊁棖：音ㄔㄥˊ，觸動。㊂使人愕愕然：楊明照《抱朴子外篇校箋・上》：陳（澧）曰：「榮案承訓本『愕』

字不重。」按《治要》五十引，亦不重「愕」字。〈省煩篇〉有「必將愕然創見」語，則此當以刪一「愕」字為是。㊃妍之與媸：妍，美麗。媸，音ㄔ，貌醜。

【今譯】「那些有才思的人的做法，尚善於依因機會，準擬體例，引古喻今，言雖微而道理說透，雅而可笑，中而不傷，不觸動別人所諱忌的地方，不觸犯別人所愛惜的東西。至於拙劣者的做法，則是彎曲之路直奔，使人愕然，美的與醜的都斷絕了，難道只有無益的東西而已嗎？」

「乃有使酒㊀之客，及於難侵之性，不能堪之，拂衣拔棘，而手足相及。醜言加於所尊，歡心變而成讎，絕交壞身，搆隙致禍。以杯螺㊁相擲者，有矣；以陰私相訐㊂者，有矣。昔陳靈之被矢㊃，灌氏之泯族㊄，匪降自天，口實為之。樞機之發，榮辱之主，三緘之戒，豈欺我哉？」

【今註】㊀使酒：因酒使性。《史記》卷一百七〈魏其武安侯列傳〉：「灌夫為人，剛直使酒。」㊁螺：指海螺做的酒器。〈酒誡篇〉：「夫琉璃海螺之器，並用滿酌。」㊂相訐：相互攻擊指斥。

㈣陳靈之被矢：陳靈，當即陳遵。被矢遇害之事，詳見〈酒誡篇〉注。㈤灌氏之泯族：灌氏，孫星衍校云：本作「管氏」，從《群書治要》改。灌夫滅族之事，詳見〈酒誡篇〉注。

【今譯】「於是就有因酒使性的客人，難侵之性被觸及，不能承受，拂衣拔棘，手足相撞，對尊長加以醜言污辱，原本開開心心的而變成了仇敵，斷絕關係，毀壞身體，搆隙致禍，以致出現酒器互相擲拋，用陰私進行互相攻擊。從前，陳靈中矢被害，灌夫滅族，禍並不是自天而降，實在是酒後失言的結果。樞機之發，榮辱之主，兩者閉口不言的告誡，難道是欺騙我們的嗎？」

「激雷不能追既往之失辭㈠，班輸㈡不能磨斯言之既玷。雖不能三思而吐清談，猶可息謔調以防㈢禍萌也。尊其辭令，敬其威儀，使言無口過，體無倨㈣容，可法可觀，可畏可愛，蓋遠辱之良術，全交之要道也。」

【今註】㈠激雷不能追既往之失辭：楊明照《抱朴子外篇校箋・上》：陳曰：「（激雷）榮案《治要》作『激電』，當從之。」按陳說是。〈自敘篇〉「激電之乍照」，正以「激電」連文。《文選》

卷九潘岳〈射雉賦〉：「去如激電」，又《文選》卷五十六陸倕〈新刻漏銘〉：「逝如激電」，並其旁證。㈡班輸：即公輸班，戰國初魯人，著名的巧匠，見《墨子・公輸篇》。《漢書》卷一百〈敘傳・上〉：「班輸權巧於斧斤。」顏師古注：班輸，即魯公輸班也。㈢防：孫星衍校云：《群書治要》作「杜」。㈣倨：傲慢自大。

【今譯】「激電不能追及已往的失言，公輸班不能磨掉已經玷污的言辭。雖然不能做到再三思考而後吐清談，但還是可以停息戲謔嘲弄，以防止災禍的萌生。尊重酬應的言辭，敬仰威嚴的儀表，使說話無過錯，體貌無傲慢的樣子，令人可以效法或仰觀，可畏可愛，這大概就是遠避恥辱的良術，保全交遊的要道。」

「且夫慢人者，不愛其親者也；輕鬭者，不重遺體者也。皆陷不孝，可不詳乎？然而迷謬者無自見之明，觸情者諱逆耳之規。疾美而無直亮之鍼艾㈠，群惑而無指南以自反㈡。諂媚小人，歡笑以贊善；面從之徒，拊節㈢以稱功。益使惑者不覺其非，自謂有端、晏㈣之捷，過人之辯，而不悟斯乃招患之旌㈤，召害之符，傳非之驛㈥，傾身之車也；豈徒減其方策之令聞㈦，虧其沒世之德音而已哉？」

【今註】㈠疾美而無直亮之鍼艾：楊明照校云：陳曰：「（疾美）榮案《治要》作『疢美』。」按「疢」字是。《左傳》襄公二十三年：「臧孫曰：季之愛我，疾疢也；孟孫之惡我，藥石也。美疢不如惡石。」「疢美」與「美疢」誼同（《內篇・勤求篇》「但惜羔疢而距惡石者」，《藏》本、魯藩本又誤「疢」為「病」）。疢，熱病。鍼，針法，用針刺經絡穴位以治療疾病。艾，艾絨，用艾絨薰灼經絡穴位以治療疾病㈡反：同「返」。㈢拊節：拊，擊，拍。節，一種古樂器，用竹編成。㈣端、晏：端，端木賜，即子貢，孔子的弟子，善於辭令。晏，晏嬰，字平仲，夷維（今山東高密）人，春秋時齊國大夫，善辯過人。㈤旌：用羽毛裝飾的旗子。㈥驛：傳送公文或官員來往中途換馬、休憩、住宿的地方。㈦方策之令聞：方策，典籍，程大昌《演繁露》卷七：「方冊云者，書之於版，亦或書之竹簡也；通版為方，聯簡為冊。」令聞，美好的名聲。《尚書・微子之命》：「舊有令聞。」

【今譯】「對別人傲慢的人，不會疼愛自己的親人；輕易地毆鬥的人，不會尊重自己的遺體；這些都是不孝的行為，可不詳盡地了解嗎？然而，被謬誤迷惑了的人卻沒有自見之明，為情緒觸怒了的人卻不願意聽逆耳的規勸。美化疾病，而就沒有直針刺與艾絨燃的治療方法；群人全被迷惑，而就沒有指南針用來尋找返回的道路。諂媚的小人，常常用歡笑來讚美善行；面從之徒，往往拍節以稱頌功勞。這樣就愈使迷惑的人覺察不到自己的不對，自稱有端木賜、晏嬰的敏捷，有過人的辯才，而竟不覺悟。這就是招致禍患的旗幟，召喚災害的靈符，傳送謬誤的驛站，傾覆斃命的車子。難道僅僅是減弱其在典籍上的美好名聲，虧損其一輩子的德音而已嗎？」

「蓋雖有偕老之慎，不能救一朝之過；雖有陶朱㊀之富，不能贖片言之謬。故毫氂之失，有千里之差。傷人之語，有劍戟㊁之痛。積微致著，累淺成深，鴻羽所以沈龍舟，群輕所以折勁軸，寸飈所以燔百尋㊂之室，蠹㊃蝎所以仆連抱之木也。」

【今註】㊀陶朱：陶朱公范蠡，經商致巨富。《史記》卷一百二十九〈貨殖列傳〉：「范蠡既雪會稽之恥，……乃乘扁舟浮於江湖，變名易姓，適齊為鴟夷子皮，之陶（今山東定陶）為朱公。……故言富者皆稱陶朱公。」㊁戟：兵器，長杆頭上裝有金屬槍尖，旁邊附有月牙狀的利刃。㊂尋：漢以前的長度單位，八尺為一尋。㊃蠹：蛀蟲。

【今譯】「雖然有終身的謹慎，卻不能挽救一個早晨的過錯；雖然有陶朱公那樣的巨富，卻不能贖回片言的謬誤。所以失之毫釐，就有千里之差；一言傷人，就有被劍戟刺痛的感覺。積集微小的就會形成顯著的，積累淺的就會成為深的。鴻毛所以沉掉龍舟，群多輕的東西所以折斷勁軸，一點暴風所以燒掉百尋之屋，蛀蟲蠍子所以仆倒連抱之木，其原因就在於此。」

「古賢何獨踽踽恂恂之如彼，今人何其憒㊀慢傲放之如此乎？是以高世之士，望塵而旋跡，輕薄之徒，響赴而影集。謀事無智者之助，居危無切磋之益，良史懸筆，無可書之善。談者含音，無足傳之美。令聞不著，醜聲宣流。沒有餘敗，貽譏將來。始無可法，終無可紀。斯亦志士之恥也。安忍為之？」

【今註】㊀憒：昏亂，糊塗。

【今譯】「古代的賢人為什麼獨獨那樣畏縮不安並恐懼惶急，而今天的人為什麼如此傲慢放任呢？因此，高世之士目覩世俗的塵埃就立即把自己行跡隱藏起來，而輕薄之徒卻響赴而影集。如果謀事而沒有智者的幫助，居於危困而沒有別人一道切磋的得益，對此良史只得停筆，沒有什麼好的東西可以記載。談者含音不言，就沒有足以傳誦的美德。美好的名聲不顯著，醜惡的名聲就會宣布流傳開來，即使沒有餘敗，將來也會被人譏笑。開始時沒有榜樣可以仿法，最終也將沒有可以記載的好事。這是志士仁人的恥辱，哪兒忍心這樣做呢？」

「過而不改，斯誠委夷路㈠而陷叢棘，舍嘉旨㈡而咽鉤吻者也。豈所謂以小善為無益而不為，以小惡為無損而不止，以至惡積而不可掩，罪大而不可解者邪？余願世人改其無檢之行，除其驕吝之失，遣其誇矜尚人之疾，絕息嘲弄不典之言，則趙勝之門無去客㈢，黃祖之桔無所用㈣矣。」

【今註】㈠夷路：平坦的路。㈡嘉旨：美味的酒菜。《詩經・小雅・正月》：「個酒既旨，個殺既嘉。」㈢趙勝之門無去客：趙勝，即平原君，戰國時四公子之一。趙惠文王之弟，封於東武城（今山東武城西北），號平原君。任趙相，有食客數千人。趙勝的美人登樓，嘲笑跛足之士，跛足之士雖提出抗議，趙勝不予理會，其門客紛紛離去。後趙勝斬此美人，離去的門客才慢慢回來。見《史記》卷七十六〈平原君虞卿列傳〉。㊃黃祖之棓無所用：黃祖，東漢人，任江夏太守。禰衡少有才辯，性剛強傲慢。孔融愛其才，荐於曹操，因狂而忤操。操因其有才名，不欲殺之，乃遣送於劉表。衡又忤表，表送衡於黃祖。後衡於賓客會上忤祖，黃祖欲杖之，而衡辱罵不止，遂令人絞殺之。棓，音ㄅㄤˋ，杖、棍棒。

【今譯】「有了過錯而不改正，這誠如捨棄平坦的路而不走，陷進了叢林荊棘之中，誠如丟開美味食品而不吃，咽進了鉤嘴。難道認為小善無益而不去做，認為小惡無損而不停止，以致惡習積多了而無法停止，罪行大了而無法解除嗎？我希望世俗之人改正那無檢點的行為，除掉那驕傲吝惜的過失，排除那誇矜尚人的毛病，斷絕那樣嘲弄不經之言，則平原君趙勝家裡就沒有離去的食客士人，黃祖的棍棒也就沒有用處了。」

抱朴子曰：「或有不治清德以取敬，而仗氣力以求畏。其入眾也，則亭立不坐，爭處端上，作色諧聲，逐人自安。其不得意，恚懟㊀不退。其行出也㊁，則逼狹之地，恥於分塗㊂，振策㊃長驅，推人於險，有不即避，更加攄頓㊄。嗚呼，悲哉！此云古之卑而不可踰㊅，推蔭讓路，勞謙下士，無競於物，立若不勝衣，行若不容身者，何其緬然之不肖哉？」

【今註】㊀恚懟：音ㄏㄨㄟˋ ㄉㄨㄟˋ。恚，恨，怨。懟，怨恨。㊁其行出也：楊明照《抱朴子外篇校箋・上》：按「行出」二字當互易，始能與上「其入眾也」相儷。㊂塗：同「途」，道路。㊃策：趕馬的一種鞭子。㊄攄頓：攄，跳躍。頓，碰。㊅此云古之卑而不可踰：楊明照《抱朴子外篇校箋・上》：「云」，吉藩本作「於」。按「云」、「於」二字於此均不可解，疑當作「與」。「卑而不可踰」，語出《易經・謙卦》彖辭。

【今譯】抱朴子說：「有的人不修習清白的德行以取得別人的尊敬，而憑靠氣力以求得別人的畏怕。這種人來到大眾之中，則亭立而不坐，爭著居於上頭，作色諧聲，驅逐別人，只圖自安，不得意之時，發泄怨恨，不肯退開。這種人外出行走時，遇到狹窄的地方，恥於分道而行，而揮鞭長驅，把別人推到危險之處，若別人不能立即躲避，就更加跳躍而前，碰撞別人，唉，真可悲啊！這與古書上說的卑而不可踰，推蔭讓路，勞謙下士，於物無競，立若不勝衣，行若不容身的人相比較，顯得多麼的遙遠而不肖啊？」

「夫德盛操清，則雖深自挹降㊀，而人猶貴之。若履蹈不高，則雖行淩暴，而人猶不敬。假令外服人體，內失人心，所謂見憎惡，非為見尊重也。昔莊生未食，趙王側立㊁。騶衍入壇，燕君擁篲㊂。康成之里，逆虜望拜㊃，林宗之庭，莫不卑肅㊄。非力之所服也。夫以抄盜致財，雖巨富不足嘉；凶德脅人，雖見憚不足榮也。」

【今註】㊀挹降：貶抑、降低。㊁莊生未食，趙王側立：據載莊子往見趙文王，說以寶劍之事。語畢，宰人上食，趙文王侍立於一旁。見《莊子・說劍篇》。㊂騶衍入壇，燕君擁篲：騶衍，戰國末陰陽家的代表人物。燕君，指燕昭王。篲，音ㄏㄨㄟˋ，掃帚。古人迎接尊貴，常拿著篲，以示敬意。《史記》卷七十四〈孟子荀卿列傳〉載：騶衍「適趙，平原君側行撇席。如燕，昭王擁彗先行，請列弟子之座而受業。」司馬貞《索隱》：按彗，帚也。謂為之埽地。以衣袂擁帚而卻行，恐塵埃之及長者，所以為敬也。」㊃康成之里，逆虜望拜：康成，鄭康成，即鄭玄，東漢末著名的經學家。字康成，北海高密（今屬山東）人。舊史載：「會黃巾寇青部，乃避地徐州，徐州牧陶謙接以師友之禮。建安元年，自徐州還高密，道遇黃巾賊數萬人，見玄皆拜，相約不敢入縣境。」詳見《後漢書》卷三十五〈張曹鄭列傳〉。㊄林宗之庭，莫不卑肅：林宗，即郭泰，東漢末太學生首領。字林宗，太原介休（今屬山西）人。初遊學於洛陽，「始見河南尹李膺，膺大奇之，遂相友善，於是名震京師。」後歸鄉里，教授，弟子以千數。見《後漢書》卷六十八〈郭符許列傳〉。另〈郭太別傳〉載：「鄉人見太，皆於床下拜。」（《太平御覽》卷五四二引）。

【今譯】 「一個人若德行高尚情操清廉，雖然深自降低自己的身分，而別人還是貴重他。如果行為不高尚，雖然做出凌迫粗暴的姿態，而別人還是不尊敬他。假使外服人體，內失人心，正是所謂被人憎惡，並非被人尊重。從前莊子來到趙國，尚未進食，而趙文王就站在旁邊恭候；騶衍來到燕國境內，燕昭王擁帚先行，以示敬意；鄭康成在鄉里，逆虜（指黃巾軍）遙望而拜，不入縣境；在郭林宗的門庭，弟子們莫不肅靜敬仰；這些例子並非是用氣力使人信服的。如果抄盜致財，雖然擁有巨大的財富，但不足以讚美。用凶惡的手段威脅別人，雖然令人害怕，但不足以榮耀自誇。」

「然而庸民為之不惡，故聞其言者，猶鴟梟之來鳴也；覩其面者，若鬼魅之見形也。其所至詣，則如妖怪之集也；其在道塗，則甚逢虎之群也。愚夫行之，自矜為豪；小人徵之，以為橫階。亂靡有定，寔此之由也。」

【今譯】「然而庸俗的人為之不惡，所以聽到他們的言談，好像鴟梟的鳴叫聲，看到他們的面孔，好像鬼魅顯出原形。他們走在一起，則如妖怪的聚集。他們在道路上，則比遇到的虎群還凶。愚昧的人這樣做，自誇是豪放，小人明白，以為是橫著的階梯。禍亂沒有定數，實在是由此而引起的。」

「然敢為此者，非必篤頑也，率多冠蓋㈠之後，勢援之門，素頗力行善事，以竊虛名；名既粗立，本情便放；或假財色以交權豪，或因時運以佻㈡榮位，或以婚姻而連貴戚，或弄毀譽以合威柄。器盈志溢，態發病出，黨成交廣，道通步高。清論所不能復制，繩墨所不能復彈，遂成鷹頭之蠅，廟垣之鼠。所未及者，則低眉埽地㈢以奉望之；居其下者㈣，作威作福，以控御之。」

【今註】 ㈠冠蓋：仕宦的冠服與車蓋，也用作仕宦的代稱。㈡佻：竊取。《國語・周語・中》：「郤至佻天之功以為己力。」韋昭注：「佻，偷也。」㈢埽地：掃地。㈣居其下者，作威作福，以控御之：楊明照《抱朴子外篇校箋・上》：按「作」上似當有「則」字。上文「所未及者，則低眉埽地以奉望之」可證。

【今譯】「然而敢於如此做的人，並非必定是篤頑之徒，大抵多是富貴子弟，出於權勢之門，向來頗力行善事，以竊取虛名，名聲既已粗步建立，原本的性情便放縱了，有的借財色以結交權臣豪右，有的因時運以竊取榮耀地位，有的用婚姻手段而跟貴戚連親，有的耍弄毀譽以形成自己的權威。器盈志溢，態發病出，結成私黨，廣泛交遊，沿著通道一步步地升高。清論不能控制他們，法規也不為他們所害怕，於是他們變成了鷹頭上的蒼蠅，廟垣中的老鼠。所未及者，則低頭掃地，以奉望他們。對於居其下者，則作威作福，加以控御。」

「故勝己者則不得聞，聞亦陽不知也；減己者則不敢言，言亦不能禁也。夫災蟲害穀，至降霜則殄㈠矣。佞雄亂群，值嚴時則敗矣。獨善其身者，唯可以不冐事之，不行傚之而已耳。有斧無柯㈡，其如之何哉？」

【今註】㈠殄：滅絕，盡。㈡柯：斧頭的柄。

【今譯】「所以勝己者則不得聞，聽了亦公開表示不知道；不如他們的人則不敢說話，說了也不能禁止。災蟲毀壞稻穀，而到了降霜季節則統統死了；佞雄之徒在大眾中製造亂事，而碰到嚴厲制止的時候則失敗了。獨善其身者，可以不去服事他們，自己不行不做就是了。有了斧頭而無把柄，那斧頭還有什麼用呢？」

抱朴子曰：「《詩》美雎鳩㈠，貴其有別。在《禮》：男女無行媒㈡不相見，不雜坐，不通問，不同衣物，不得親授。姊妹出適而反㈢，兄弟不共席而坐㈣。外言不入，內言不出。婦人送迎不出門，行必擁蔽㈤其面。道路男由左，女由右㈥。此聖人重別杜漸之明制也。且夫婦之閒可謂昵矣，而猶男子非疾病不晝居於內，將終不死婦人之手，況於他乎？」

【今註】㈠雎鳩：猛鳥名，或稱魚鷹。《詩經・關雎》：「關關雎鳩，在河之洲，窈窕淑女，君子好逑。」㈡行媒：往來作媒的人。《禮記・曲禮上》：「男女非有行媒，不相知名。」㈢適而反：適，女子出嫁。反，同「返」。㈣席：坐席，鋪地上供人坐的用具。㈤擁蔽：蒙蓋，隔絕。㈥道路男由左，女由右：楊明照《抱朴子外篇校箋・上》：按《禮記・王制》：「道路：男子由右，婦人由左。」又《內則》：「道路：男子由右，女子由左。」《呂氏春秋・樂成篇》：「孔子始用於魯，……用三年，男子行乎塗右，女子行乎塗左。」據此，「左」「右」二字當互易。

【今譯】 抱朴子說：「《詩經》讚美關關鳴叫的雌雄雎鳩，其意貴在宣揚男女有別。根據《禮》的記述，男女在沒有媒人介紹時不能見面，不可以交雜地坐在一起，不可以互相問話，不可以用同樣的衣服物品，不得彼此親授。姊妹出嫁後而回娘家，與兄弟們不可以共席而坐。外面的情況在家裡不說，家裡說的話不傳到外面。婦女送迎客人時不出家門，到外面行走時必須遮蓋頭部面臉。在道路上男子由右邊走，女子由左邊走。上述規定就是聖人重視男女有別、杜漸防微的明確制度。至於夫婦之間，可說是親昵的了，但還是規定男子除非患病不得白天居於內室，最終不能死於婦人之手，何況其他呢？」

「昔魯女不幽居深處，以致扈犖之變㈠。孔妻不密潛戶庭，以起華督之禍㈡。史激無防，有汗種之悔㈢。王孫不嚴，有杜門之辱㈣。而今俗婦女，休其蠶織之業，廢其玄紞㈤之務。不績其麻，市也婆娑㈥。舍中饋㈦之事，修周旋㈧之好。更相從詣之適親戚，承星舉火，不已于行。多將侍從，暐曄盈路㈨，婢使吏卒，錯雜如市，尋道褻謔，可憎可惡。」

【今註】㈠魯女不幽居深處：以致圉犖之變：圉犖，名叫犖的養馬人。魯莊公於梁氏習祭天之禮，其女觀之，牧馬人犖自牆外與之戲，女之兄子般怒，遣人鞭打犖。莊公死後，子般即位，莊公母弟慶父遣犖殺害子般，見《左傳》莊公三十二年。㈡孔妻不密潛戶庭，以起華督之禍：孔，指孔父嘉，春秋時宋國貴族。華督，春秋時宋國太宰。華督在路上看見孔父嘉之妻頗具姿色，便殺死孔父嘉，將其妻據為己有，事見《左傳》桓公二年。㈢史激無防，有汗種之悔：楊明照《抱朴子外篇校箋·上》：按「汗」當作「汙」，字之誤也。《戰國策·齊策·六》：「齊閔王之遇殺，其子法章變姓名為莒太史家庸夫。太史敫女奇法章之狀貌，以為非常人，憐而常竊衣食之，與私焉。莒中及齊亡臣相聚求閔王子，欲立之。法章乃自言於莒。共立法章為襄王。襄王立，以太史氏女為王后，生子建。太史敫曰：『女無媒而嫁者，非吾種也，汙吾世矣！』終身不睹君王后。」（又見《史記・田完世家》）即其事已。魯藩本、慎本作「汙」，不誤。當據改。又按「激」當依《齊策・史記》作「敫」。《集解》引徐廣曰：「音躍，一音皎。」原非「激」字明矣。㊃王孫不嚴者，有杜門之辱：王孫，指漢臨邛富商卓王孫。其女文君寡居在家，好音，司馬相如飲於文君，以琴心挑之，文君遂與相如私奔。卓王孫大怒，不與一錢，相如、文君便以酤酒為生。卓王孫聞而恥之，因此閉門不出。事見《史記》卷一一七〈司馬相如列傳〉。㊄玄紞：玄，帶赤的黑色。紞，音ㄉㄢˇ，古代冠冕上用以繫瑱的帶子。《詩經・周南・葛覃》毛《傳》：「古者王后織玄紞。」㊅婆娑：舞姿迴旋貌。㊆中饋：婦女在家主持飲食之事。《易經・家人卦》：「無攸遂，在中饋。」㊇周旋：古代行禮時進退揖讓的動作，引申為接應、交際。㊈暐曄盈路：暐曄，服飾文彩鮮明。盈，滿。

【今譯】「從前，魯女不幽居內室，導致了扈犖之變。孔父嘉的妻子沒有密潛戶庭，造成了華督謀奪其妻，並將孔父殺死的禍變。齊國太史敫沒有防止女兒與法章的私通，無媒而嫁，最終留下污種的悔恨。卓王孫對女兒管教不嚴，結果有斷絕家門的恥辱。然而，當今世俗婦女，停止了蠶織之業，廢棄了織玄紞的事務，不去紡織麻布。婦女在集市往來盤旋，丟掉家務炊事，愛好應酬交際，更是相聚在一起，到親戚家裡拜訪。有時在星夜裡舉著火把，不只是自己，還帶著眾多的侍從，一路上都是服飾豔麗的人，婢女從吏使卒等錯雜如市，尋道褻謔，真是可憎可惡。」

「或宿于他門，或冒夜而反㈠。遊戲佛寺，觀視漁畋㈡，登高臨水，出境慶弔。開車褰幃㈢，周章㈣城邑，盃觴路酌，絃歌行奏。轉相高尚，習非成俗。生致因緣，無所不肎，誨淫之源，不急之甚。刑于寡妻，家邦乃正。願諸君子，少可禁絕。婦無外事，所以防微矣。」

【今註】㈠反：同「返」。㈡畋：打獵。㈢褰幃：褰，音ㄑㄧㄢ，揭起，摳。帷，幕。㈣周章：周遊流覽。

【今譯】「或者投宿於他人家裡，或者冒夜返回。有時到佛寺遊玩，觀看漁獵活動。有時登高山涉水流，遠出縣境參加慶祝或者弔喪活動。開車時揭起帘幕，在城邑各處周遊流覽，一路上酗酒歡飲，行奏歌樂。這樣轉相稱高，學壞的樣子竟成了風俗。生致因緣，無所不肯。對於這樣的誨淫之源，完全不著急。直到寡妻犯法被處以刑罰，家庭與邦國才得以端正。我希望各位君子稍加禁絕，婦人無外事，就是為了防止禍亂萌生的方法。」

抱朴子曰：「輕薄之人，跡廁㈠高深，交成財贍，名位粗會，便背禮判㈡教，託云率任，才不逸倫，強為放達，以傲兀無檢者為大度，以惜護節操者為澀少㈢。於是臘鼓垂無賴之子，白醉耳熱之後㈣，結黨合群，遊不擇類。」

【今註】㈠廁：加入，置身於。㈡判：脫離。㈢澀少：謂氣度生硬狹小。㈣於是臘鼓垂無賴之子，白醉耳熱之後：楊明照《抱朴子外篇校箋・上》：繼（昌）曰：「『臘鼓垂』有脫誤。舊寫本作『臘鼓』，是『垂』亦有誤。」按「臘鼓垂」三字實有脫誤。以意測之，疑「臘」上脫「伏」字，「垂」為「缶」之形誤（魯藩本「垂」，與「缶」尤近）。《史記》卷五十五〈留侯世家〉：「每上冢伏臘祠石。」（《漢書》卷四十〈張陳王周傳〉同）《漢書》卷九十八〈元后傳〉：「（王莽）又改漢正朔伏臘日，太后令其官屬黑貂，至漢家正臘，獨與其左右相對飲酒食。」《後漢書》卷二〈顯宗孝明帝紀〉：「（永平十二年詔）伏臘無糟糠。」《獨斷》佚文：「臘者，歲終大祭，縱吏民宴飲。」（《書鈔》一五五、類聚五、《初學記》四、《御覽》三三引）《世說新語・德行篇》：「王朗每以識度推華歆，歆蜡日嘗集子姪燕飲，王亦學之。」《文選》卷十六潘岳〈閑居賦〉：「牧羊酤酪，以俟伏臘之費。」嵇含〈娛蜡賦〉：「冬季大蜡之莫，延嘯同契遠近舊故。」（《書鈔》一五五引）《劉子・適才篇》：「伏臘合歡，必歌〈采菱〉。」據此，古人於伏臘佳節，未有不歡娛燕飲者矣。《周禮・春官・籥章》：「國祭蜡則歙〈豳〉、〈頌〉擊土鼓。」《詩經・陳風・宛丘》：「坎其擊缶。」《晏子春秋外篇・上》：「景公飲酒數日而樂，釋衣冠自鼓缶。」（又見《新序・刺奢篇》）《史記》卷八十一〈廉頗藺相如傳〉：「藺相如前曰：趙王竊聞秦王善為秦聲，請奉盆缻（《詩經・陳風・宛丘正義》引作缶）秦王，以相娛樂。」《索隱》：「缻，音缶。」又《史記》卷八十七〈李斯列傳〉：「夫擊甕叩缻（《文選》作缶），彈箏搏髀，而歌嗚快耳者，真秦之聲也。」《鹽鐵論・散不足篇》：「往者民間酒會，各以黨俗彈箏鼓缶而已。」據此，古人於飲酒歡歌之時，往往鼓缶以助興矣。《漢書》卷六十七〈楊胡朱梅云傳〉：「田家作苦，歲時伏臘，亨羊炰羔，斗酒自勞，家本秦也，能為秦聲，婦趙女也，雅善鼓瑟，奴婢歌者數人；酒後耳熱，仰天拊缶，而呼嗚嗚，……是日也，拂衣而喜，奮褎低卬，頓足起舞，誠荒淫無度，不知其不可也。」子幼所言與稚川此語略同，故謂當作「伏臘鼓缶」也。

【今譯】 抱朴子說：「輕薄之人，混跡於名望高深者的行列，交遊成功，家財豐贍，名聲與地位粗步形成，便背離了禮教，藉口任性放縱，雖然才能沒有超過同輩，卻強為豪放曠遠的樣子，以傲慢無檢點為大度，以愛護節操為局小。於是，每當伏臘節曰，無賴之子飲酒鼓缶，酒醉耳熱之後，結黨合群，交遊不選擇合適的朋友。」

「奇士碩儒，或隔籬而不接；妄行所在，雖遠而必至。攜手連袂㈠，以遨以集，入他堂室，觀人婦女，指玷修短，評論美醜。不解此等何為者哉？或有不通主人，便共突前，嚴飾未辦，不復窺聽，犯門折關，踰垝㈡穿隙，有似抄劫之至也。其或妾媵㈢藏避不及，至搜索隱僻，就而引曳㈣，亦怪事也。」

【今註】 ㈠袂：音ㄇㄟˋ，衣袖。㈡垝：音ㄍㄨㄟˇ，倒坍。㈢媵：音ㄧㄥˋ，古時陪嫁的女子，也指妾。㈣曳：拉。

【今譯】 「奇上碩儒雖然隔籬近鄰，但不去學習；妄行之人所在的地方，雖然路途遙遠，而還是必定要去。他們攜手連袂，聚集遨遊。進入別人的堂室，目覩別人的妻女，指玷長短，評論美醜。我真不懂此等無賴之徒，為什麼要這樣做？他們有時不通報主人，便一起突然闖入，嚴飾未辦，不復窺聽，犯門折關，踰垝穿隙，好像來了一伙抄劫的強盜。有時人家妻亡躲避不及，他們搜索到隱僻之處，就對別人妻妾動手動腳，這也算是怪事了。」

「夫君子之居室，猶不掩家人之不備。故入門則揚聲，升堂則下視㈠。而唐突他家，將何理乎？然落拓之子，無骨骾而好隨俗者，以通此者為親密，距此者為不恭，誠為當世不可以不爾。於是要呼憒雜，入室視妻，促膝之狹坐，交杯觴於咫尺。絃歌淫冶之音曲，以誂文君之動心㈡。載號載呶，謔戲醜褻，窮鄙極黷。爾乃笑亂男女之大節㈢，蹈〈相鼠〉之無儀㈣。夫桀傾紂覆㈤，周滅陳亡㈥，咸由無禮，況匹庶乎！」

【今註】㈠入門則揚聲，升堂則下視：楊明照《抱朴子外篇校箋・上》：接此文疑有誤。《禮記・

曲禮上》：「將上堂，聲必揚，……將入戶，視必下。」（《韓詩外傳》九同）《列女傳・母儀・鄒孟軻母傳》：「將上堂，聲必揚，所以戒人也；將入戶，視必下，恐見人過也。」是「入門」與「升堂」當互易。㈠以誂文君之動心：誂，逗引，誘惑。文君，卓文君，西漢臨邛（今四川邛崍）人。卓王孫女，善鼓琴。喪夫後家居，與司馬相如相戀，遂私奔成都。㈢爾乃笑亂男女之大節：楊明照校云：「笑」上，吉藩本有「喧」字。按有「喧」字較勝。㈣〈相鼠〉之無儀：〈相鼠〉，《詩經・鄘風》篇名。《詩序》：「〈相鼠〉，刺無禮也。衛文公能正其群臣，而刺在位承先君之化無禮儀也。」㈤桀傾紂覆：桀，夏代君主。紂，殷紂王。㈥周滅陳亡：周，指西周。陳，古國名，媯姓。在今河南東部與安徽一部分，建都宛丘（今河南淮陽），公元前四七九年為楚所滅。

【今譯】

「君子的居室，尚且不掩家人之不備，所以入門時要向下看，升堂時要揚聲。而他們突然地闖進別人家裡，將有什麼道理呢？然而，那些落拓之子以及無骨骾而愛好隨大流的人，卻以通此道者為親密，拒絕這樣做的為不恭敬，確實以為當今不可以不那麼然做。於是親熱招呼，昏亂混雜，入室視妻，促膝狹坐，貼近地敬酒。用淫蕩的歌舞音樂，引誘卓文君之流女子的動心。又是號叫，又是呶呶不休，謔戲醜褻，窮極其卑鄙輕佻的方式。那麼樣，就笑亂了男女有別之大節，陷入了〈相鼠〉一詩所刺諷的無禮儀的狀態。夏桀與殷紂王的傾覆，西周與陳國的滅亡，都是由於破壞禮教的結果，何況匹夫庶人呢！」

「蓋信不由中，則屢盟無益。意得神至，則形器可忘。君子之交也，以道義合，以志契㊀親，故淡而成焉；小人之接也，以勢利結，以狎慢密，故甘而敗焉。何必房集內讌㊁，爾乃款誠，著妻妾飲會，然後分好昵哉！」

【今註】㊀契：投合。㊁讌：同「宴」。

【今譯】「大概信不由中，則屢次盟誓而毫無益處；到了意得神至之時，則忘記了自己的形器。君子的應酬交際，以道義合，以志契親，所以淡泊而能成功。小人的應接交際，以勢利結合一起，以狎慢而親密，所以甘甜而最終失敗。為什麼一定要內室聚宴，那樣就算是款誠，帶妻妾飲會，然後體現出好昵呢？」

「古人鑒淫敗之曲防㊀，杜傾邪之端漸，可謂至矣。修之者為君子，背之者為罪人。然禁疏則上宮有穿窬之男，網漏則桑中有奔隨之女㈡。縱而肆之，其猶烈猛火於雲夢㈢，開積水乎萬仞㈣，其可撲以箒篲，遏以撮壤哉？」

【今註】㈠曲：曲折隱秘之處。㈡然禁疏則上宮有穿窬之男，網漏則桑中有奔隨之女：上宮，桑中，地名，皆出《詩經．鄘風．桑中》：「爰采唐矣，沬之鄉矣。云誰之思？美孟姜矣。期我乎桑中，要我乎上宮，送我乎淇之上矣。」。穿窬，穿過或越過牆壁進行偷竊。奔，私奔。㈢雲夢：即古代雲夢澤。㈣仞：古時長度單位，八尺為一仞（一說七尺）。

【今譯】「古人鑒於淫敗的曲折隱秘之處而加以預防，傾邦之端倪出現就加以杜絕，可說是做到頂了。照此做的就是君子，背棄了的就是罪人。然而，禁令疏荒了，上等樓房也會出現穿窬之盜，法網疏漏了，桑林中也會有跟人私奔的女子。對此放縱不管，就像猛火在雲夢澤中燃燒，打開萬仞高的積水，那種局面可以用掃帚撲滅，用一小撮土壤遏止嗎？」

「然而俗習行慣，皆曰此乃京城上國㈠公子王孫貴人所共為也。」

余每折之曰：「夫中州㈡，禮之所自出也，禮豈然乎？蓋衰亂之所興，非治世之舊風也。夫老聃㊂清虛之至者也，猶不敢見乎所欲，以防心亂。若使柳下惠潔高行，屢接褻讌㊃，將不能不使情生於中，而色形于表。況乎情淡者萬未一，而抑情者難多得。如斯之事，何足長乎！」

【今註】㊀上國：春秋時中原諸侯國稱為「上國」。㊁中州：指中原。㊂老聃：即老子。㊃若使柳下惠潔高行，屢接褻讌：楊明照《抱朴子外篇校箋・上》：孫（星衍）曰：「（潔）下疑脫一字。」按孫說非。〈交際篇〉：「操清潔高者。」〈安貧篇〉：「而言高行方。」是此文「行」下脫一「方」字，非「潔」下有脫也。柳下惠，即展禽。春秋時魯國大夫，以善於講究貴族禮節著稱。

【今譯】「然而俗行成了習慣，大家都說這是京城上國公子王孫貴人所共同的行為。」我每次加以打斷，說：「中原上國是禮教產生的地方，禮難道是如此的嗎？大概衰亂的發生，並不是治世的舊風俗。老子是最講究清虛的人，尚不敢見乎所欲，以防止心思的迷亂。如果使柳下惠這樣潔高行方的人，多次接觸荒淫的酒宴，將不能不在內心產生情慾，並表現於外表，何況情淡者萬人中沒有一個，而抑制情慾的人很難多見。如此之事，何是長乎？」

「窮士雖知此風俗不足引進，而名勢並乏，何以整之？每以為慨。故常獲憎於斯黨，而見謂為野朴之人，不能隨時之宜。余期㈠於信己而已，亦安以我之不可，從人之可乎！可歎非一，率如此也。已矣夫，吾末如之何也。彼之染入邪俗，淪胥㈡以敗者，曷肎納逆耳之讜言，而反其東走之遠跡哉？」

【今註】㈠期：希望。㈡淪胥：相率淪喪或陷溺。

【今譯】「貧窮之士雖然知道此等風俗不足以引進，但是名望低，權勢無，拿什麼辦法來整頓呢？每次為此感慨，所以常常為此黨徒所憎恨，而被說成是野樸之人，不能隨合時宜。我希望相信自己罷了，哪兒以自己之不可，從人之可乎？可歎的不止一點，大抵如此而已。已矣夫，我也無可奈何！那些人染上邪俗，相繼淪溺，以至失敗，怎麼肯聽取逆耳之忠言，而返其東走之遠跡呢？」

抱朴子曰：「俗閒有戲婦之法，於稠眾之中，親屬之前，問以醜言，責以慢對，其為鄙黷，不可忍論。或蹙以楚撻㈠，或繫腳倒懸。酒客酗醬㈡，不知限齊，至使有傷於流血，踒折支體者。可歎者也。」

【今註】㈠蹙以楚撻：蹙，急迫。楚，古時的刑杖或撲責人的小杖。㈡醬：酗酒。

【今譯】抱朴子說：「民間有一種戲婦之法，在大眾之中，親屬之前，向新婦提些醜惡的問題，回答慢了就加以呵責。那種鄙陋褻黷的玩笑，不可忍論。或者用小杖急急地鞭打，或者繫住雙腳而倒懸。酒客們喝醉了，不知道加以約束，以致出現了受傷流血和折斷肢體的情況。」

「古人感離別而不滅燭，悲代親㈠而不舉樂。禮論：娶者羞而不賀。今既不能動蹈舊典，至於德為鄉閭之所敬，言為人士之所信，誠宜正色矯而呵之，何謂同其波流，長此弊俗哉！然民間行之日久，莫覺其非，或清談所不能禁，非峻刑不能止也。」

【今註】㈠代親：親人死亡。

【今譯】「古人離別時感到難捨難分，就不熄滅燭光；為親人亡故而悲哀，就不舉行樂禮活動；為娶妻而有點難為情，就不進行慶賀；但今天民間已經不再按照舊典辦事了。至於那些德行為鄉里所崇敬，言談為士人所聽信的人，誠宜正色，矯而呵之。為什麼要一道隨波逐流，增長弊俗呢？然而民間弊俗流行日久，沒有覺察到不對，或者清談所無法禁止，不用嚴刑峻法是不能制止的。」

「遂詘周㈠而疵孔㈡，謂傲放為邈世矣。或因變故，佻竊榮貴；或賴高援，翻飛拔萃。於是便驕矜誇驁，氣淩雲物，步高視遠，眇然自足。顧瞻否滯失群之士，雖實英異，忽焉若草。或傾枕而延賓，或稱疾以距客。欲令人士立門以成林，車騎填噎於閭巷，呼謂尊貴，不可不爾。夫以勢位言之，則周公勤於吐握㈢；以聞望校之，則仲尼恂恂善誘。咸以勞謙為務，不以驕慢為高。」

【今註】㈠周：指周公。㈡孔：指孔子。㈢吐握：吐哺握髮，形容為延攬人才而操心忙碌。《史記》卷三十三〈魯周公世家〉：周公戒伯禽曰：「我於天下亦不賤矣，然我一沐三握髮，一飯三吐哺，起以待士，猶恐失天下之賢人。」

【今譯】「於是貶詘周公，疵議孔子，把傲放當作邈世。有的因變亂事故，輕易地竊取了榮貴的地位。有的依賴高門勢力，翻飛拔萃。於是便驕矜誇驁，氣凌山川雲物，步步升高，遠視一切，眇然得意，顧瞻不滯。離開大眾的孤傲之士，雖實莫異，忽然之間就像草一樣。有的躲著而迎賓客，有稱病而拒絕別人。要讓人士立在門外，眾多成林，車騎塞滿了里巷。呼謂尊貴，不可不那麼樣。就權勢與名位而言，則周公勤於吐喔，延攬人才；從聲望來比較，則孔子恂恂善誘，誨人不倦；周公與孔子都以勤勞謙虛為務，不以驕慢為高。」

「漢之末世，則異於茲，蓬髮亂鬢，橫挾不帶，或褻衣以接人，或裸袒而箕踞㈠，朋友之集，類味之遊，莫切切進德，誾誾㈡修業，攻過弼違㈢，講道精義。其相見也，不復敘離闊，問安否。賓則入門而呼奴，主則望客而喚狗。其或不爾，不成親至，而棄之不與為黨。及好會，則狐蹲牛飲，爭食競割，掣、撥、淼、摺㈣，無復廉恥。以同此者為泰，以不爾者為劣。終日無及義之言，徹夜無箴規之益。誣引老、莊，貴於率任，大行㈤不顧細禮，至人不拘檢括㈥，嘯傲縱逸，謂之體道。嗚呼惜乎！豈不哀哉？」

【今註】㈠箕踞：坐時兩腳伸直岔開，形似簸箕。一說屈膝張足而坐。表示輕慢的態度。㈡誾誾：音一ㄣˊ，發表自己的意見時態度好而能說清道理。㈢弼違：糾正過失。㈣掣、撥、淼、摺：掣，抽，拉。淼，遠。摺，折。㈤大行：指行大事。《史記》卷七〈項羽本紀〉：「大行不顧細謹，大禮不辭小讓。」㈥至人不拘檢括：至人，修養達到最高境界的人。檢括，規矩，法度。

【今譯】「而到漢朝末世，風氣就與此不同了。蓬頭散髮，橫挾不帶，或者穿著內衣以接待客人，或者裸袒而箕踞。朋友聚集，同伴外遊，不是熱心於增長德行，不是努力地修好學業，不是善於改正錯誤過失，不是講道精義。他們相見時，不復敘談離別的情況，不互相問候，賓客入門就呼叫奴僕，主人看見客人就喚呼狗犬。如果不是那麼樣的，就不算是至親而加以拒絕，就不算是同黨。到了聚會時，則像狐似的蹲著，如牛一樣的飲酒，爭食競割，拉撥遠折，沒有一點廉恥。他們以同此者為安好，以不那樣的為拙劣。整天談論的是毫無意義的話，整夜說的是沒有勸戒的益處。誣引老子與莊子的話，以任性為貴。做大事不顧細小禮節，至人不拘於規矩，把嘯傲縱逸說成是得道。啊，這樣難道不是令人悲哀與惋惜的嗎？」

「於是嘲族以敘歡交，極黷以結情款，以傾倚申腳㈠者為妖妍標秀，以風格端嚴者為田舍朴騃㈡，以蚩鎮抗指㈢者為勦令鮮倚，以出言有章者為摺答猝突。凡彼輕薄之徒，雖便辟偶俗，廣結伴流，更相推揚，取達速易；然率皆皮膚狡澤，而懷空抱虛，有似蜀人瓠㈣壺之喻，胸中無一紙之誦，所識不過酒炙之事。所謂傲很明德，即聾從昧，冒于貨財㈤，貪于飲食，左生㈥所載不才之子也。若問以《墳》、《索》㈦之微言，鬼神之情狀，萬物之變化，殊方之奇怪，朝廷宗廟之大禮，郊祀禘祫㈧之儀品，三正四始㈨之原本，陰陽律歷㈩之道度，軍國社稷之典式，古今因革之異同，則怳悸自失，暗嗚俛㈡仰，蒙蒙焉，莫莫焉。」

【今註】㈠申腳：孫星衍校云：《群書治要》作「屈申」。㈡騃：呆。㈢指：旨。㈣瓠：葫蘆。

㊄冒于貨財：楊明照《抱朴子外篇校箋・上》：「財」，《御覽》四四七引作「賄」。按作「賄」與《左傳》文公十八年合。〈百里篇〉「冒于貨賄」，《內篇・論仙篇》「冒于貨賄」，亦並作「賄」（〈逸民篇〉〈安貧篇〉二篇亦以「貨賄」連文。）㊅左生：指左慈，字元放，廬江（今屬安徽）人，東漢末方術之士。㊆《墳》、《索》：《墳》，《三墳》，傳說中的三皇（伏犧、神農、黃帝）之書。《索》，《八索》，相傳為古書名。《左傳》昭公十二年：「是能讀《三墳》、《五典》、《八索》、《九丘》。」孔穎達《疏》引《偽孔安國尚書序》：「八卦之說，謂之八索。」㊇郊祀禘祫：郊祀，古代祭禮，在郊外祭天地。禘，古代的一種祭祀，天子諸侯宗廟的五年一次祭祀。祫，天子諸侯宗廟祭禮之一。㊈三正四始：三正，古代的曆法有以建子、建丑、建寅三個月的朔日為歲首的，依次叫做周正、殷正、夏正，合稱為三正。四始，謂陰曆元旦是歲、時（季）、月、日之始。㊉律歷：樂律與曆法。㊁俛：同「俯」。

【今譯】 「於是嘲弄族人以敘歡樂交遊，極盡褻黷以結情款。把傾倚申腳的人當作妖美秀麗，把風格端正的人當作田間粗野呆人，以邊鎮抗旨者為剿令鮮倚，以出言成章者為摺答猝突。凡是那種輕薄之徒，雖便辟偶俗，而廣結伴流，更是互相推崇宣揚，取達速易。然而他們大抵都是外表狡澤，而內裡空虛，好像蜀人的瓠壺之喻，胸中沒有一點學問，知道的不過酒肉之事。正是所謂傲狠明德，即聾從昧；冒于貨賄，貪於飲食。左慈所記載的，都是不才之子。如果問以《三墳》、《八索》的微言，鬼神的情況，萬物的變化，遠方的珍奇，朝廷宗廟的大禮，郊祀禘祫的儀品，三正四始的原委，陰陽律曆的道度，軍國社稷的典式，古今沿革的異同，他們就恍悸自失，俯仰暗叫，蒙蒙然無所知。」

「雖心覺面牆㈠之困，而外護其短乏之病，不肎謐㈡已，強張大談曰：『雜碎故事，蓋是窮巷諸生，章句之士㈢，吟詠而向枯簡㈣，匍匐以守黃卷者所宜識，不足以問吾徒也。』誠知不學之弊，碩儒之貴，所祖習之非，所輕易之謬；然終於迷而不返者，由乎放誕者無損於進趨故也。若高人以格言彈而呵之，有不畏大人而長惡不悛者，下其名品，則宜必懼然，冰泮㈤而革面，旋而東走之跡矣㈥。」

【今註】㈠面牆：謂不學的人如面對著牆，一無所見。《尚書・周官》：「不學牆面。」㈡謐：音ㄇㄧˋ，安靜。㈢章句之士：只以分章析句來解釋經書意義的士人。㈣簡：書簡，書籍。㈤泮：融解。㈥旋而東走之跡矣：楊明照《抱朴子外篇校箋・上》：按「旋而」二字當互易，上文「望塵而旋跡」，又「而反其東走之遠跡哉」，可證。

【今譯】「雖然心裡覺得不學無知的困惑，而外表上卻掩護自己的缺點，不肯安靜下來，硬要張口大談，說些亂七八糟的故事。大概是窮巷諸生和章句之士，只會對著枯朽的書簡吟詠，匍匐在故紙堆上，所宜知道的不足以回答我的問題。如果了解不學的弊病，了解碩儒的可貴，了解所祖習的錯誤以及所輕忽的荒謬，而最終還是執迷不悟，那是由於放誕的結果，無損於進趨。如果高人以格言彈而呵之，而仍有不怕大人而長惡不悛的人，下其名品，則應是必定懼怕的。然而用融解了的冰水洗面，清醒了一會兒，而不久又重新踏上東走之跡。」

譏惑篇 第二十六

【篇旨】 本篇從禮的起源說起，認為人與禽獸的區別在於有沒有禮，「夫唯無禮，不廁貴性」。「蓋人之有禮，猶魚之有水矣。……人之棄禮，雖猶靦然，而禍敗之階也。」而自喪亂以來，禮制改易，風教頹沮，令人迷惑。對此，葛洪作了譏評，強調「君子行禮，不求變俗，謂違本邦之他國，不改其桑梓之法也。」這也反映了作者維護禮教的心情。

抱朴子曰：「澄濁㊀剖判，庶物化生。羽族㊁或能應對焉，毛宗㊂或有知言焉。干玃㊃識往，歸終㊄知來。玄禽解陰陽，蚍蜉㊅遠泉流。蓍㊆龜無以過焉，甘、石㊇不能勝焉。」

【今註】 ㊀澄濁：澄，清氣；濁，濁氣。㊁羽族：鳥類。㊂毛宗：獸類。㊃干玃：玃，音ㄐㄩㄝˊ，大母猴。㊄歸終：神獸名。《藝文類聚》卷九五引《淮南萬畢術》云：「歸終知來，猩猩知往。」注云：「歸終，神獸。」《抱朴子・內篇・對俗篇》：「歸終知往，乾鵲知來。」㊅蚍蜉：蚍，同

「蛇」。螘，同「蟻」。㈦蓍：音ㄕ，蓍草，供占卜用。㈧甘、石：甘，甘德，戰國中期天文學家，齊國人，一說楚國人。石，石申，戰國中期天文學家，魏國人。

【今譯】抱朴子說：「渾沌之時，清氣上升，濁氣下降，天地始分，萬物化育而生。鳥類或能應對，獸類或有知言。大母猴知道往昔，神獸歸終預知未來。玄禽了解陰陽變化，蛇蟻知道遠處泉流。蓍龜卜占無法超過它們，甘德、石申也不能勝過它們。」

「夫唯無禮，不廁㈠貴性。厥初邃古㈡，民無階級，上帝悼混然之甚陋㈢，愍巢穴之可鄙，故構棟宇以去鳥獸之群，制禮數以異等威之品；教以盤旋㈣，訓以揖㈤讓，立則磬折㈥，拱㈦則抱鼓，趨步升降之節，瞻視接對之容，至於三千。」

【今註】㈠廁：列入。㈡邃古：遠古。㈢甚陋：十分鄙陋。㈣盤旋：周旋進退的姿態。㈤揖：拱手禮。㈥磬折：磬，古代的一種打擊樂器，形狀像曲尺，用玉製成。磬折，彎腰如磬，表示恭敬。《禮記・曲禮・下》：「立則磬折垂佩。」㈦拱：拱手禮。

【今譯】「但是禽獸不懂得禮，不加入人的行列。遠古始初，人民是不分等級的。上帝悲悼混然一體的鄙陋，惋惜巢穴而居的可憐，所以構造房屋使人與鳥獸分開，制定禮儀使人區別為不同的等級。還教人們周旋進退的姿態，訓練如何作揖禮讓。要人們站立時彎腰如磬，十分恭敬，作揖時雙手呈抱鼓的姿勢。趨步升降的禮節，瞻視接對的容貌，計有三千多條。」

「蓋檢溢之隄防，人理之所急也。故儼若冠於〈曲禮〉㈠，望貌首於五事㈡，出門有見賓之肅，閑居有敬獨㈢之戒。顏生整儀於宵浴㈣，仲由臨命而結纓㈤。恭容暫廢，惰慢已及。安上治民，非此莫以。」

【今註】㈠〈曲禮〉：《禮記》篇名，記述春秋前後貴族飲食、起居、喪葬等各種禮制的細節。「曲」，委曲周到的意思。〈曲禮〉開頭說：「毋不敬，儼若思。」㈡五事：指貌、言、視、聽、思五件事情。《尚書・洪範》：「敬用五事。」㈢敬獨：慎獨，謂獨處無人注意時，自己的行為也要謹慎不苟。《禮記・中庸》：「莫見乎隱，莫顯乎微，故君子慎其獨也。」㈣顏生整儀於宵浴：

顏生，顏回，字子淵，孔子的弟子。《劉子・慎獨篇》載：「顏回不以夜浴改容。」㊄仲由臨命而結纓：仲由，字子路，孔子的弟子。在一次內亂中，有人擊斷子路之纓，子路曰：「君子死而冠不免。」遂結纓而死。事見《史記》卷六十七〈仲尼弟子列傳〉。纓，繫在頷下的冠帶。

【今譯】 「大概檢查隄防的滿溢，是人們理所當然急迫的事。所以把『儼若思』放在〈曲禮〉的最前面，把貌望作為『五事』之首。出門時要有見賓之肅，閑居時則有慎獨之戒。顏生夜浴時還要整儀容，仲由臨死前還要繫好冠帶。如果恭敬的禮容暫時廢棄，那惰慢的情況已經發生了。安上治民，除了禮之外就沒有什麼的了。」

「蓋人之有禮，猶魚之有水矣。魚之失水，雖暫假息，然枯糜可必待也。人之棄禮，雖猶靦然，而禍敗之階也。魯秉周禮，暴兵不加。魏式干木㊀，銳寇旋斾㊁。大楚帶甲百萬，而有振槁之脃㊂。強秦殽、函㊃襲嶮，而無折柳之固。豈非棄三本㊄而喪根柢之攸召哉？矧㊅乎安逸觸情，喪亂日久，風頹教沮，抑斷之儀廢，簡脫之俗成。近人值政化之蚩役，庸民遭道網之絕紊，猶網魚之去水罟㈦，圍獸之出陸羅㈧也。」

【今註】㈠魏式干木：干木，段干木，戰國初魏國人。姓段干，名木。魏文侯給以爵祿官職，都不受。文侯乘坐經過其門口，必伏軾致敬。㈡旆：音ㄆㄟˋ，大旗。㈢振槁之脃：振槁，搖動枯葉，比喻易於奏效。脃，同「脆」。㈣殽、函：殽山與函谷關的合稱。相當今陝西潼關以東至河南新安地帶，高峰絕谷，峻阪迂迴，形式險要。㈤三本：指禮之三本。《荀子・禮論篇》：「禮有三本：天地者，生之本也；先祖者，類之本也；君師者，治之本也。」㈥矧：況且。㈦罟：魚網。㈧羅：捕鳥獸的網。

【今譯】「禮對人來說，好像魚與水的關係。魚沒有了水，雖然暫短地休息，而其枯死是不可避免的。人若廢棄了禮，雖然還能靦然存在，但已踏上禍敗的臺階了。魯國秉承周禮，暴兵就不敢入侵。魏文侯以禮對待段干木，勁敵就捲旗而退。楚國擁兵百萬，而卻有振槁的脆弱。強秦據有殽函之險，卻無折柳之固。楚與秦的滅亡，難道不是拋棄三禮而喪失根本所召來的嗎？況且安逸觸情，喪亂日久，風教頹沮，抑揚頓挫的禮儀廢棄了，簡脫的風俗形成了。近人恰好碰到政化之蚩役，庸民遭受道德的極度混亂。好像網中之魚重新離開水網，被圍的野獸又逃出地上羅網一樣。」

「喪亂以來，事物屢變。冠履衣服，袖袂財制，日月改易，無復一定。乍長乍短，一廣一狹，忽高忽卑，或粗或細。所飾無常㊀，以同為快㊁。其好事者，朝夕放效㊂，所謂京輦㊃貴大眉㊄，遠方皆半額也。」

【今註】㊀無常：沒有一定的準則。㊁以同為快：以相同為快樂。㊂放：同「倣」，模仿之意。㊃京輦：皇帝坐的車子叫輦，所以京城也稱京輦。㊄大眉：寬大的眉毛。

【今譯】「自喪亂以來，各種事物經歷了許多的變化，衣服鞋帽，衣袖以及財政制度，日新月異，不復有一定的制度。拿服飾來說，一會兒長，一會兒短，一會兒寬廣，一會兒狹窄，忽而高大，忽而卑小。有的粗，有的細。服飾反覆無常，以大家相同為快樂。熱中於此事的人，更是朝夕倣效。所謂京城洛陽以畫粗大眉毛為貴美，結果遠方各地都把眉毛畫了半額長。」

「余寔凡夫㊀，拙㊁於隨俗，其服物變不勝，故不變。無所損者，余未曾易㊂也。雖見指笑，余亦不理也。豈苟欲違眾哉？誠以為不急耳。上國㊃眾事，所以勝江表㊄者多，然亦有可否者。君子行禮，不求變俗，謂違本邦之他國，不改其桑梓㊅之法也。況其在於父母之鄉，亦何為當事棄舊而強更學乎？」

【今註】㊀凡夫：平凡的人。㊁拙：不善。㊂易：改變。㊃上國：指中原，對江表而言。春秋時中原諸侯國稱為上國。《左傳》成公七年：「通吳於上國。」《國語・吳語》：「越滅吳，上征上國。」㊄江表：指江南以南地區。從中原人看來，地在長江之外，故稱江表。㊅桑梓：故鄉的代稱。桑與梓是古代家宅旁常栽的樹木，見到桑梓，容易引起對父母的懷念。《詩經・小雅・小弁》：「維桑與梓，必恭敬止。」

【今譯】「我實在是一個平凡的人，不善於跟隨世俗，那服飾變不勝變，所以我也就不變了。沒有變化的東西，我也未曾改變。雖然被世俗之人指笑，我也不予理睬。這樣做，難道只是想違反眾人愛好的潮流嗎？確實是以為服飾的變化是不急之事。中原有許多東西，勝過於江南地區，然而倣效時也有可否之分。君子行禮，不求變俗，說到了與本土不同的他國，不改變原來故鄉的方法。何況人仍在父母之鄉，為什麼一定要拋棄舊有的習俗而硬要學習別地的呢？」

「吳之善書，則有皇象、劉纂、岑伯然、朱季平㈠，皆一代之絕手。如中州有鍾元常㈡、胡孔明㈢、張芝㈣、索靖㈤，各一邦之妙。並㈥用古體，俱足周㈦事。余謂廢已習之法，更勤苦以學中國㈧之書，尚可不須也。況於乃有轉易其聲音，以效北語，既不能便良，似可恥可笑。」

【今註】 ㈠皇象、劉纂、岑伯然、朱季平：皇象，三國吳書法家。字休明，廣陵江都（今屬江蘇）人。官至侍中。八分雄逸，篆體精能，最工草章，有「實而不樸，文而不華」之評。當時以皇象的草書，嚴武的棋，曹不興的畫等並稱「八絕」。參見《三國志》卷六十三〈吳書・趙達傳〉注。劉纂，三國吳臣，見《三國志》卷五十〈吳書・嬪妃步夫人傳〉。岑伯然，或即岑昏。朱季平，或即朱育。亦皆吳臣。㈡鍾元常：即鍾繇，三國魏大臣、書法家。字元常，潁川長社（今河南長葛）東人。東漢末為黃門侍郎。曹操執政時，官為侍中司隸校尉。曹丕代漢後，任為廷尉。曹明帝即位，遷太傅。

精於書法，博采眾長，兼善各體，尤精於隸、楷。點畫之間，多有異趣，結體樸茂，出乎自然，形成了由隸入楷的新貌。與晉王羲之並稱「鍾、王」。㊂胡孔明：即胡昭，潁川（今屬河南）人。史稱：「初，昭善史書，與鍾繇、邯鄲淳、衛覬、韋誕並有名，尺牘之跡，動見楷模焉。」傳見《三國志》卷十一〈魏書・胡昭傳〉。《抱朴子・內篇・辨問篇》：「善史書之絕時者，則謂之書聖，故皇象、胡昭於今有書聖之名焉。」㊃張芝：東漢書法家，字伯英，敦煌酒泉（今屬甘肅）人。善草書，後脫去舊習，省減章草點劃波磔，創為「今草」，三國魏韋誕稱他為「草聖」之稱。晉王羲之對漢魏書跡，惟推鍾（繇）、張（芝）兩家，並深受其影響。㊄索靖：西晉書法家。字幼安，敦煌（今屬甘肅）人。張芝姊之孫，官至征南司馬。工書法，尤擅草章，傳張芝草法而變其形跡。骨勢峻邁，富有筆力。㊅並：并。㊆周：至，最。㊇中國：指中原地區。

【今譯】　「吳國善於書法的，則皇象、劉纂、岑伯然、朱季平等，都是一代的好手。又如中原有鍾繇、胡孔明、張芝、索靖等，都是各地的妙手。他們都用古體字書寫，都足以達到最高的水準。我若說廢棄自己的原有吳地書法，更勤苦地學習中原的書法，尚可不必的。況且還有一些改易自己口音的人，要倣效北方語音，結果不能學得良好，似可恥可笑。」

「所謂不得邯鄲之步㈠，而有匍匐之嗤者，此猶其小者耳。乃有遭喪者，而學中國哭者，令忽然無復念之情。昔鍾儀、莊舄㈡不忘本聲，古人韙㈢之。孔子云：『喪親者，若嬰兒之失母』，其號豈常聲之有！寧令哀有餘而禮不足。哭以洩哀，妍拙何在？而乃治飾其音，非痛切之謂也。」

【今註】㈠邯鄲之步：典出《莊子・秋水篇》：「且子獨不聞夫壽陵餘子之學行於邯鄲與？未得國能，又失其故行矣，直匍匐而歸耳。」按《漢書》卷一百上〈敘傳・上〉引《莊子》，「學行」作「學步」。壽陵，燕之邑。邯鄲（今屬河北），趙之都。弱齡未壯，謂之餘子。趙都之地，其俗能行，故燕國少年遠來學步然摹倣不成，反而喪失其固有的能力，只好匍匐而歸。㈡鍾儀、莊舄：鍾儀，春秋時楚人。嘗為鄭所獲，獻之於晉，晉景公令為樂，鼓琴操南音，不忘舊也。見《左傳》成公九年。莊舄：亦稱越舄。戰國時越人。仕楚，爵執珪。楚王欲知他是否思越，當他患病時，中謝官說：凡人思念故鄉，病時必吟故鄉之聲。楚王派人往聽，他果然在吟越聲。㈢韙：稱善，讚美。

【今譯】「正是所謂燕人到邯鄲學步，學不成，又忘記了原來的東西，只好匍匐而歸，遭到了人們的嗤笑。這還是小事罷了。還有遭受喪事的人，而要學中原的哭法，令人覺得忽然之間就沒有哀念的感情了。從前，鍾儀、莊舄不忘記故鄉的語音，古人對此加以肯定。孔子說：『喪失了親人，好像嬰兒失去了母親』。那號哭難道是平常的聲音，寧願悲哀有餘而禮儀不夠。號哭用來表達悲哀，哭聲的好與劣又何在呢？而竟有裝飾號哭之聲，那並不是內心痛切的表露。」

「又聞貴人在大哀，或有疾病，服石散㈠以數食，宣㈡藥勢以飲酒，為性命。疾患危篤，不堪風冷，幃帳茵㈢褥，任其所安。於是凡瑣小人之有財力者，了不復居於喪位，常在別房，高床重褥，美食大飲；或與密客，引滿投空，至於沈醉，曰：『此京洛㈣之法也。』不亦惜哉？」

【今註】㈠石散：石，藥石。散，研成細末的藥。㈡宣：宣泄。㈢茵：褥墊。㈣京洛：指西晉都城洛陽。又因東周、東漢均都於此，故稱洛陽為京洛。

【今譯】「又聽說富貴人家在大哀之時，或有患病，多次服食石散藥，而要飲酒來宣泄藥勢，那是為了性命。疾患危篤，不堪風冷，躲在幃帳重褥之中，讓其安適。於是那些有財力的庸民小人，一點也不居於喪位，常常在別的房舍中，高床重褥，大飲美食。或者與褻狎之客，互相敬酒，以至沉醉，還說這樣做是京城洛陽的風俗。不也令人惋惜的嗎？」

「余之鄉里先德君子，其居重難，或并在衰老，於禮唯應縗㈠麻在身。不成喪致毀者，皆過哀啜粥，口不經甘。時人雖不肖者，莫不企及自勉。而今人乃自取如此，何其相去之遼緬乎！」

【今註】㈠縗：音ㄘㄨㄟ，喪服。

【今譯】「我的鄉里，先前有德行的君子，居於重難之時，有的自己已經衰老，按照禮俗只穿麻製的喪服。不因哀喪而毀壞身體的人，都是過哀吃粥，口不嚐甘美之食。時人雖不肖於此，而無不企及自勉。但是如今的俗人如此美食大飲，比較起來，相距是何等的遼遠啊！」

「又凡人不解，呼謂中國之人，居喪者多皆奢溢，殊不然也。吾聞晉之宣、景、文、武四帝㈠，居親喪皆毀瘠㈡踰制，又不用王氏㈢

二十五月之禮，皆行七月服。于時天下之在重哀者，咸以四帝為法。世人何獨不聞此，而虛誣高人，不亦惑乎！」

【今註】㈠宣、景、文、武四帝：宣，晉宣帝，司馬懿。晉國初建，追尊曰宣王。武帝受禪，上尊號曰宣皇帝。景，晉景帝，司馬師，懿之長子。晉國既建，追尊曰景王，武帝受禪，上尊號曰景皇帝。文，晉文帝，司馬昭，師之弟，諡曰文王，武帝受禪，追尊號曰文皇帝。武，晉武帝，司馬炎。㈡毀瘠：因哀喪而毀壞身體。瘠，瘦。㈢王氏：指王肅。三國時魏經學家，司馬昭的妻父。所注《三禮》等，在晉代立有博士。

【今譯】「又及，凡庸之人並不了解，說中原之人居喪都是奢溢的，其實並非如此。我聽說晉朝起初四位皇帝，即宣帝、景帝、文帝、武帝，他們遇到親喪時都因哀喪而毀壞身體，又不用王肅二十五個月喪期的禮儀，都七個月服喪期。當時天下敬重哀喪的人，都以四位皇帝的方法為準。如今世俗之人為什麼偏偏不聽如此情況，而憑空誣蔑高人，不也是困惑嗎？」

刺驕篇 第二十七

【篇旨】 本篇指責世俗驕慢倨傲的習氣。作者指出：「生乎世貴之門，居乎熱烈之勢，率多不與驕期而驕自來矣。」把驕氣跟貴門與全是相聯繫，是有一定道理的。作者還分析了漢末以來的情況：自相品藻次第，群驕慢傲，不入道檢者，為都魁雄伯；四通八達，皆背叛禮教，而從肆邪僻，訕毀真正，中傷非黨，口習醜言，身行弊事。對此，作者表示不能容忍，強調了謙虛還是驕傲直接關係到存亡的大問題：「蓋勞謙虛己，則附之者眾；驕慢倨傲，則去之者多。附之者眾，則安之徵也；去之者多，則危之診也。存亡之機，於是乎在。」

抱朴子曰：「生乎世貴之門，居乎熱烈之勢，率多不與驕期而驕自來矣。非夫超群之器，不辯於免盈溢之過也。蓋勞謙虛己，則附之者眾；驕慢倨傲，則去之者多。附之者眾，則安之徵也㈠；去之者多，則危之診也。存亡之機，於是乎在。輕而為之，不亦蔽哉？」

【今註】㊀則安之徵也：孫星衍校云：本脫「之徵也」三字，從《群書治要》補。徵，徵兆。

【今譯】抱朴子說：「那些生於世代顯貴之家，居於權勢逼人地位的人，大抵多是不想驕傲，而驕傲自然會產生的。除了才能超群的人，都難免有盈溢自滿的過錯。大蓋勞謙虛己，則依附的人多；驕慢倨傲，則散失的人多。依附者眾多，則是平安的徵兆；散離者眾多，則是危亡的診斷。存亡的關鍵就在於此。輕忽驕傲所造成的後果，不也是令人迷惑嗎？」

「亦有出自卑碎，由微而著。徒以翕㊀肩斂跡，偓伊側立㊁，低眉屈膝，奉附權豪㊂。因緣運會，超越不次。毛成翼長，蟬蛻泉壤，便自軒昂㊃，目不步足，器滿意得，視人猶芥㊄。或曲晏密集㊅，管絃嘈雜㊆，後賓填門，不復接引。或於同造㊇之中，偏有所見，復未必全得也。直以求之，差勤以數接其情，苞苴㊈繼到，壺榼㊉不曠者耳。」

【今註】㊀翕：音ㄒㄧˋ，斂縮。㊁偓伊側立：伊，疑當作「促」。偓促，局促庸陋貌。《楚辭・九歎・

憂苦》：「偓促談於廊廟兮。」王逸《注》：「偓促，拘愚之貌。」㊂奉附權豪：孫星衍校云：《意林》作「趨事豪貴」。㊃蟬蛻泉壤，便自軒昂：蟬蛻，蟬脫殼稱之「蟬蛻」。軒昂，氣概昂揚。㊄芥：草芥，小草。㊅或曲晏密集：楊明照《抱朴子外篇校箋・下》：按「晏」當作「宴」。《文選》卷十八嵇康〈琴賦〉：「若乃華堂曲宴，密友近賓。」又《文選》卷二十四曹植〈贈丁翼詩〉：「吾與二三子，曲宴此城隅。」並其證。文溯本、《崇文》本作「宴」，未誤。㊆管絃嘈雜：楊明照《抱朴子外篇校箋・下》：陳（澧）曰：「承訓本作『嘈囐』。榮按張衡〈東京賦〉：『奏嚴鼓之嘈囐。』囐，《玉篇》本作『哘』，五葛、才葛二切。」嘈嘈哘哘，或作囋啈啐啐，並同。見《集韻》。按《藏》本、吉藩本、慎本、盧本、舊寫本並作「嘈囐」，是也。〈知止篇〉「金口嘈囐」，《抱朴子・內篇・論仙篇》「砰磕嘈囐」，亦作「嘈囐」，此固不應獨作「嘈雜」也。㊇造：通「曹」，訴訟的雙方。㊈苞苴：指饋贈的禮物，引申指賄賂。㊉榼：音ㄎㄜˋ，古代盛酒或貯水的器具。

【今譯】　「也有的人出於自卑，由微小而顯著。開始只是收斂自己的行為，拘愚地立在一旁，低眉屈膝，奉附權貴豪右。隨著機會的到來，跳躍到前面去了，毛翼豐滿，如蟬蛻殼，便自氣概昂揚，眼睛不看下面，志得意滿，視人如草芥。有的酒宴密集，沉溺於歌樂，即使門庭若市，也不再出來迎接。或者在彼此爭訟的雙方中，偏袒一方，不能全面地處理問題。直接地要人賄賂，差卒忙著接待，賄賂不斷地送到，家壺榼等滿是酒了。」

「孟軻所謂『愛而不敬，豕畜之也』。而多有行諸，云是自尊重之道。自尊重之道，乃在乎以貴下賤，卑以自牧。非此之謂也。乃衰薄之弊俗，膏肓之廢疾㊀，安共為之，可悲者也。若夫偉人巨器，量逸韻遠，高蹈獨往，蕭然自得。身寄波流之閒，神躋九玄之表㊁，道足於內，遺物於外㊂，冠摧履決㊃，藍縷帶索㊄，何肯與俗人競幹佐之便僻，修佞幸之媚容，效上林喋喋之嗇夫㊅，為春蜩夏蠅之聒耳㊆？」

【今註】㊀膏肓之廢疾：膏肓，人體心下膈上的部位。廢疾，因精神或身體有缺陷而喪失勞動力。㊁神躋九玄之表：躋，登，上升。九玄，指天空。㊂道足於內，遺物於外：楊明照《抱朴子外篇校箋・下》：按「遺物」二字當互乙，始能與「道足」相儷。㊃冠摧履決：冠，帽。履，鞋。決，破裂。㊄藍縷帶索：藍縷，同「襤褸」，指衣服破爛。帶索，以繩索為帶。㊅效上林喋喋之嗇夫：上林，即「上林苑」，為古代之宮苑。嗇夫，指上林苑的小吏。㊆為春蜩夏蠅之聒耳：楊明照《抱朴子外篇校箋・下》：按春季無蜩，疑字有誤。〈廣譬篇〉：「春蠹長譁，而醜音見患於聒耳。」楊泉《物理論》：「虛無之談，無異春蠹秋蟬，聒耳而已。」（《御覽》六一七引）據此，「蜩」其「蠹」之誤歟？蜩，蟬。蠹，蛙。聒，聲音噪雜。

【今譯】「孟子說過，『愛而不敬，是豕畜之類』。而多有上述行為的人，卻說是自尊自重之道。其實，自尊自重之道，就在於以尊貴的身分善待卑賤之人，對別人態度卑恭，自己約束自己。不是這樣的，就是衰薄的弊俗，深入膏肓的癈疾，甘願於如此的，實在可悲。至於偉人大器，氣量雅逸，風韻邈遠，行為高尚，獨自往來，蕭然自得，寄身於山川波流之間，精神遨遊於九天之表，道足於內，物遺於外，即使是帽子摧損鞋子磨破，衣衫襤褸，以繩子為帶，為什麼要和庸俗之人比才能，學習佞幸的媚容，像上林苑內喋喋不休的吏卒，像春蛙夏蠅那般聒噪呢？」

「求之以貌，責之以妍。俗人徒覩其外形之粗簡，不能察其精神之淵邈。務在皮膚，不料心志。雖懷英抱異，絕倫邁世，事動可以悟舉世之術，言發足以解古今之惑。含章括囊，非法不談。而茅蓬不能動萬鈞㈠之鏗鏘，侏儒不能看重仞㈡之弘麗。因而蚩之㈢，謂為凡憒㈣。」

【今註】㈠鈞：重量單位，合三十斤。㈡仞：長度單位，八尺為一仞。㈢因而蚩之：楊明照《抱朴子外篇校箋・下》：按「蚩」疑當作「嗤」。〈嘉遯篇〉：「速非時之巨嗤」，〈逸民篇〉：「井蛇之嗤應龍也」，〈行品篇〉「每動作而受嗤」，〈辭義篇〉「故不免嗤也」，〈正郭篇〉「無乃見嗤於將來乎」，並其證。㈣憒：昏亂、糊塗。

【今譯】「求之以貌，貴之以美。世俗之人往往只看到外表的粗陋簡樸，卻不能見到內在精神的深遠。務求皮膚，不料心志。偉人大器雖然懷英抱異，絕倫超世，但做事可以悟到舉世之術，說話足夠可以解釋古往今來的一切疑惑。全部的篇章可以括囊，非法的事不足談論。而茅蓬不能移動鏗鏘的萬鈞，侏儒不能看重弘麗的重仞。誰因此譏笑他們，誰就是凡庸昏亂的人。」

「夫非漢濱之人，不能料明珠於泥淪之蜯㈠；非泣血之民，不能識夜光㈡於重崖之裏。蟭螟㈢屯蚊眉之中，而笑彌天之大鵬；寸鮒㈣游牛跡之水，不貴橫海之巨鱗。故道業不足以相涉，聰明不足以相逮，理自不合，無所多怪。所以疾之而不能默者，願夫在位君子，無以貌取人，勉勗謙損，以永天秩耳。」

【今註】㈠夫非漢濱之人，不能料明珠於泥淪之蜯：楊明照《抱朴子外篇校箋・下》：「濱」，《藏》本、魯藩本、吉藩本、舊寫本作「東」；慎本作「陳」（徐校「東」）。按「東」字是，「陳」乃「東」之誤。若原作「濱」，無緣誤為「陳」矣。《淮南子・覽冥篇》「譬如隋侯之珠」，高《注》：「隋侯，漢東之國，姬姓諸侯也。隋侯見大蛇傷斷，以藥傅之，後蛇於江中銜大珠以報之，因曰隋侯之珠。蓋明月珠也。」又〈說林篇〉「隋侯之珠在前」，高注：隋國在漢東，……後銜大珠報之。蓋明月之珠。」並足以證作「濱」之非（《左傳》桓公六年有「漢東之國，隨〔隋之本字〕為大語」）。㈡夜光：寶玉名。《戰國策・楚策》：「楚王獻夜光之璧於秦王。」又《抱朴子・內篇・暢玄篇》：「藏夜光於嵩岫。」㈢蟭螟：古代傳說中一種極小的蟲。蟭，音ㄐ一ㄠ。㈣鮒：即「鯽」。

【今譯】「不是漢東一地的人，就不能發現泥淪之蚌內有明月珍珠；不是泣血之人，就不能識別深藏重崖之中的夜光寶玉。蟭螟寄生於蚊眉之中，而譏笑飛翔天空的大鵬；一寸長的鯽魚游於牛腳印深的淺水中，也就不以大海中的巨魚為貴。所以道業不足以相涉，聰明不足以相及。理自不合，無所多怪，所以疾之而不能沉默。我希望在位君子，不要以貌取人，要勉勵勞謙損己之人，以永遠保障天然的秩序。」

抱朴子曰：「世人聞戴叔鸞㊀、阮嗣宗㊁傲俗自放，見謂大度，而不量其材力非傲生之匹，而慕學之。或亂項科頭㊂，或裸袒蹲夷㊃，或濯腳於稠眾，或溲便㊄於人前，或停客而獨食，或行酒㊅而止所親。此蓋左衽㊆之所為，非諸夏㊇之快事也。」

【今註】㊀戴叔鸞：即戴良，字叔鸞，汝南慎陽人。史稱「良才既高達，而論議尚奇，多駭流俗。」事見《後漢書》卷八十三〈逸民傳〉。㊁阮嗣宗：即阮籍，三國魏之文學家、思想家，為「竹林七賢」之一。字嗣宗，陳留尉氏（今屬河南）人。曾蔑視禮教，以「白眼」看待禮俗之士。㊂亂項科頭：項，頸的後部。科頭，謂不戴帽子。《史記》卷七十〈張儀列傳〉：「虎賁之士，跿跔科頭。」㈣夷：平地。㈤溲便：大小便。特指小便。㈥行酒：依次酌酒。㈦左衽：衣襟向左交領。衽，同「衽」，即衣襟。古代北方民族被髮左衽，中原華夏族束髮右衽。㈧諸夏：指中原華夏族。泛指中原地區。

【今譯】 抱朴子說：「今世之人聽到戴良、阮籍傲慢放任的情況，把他倆稱為大度，而不思量他倆的才力，並非一般傲慢之輩所能學得的。或者頸項不整，不戴帽子，或者赤身露體，蹲在平地上。或者在大眾面前洗腳，或者當著人們面前大小便。或者在酒宴中停止客人進食，而自己獨自地吃，或者行酒時不向親者酌酒。這些大概都是左衽夷族之人的行為，並不是中原地區人們的痛快之事。」

「夫以戴、阮之才學，猶以跳踔㈠自病，得失財不相補。向使二生敬蹈檢括，恂恂以接物，競競以御用㈡，其至到何適但爾哉！況不及之遠者，而遵修其業，其速禍危身，將不移陰，何徒不以清德見待而已乎？」

【今註】㈠跣踔：同「踸」（音ㄔㄣˇ）。跣踔，形容跛者以一足跳著走路。㈡競競以御用：楊明照《抱朴子外篇校箋・下》：「競競」，《藏》本、魯藩本、吉藩本、舊寫本、文溯本、《崇文》本作「兢兢」。按以上句「恂恂以接物」證之，「兢」字是。〈良規篇〉：「戰戰兢兢，不忘恭敬。」亦其旁證。

【今譯】「像戴良、阮籍的才學，尚且以跛腳自病，得失財不相輔。假使他倆的行為恭敬地遵守規矩，謙虛謹慎地待人接物，戰戰兢兢地做事，他們最終的處境怎麼只會是那樣的呢？況且那些才學遠不及他們的人，而遵照他們的行為去做，其結果速禍危身，時間短促，為什麼不以清德相待就好呢？」

「昔者西施㈠心痛而臥於道側，姿顏妖麗，蘭麝芬馥，見者咸美其容而念其疾，莫不躊躇焉。於是鄰女慕之，因偽疾伏於路間，形狀既醜，加之酷臭，行人皆憎其貌而惡其氣，莫不睨面掩鼻㈡，疾趨而過焉。今世人無戴、阮之自然，而効其倨慢，亦是醜女闇於自量之類也。」

【今註】㈠西施：春秋末越國蘭羅人（今浙江諸暨南）人，由越王句踐獻給吳王夫差，成為夫差的寵妃。傳說吳亡後，與范蠡偕入五湖。事見《吳越春秋》、《越絕書》等。㈡莫不睨面掩鼻：楊明照《抱朴子外篇校箋・下》：按「面」疑為「而」之誤。《新書・勸學篇》：「夫以西施之美而蒙不潔，則過之者莫不睨而掩鼻。」《淮南子・修務篇》：「今夫毛嬙、西施，天下之美人，……則布衣韋帶之人過之者，莫不左右睥睨而掩鼻。」並其證。

【今譯】「從前，美人西施患心痛病，臥在道路旁邊，姿色妖麗，香氣芬芳，看見的人都讚美她的容貌，惦念她的疾病，沒有不躊躇的。於是，鄰居的一個女子，也故意裝病臥伏在路中，但她容貌醜陋，加上酷臭。行人都討厭她的貌醜，厭惡她身上的臭氣，無不睥睨而掩鼻，快步走了過去。如今世俗之人沒有戴良、阮籍的自然姿質，而卻仿效他們的倨傲高慢的行為，這也是類似醜女暗於自量的例子。」

「帝者猶執子弟之禮於三老五更㈠者，率人以敬也。人而無禮，其刺深矣。夫慢人必不敬其親也。蓋欲人之敬之，必見自敬焉。不修善事，則為惡人。無事於大，則為小人。」

【今註】㈠三老五更：《禮記・文王世子》：「遂設三老五更，群老之席位焉。」鄭玄《注》：「三老五更各一人也，皆年老更事致仕者也，天子以父兄養之，示天下之孝悌也。」又《禮記・樂記》：「食三老五更於大學。」鄭玄《注》：「三老五更互言之耳，皆老人更知三德五事者也。」孔穎達《疏》：「三德謂正直、剛、柔，五事謂貌、言、視、聽、思也。」這種制度漢代還保存者。《漢書》卷二十二〈禮樂志〉：「養三老五更於辟雍。」《後漢書》卷二〈顯宗孝明帝紀〉：「尊事三老，兄事五更。」

【今譯】「古者帝王對三老五更尚且執子弟之禮，率領群眾崇敬有德行的老人。人如果不懂得禮度，那他所受到的質疑必是很深的。對別人傲慢的人，必定不會敬重親人。大概要別人尊敬你，必須自己先尊敬別人。不修習好事，就會成為惡人；無事而自高自大，就會成為小人。」

「紂為無道，見稱獨夫㈠。仲尼陪臣㈡，謂為素王㈢。則君子不在乎富貴矣。今為犯禮之行，而不喜聞遄死㈣之譏，是負豕而憎人說其臭，投泥而諱人言其污也。」

【今註】㈠獨夫：謂殘暴無道，眾叛親離的君主。《尚書・泰誓・下》：「獨夫受（殷紂王），洪惟作威，乃汝世仇。」㈡陪臣：《禮記・曲禮・下》：「列國之大夫入天子之國曰某士，自稱曰陪臣某。」鄭玄《注》：「陪，重也。」孔穎達《疏》：「其君已為王臣，已今又為己君之臣，故自稱對王曰重臣。」㊂素王：特指孔子。漢代一些研究《春秋》的儒者，以為孔子修《春秋》是代王者立法，有王者之道，而無王者之位，故稱素王。《漢書》卷五十六〈董仲舒傳〉：「孔子作《春秋》，先正王而繫萬事，見素王之攀焉。」《論衡・超奇篇》：「孔子與《春秋》，素王之業也。」㊃遄死：速死。《詩經・鄘風・相鼠》：「人而無禮，何不遄死。」

【今譯】「殷紂王殘暴無道，被稱為獨夫；而孔子雖處於陪臣的地位，卻被認為是素王；這就說明君子不在乎富貴利祿。如今有些人行為違犯禮度，而又不喜歡聽那無禮速死的譏諷，這正如背豬的人而怕別人說他臭，跳入污泥的人避諱別人說他污穢一樣。」

「昔辛有見被髮而祭者，知戎之將熾㊀。余觀懷、愍之世，俗尚驕褻，夷虜自遇。其後羌胡猾夏㊁，侵掠上京㊂。及悟斯事，乃先著之妖怪也。今天下向平，中興有徵，何可不共改既往之失，脩濟㊃之美乎？」

【今註】㈠昔辛有見被髮而祭者，知戎之將熾：辛有，春秋周大夫。據載：平王東遷時，辛有前往伊川，見被髮而祭於野者，而發「不及百年，此其戎乎！其禮先亡矣」之嘆，見《左傳》僖公二十二年。㈡羌胡猾夏：羌，為西北少數民族之一，以游牧為主。猾，亂。夏，指中原地區。㈢上京：古代對京都的通稱，這裏指西晉都城洛陽。㈣脩濟濟：脩，同「修」。濟濟，美好貌。

【今譯】「從前周大夫辛有看見披頭散髮祭祀的人，知道戎夷的勢力將要興威起來。我目覩西晉懷帝（司馬熾）和愍帝（司馬鄴）時代，風俗崇尚驕褻，自同於夷狄，後來羌胡入侵中原，攻掠上京洛陽。這才悟及上述非禮之事，乃是災禍降臨前的怪異徵兆啊。如今天下走向太平，國家的中興有了徵兆，為什麼不一起改正以往的過失，修習眾多美好的事物呢？」

「夫入虎狼之群，後知賁、育㈠之壯勇；處禮廢之俗，乃知雅人之不渝。道化凌遲㈡，流遁遂往，賢士儒者，所宜共惜。法當扣心同慨，矯而正之。若力之不能，未如之何。」

【今註】㈠賁、育：賁，孟賁，衛人，一說齊人，大勇士。育，夏育，周時衛人，大勇士。參見《史記》卷七十九〈范雎蔡澤列傳〉及裴駰《集解》。㈡凌遲：亦作「陵遲」，俗稱剮刑，最殘酷的一種死刑。

【今譯】「來到狼虎之群中，然後才知道孟賁、夏育等大力士的壯勇。人處於廢棄禮度的風俗裡，才知道雅正之人的堅貞不渝。道德感化死罪之人，隱遁者便會嚮往而來，賢士儒者，應當共同珍惜這種局面。辦法應當是同心同德，來矯正不良的風氣，如果力量不能做到，就不知道未來會如何？」

「且當竹柏其行，使歲寒而無改也。何有便當崩騰競逐其闒茸㊀之徒，以取容於若曹㊁邪？去道彌遠，可謂為痛歎者也㊂。其或峨然守正，確爾不移，不蓬轉以隨眾，不改雅以入鄭者㊃，人莫能憎而知其善。而斯以不同於己者，便共仇讎㊄而不數之。嗟乎，衰弊乃可爾邪！」

【今註】㊀闒茸：指卑劣、沒有用的人。章太炎《新方言・釋言》：「闒（音ㄊㄚˋ）為小戶，茸為小草，故並舉以狀微賤也。」㊁曹：輩。㊂可謂為痛歎者也：楊明照《抱朴子外篇校箋・下》：按「謂為」二字誼複，疑衍其一（蓋原止有「謂」字，寫者旁注「為」字於其側，後遂誤入正文耳）。

㈣雅以入鄭：雅，指雅樂，祭祀祖先、天地及朝賀、宴享等大典所用的樂舞。鄭，鄭聲，原指鄭國的民間音樂，因與孔子等儒家提倡的雅樂大相徑庭，故被斥為「俗」的鄭聲。㈤讎：仇。

【今譯】「而且像有竹柏一樣德行的人，即使遇到寒冬也不會改變自己的德行。為什麼要崩騰競逐地學卑劣之徒，以取容於這類小人呢？離開道德教化甚遠，真是令人痛惜與感歎。有些人巍然守正，堅定不移，不蓬轉以隨大流，不放棄雅樂而學鄭聲，人們不能恨之，而知其善。但是，行為與他不同的人，便共同仇恨他而且不可勝數。可歎啊！衰弊的風氣竟到了這麼樣的地步！」

「君子能使以亢㈠亮方楞，無黨於俗，揚清波以激濁流，執勁矢以厲群枉，不過當不見容與不得富貴耳。天爵㈡苟存於吾體者，以此獨立不達，亦何苦何恨乎？而便當伐本瓦合，餔糟握泥㈢，劓㈣足適履，毀方入圓，不亦劇乎？」

【今註】㈠亢：高。㈡天爵：天然的爵位，古稱不居官位，因德高而受人尊敬者。《孟子・告子篇・上》：「仁義忠信，樂善不倦，此天爵也；公卿大夫，此人爵也。」㈢餔糟握泥：楊明照《抱朴子外篇校箋・下》：按「握」當作「淈」，字之誤也。（慎本、盧本、《彙函》本、柏筠堂本、文溯本、《叢書》本、《崇文》本作「掘」，屈旁尚不誤。）《楚辭・漁父》：「世人皆濁，何不淈其泥而揚其波；眾人皆醉，何不餔其糟而歠其釃。」即此文所本。餔，食。淈，攪濁。㊃剸：削。

【今譯】「君子能使自己高亮方正，不與庸俗的人同黨，揚清波以激濁流，執勁矢以厲群枉，不過君子應當不放任驕傲，當不得富貴利祿。天然的爵位苟存於我自身之中，因此獨立不達，又有什麼苦與恨呢？而如果一定要伐本瓦合，食糟攪泥，與世人同醉同濁，削足適履，毀方入圓，不亦是過分了嗎？」

「夫節士不能使人敬之，而志不可奪也；不能使人不憎之，而道不可屈也；不能令人不辱之，而榮猶在我也；不能令人不擯之，而操不可改也。故分定計決，勸沮不能干；樂天知命，憂懼不能入。困瘁而益堅，窮否而不悔，誠能用心如此者，亦安肯草靡萍浮，以索鑿枘㊀，傚乎禮之所棄者之所為哉？」

【今註】㊀鑿枘：鑿，榫卯。枘，榫頭。鑿枘，比喻互相投合。

【今譯】「節士不能令人敬之，但他的心志不可被剝奪；不能使人恨之，但他的道德人格不可被屈辱；不能令人不辱之，但他仍懼怕不能進入正道。因勞瘁而愈益堅定，即使窮困而不悔改其志，如果確實能用心如此的，哪兒肯像草靡萍浮，以求互相投合，仿效棄禮之人的所做所為呢？」

抱朴子曰：「聞之漢末，諸無行㊀自相品藻㊁次第，群驕慢傲，不入道檢者，為都魁雄伯，四通八達。皆背叛禮教，而從肆邪僻，訕毀真正，中傷非黨，口習醜言，身行弊事。凡所云為，使人不忍論也。」

【今註】㊀無行：孫星衍校云：《藏》本作「無徒」，盧本作「無行」。據下文云「無行之子」，盧本為長。㊁品藻：猶評論，品題。《漢書》卷八十七下〈揚雄傳・下〉：「爰及名將尊卑之條，稱述品藻。」顏師古《注》云：「品藻者，定其差品及文質。」

【今譯】抱朴子說：「聽說東漢末年以來許多無行之徒，自相評論，定其品第，那些驕傲放任、不入道檢的人，被稱為都魁雄伯。他們所作所為，四通八達，但都是些背叛禮教的活動，從肆邪僻，誹謗真正的君子，中傷不是同黨的人，口出惡言，身行壞事。所有這些行為，使人不忍加以論述。」

「夫古人所謂通達者，謂通於道德，達於仁義耳。豈謂通乎褻黷，而達於淫邪哉？有似盜跖㊀自謂有聖人之道五者也。此俗之傷破人倫，劇於寇賊之來，不能經久，豈所損壞一服而已？」

【今註】㊀盜跖：名跖，一作蹠。《荀子・不苟篇》：「盜跖吟口，名聲若日月，與舜、禹俱傳而不息；然而君子不貴者，非禮義之中也。」

【今譯】「古人所謂通達的人，是指通於道德，達於仁義罷了！難道是說通於褻黷，而達於淫邪嗎？有如盜跖，卻自稱有聖人之道五條。這種風俗破壞了人倫關係，比寇盜的到來還厲害，不能經久，難道所損壞的只是一方面而已？」

「若夫貴門子孫及在位之士，不惜典刑，而皆科頭袒體，踞見賓客。既辱天官㊀，又移染庸民。後生晚出，見彼或已經清資㊁，或佻竊虛名，而躬自為之；則凡夫便謂立身當世，莫此之為美也。」

【今註】㊀既辱天官：天官，指耳、目、口、鼻、形體等感覺器官。見《荀子・正名篇》。既，孫星衍校云：《群書治要》作「毀」。㊁清資：清貴職位。

【今譯】「至於貴門子弟及在位之士，不惜違反典刑，而且都不戴帽子，赤身裸體，蹲踞著接見賓客，既使自己身體受到屈辱，又影響了凡庸俗民。晚出的後生之輩，看見他們或已經擔任清貴職位，或已竊取虛名，便親自學習，凡夫庸子們就說立身於當世，沒有比這樣更美好了。」

「夫守禮防者苦且難，而其人多窮賤焉。恣驕放者樂且易，而為者皆速達焉。於是俗人莫不委此而就彼矣。世間或有少無清白之操業，長以買官而富貴；或亦其所知足以自飾也，其黨與足以相引也。而無行之子，便指以為證曰：『彼縱情恣慾而不妨其赫奕㊀矣；此敕㊁身履道而不免於貧賤矣。』而不知榮顯者有幸，而頓淪㊂者不遇，皆不由其行也。」

【今註】 ㈠赫奕：顯耀盛大貌。《文選》卷十一何晏〈景福殿賦〉：「赫奕章灼，若日月之麗天也。」 ㈡敕：孫星衍校云：《群書治要》作「整」。 ㈢頓淪：淪喪。

【今譯】 「遵守禮度的人，既苦又難，而其人大多貧窮微賤。而驕傲放任的人，既快樂又容易，而且他們都能迅速地發達走紅。於是，世俗之人無不委棄禮度，而學習驕傲放任的行為。世間或有稍無清白操行的人，他們善於買官而富貴起來，或者他們足以自我標榜，黨羽們也足以相引。於是，一些無行之子，便舉出上述例子作為證明，說那些縱情恣慾行為不妨礙顯貴榮耀，而自身嚴格遵行禮度的人卻不免於貧窮微賤。其實，無行之子不懂得，榮貴顯耀的地位是僥倖獲得的，淪喪的人只是沒有遇到機會而已，這些都不是由他們行為來決定的。」

「然所謂四通八達者，愛助附己，為之履不及納，帶不暇結，攜手升堂，連袂入室，出則接膝。請會則直致，所惠則得多；屬託則常聽，所欲則必副；言論則見饒，有患則見救；所論薦則蹇㈠驢蒙龍駿之價，所中傷則孝己受商臣之談㈡。」

【今註】㊀蹇：音ㄐㄧㄢˇ，跛足。㊁孝己受商臣之談：孝己，殷高宗之子。商臣，楚成王太子，弒父自立。成王既立商臣，後又欲立公子職。商臣以宮衛兵圍成王，成王自絞殺。商臣代立，是為穆王。事見《史記》卷四十〈楚世家〉。

【今譯】「然而所謂四通八達的地位，是靠那些愛助附己者所造成的。他們履不及納，帶不暇結，攜手升堂，連袂入室，出則接膝而行，請客聚會則直奔而去，實惠的就多拿，別人囑託就常常聽取，所要求的就必定實現，言論則見饒，有患則見救，評論推薦別人時，就把跛驢說成跟龍駿一樣的價錢，中傷別人時，就把孝己這樣的人說成跟商臣一樣的壞。」

「故小人之赴也，若決積水於萬仞之高隄，而放烈火乎雲夢㊀之枯草焉。欲望肅雍㊁濟濟，後生有式，是猶炙冰使燥，積灰令熾矣。」

【今註】㊀雲夢：指古代雲夢澤。㊁肅雍：敬重和順。

【今譯】「所以，小人仿效他們，好似萬仞高堤決口而積水奔流，好似點燃雲夢澤的枯草而烈火燎原。這樣，要希望出現敬重和順的美好風氣，希望後生有禮式可循，就像燒冰塊使之乾燥，堆積塵土令之火熾，實在是不可能的事。」

百里篇 第二十八

【篇旨】 本篇仍是闡述知人善任思想。作者認為，用人好壞所造成的後果，相距何止百里。「用之不得其人，其故無他也，在乎至公之情不行，而任私之意不違也。或父兄貴重，而子弟以聞望見選；或高人囑託，而凡品以無能見敘。或是所宿念，或親戚匪他，知其不可而能用此等。亦時有快者，不為盡無所中也，要於不精者率多矣。」因此，作者重申了知人善任的必要性。

抱朴子曰：「三台九列㈠，坐而論道；州牧郡守㈡，操綱舉領。其官益大，其事愈優。煩劇所鍾，其唯百里。眾役於是乎出，誅求之所叢赴㈢。牧守雖賢，而令長不堪，則國事不舉，萬機有闕。其損敗豈徒止乎一境而已哉？」

【今註】 ㈠三台九列：指三公九卿，指中央最高官僚。㈡州牧郡守：指地方行政最高長官。㈢誅求之所叢赴：楊明照《抱朴子外篇校箋・下》：「誅」，《藏》本、魯藩本、吉藩本、慎本、舊寫本作「調」。按〈省煩篇〉：「費薄則調求者無苛矣。」則此以作「調」為是。

【今譯】抱朴子說：「三公九卿，坐而議論天下的治國之道；州牧郡守，則掌握地方政治的綱常。他們的官位愈大，所做的事也就愈優越。而那些煩劇之徒所鍾愛的事，相差卻有百里之遙，各種勞役由此產生，徵調求取的名目繁多。地方牧守長官雖然賢明，而下屬令長不堪任用，那麼國事必定不彰，君王政務有所潰決，所造成的損失喪敗難道只限於一地而已嗎？」

「令長尤宜得才，乃急於臺省㈠之官也。用之不得其人，其故無他也，在乎至公之情不行，而任私之意不違也。或父兄貴重，而子弟以聞望見選；或高人屬㈡託，而凡品以無能見敘㈢。或是所宿念，或親戚匪他。知其不可而能用。此㈣等亦時有快者，不為盡無所中也，要於不精者率多矣。其能自效立㈤，勉修清約，夙夜在公，以求眾譽，懼風績之不美，恥知己之謬舉，尠㈥矣。」

【今註】㈠臺省：漢代尚書臺在宮禁之中，其時稱禁中為省中，故稱「臺省」。㈡屬：囑。㈢敘：

敘用，任用。㊃此：孫星衍校云：《藏》本作「也」，從盧本改。㊄其能自效立：楊明照《抱朴子外篇校箋·下》：「效」，《藏》本作「獨」。按〈擢才篇〉「攻伐獨立」，〈刺驕篇〉「以此獨立不達」，〈窮達篇〉「又況於胸中率有憎獨立」，則此當據《藏》本改作「獨」。⑥尟：同「鮮」，少。

【今譯】 「選擇令長尤其應當得才，這比尚書臺官員的選擇更重要，更令人焦急。任用了不適當的人，原因無他，而在於至公之情不行，任私之意卻沒有加以壓抑。或者父兄的地位顯貴重要，而其子弟因父兄的聲望而被選拔；或者由於高門人士的囑託，而將品等庸凡又無才能的人加以任用；或者憑藉著宿念；或者根據親戚關係選人。明明知道他們不能勝任，卻又任用了這些人。亦時有快者，不完全都選中那些人，大概不精者實在太多了。有些人能自己獨立，努力地修習清廉簡約的作風，夙夜勤於政務，以博取大眾的讚譽，擔心的是風教政績不完美，以胡亂推舉知己者為恥辱，這樣的人實在太少了。」

「庸猥之徒，器小志近，冒于貨賄，唯富是圖，肆情恣慾，無止無足㊀。在所司官，知其有足賴主人，舉劾彈糾㊁，終於當解㊂。慮其結怨，反見中傷，不敢犯觸，而恣其貪殘矣。如此，黎庶㊃亦安得不困毒而離判㊄？離判者眾，則不得不屯聚而為群盜矣。」

【今註】㊀無止無足：孫星衍校云：《藏》本作「元止无足」，從舊寫本改。㊁舉劾彈糾：舉劾，揭發罪狀。彈，彈劾。㊂解：押解。㊃黎庶：平民百姓。㊄離判：離去、背叛。

【今譯】「而有些庸猥之徒，器量短小，志向狹隘，冒于貨賄，唯富是圖，肆情縱慾，毫無止足。所在地方官吏，掌握了一些情況，依賴主人的彈劾糾正揭發，終於要押解他們，但又慮怕結怨，反而被中傷，也就不敢觸犯他們，放縱他們貪殘的行為。如此，平民百姓哪裏不會遭受困毒而背叛離去呢？離散的人家眾多，就不得不屯聚而成為群盜了。」

「夫百尋之室，焚於分寸之飆㊀；千丈之陂，潰於一蟻之穴。何可不深防乎？何可不改張乎？而秉斤兩者，或舍銓衡㊁而任情；掌柯斧者，或曲繩墨於附己。選之者既不為官擇人，而求之者又不自謂不任。於是莅政而政荒，牧民而民散。」

【今註】㊀飆：暴風。㊁銓衡：衡量輕重的器具。

【今譯】 「百尋高的樓房，被一點兒的暴風就焚毀了；千丈高的坡隄，由於一個蟻穴就潰決了。為什麼不加以防範呢？為什麼不改張更新呢？拿著斤兩（稱東西）的人，或者丟掉銓衡而任情。掌握斧頭的人，或者歪曲繩墨，照著自己的心意去做。主持選舉的人，既不按照官職的要求而選用合適的對象；而要求官職的人又不說自己不宜任職。於是就職當官，弄得政治荒敗；治理民眾，弄得民眾離散。」

「或有穢濁驕奢而困百姓者矣，或有苛虐酷烈而多怨判者矣，或有闇塞退憒而庶事亂者矣，或有潦倒疏緩而致弛壞者矣，或有好興不急而疲人力者矣，或有藏養逋逃㈠而行淩暴者矣，或有不曉法令而受欺弄者矣，或有以音聲酒色而致荒湎者矣，或有圍棊樗蒱㈡而廢政務者矣，或有田獵遊飲而忘庶事者矣，或有不省辭訟而刑獄亂者矣㈢。百姓不堪，起為寇賊。釁咎發聞，寘㈣于叢棘。虧君上之明，益刑書之煩。而民之荼毒㈤，亦已深矣。」

【今註】㊀逋逃：逃亡的罪人。《尚書・牧誓》：「乃惟四方之多罪逋逃，是崇是長，是信是使，是以為大夫卿士。」㊁樗蒱：音ㄕㄨ ㄆㄨˊ，亦作「摴蒱」、「樗蒲」，盛行於漢魏的一種博戲。博具有子，有馬，有五木等。人執六馬，用五木擲彩，彩有十種，以盧、雉、犢、白為貴彩，餘為雜彩。貴彩得連擲，打馬、過關，雜彩則否。㊂而刑獄亂者矣：楊明照《抱朴子外篇校箋・下》：按以上文各句相列，「亂」字當在「刑」字之上。㊃寘：同「置」。㊄荼毒：猶言毒害、殘害。《尚書・湯誥》：「罹其凶害，弗忍荼毒。」

【今譯】「有的官員行為穢濁、驕奢揮霍，而使百姓遭受困苦。有的官員為人酷烈，苛殘虐迫，使眾多人家怨恨而分離。有的官員糊塗闇塞，憒於退職，結果把各種事情都弄得亂七八糟。有的官員潦倒疏緩，而導致了政紀鬆弛敗壞。有的官員好興土木，辦理不急之務，結果使民力疲乏。有的官員藏養逃亡的罪犯，使暴徒的欺凌行為繼續發生。有的官員不懂法令，結果使人們受到欺侮與玩弄。有的官員熱中於音聲酒色，使得事務荒湎。有的官員熱愛圍棋與博戲，把政務都荒廢了。有的官員喜好打獵與遊玩飲酒，而忘記眾民之事。有的官員不懂得辭訟，結果把刑獄搞亂了。這樣一來，百姓不堪忍受，紛紛起為盜賊，各種事端發生了，藏到叢棘之地。虧損了君王的威望，刑書日益繁多，而百姓遭受的殘害，也已經夠深重的了。」

「夫用非其人，譬猶被木馬以繁纓㈠，何由騁跡於追風㈡？以壤龍㈢當雲雨，安能耀景於天衢㈣哉？若秉國之鈞，出納王命者，審良、樂之顧眄㈤，不令跛蹇廁騏騄㈥；冒昧苟得，闇於自量者，慮中道之顛躓㈦，不以駑薾服鸞衡㈧。則何患庶績之不康？何憂四凶㈨之不退？三皇豈足四，五帝豈難六哉㈩？」

【今註】㈠繁纓：古時天子諸侯輅馬的帶飾。「繁」通「鞶」字，馬腹帶。纓，馬頸革。㈡追風：駿馬名。㈢壤龍：地龍，即蚯蚓。㈣天衢：猶言天途、天路，這裏指高遠廣大的天空。㈤顧眄：回頭看。㈥騏騄：駿馬名。㈦顛躓：跌倒，跌跌撞撞的樣子。㈧駑薾服鸞衡：駑，劣馬。薾，音ㄦˇ，花盛貌。鸞，傳說中的鳳凰一類的鳥。《禮記・玉藻篇》：「故君子在車則聞鸞和聲。」鄭玄《注》：「鸞在衡，和在式（軾）」。鸞衡，即鸞車。君子所乘之車。㈨四凶：傳說堯時四凶族首領。《左傳》文公十八年：「流四凶族，渾敦、窮奇、檮杌、饕餮，投諸四裔，以御魑魅。」㈩三皇豈足四，五帝豈難六哉：楊明照《抱朴子外篇校箋・下》：按「豈足」二字與下句文意不屬，疑字有誤。《戰國策・秦策・四》：「則三皇不足四，五伯不足六也。」（《史記》卷七十八〈春申君列傳〉、《新序·善謀上篇》同）又《秦策五》：「則三王不足四，五伯不足六。」語意並與此同，可見「豈足」二字定有一誤。《燕丹子下》：「高欲令四三王，下欲令六五霸。」《三國志》卷二十五〈魏書·高堂隆傳〉：「三王可四，五帝可六。」《文選》卷十一何晏〈景福殿賦〉：「方欲四三皇而六五帝。」亦可證。

【今譯】「任用了不適任的人，比如給木馬披上繁纓，如何能像追風駿馬那樣騁馳於道路上呢？把蚯蚓當作興雲雨的龍，怎能在高遠廣大的天空中出現光耀的景色呢？如果掌握國家大權，出納王命的大臣，反覆地審察優秀的伯樂，不讓跛腳劣馬混入騏驎駿馬之中，不冒昧苟得，並且闇於自量，考慮到中途跌倒的可能情況，不讓駑馬服鸞衡，何必怕政績不好，何必擔心四凶不被退黜呢？三皇難道沒有第四個，五帝難道沒有第六個嗎？（換句話說，會出現新的三皇五帝的政績。）」

接疏篇 第二十九

【篇旨】 短短幾行文字，說的是如何接納疏賤而有才能的人。「若以沈抑而可忽乎，則姜公不用於周矣。若以疏賤而可距乎，則毛生不貴乎趙矣。」這些歷史經驗確實是值得深思的。

抱朴子曰：「以英逸㈠而遭大明㈡，則桑蔭未移㈢，而金蘭㈣之協已固矣。以長才而遇深識，則不待歷試㈤，而相知之情已審矣。」

【今註】 ㈠英逸：指傑出的人材。㈡大明：指明如日月的人，引申為明君。㈢則桑蔭未移：「蔭」當作「陰」。楊明照《抱朴子外篇校箋・下》：按《戰國策・趙策・四》：「堯見舜於草茅之中，席隴畝而蔭庇，桑陰（未）移而授天下。」《說苑・尊賢篇》：「堯舜相見，不違桑陰。」《劉子・知人篇》：「堯之知舜，不違桑陰。」是此文「蔭」字當作「陰」。〈清鑒篇〉「文王之接呂尚，桑陰未移。」尤為切證。陰，影也。（《玉篇・阜部》）「桑陰未移」，極言時間短暫（〈刺驕篇〉有「其速禍危身，將不移陰」語）。㈣金蘭：謂情誼深契；深交。語出《易經・繫辭傳・上》：「子曰：『君子之道，或出或處，或默或語。二人同心，其利斷金。同心之言，其臭（氣味）如蘭。』」

㊄歷試；經過考試。

【今譯】抱朴子說：「英逸之士遇到了明如日月的人，則在極短暫的時間之內，彼此情誼契合，成為深交的了。才能傑出之士遇到了很有見識的人，則不必經歷考試，而彼此相知之情已經清楚了。」

「飄乎猶起鴻之乘勁風，翩乎若勝鱗之躡驚雲也㊀。若以沈抑而可忽乎，則姜公不用於周矣㊁。若以疏賤而可距乎，則毛生不貴乎趙矣㊂。」

【今註】㊀翩乎若勝鱗之躡驚雲也：楊明照《抱朴子外篇校箋・下》：按「勝」字誤。當依《藏》本、魯藩本、吉藩本、慎本、盧本、舊寫本、柏筠堂本、文溯本、《叢書》本、《崇文》本改作「騰」（此平津本寫刻之誤）。翩，很快地飛。鱗，《禮記・月令》：「（孟春之月）其蟲鱗。」鄭玄《注》：「鱗，龍蛇之屬。」躡，踏，踩。㊁若以沈抑而可忽乎，則姜公不用於周矣：姜公，姜太公，即呂尚。史稱呂尚嘗窮困，且年老，以漁釣為生。有一次，周西伯（文王）打獵，遇太公於渭之陽，與語大悅，故號之曰「太公望」，載與俱歸，立為師。事見《史記》卷三十二〈齊太公世家〉。

㊂若以疏賤而可距乎，則毛生不貴乎趙矣：毛生，即毛遂，戰國時趙國人，平原君門下食客。秦圍趙國邯鄲（今屬河北）。平原君到楚求救，隨從要二十名，僅選得十九人，「餘無可取者，無以滿二十人。」毛遂自薦，雖准予同往，但遭十九人譏笑。至楚，談判不利，毛遂直言，說得楚王同意趙楚合縱。平原君回趙，以毛遂為上客。事見《史記》卷七十六〈平原君虞卿列傳〉。

【今譯】「飄飄然，如同天鵝乘勁風飛翔；翩翩然，好像騰龍踩著天空上的驚雲，如果以為沈抑而不顯露的人可以忽略，那麼姜太公就不會被周文王起用了。如果以為疏遠微賤的人可以拒之不用，那麼毛遂就不會在趙國得到重用了。」

「若積素行乃託政，則甯戚不顯於齊矣㊀。若貴宿名而委任，則陳、韓不錄於漢矣㊁。明者舉大略細，不忮㊂不求，故能取威定功，成天平地。豈肯稱薪而爨，數粒乃炊，并瑕棄璧，披毛索釁㊃哉？」

【今註】㊀若積素行乃託政，則甯戚不顯於齊矣：甯戚，春秋時代衛國人，因為家貧為人挽車，至齊國，扣牛角而歌，齊桓公用為上卿。見《呂氏春秋・舉難篇》。㊁若貴宿名而委任，則陳、韓不錄於漢矣：陳，陳平，漢初名相。早年家貧，縣人都恥笑他的行為。後投依劉邦，在楚漢相爭中，用計謀離間項羽集團，漢朝建立後，官為丞相。韓，韓信。漢初名將。年少時家貧，曾向漂母乞食，又受人侮辱，出人胯下。後任漢將，軍功最高。㊂忮：音ㄓˋ，害，嫉妒。㊃黶：音ㄧㄢˇ，黑痣，皮膚上生的黑色小點。

【今譯】「如果以為要積累素行才能委託執政，那麼甯戚就不能在齊國獲得顯貴的地位。如果只貴重有名氣的人而委任要職，那麼陳平、韓信就不可能在漢初得到錄用了。英明的人注重大節，而不計較別人的細碎行為，不嫉妒別人，不苛求別人，所以能夠取得威望，並得到成功，成就一番驚天動地的大事業。難道肯稱了柴薪才燒火，數過一粒粒米粒才煮飯，摒除瑕點而拋棄了璧玉，披毛而挖黑痣嗎？」

鈞世篇 第三十

【篇旨】 本篇篇目的「鈞」字，與「平均」的「均」字同義；「世」則為「古今之世」之意。所以「鈞世」的意旨，即是希望改正時人「貴遠賤近」的看法。

葛洪見時人貴遠賤近，盲目崇拜古人、古書，認為「古之著書者，才大思深，故其文隱而難曉；今人意淺力近，故露而易見」，因而撰作此篇，極力破除時人的迷惑。

他首先以「文學進化論」與「歷史變遷」的觀點，說明了古書難於讀閱的原因，應該是「世異語變」、「方言不同」、「簡篇朽絕」等因素，並且強調：古書雖多，未必盡美；後人的作品，事實上往往勝過古人。難解的古書，不一定就是好的作品，何況文學的發展結果，是當今勝往昔，而非今不如古，如「《毛詩》者，華彩之辭也，然不及〈上林〉、〈羽獵〉、〈二京〉、〈三都〉之汪濊博富」，而且「古者事事醇素，今則莫不彫飾，時移世改，理自然也」，這種觀念是很普遍的，就像一般人以「舟車之代步涉，文墨之改結繩」，都是屬於「後作而善於前事」的例子，文學上何獨不如此呢？

或曰㈠：「古之著書者，才㈡大思㈢深，故其文隱而難曉；今人㈣意㈤淺力近，故㈥露而易見㈦。以此㈧易見，比彼㈨難曉，猶溝澮之方江、河，螘垤之並嵩、岱矣㈩。故水不發⑪崑山⑫，則不能揚洪流⑬以東漸⑭；書不出英俊⑮，則不能備致遠⑯之弘韻⑰焉。」

【今註】㈠或曰：作「有人這麼說」解。《禮記・檀弓篇・下》：「或曰：齊衰（音ㄗ ㄘㄨㄟ，五服中次於「斬衰」的喪服）不以弔（不必向人問弔）。」㈡才：指天賦的「才能」、或「資質」。《集韻》上平十六〈咍〉韻：「才，一曰能也；質也。」㈢思：指作文時從事「思慮」、或「構思」。《荀子・解蔽篇》：「仁者之思也恭。」楊倞《注》：「思，慮也。」㈣今人：和前句「古之著書者」數字相應，當作「今之著書者」、或「現今文士」解。㈤意：當「志」講，「心思」的意思。《說文解字》：「意，志也。從心音，察言（考察言語）而知意（知道心思）也。」㈥故：和前句相比，「故」字下省「其文」二字。㈦「或曰」以下五句：說的是：古今著作，才思深淺各不相同，文辭的隱、露大有分別。這和王充《論衡・自紀篇》：「或曰：『口辯者其言深，筆敏者其文沈。案經藝（指「研究經學」）之文，賢聖之言，鴻重（大而重）優雅（優美雅致），難卒（猶

「卒難」）曉（知曉）睹（觀看）……蓋賢聖之材（才）鴻（洪大），故其文語（文章中所用的語言）與俗不通。玉隱石間，珠匿魚腹，非玉工珠師，莫能采得。寶物以隱閉不見，實語（真實的語意）亦宜深沉難測。譏俗（譏評世俗）之書，欲悟俗人，故形露（顯露於形）其指（同「旨」，謂「所要表達的意思」），為分別（謂「和別人——指賢聖不同」）之文』」云云，在思想的承接上，或有淵源。⑧此：指「今之著作」。⑨彼：指「古之著作」。⑩「溝澮」「螘垤」二句：溝澮方之江、河，喻遠不能及；螘垤之並嵩、岱，喻高不可攀。《法言・問神篇》：「或問人曰：難知也，曰焉難。曰：太山之與螘垤，江、河之與行潦（因天雨而聚積在道路旁的水），非難也，大聖之與大佞（偽善），難也。」《韓非子・姦劫弒臣篇》：「夫世愚學之人（愚昧的學者）比有術之士也，猶螘垤之比大陵也，其相去遠矣。」溝澮（音ㄎㄨㄞˋ），謂「田間的水溝」。方，作「比」解。螘，蟻的本字。垤，音ㄉㄧㄝˊ，螞蟻窩穴外的小土堆。並，和上句中的「方」字相應，作「比」、「匹」解。⑪發：作「出現」、「起源」解。⑫崑山：崑崙山的簡稱。《呂氏春秋・重己篇》：「人不愛崑山之玉，江、漢之珠，而愛己之一蒼璧（青色的璧玉）、小璣（不圓的珍珠）。」《論衡・異虛篇》：「河源出於崑崙，其流播於九河（黃河的九條支流）。」⑬洪流：謂「洪大的水流」。洪，謂「大水」。⑭漸：音ㄐㄧㄢ，「流入」的意思。《尚書・禹貢》：「東漸于海。」孔安國《傳》：

「漸，入也。」㊄英俊：指「才能出眾的文士」。㊅致遠：謂「傳送久遠」。㊆弘韻：謂「偉大的篇章」。韻，謂「詩賦、辭曲」。《文選》卷十七陸機〈文賦〉：「或託言（假藉……作言語解釋）於短韻。」李善《注》：「短韻，小文也。」弘韻，當作「偉大篇章」講。

【今譯】有人這麼說：「古代的作家，才能博大，思慮精深，所以他們所寫出來的文字隱晦而又難於了解；現今的文士，心思淺陋，能力短少，所以他們的作品真正的含義說得淺露，讓人容易瞭解。拿這些易解的作品來和那些難明的文字相比，就彷彿用小水溝和長江、黃河相比，螞蟻窩外的小土堆和嵩嶽或泰山相較一樣，其間的差距，讓人覺得遠不可及，高不可攀。所以說水流不起源於高高的崑崙山，就揚不起萬丈波濤來滾滾往東流。同樣的道理：書籍如果不出於才俊的手筆，就不具備流傳久遠、成為偉大篇章的條件。」

抱朴子答曰：「夫論㊀管穴㊁者，不可問以九陔㊂之無外㊃；習㊄拘閡㊅者，不可督㊆以拔萃㊇之獨見㊈。蓋往古之士，匪㊉鬼匪神，其形器雖冶鑠㊀㊀於疇曩㊀㊁，然其精神布在乎方策㊀㊂，情見乎辭㊀㊃，指歸㊀㊄可得。且古書之多隱，未必昔人故欲難曉。或世異語變㊀㊅，或方言不同；經荒歷亂⑰，埋藏積久，簡編⑱朽絕⑲，亡失者多；或雜續⑳殘缺㉑，或脫去章句，是以難知，似若至深耳。」

【今註】㈠論：謂「評論」、「論量」。《論語・憲問篇》：「世叔討論之。」皇《疏》：「論者，評也。」《呂氏春秋・論人篇》：「此賢主之所以論人也。」高誘《注》：「論，猶論量也。」㈡管穴：喻「所見短小」、「見識有限」。《後漢書》卷四十六〈陳忠傳〉：「如其管穴，妄有譏刺，難苦口逆耳，不得事實。」李賢《注》：「管穴，言小也。《史記》：扁鵲曰：『若以管窺天，以隙視文（從孔隙中觀看文理）。』隙，即穴也。」㈢九陔：和「九垓」、「九閡」都相同，謂「九天之外」。天的稱「九」，是說既高且遠。《淮南子・道應篇》：「吾與（與其、如果）汗漫（作「不可知之」解）期（作「希冀」解）于九垓之外。」高誘《注》：「九垓，九天之外。」㈣無外：有「極大」的意思。《呂氏春秋・下賢篇》：「其大無外，其小無內。」㈤習：「習慣」、「習染」的意思。㈥拘閡：和「拘礙」義相同，有「限止」的意思，在這裏指「思慮拘滯」、「食古不化」。《後漢書》卷五十八〈虞詡傳〉：「兵（作戰）不厭權（變通常法），願寬假（寬容不迫）轡策（馬韁和馬鞭），勿令有所拘閡而已。」李賢《注》：「閡與礙同。」閡，音ㄏㄜˊ，有「阻礙」的意思。㈦督：

「責」的意思，這裏作「要求」解。㈧拔萃：「超群出眾」的意思。《孟子・公孫丑篇・上》：「出於其類，拔乎其萃。」㈨獨見：謂「獨特的見解」。㈩匪：和「非」字相通。《廣雅・釋詁・四》：「匪，非也。」㈡形器雖冶鑠：指「形骸雖然消滅」。形器，指「有定形的器物」，在這裡謂「形骸」或「軀體」。冶鑠，謂「銷鎔金屬」，在這裡喻「消滅」。㈢疇曩：作「昔日」解。㈢方策：亦作「方冊」，謂「簡牘」，這裏指「書籍」。《禮記・中庸篇》：「文、武之政，布在方策。」鄭《注》：「方，板也；策，簡也。」㈣情見乎辭：謂「真情表現在辭句之間。」《易經・繫辭・下》：「聖人之情見乎辭。」情，謂「情感」、或「心志」。㈤指歸：謂「意（心意）的歸嚮」，猶言「主要宗旨」、或「中心思想」。郭璞《爾雅》〈序〉：「夫《爾雅》者，所以通詁訓（訓詁）之指歸。」㈥世異語變：就是「世變語異」的意思。㈦經荒歷亂：就是「經歷荒年和亂世」的意思。㈧簡編：謂「典籍」。簡，指「簡冊（策）」而言。編，指書籍的「編列」和「排比」。韓愈〈符讀書城南詩〉：「燈火稍可親，簡編可卷舒。」㈨朽絕：謂「殘缺不全」和「佚失絕版」的典籍。朽，作「腐朽」解。絕，作「斷」、「滅」解。㈩雜續：謂將「斷簡殘篇」「胡亂地連在一起」。㈢殘缺：指「簡編」和「朽絕」的殘缺部分。

【今譯】 抱朴子答道：「一般說來，以短小之見作論斷依據的人，是不能問他們九天怎麼『至大無外』的？同樣的道理，思慮習於拘滯、食古而不化的人，不能要求他們有出類拔萃的獨特見解。古代的人，並不如鬼神那麼不可測度，他們的軀體雖然在很久以前就已經消滅，但他們的精神仍然散布在著作之中，他們的心志仍然顯現在辭句之間，因此他們的主要宗旨卻是不難瞭解的。而且古書中往往多有詞意隱晦的地方，倒未必是古人存心讓人難於知曉。它們所以難於理解，可能因為時代轉移語言變異；可能因為各地方言彼此不同；經過了許多荒年亂世，書籍埋藏的日子久了，典籍殘編的遺失，就更加日漸增多。可能是後人把斷簡殘篇胡亂地接在一起；可能書中脫落了若干詞語，才讓人更加難於理解，因為這個緣故，看上去好像非常深奧似地。」

「且夫㈠《尚書》㈡者，政事之集也，然未若近代之優文㈢、詔策㈣、軍書㈤、奏議㈥之清富㈦贍麗㈧也；《毛詩》㈨者，華彩㈩之辭也，然不及〈上林〉⑪、〈羽獵〉⑫、〈二京〉⑬、〈三都〉⑭之汪濊⑮博富⑯也。然則古之子書⑰，能勝今之作者，何也？然守株之徒⑱，嘍嘍⑲所翫⑳，有耳無目，何肯謂爾！其於古人所作為神㉑，今世所著為淺。貴遠賤近㉑，有自來矣。故新劍以詐刻㉒加價，弊方㉓以偽題㉔見寶也。是以古書雖質樸㉕，而俗儒謂之墮於天也；今文雖金玉㉖，而常人同之於瓦礫㉗也。」

【今註】㈠且夫：和「今夫」用法相同，是指示的詞，相當於說話中的「這個」、或「那個」。一說：「且」和「夫」字用法相同，連成一起可以作「說到」、或「至於」講。㈡《尚書》：記載上古事跡的書，從堯帝時代開始，一直到周代。經過孔子刪定，是一部收集古代典、謨、訓、誥、誓、命等文獻的總集。所收文字約計百篇，因為和古代的政治事務有關，所以作者葛洪說它是「政事之集」。㈢優文：指「優美閒雅的詞章」。優，是「劣」字的反面，一作「勝」解。㈣詔策：謂「詔書」，亦可解作「詔令」和「策論」。《漢書》卷八十〈宣元六王傳〉：「王幸受詔策，通經術。」策，是古代考試士人的一種文體。㈤軍書：謂「軍中文書」。《文選》卷四十吳質〈答魏太子牋〉：「軍書輻至，羽檄（軍中傳遞的緊急文書）交馳。」〈木蘭詩〉：「軍書十二卷，卷卷有爺名。」㈥奏議：文體的一種。上奏的文書中常常有所議論，因而通常稱為「奏議」。㈦清富：謂文章的「純淨明晰」而又「富有內容」。㈧贍麗：謂文辭的「富麗華美」。《南史》卷十八〈蕭洽傳〉：「辭甚贍麗。」⑨《毛詩》：謂毛亨、毛萇所傳的《詩經》。⑩華彩：謂「華麗的紋彩」。白居易〈文柏床詩〉：「華彩誠可愛，生理（生存之理、生意）苦已傷。」⑪〈上林〉：詞賦篇名，漢司馬相如作。敘述天子狩獵上林苑中事情，載《文選》卷八。《文心雕龍・詮賦篇》：「相如〈上林〉，繁類（指所引用的同類辭藻非常繁富）以成豔（「豔麗」的描述）。」⑫〈羽獵〉：詞賦篇名。漢揚雄作。漢成帝命令士卒背負著弓箭去打獵，揚雄就當場作了這篇賦來記述經過的盛況。⑬〈二京〉：詞賦篇名。後漢張衡看見當時天下承平已久，從王侯以下，沒一個不過分奢華，於是就模擬班固的〈兩都賦〉，作了〈二京（東京洛陽、西京長安）賦〉，用來作為諷諫。⑭〈三都〉：詞賦篇名。晉左思作。追述三國時代蜀、吳、魏三國都城的繁華景況。⑮汪濊：謂「寬廣深邃」。《漢書》卷五十七下〈司馬相如傳・下〉：「湛恩（深恩）汪濊。」唐顏師古《注》：「汪濊，深廣。」濊，音ㄏㄨㄟˋ。⑯博富：謂「博大深厚」。⑰子書：著書立說，能夠獨立成為「一家言論」、或「獨立系統」的就是。⑱守株之徒：喻「守成不變」、「食古不化」的人，用《韓非子・五蠹篇》「守株待兔」故事。⑲嘍嘍：「拘謹」的樣子。《集韻》卷四平聲十九〈侯〉韻：「謱，《說文》『謰謱也』。或從口（作「嘍」）。一曰：謹也。」依疊字複詞例，「嘍嘍」應有「嘍貌」、「嘍然」的意思。⑳翫：音ㄨㄢˋ，謂「相習而不經意（熟習其事而不復注意）」。㉑神：與下句「淺」字相應，本謂「材智技能超群者」，這裏作「神奇」、「神妙」解。㊁貴遠賤近：曹丕《典論・論文》：「常人貴遠賤近，向（追述）聲（名聲）背（遠離）實（事實）。」㊂詐刻：指「偽刻名識」，「假託於古人」的贗品。㊃弊方：謂「破弊的書本」。方，謂「方策」，參見前「方策」注。㊄偽題：指「偽加題跋」。㊅質樸：亦作「質朴」，謂「樸實無文」。《後漢書》卷二十三〈竇融傳〉：「河西民俗質樸。」㊆金玉：此作「貴如金玉」解，喻「價值甚高」。《詩經・小雅・白駒》：「其人如玉，毋金玉（皆貴重的物品，此作「吝惜」講）爾音（音問，通消息），而有遐心（遠離我的心意）。」㊇瓦礫：謂「瓦片和碎石」，這裏作「賤如瓦碎」解，比喻「價值甚少」。《北史》卷三十三〈李安世傳〉：「聖朝不貴金玉，所以同於瓦礫。」《歷代名畫記》：「好之則貴於金玉，不好賤於瓦礫。」

【今譯】「要曉得：《尚書》本是古代政事的結集，但不管怎麼說，它總不如近代優美閒雅的詞章、詔令和策問、軍中文書、以及奏議等文字那樣富麗華美；至於《毛詩》，稱得上是部文采華麗的文學作品，可是說來說去，它實在趕不上〈上林〉、〈羽獵〉、〈二京〉、〈三都〉這些賦作那般寬廣深邃、博大深厚。那麼古代的子書，卻能勝過後世的作品，那又是為了什麼呢？但是那些守成不變、食古不化的人，日子久了，養成了牢固的習慣，遇事不再去細心分辨，只知隨聲附和，從來不肯親眼觀察、親耳聆聽，像這樣的人，他們怎肯承認『今勝於古』的說法呢？他們對於古人的作品總認為十分神妙，現代的作品總認為非常膚淺。年代久遠的就得到尊重，年代晚近的就受到輕視，說起這種時尚風氣，實在由來已久。因而一柄新劍作偽刻上古人的款識，就可以提高價值；一本破舊的書做假題上古人的敘跋，就可以受人珍重。因為這個緣故，古書雖然文辭質樸，一般俗儒卻說它是天上降下來的，尊貴的不得了；現代作品雖然和金玉一般珍貴，可是平常人卻把它當作瓦礫一般看待，以為一文不值。」

「然古書者雖多，未必盡美，要當以為學者之山淵，使屬筆者得采伐漁獵其中。然而譬如東甌㈠之木，長洲㈡之林，梓㈢豫㈣雖多，而未可謂之為大廈之壯觀，華屋之弘麗也；雲夢㈤之澤，孟諸㈥之藪㈦，魚肉之雖饒，而未可謂之為煎熬之盛膳，渝、狄㈧之嘉味也。」

【今註】㈠東甌：地名，故城在今浙江永嘉縣西南。從原句文義看，當地以產木聞名。㈡長洲：舊縣名，唐置，那裏因為有吳王闔閭遊獵的處所長洲苑，因而稱作「長洲」。明、清時代，和吳縣同是江蘇蘇州的府治，民國時代併入吳縣。從原句的文義看，當地也以產木聞名。㊂梓：木名，亦稱「木王」。《山海經・南山經》：「其上多梓枏（「枏」的俗寫，音ㄋㄢˊ，楠木）。」《注》：「梓，山楸也。」《正字通》：「梓，百木之長，一名木王。」㊃豫：謂「枕木」，或謂「大木」。《史記》卷一百一十七〈司馬相如傳〉：「其北則有陰林（山北的森林）巨樹，楩（音ㄆㄧㄢˊ，和楠木相似的喬木）枏（楠木）豫章。」《正義》：「案溫活人云：『豫，今之枕木也。章，今之樟木也。二木生至七年，枕、樟乃可分別。』」《漢書》卷五十七上〈司馬相如傳・上〉「楩枏豫章」顏師古《注》引服虔曰：「豫、章，大木也，生七年乃可知。」㊄雲夢：古代的大澤名。本為二澤，分跨今湖北省境長江兩岸。江南稱做夢，江北稱做雲，面積廣大，共有八、九百方里。今湖北京山以南，枝江以東，蘄春以西，及湖南北境華容以北，都在它的範圍之內。後世由於泥沙淤積變成了陸地，於是併稱為雲夢，一般也稱為「大夢」。現今的曹、洪、梁子、斧頭等數十個湖泊，都是他們的遺跡。㊅孟諸：古代的大澤名。《尚書・禹貢》作「孟豬」，《周禮・夏官・職方氏》作「望諸」，《漢書・地理志》作「盟諸」。故址在今河南商丘東北，一直連接虞城的邊界。從宋朝以來，屢次遭受黃河的水患，它的涯岸已經很難認識出來。㊆藪：音ㄙㄡˇ，大澤（大片低窪而又長期有水的地方）。㊇渝、狄：「渝」，或指「俞兒」；「狄」，謂「狄（易）牙」；兩人都是古代有名的廚師。相傳前者是黃帝時代的人；後者是齊桓公時代的人。《莊子・駢拇篇》：「屬（動詞，謂「係屬」，就是「以此『係』彼」的意思）其性於五味（全句作「把一個人的本性強行歸屬於五味」），雖通（「通達」、對五味「精通」）如俞兒，非吾所謂臧（完善）也。」《釋文》：「司馬云：『（俞兒，）古之善識味人也。』崔云：『《尸子》曰：「膳（膳夫、廚師）俞兒，和之以薑桂，為人主上食（供應飲食）。」』《淮南（〈氾論篇〉）》云：『俞兒、狄牙，嘗淄、澠之水而別之。』一云：俞兒，黃帝時人。狄牙即易牙，齊桓公時識味人也。一云：俞兒亦齊人。」

【今譯】「但是古書雖然很多，未必全都美善，主要應該把它們當作做學問的金山銀海，讓後代從事寫作的人可以從那兒盡情地加以採伐、隨時地加以漁獵。（不過從金山銀海中採伐漁獵得來的物品，只不過是一種素材，）好比東甌、長洲所出的林木，梓、豫一類的良好木材，雖然很多，卻不可以把它說成那就是壯觀的大廈、宏麗的華屋；同樣的道理，前人的著作好比雲夢、孟諸兩個大水澤，那裏的魚產雖然豐富，卻不可以直接說成：那就是烹煮出來的盛饌；俞兒和狄牙兩大名廚所調製出來的佳肴。」

「今詩與古詩俱有義理㊀，而盈㊁於差㊂美。方之於士，並有德

行，而一人偏長藝文，不可謂一例也；比之於女，俱體㈣國色㈤，而一人獨閑㈥百伎㈦，不可混為無異也。若夫㈧俱論宮室，而奚斯㈨『路寢』㈩之頌，何如王生⑪之賦〈靈光〉乎？同說遊獵，而〈叔畋〉⑫、〈盧鈴〉⑬之詩，何如相如之言〈上林〉乎？並美祭祀，而〈清廟〉⑭、〈雲漢〉⑮之辭，何如郭氏〈南郊〉⑯之豔乎？等稱⑰征伐，而〈出車〉⑱、〈六月〉⑲之作，何如陳琳⑳〈武軍〉㉑之壯乎？則舉條㉒可以覺焉。近者夏侯湛㉓、潘安仁㉔並作補亡詩，〈白華〉、〈由庚〉、〈南陔〉、〈華黍〉之屬㉕，諸碩儒高才之賞文者，咸以古《詩》三百，未有足以偶㉖二賢之所作也。」

【今註】㈠義理：謂「正確的意旨」、「豐富的含義」、或「充實的理致」。「義」，也可以解釋成「理」。㈡盈：作「充滿」解。有「滿溢」的意思，引申作「洪大」講。㈢差：音ㄘ，作「次」解，有「不齊」的意思。㈣體：謂「從形（形貌）和質（品質）上去『體認』」。體，指「形」

「質」兩方面。《易經・繫辭・上》：「易无體。」孔穎達《疏》：「體是形質之稱。」又因為「俱體國色」和上句的「並有德行」、以及下句的「俱論宮室」在辭類組合的方式上都很相似，所以「體」字是「動詞」，應作「體認」講。㊄國色：謂「全國選出來形貌頂頂美好的女子」。《公羊傳》僖公十年：「驪姬者，國色也。」何休《注》：「其顏色一國之選。」㊅閑：「熟練」、「習熟」的意思。㊆伎：和「技」字相通。當「才藝」、或「智巧」講。㊇若夫：轉語詞，有「至於」、「譬如」的意思。㊈奚斯：春秋人名。《詩經・魯頌・閟宮》：「新廟奕奕（宏大的樣子），奚斯所作。」毛《傳》：「新廟，閔公（宜作僖公）廟也；有大夫公子奚斯者，作是廟也。」孔《疏》：「（公子）名魚而字奚斯。」㊉『路寢』：謂天子正寢（正屋、宮殿建築的主體）。這裏指魯僖公所作的宮室。⑪王生：指王延壽。王氏字文考，後漢時代南郡宜城人。有雋才，到魯去遊歷，作了一篇〈魯靈光殿賦〉。原先蔡邕也準備寫一篇描述這座宮殿的賦作，等到見到王延壽的作品，就打消了這個計畫。〈魯靈光殿賦〉載於《文選》卷十一。⑫〈叔旼〉：《詩經・鄭風》中有「〈叔于田〉」、「〈大叔于田〉」兩篇，都是記述莊公的弟弟共叔段出獵的事。「旼」，通「田」。⑬〈盧鈴〉：《詩經・齊風》中的篇名。詩中諷刺襄公喜好田獵、不關心政事。⑭〈清廟〉：《詩經・周頌》的篇名，是周公建成洛邑之後，率領諸侯祭祀文王的一首樂歌。⑮〈雲漢〉：《詩經・大雅》的篇名，詩中稱美周宣王因旱災而祭天。㊅郭氏〈南郊〉：指晉代郭璞所作的〈南郊賦〉。詩文現已殘缺，清人嚴可均所輯補的，比較完備。見《全晉文》卷一百二十。㊆等稱：作「同樣稱美」解。和上述各句的「俱論」、「同說」、「並美」等詞語相應。㊇〈出車〉：原作「〈出軍〉」，據孫星衍校改，《詩經・小雅》的篇名，是慰勞和凱旋將士的詩作。㊈〈六月〉：《詩經・小雅》中的篇名，是一首敘述周宣王命令尹吉甫討伐玁狁，有功而凱旋的詩作。㊉陳琳：陳氏字孔璋，東漢末年廣陵人。由於文學方面的造詣，和王粲等齊名，是建安七子中的一個。㊁〈武軍〉：指東漢末年陳琳所作的〈武軍賦〉。這篇賦的文字也已殘缺，清代的嚴可均所輯的，比較完整。見《全後漢文》卷九十二。㊂舉條：「條舉」的意思。㊃夏侯湛：夏侯氏字孝若，當代（晉朝）譙國人。少年時代具有大才，所寫作的文章，篇幅宏大，又內容豐富，長於製造新詞語。容貌儀態極為優美，曾經和潘岳同車出行，京城的人稱他們是一雙相連的璧玉。歷任郎中、散騎常侍。元康初年卒。見《晉書》卷五十五本傳。㊄潘安仁：潘岳，字安仁，當代（晉朝）中牟人。小時候就被人稱作奇童，歷任河陽令、給事黃門侍郎。有人誣陷說他謀反，被殺。所作文章的詞藻非常華麗，尤其長於哀誄一類的作品，著有〈悼亡詩〉三首，為世人所傳誦。見《晉書》卷五十五本傳。㊅〈白華〉……〈華黍〉之屬：《世說新語・文學篇》記載夏侯湛補作《詩經・小雅・白華之什》所亡佚的六篇詩，一般稱這六篇作品叫「《周詩》」。詳見《世說新語・文學篇》本文和劉孝標的《注》。㊁偶：有「並列」、「匹配」的意思。

【今譯】「現代的詩和古代的詩，如果都是合格的作品，全都具有『正確的意旨』、『豐富的含義』或『充實的理致』，但華美的程度，兩者之間卻常常相差很大。拿男士做比喻，兩人全有良善的品行，但其中一人另外還擅長藝術和文學，我們不可以說他們兩人的等級完全一樣；拿婦女做比方，兩人全具有天香國色，但其中一人卻又單獨熟習各種技藝，我們難於說他們全無高下的分別。譬如同樣是讚美宮室壯麗的作品，奚斯所作稱揚魯僖公正寢的〈魯頌〉，怎抵得上王延壽所作讚美靈光殿的〈魯靈光殿賦〉那般精采？〈叔畋〉、〈盧鈴〉兩個詩篇，同樣是記述遊獵盛況的作品，它們怎比得上司馬相如的〈上林賦〉那般華麗？同樣是頌讚祭祀大典的作品，但〈清廟〉、〈雲漢〉兩首詩中的辭語，怎麼比得上郭璞的〈南郊賦〉那般艷麗？同樣是稱美征伐壯烈的作品，〈出車〉、〈六月〉的寫作，怎比得上陳琳的〈武軍賦〉那般雄壯？把這些事實一條條列舉出來，就能讓人看得清楚，發覺實際是怎麼一回事。近世的夏侯湛和潘安仁都曾作過補亡詩，尤其像夏侯氏所補作〈白華〉、〈白庚〉、〈南陔〉、〈華黍〉等詩篇，許多大學問家、以及高才的文藝欣賞家，都認為《詩經》三百篇中，還沒有那一篇能夠和這兩位賢人的補亡作品相匹敵呢！」

「且夫古者事事醇素㊀，今則莫不彫飾㊁，時移世改，理自然也。至於罽錦㊂麗而且堅，未可謂之減於蓑衣；輜軿㊃妍㊄而又牢，未可謂之不及椎車㊅也。書猶言也，若入談語，故為知有㊆；胡、越之接，終不相解，以此教戒㊇，人豈知之哉？若言以易曉為辨，則書何故以難知為好哉？若舟車之代步涉㊈，文墨㊉之改結繩㊀㊀，諸後作而善於前事，其功業相次千萬者，不可復縷舉也。世人皆知之快於曩矣，何以獨文章不及古邪？」

【今註】㊀醇素：謂「醇厚樸素」。㊁彫飾：謂「雕琢文飾」。《晉書》卷二十三〈樂志・下〉：「昔日貴雕飾，今尚儉與素。」㊂罽錦：謂「罽（音ㄐㄧˋ，毛織品，質地堅固）」和「錦（有五彩花紋的絲織品，很華麗）」，或指「有文彩的毛織品」。《宋史》卷四百八十七〈高麗國傳〉：「元僖三年，……元信等入見，貢罽錦衣褥。」㊃輜軿：音ㄗ ㄆㄧㄥˊ，指「婦人所乘坐、加上帷幔的車輛」。《漢書》卷七十六〈張敞傳〉：「禮，君母（國君之母）出門則乘輜軿，下堂則從傅母（保母）。」㊄妍：音一ㄢˊ，美好的意思。㊅椎車：謂「質樸的椎輪車」，或指一種原始的車輛，主要的是用圓形的大木段推著滾動的。因為是木段，所以沒有車輻；因為形狀像大椎（圓柱形的擊物工具）這個滾動的東西，也稱做「椎輪」。《鹽鐵論・遵道篇》：「是文質不變，而椎車尚在也。」椎，音ㄓㄨㄟ或ㄔㄨㄟˊ，擊物的工具。㊆知有：「知有」的「有」字，孫星衍認為應該改為「音」字。但依前文「舉條」可以解作「條舉」之例，則「知有」也可解作「有知」。「知」，是「知音」、「知心」的意思。「有知」，可解作「獲有知心」、「得有知音」，似乎也說得過去。如此，似乎以不改為是。㊇教戒：和「教禁」意思相近。教，指「積極的『教導』」；戒，指「消極的『禁戒』」。人與人相處，主要的談話內容，不出「教」「戒」的範圍，所以用它來概括人世間的交往。㊈舟車之代步涉：這裏指「車輛」的代替「步行」；「船隻」可使人免於「涉水」。《後漢書》卷四十九〈仲長統傳〉：「舟車足以代步涉之艱，使令足以息四體之役。」㊉文墨：泛指「文辭」。《三國志》卷三十五〈蜀書・諸葛亮傳〉：「公誠之心，形（表露）于文墨。」㊁結繩：上古沒有文字，用結繩的方法來幫助記事。事情大的，打個大結；事情小的，打個小結。《易經・繫辭・下》：「上古結繩而治，後世聖人易之以書契（文字）。」

【今譯】　「說到古代做什麼事都崇尚醇厚樸素，現代可沒那一件事物不講求雕琢文飾這一點，要知道那是由於時代改異，環境變遷，是自然的道理啊！至於像有文彩的毛織品那樣既美麗又耐穿，用它所做成的服飾不能說比不上粗陋的蓑衣；有帷幔的車輛既美好又堅固，不能說它比不上原始粗笨的椎輪車。著書和說話的道理完全一樣，如果使用的辭語，偶然羼雜上一些通行的口語、俗話，不但不是嚴重的缺點，而且還可以讓人發現許多知音，對它表示欣賞。北胡、南越的人各以自己習用的語言來互相晤對，終究不能彼此了解；如果各自使用方言土語（胡言亂語）談論問題，互相教戒，別人怎能聽得懂？如果語言要以易曉作為分辨好壞的標準，為什麼著作還要以難懂才算是佳作？正好像用船隻車輛來代替徒步跋涉，用文字傳遞來代替結繩記事，這許多後世進步的事物，不管怎麼說總比古代處理事務的方法來得高明。前後比較之下，功用相差何止千倍萬倍？這類的例證，隨處都找得到，實在難於一一加以列舉！一般世人都知道：後出的作品總比前代的讓人滿意，但是為什麼偏偏要說：近世的文章比不上古代那般美妙呢？」

讀者回函卡

感謝您對本館的支持，為加強對您的服務，請填妥此卡，免付郵資寄回，可隨時收到本館最新出版訊息，及享受各種優惠。

■ 姓名：______________________ 性別：□ 男 □ 女

■ 出生日期：________年________月________日

■ 職業：□學生 □公務(含軍警) □家管 □服務 □金融 □製造
□資訊 □大眾傳播 □自由業 □農漁牧 □退休 □其他

■ 學歷：□高中以下（含高中）□大專 □研究所（含以上）

■ 地址：____
____

■ 電話：(H) ______________________ (O) ________________

■ E-mail：____

■ 購買書名：____

■ 您從何處得知本書？
□網路 □DM廣告 □報紙廣告 □報紙專欄 □傳單
□書店 □親友介紹 □電視廣播 □雜誌廣告 □其他

■ 您喜歡閱讀哪一類別的書籍？
□哲學・宗教 □藝術・心靈 □人文・科普 □商業・投資
□社會・文化 □親子・學習 □生活・休閒 □醫學・養生
□文學・小說 □歷史・傳記

■ 您對本書的意見？（A/滿意 B/尚可 C/須改進）
內容 __________編輯________校對________翻譯________
封面設計________價格________其他____________________

■ 您的建議：____
____

※ 歡迎您隨時至本館網路書店發表書評及留下任何意見

臺灣商務印書館 The Commercial Press, Ltd.

23141新北市新店區民權路108-3號5樓 電話：(02)8667-3712
讀者服務專線：0800-056196 傳真：(02)8667-3709
郵撥：0000165-1號 E-mail：ecptw@cptw.com.tw
網路書店網址：www.cptw.com.tw
臉書：facebook.com.tw/ecptw